"十四五"职业教育国家规划教材

21世纪会计专业主干课程教材

AUDITING

审计

第七版

胡中艾　主审

马琳英　主编

东北财经大学出版社
Dongbei University of Finance & Economics Press
大连

图书在版编目（CIP）数据

审计 / 马琳英主编. —7版. —大连：东北财经大学出版社，2024.2
（2025.8重印）
（21世纪会计专业主干课程教材）
ISBN 978-7-5654-5131-7

Ⅰ.审…　Ⅱ.马…　Ⅲ.审计-高等职业教育-教材　Ⅳ.F239

中国国家版本馆CIP数据核字（2024）第015264号

东北财经大学出版社出版
（大连市黑石礁尖山街217号　邮政编码　116025）
网　　址：http://www.dufep.cn
读者信箱：dufep@dufe.edu.cn
大连天骄彩色印刷有限公司印刷　东北财经大学出版社发行

幅面尺寸：185mm×260mm　字数：516千字　印张：22.5　插页：1
2024年2月第7版　2025年8月第4次印刷

责任编辑：包利华　曲以欢　责任校对：刘贤恩
封面设计：原　皓　版式设计：原　皓

定价：49.90元

教学支持　售后服务　联系电话：（0411）84710309

如有印装质量问题，请联系营销部：（0411）84710711

第七版前言

本教材被评为普通高等教育“十一五”国家级规划教材、“十二五”职业教育国家规划教材、“十三五”职业教育国家规划教材、“十四五”职业教育国家规划教材。

党的二十大报告提出新时代新征程中国共产党的使命任务，就是团结带领全国各族人民全面建成社会主义现代化强国、实现第二个百年奋斗目标，以中国式现代化全面推进中华民族伟大复兴。蓝图恢宏，号角激越，催人奋进。积极把党的二十大重大决策部署付诸行动、见之于成效是全国人民的心声。审计监督有责任以高端专业服务依法审计，捍卫国家利益，当好国家经济监督体系的“经济警察”，有力支持全面建设社会主义现代化国家，推进社会经济高质量发展。行业的高质量发展离不开优秀专业人才的培养，人才是第一资源，培养建设创新团队、青年科技人才、高技能人才是党的二十大报告的要点之一。“政治型、职业型、专业型、复合型、国际型”五型人才是新时代审计专业人才培养的新方向。职业教育作为现代国民教育体系的重要组成部分，是培养技术技能人才、促进就业创业创新、推动中国制造和服务上水平的重要基础，在实施科教兴国战略和人才强国战略中具有特殊的重要地位。职业教育教材的建设理应为培养高质量职业人才提供支撑，体现出教学内容与职业标准对接、教学过程与审计过程对接、毕业证书与职业资格证书对接、职业教育与终身学习对接（以下称“四个对接”），更好地适应新时代技术进步和生产方式变革以及社会公共服务的需要。

审计课程作为应用型本科院校、高等职业院校会计专业的核心课程，是会计专业课程的进一步综合、延伸与拓展。审计教材编写如何体现四个对接？如何更好地实现审计教学目标？本教材编者认为首先坚持以立德树人为根本，培育和践行社会主义核心价值观；深化产教融合，着力提升学生的审计职业精神、审计职业技能和就业创业能力。其次，结合审计课程内容特点，审计教材编写主要应解决以下四个难点：如何将抽象、难懂的审计理论形象化、立体化；如何实现审计理论与审计实务的对接；如何有效培养审计职业分析判断的能力、潜力；如何让学生能看懂、会编制审计工作底稿。在解决“四个难点”问题上，教材编者认为审计教材整体设计应当坚持“以理论为基石、以能力为本位、以素养为目标、以就业为导向、融理实为一体、德技兼修”原则，充分体现职业教育的职业性、实践性特色，使学生在会计专业基础课程、核心课程学习的基础上，审计职业素养、专业综合知识能力得到全方位提升，审计岗位实践能力和职业洞察力、职业分析判断能力得到全方位培育。

基于更好地实现审计课程教学目标的初心，编者进一步对审计教材内容和配套教学资源进行建设与完善，本次修订主要呈现以下特色与创新：

1.教材内容新。本教材理论部分以风险导向审计为主要理念，反映审计理论研究领域的最新成果，有利于学生夯实专业理论功底，培育职业可持续发展能力。实务部分以销售与收款、采购与付款、生产与存货三大业务循环和货币资金审计的顺序进行介绍。内容紧密结合最新注册会计师执业准则、企业会计准则和内部控制规范体系的规定，与行业技术标准、职业资格标准相一致，强调“规范性、时效性、权威性”，强调“易懂、够用、适用、实用”。教材编写积极吸收校外行业实践专家共同审定并修订教材大纲与体例，全面提升教材的职业性，满足“1+X”证书试点方案的要求，充分展示“双证融通、生涯拓展”。

本教材第七版内容修订的主要依据是：2022年12月，财政部发布的修订后的《中国注册会计师审计准则第1211号——重大错报风险的识别和评估》等两项审计准则和进行了一致性修订的23项审计准则；2023年4月，中国注册会计师协会印发的《〈中国注册会计师审计准则第1101号——注册会计师的总体目标和审计工作的基本要求〉应用指南》等34项审计准则应用指南。按照新修订发布的审计准则以及应用指南，重点对教材第5章“识别和评估重大错报风险”内容及相关章节内容作了修订。

2.教材架构清。本教材整体贯穿风险导向审计模式，体现审计思维。在介绍审计基本理论、方法、技能的基础上，主要介绍民间审计，注册会计师财务报表审计业务的“计划、实施、终结”三个阶段，“风险评估、控制测试、实质性程序”三大程序，并充分将其体现在审计理论主线与审计项目流程主线之中。审计理论主线：管理当局认定—审计目标—审计程序—审计工作底稿—审计证据；审计项目流程主线：初步业务活动、签约—评估重大错报风险—制订审计计划—实施控制测试、实质性程序—出具审计报告。教材内容翔实、理实一体、结构严谨，体现出由一般到具体的认知规律，便于学生掌握审计项目的完整审计过程。

3.教学案例丰。案例资源的“丰富性”是本教材的亮点，本教材有针对性导读案例、上市公司和会计师事务所近年典型案例、理论理解与实务分析案例、审计工作底稿编制实例，拓宽学生视野、贴近行业，直接切中教学难点、重点，强调“情境性、分析性”，有利于教师在审计课程教学中建立导学式、情景逼近式、启发式等灵活多样的教学方式，实现以学生为主体、师生互动的现代教学观，积极引导学生由知识被动接受者向知识主动探求者转变。

4.教学资源广。本教材的配套数字化建设内容主要有两部分：基础资源和拓展资源。基础资源包括电子教案、教学课件、配套习题、完整工作底稿实例；以二维码为形式的拓展资源包括微课、法律法规准则、工作底稿实操视频、行业监管案例视频。教学资源丰富、展示形式多样，具有开放性、示范性和创新性，岗课赛证融通，有助于教师“教”和学生“学”，达到教学目标要求。

5.融入课程思政。本教材把立德树人融入各章专业知识教育环节，培根铸魂、启智润心。围绕社会主义核心价值观和审计职业素养要求，设置了12个思政主题，将各章审计专业知识与思政相融合，以达到培养学生树立正确的世界观、人生观和价值观，将提高审计职业技能和培养审计职业精神高度融合，形成良好的学科价值认同，更好地服务产业和经济社会发展的目的。

本教材由山西省财政税务专科学校会计学院副教授、太原理工大学会计专业硕士生导师、中国注册会计师马琳英担任主编，负责组织编写工作，并拟定编写提纲和对全书总纂。各章具体分工如下：第1章、第2章、第4章、第5章、第7章至第10章由马琳英副教授编写；第6章、第12章由郑红梅副教授编写；第3章、第11章由胡珊讲师编写。审计工作底稿篇实例由上述作者共同编写。本教材由胡中艾教授主审，信永中和会计师事务所

（特殊普通合伙）太原分所合伙人、主任会计师、注册会计师李建勋对“交易循环篇”和“审计工作底稿篇”进行审核。本教材审计工作底稿实操视频由中天运会计师事务所（特殊普通合伙）河北分所主任会计师、中国注册会计师协会资深会员、注册会计师应文杰组织录制。

本教材在编写过程中参考了大量的优秀专业文献，在此，我们对相关文献的作者表示诚挚谢意！同时，本教材的编写还得到了山西省注册会计师协会和信永中和会计师事务所（特殊普通合伙）太原分所领导和同仁的鼎力协助，值此出版之际，我们谨向对本教材的编写和出版给予关心、支持和帮助的审计界、出版界同仁致以诚挚的谢意。

由于编者学识有限，书中缺点和疏误之处在所难免，恳请读者批评指正。

编　者

2024年2月

目录

上篇　职业认知篇

下篇　交易循环篇

上篇
职业认知篇

1 第1章 走进审计职业

【知识目标】

1. 了解审计产生的客观基础，了解注册会计师审计的产生与发展
2. 理解审计的定义，明确审计的本质
3. 明确审计的对象，理解审计的职能
4. 了解审计的分类，掌握各种审计的特点
5. 理解管理当局认定的概念，掌握审计总体目标和具体目标
6. 了解注册会计师财务报表审计项目的审计过程

【能力目标】

1. 能准确理解审计的本质特征
2. 能根据各种审计的特点，确定不同种类审计工作的重点内容
3. 能根据管理当局认定、审计总体目标，确定审计具体目标
4. 能准确理解管理当局认定、审计目标与审计程序之间的关系
5. 能熟悉注册会计师财务报表审计项目的审计过程各阶段的主要工作内容

【素养目标】

1. 具有科学、正确的世界观、人生观和价值观，始终保持坚定的政治立场，充分发挥审计监督效能，扛起强国建设、民族复兴新征程上的责任使命

2. 具有依法、求实、严格、奋进、奉献的审计精神，严谨负责的专业胜任能力，忠诚履行审计监督职责，牢记维护社会公众利益

【本章知识架构】

章名	节名	一级标题
走进审计职业	审计本质	审计产生的客观基础
		注册会计师审计的产生和发展
		审计的定义
		审计的特征
		审计的对象
		审计的职能
		审计的作用
	审计分类	按审计主体分类
		按审计的内容和目的分类
		按审计对象分类
		按审计客观条件分类
	审计目标	审计总体目标
		认定
		审计工作的基本要求

续表

章名	节名	一级标题
走进审计职业	审计过程	计划阶段
		实施阶段
		终结阶段
本章思政主题 **红色审计 薪火传承**		

【导读案例】

近距离接触审计工作，审计工作是怎样的？

审计工作充满挑战，有机会近距离触碰众多行业、众多业务、众多事项，需要在已有专业知识的基础上，不断持续升级、不断扩容地钻研各领域、各行业的专业知识，在突破中寻求事情的本质，探寻未知，挖掘出问题背后的真相。

审计工作需要敏锐的洞察力和分析研判能力，发现问题后，需要从多个角度全方位排查研究，抽丝剥茧，透彻分析问题产生的背景、各个环节和可能的原因，前瞻性地推动问题整改，真正从源头解决问题。

审计工作需要在工作中学习、思考，研究相关政策、制度、法规，研究审计对象的特点，研究事项的固有规律，永无止境地提升审计人员的专业能力。

高质量的审计工作需要审计人员练就“开口能说”“提笔能写”“遇事能干”“团队能带”的“四大功夫”，具备政治能力、专业能力、宏观政策研究能力、人际和沟通能力、审计信息化能力、组织和企业管理能力等。

审计人员要具有坚定的理想信念，正确的政治立场，忠诚的政治品格。审计人员要能够识别和解决无既定模式的问题，能够对不同来源的信息进行识别、获取、组织及理解，能够进行调查研究、逻辑思考、推理及质疑；审计人员要能够对数据、数学逻辑等具备一定的能力和敏感度，能够对风险进行识别、分析、评估，具备信息技术运用与评价能力；审计人员要能够在有限的资源中选择和配置优先完成的工作，按照规定的时限组织和完成工作；审计人员要能够与他人协商共事，具备团队合作能力。

审计工作需要审计人员做到自律，遵守行业职业道德原则，整个审计过程保持职业怀疑态度，保持应有的职业谨慎，有精益求精的工匠精神，有静心、有耐心地做深做实审计业务各环节的工作，有敢于斗争的精神，坚韧不拔的毅力，遇到困难不退缩，发现疑点追查到底。

审计是党和国家监督体系的重要组成部分，国家审计、内部审计和社会审计共同构筑了经济监督体系，专司经济监督职责。国家审计关注政策落实，心系百姓所得，制约和监督权力规范运行，是推动国家治理体系和治理能力现代化的重要力量。内部审计是公司治理的三大基石之一，通过评价并改善风险管理、控制及治理过程，帮助组织增加价值和改善运营，实现其目标。社会审计的鉴证审计服务，是市场监督体系重要的制度安排，对提高会计信息质量和资源配置效率、规范市场经济秩序和促进资本市场发展、保障投资者和社会公众利益起到了重要作用。审计工作有责任、有担当、有作为、有成就、有自我提升，充满魅力和积极的人生态度。

1.1 审计本质

审计产生的客观基础是由于财产所有权与经营权的分离所形成的受托经济责任关系，它是一种具有独立性的经济监督活动；独立性是审计的本质特征；审计的对象是被审计单位的财政财务收支及其有关的经济活动；审计的职能主要有经济监督、经济评价和经济鉴证；审计的主要作用是防护和促进。

1.1.1 审计产生的客观基础

审计是社会经济发展到一定阶段的产物，其产生的客观基础是财产所有权与经营权的分离。当社会经济发展到一定程度之后，必然出现经济组织规模扩大、经济活动过程复杂、经营管理层次增多的情况，使得财产所有者不能直接参与企业的日常经营管理，只好授权或委托他人代为经营管理，这就出现了财产所有权与经营权的分离，同时，财产所有者与经营者之间也形成了委托和受托经济责任关系。经营管理者接受委托之后，财产所有者需要对经营者的行为进行监督和控制，了解经营管理情况如何、财产是否保值和增值、账簿记录是否真实可靠。这就有必要委托独立于财产所有者和经营者之外的第三方人员——审计机构或审计人员——对经营者定期向财产所有者报告反映企业财务状况和经营成果情况的财务报表进行审查，以证实其真实性、合法性、效益性，评价经营者经济责任的履行情况。而经营者接受委托后，也有必要向委托人证明自己有效履行了受托经营管理责任，也需要一个具有相对独立身份的第三方检查和评价其所提供的财务报表，出具客观、公正的审计报告，鉴证其是否履行了受托经济责任。审计机构或审计人员正好扮演这种独立第三方的角色，又具备应有的专业技能，能够对受托人履行责任的情况进行客观公正的证明和监督。

1.1.2 注册会计师审计的产生和发展

从注册会计师审计发展的历程看，注册会计师审计最早起源于意大利合伙企业，在英国股份公司出现后得以形成，伴随着美国资本市场的发展而逐步完善起来。注册会计师对财务报表的审计，有效地降低了财务报表使用人进行决策时所面临的信息失真风险，提高了经济决策的有效性，在维护市场经济秩序和保护公众利益方面发挥了重大作用。在注册会计师审计发展过程中，注册会计师为了满足委托人的需要，应对审计环境的变化，审计方法持续创新，经历了账项基础审计、制度基础审计和风险导向审计三种审计模式。

注册会计师审计的产生和发展轨迹如下：

16世纪末期，地处地中海沿岸的意大利等国的合伙企业出现，需要委托他人经营航海贸易业务，这样便产生了财产所有权和经营权的分离，那些参与经营管理的合伙人有责任向不参与经营管理的合伙人证明合伙契约得到了认真履行，为保障全体合伙人的权益，需要独立的熟悉会计业务的第三方对合伙企业经济活动进行鉴证，查证账目，使得民间审计应运而生。

18世纪，英国的资本主义经济得到迅速发展，生产的社会化程度大大提高，企业的所有权与经营权进一步分离，企业主希望由外部的会计师对企业账目进行逐笔检查，重点在查错防弊，检查结果向企业主报告，是否聘请独立会计师进行查账由企业主自行决定，此时的独立审计为任意审计。随着股份有限公司的兴起，使得绝大多数股东完全脱离了企业的经营管理，为了维护自身的权益，作出正确的投资决策，客观上产生了由独立会计师对公司财务报表进行审计，以保证财务报表真实可靠的需求。1720年英国的“南海公司事件”宣告了独立会计师——注册会计师的诞生。英国的法律规定，股份公司和银行必须聘请注册会计师进行审计，使得英国注册会计师审计得到了迅速发展。这一时期英国注册会计师审计的主要特点是：独立审计由任意审计转变为法定审计；审计对象是会计资料；审计的目的是查错防弊，保护企业资产的安全和完整；审计的方法是详细审计；审计报告的使用人主要为企业股东。

资源拓展

英国“南海公司”破产案

从20世纪初开始，全球经济发展重心由欧洲转向美国，金融资本对产业资本的渗透更为广泛，企业同银行的利益关系更加紧密，银行逐渐把企业资产负债表作为了解企业信用的主要依据，产生了帮助债权人了解企业信用的资产负债表审计需求，这一时期美国注册会计师审计的主要特点是：审计对象是资产负债表；审计的目的是判断企业信用状况，保护企业债权人利益；审计的方法是逆查法、抽样审计法；审计报告的使用人除企业股东外，还扩大到债权人。

1929年到1933年，资本主义世界经历了历史上最严重的经济危机，投资者和债权人蒙受了巨大的经济损失，客观上促使企业利益相关者从只关心企业财务状况转变为更加关心企业的盈利水平，产生了对企业利润表审计的客观要求，进而产生对全部财务报表审计的需求。这一时期美国注册会计师审计的主要特点是：审计对象是全部财务报表；审计的目的是对全部财务报表发表审计意见；审计的方法是制度基础审计；审计报告的使用人扩大到社会公众。美国的注册会计师审计对注册会计师职业在全球的迅速发展发挥了重要作用，也推动审计方法从账项基础审计发展到制度基础审计。制度基础审计是在重点审查企业内部控制制度的有效性基础上，发现内部控制制度的薄弱环节，找出问题发生的根源，再针对这些薄弱环节扩大审计范围。而对于内部控制制度的有效环节，则缩小其审计范围或简化其审计程序。制度基础审计20世纪80年代盛行于世界各国审计界。制度基础审计使审计工作从依据会计资料采用详查法、判断抽查法进行单个数据的检查验证，发展到对企业整个内部控制制度的系统评价，促进了系统审计思想的形成。制度基础审计广泛地采用统计抽样技术，节约了审计资源，提高了审计效率，促进被审计单位完善内部控制机制，提高管理水平。同时，制度基础审计从薄弱环节入手，能够科学地掌握审计的重点和方向，保证审计工作质量，降低审计风险。

风险导向审计的产生主要源自美国。21世纪许多著名的财务舞弊案例表明，舞弊的发生并非由于企业的内部控制不健全，而在于企业管理层在提供虚假财务信息的利益驱动下，利用其掌握的内部控制制度的制定权与操作权，轻易绕过内控，导致内部控制所要求的相互制约机制失效，刻意掩盖了其舞弊造假的迹象。对于管理层舞弊财务造假，账项基础审计因为完全依赖实质性测试程序，难以发现“一条龙造假”呈现出的账证相符、账务处理正确现象下的财务舞弊。制度基础审计比账项基础审计多了了解内部控制及控制测试两道程序，但表面上存在并运行良好的内部控制其实已经失效，制度基础审计无法找出内控薄弱环节、查出财务舞弊问题。基于不断出现的管理层舞弊，风险导向审计模式应运而生。风险导向审计不只依赖对被审计单位管理层所设计和执行内部控制制度的审查与评价，而是对被审计单位管理层是否有舞弊造假的动机，始终保持合理的职业怀疑，将审计的视野扩大到被审计单位所处的经营环境，捕捉潜在的风险点，将风险评估贯穿于审计工作的全过程，运用审计风险模型，确定审计的范围和重点，进而开展实质性审查。风险导向审计有利于注册会计师将审计资源分配到最容易导致财务报表出现重大错报的领域，将任何审计业务的审计风险控制在可接受的风险水平内，达到其审计目标。

我国注册会计师审计起源于1918年。该年9月北洋政府农商部颁布了我国第一部注册会计师法规——《会计师暂行章程》，并于同年批准著名会计学家谢霖先生为中国的第一位注册会计师，其后成立了我国第一家会计师事务所——正则会计师事务所。

资源拓展

中华人民共和国审计法

1927年，带着新式会计理论从美国留学归来的潘序伦先生，为实现专业报国和实业救国的理想，在上海创建了潘序伦会计师事务所（翌年改名为立信会计师事务所）。新中国成立后，注册会计师行业在国民经济恢复中发挥了积极作用。随着我国逐步实行高度集中的计划经济，注册会计师行业发展一度中断。伴随着改革开放和社会主义市场经济体制建设的历史进程，1980年经国务院批准，我国财政部颁布了《关于成立会计顾问处的暂行规定》，恢复中断多年的注册会计师制度。

1981年1月1日，中国第一家由财政部批准独立承办注册会计师业务的会计师事务所——上海会计师事务所宣告成立。1986年7月，国务院颁布《中华人民共和国注册会计师条例》；1993年10月，全国人民代表大会常务委员会第四次会议通过了《中华人民共和国注册会计师法》。在国家法律、法规的规范下，我国注册会计师行业得到了快速发展壮大。自1991年设立注册会计师全国统一考试以来，吸纳大批优秀会计、审计人才补充审计队伍；2006年年初实现与国际审计准则的趋同，建立起了一套既适应社会主义市场经济建设要求又与国际审计准则接轨的审计准则体系；2010年、2016年、2019年、2022年陆续对中国注册会计师执业准则体系进行了修订，保持了与国际审计准则持续全面的国际趋同。2011年7月，中国注册会计师协会印发《会计师事务所执业质量检查制度》和《中国注册会计师协会会员执业违规行为惩戒办法》。2017年8月，财政部令第89号公布《会计师事务所执业许可和监督管理办法》，并于2019年1月修改并公布。2022年1月，财政部印发《会计师事务所自查自纠报告管理办法》；2022年，财政部印发《会计师事务所监督检查办法》和《会计师事务所一体化管理办法》。这些制度和办法将会计师事务所质量管理的要求提到了一个新的高度。我国会计师事务所和注册会计师在国家经济监督中发挥出重要的作用，形成了国家审计、内部审计和注册会计师审计互为补充、共同发展的局面。

1.1.3 审计的定义

世界各国的审计界都对审计概念进行了深入的研究，其中，最具代表性的是美国会计学会（AAA）审计基本概念委员会1973年发表的《基本审计概念说明》，其定义为：“审计是一个系统化过程，即通过客观获取和评价有关经济活动与经济事项认定的证据，以证实这些认定与既定标准的符合程度，并将结果传达给有关使用者。”

1989年4月，中国审计学会提出的审计概念是：“审计是由专职机构和人员，依法对被审计单位的财政、财务收支及其有关经济活动的真实性、合法性、效益性进行审查，评价经济责任，用以维护财经法纪，改善经营管理，提高经济效益，促进宏观调控的独立性经济监督活动。”为便于记忆和宣传，1995年10月，在中国审计学会等组织和单位于青岛举办的审计定义研讨会上，与会专家学者反复研讨，结合我国审计实践，将前述定义简明概括为：审计是独立检查会计账目，监督财政、财务收支真实、合法、效益的行为。

1.1.4 审计的特征

审计监督的本质特征，就是高层次的经济监督。这种本质特征，主要表现在以下几个方面：

1）审计主体的独立性

审计主体的独立性是指审计机构和人员依法独立行使审计监督权，不受其他行政机关、社会团体和个人的干涉。

审计主体的独立性主要表现在组织上的独立性、人员上的独立性、工作上的独立性和经济上的独立性。在组织上，审计机构必须是单独设置的独立的专职机构，它既不能与被审计单位有组织上的关系，也不能附属于其他部门；在人员上，审计人员必须依法审计、公正无私、不偏不倚，其任免应受到国家法律的保护；在工作上，审计人员依法独立行使审计监督权，独立进行审查，作出审计判断，并提出审计报告；在经济上，审计机构应有自己专门的经费来源，有足够的经费，独立自主地从事审计工作。

审计主体的独立性主要是由审计人在审计关系人中所处的超脱地位所决定的。任何一种审计活动都必须有审计人、被审计人和审计委托人三个方面。审计人（即第三关系人）在接受审计委托人的委托或授权的情况下，对被审计人进行审查，向审计委托人证实被审计人的责任、状况与问题；被审计人（即第二关系人）对审计委托人负有经济责任，并由审计人对其受托经济责任进行审查；审计委托人（即第一关系人）将其财产授予被审计人去经营管理，要求被审计人对他们承担经济责任，并从审计人那里获取有关被审计人受托经济责任履行的书面报告。审计人、被审计人和审计委托人三者的关系，如图1-1所示。

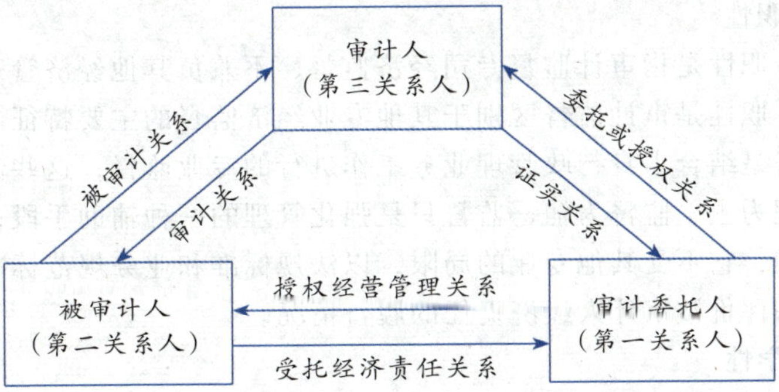

图1-1　审计关系图

从图1-1可见，审计人与审计委托人和被审计人之间不存在经济利害关系，其对审计委托人和被审计人都具有主动性和自由性，处于超脱地位，这就决定了审计主体的独立性。

2）审计对象的广泛性

审计对象的广泛性是指审计实体和内容在范围上的广泛性。具体来说，凡是负有财政、财务和经营管理责任的政府机关、社会团体和企事业单位，都具有一定的经济责任关系，因而都是审计授权人授权审计的对象，即审计对象。

审计对象的广泛性是由审计在经济监督体系中所处的较高层次的地位所决定的。在我国社会主义经济监督体系中，企事业单位内部的经济监督属于单位内部的自我约束机制，它作为整个经济监督的基础，主要解决微观经济活动中出现的问题；财政、税务、金融、物价等部门的专业经济监督，虽然是整个经济监督体系的中坚，但由于其受专业的局限和条块分割体制的制约，往往侧重本部门、本单位的职责，因而只能是在其专业范围内对企事业单位经济活动进行的专业监督；审计组织是专司经济监督的，它不参与被审计单位的经营管理，与审计授权人、被审计人之间均不存在经济利害关系，处于客观、超脱地位，因而它按照授权人的授权，不仅可以对企事业单位等经济组织的微观经济活动进行监督，还可以对专业经济监督部门的经济活动进行再监督。审计监督处于较高层次的地位并受法律的保护，决定了审计对象的广泛性。

3）审计监督的权威性

审计监督的权威性是指审计组织的工作过程具有法律保障，且审计结果具有法律效力的特征。审计监督的权威性是审计独立性的明显体现，只有审计组织独立行使监督权，不受其他行政机关、社会团体和个人的干涉，才能确立审计组织的权威性。

在我国，审计的权威性主要表现在三个方面：

（1）审计组织是根据宪法规定建立的，宪法对审计组织赋予了依照法律独立行使审计监督的权力；

（2）审计组织按照授权人的委托依法行使职权时，有权要求被审计人提供有关资料，政府审计组织还有权追究违法乱纪的原因和经济责任，有权纠正违反国家规定的收支，制止损失浪费；

（3）审计组织出具的审计报告具有法律效力，政府审计机关的审计决定，还可以依法定性、处理和处罚。

4）审计监督的专职性

审计监督的专职性是指审计监督专司经济监督，不兼负其他经济管理工作的特征。

审计监督的专职性是审计监督区别于其他专业经济监督的主要特征。财政、税务、金融等专业经济监督是结合本身行政管理业务工作进行的专业监督，这些部门参与本专业的经济管理，以管理为主、监督为辅，监督只是强化管理的一种辅助手段；而审计组织则不参与具体经济管理，它不受其他专业的局限，以法规标准和业务规范标准监督被审计人的行为，进而查明和评价被审计人经济责任的履行情况。

5）审计手段的科学性

审计手段的科学性是审计工作程序和方法符合审计工作客观规律的特征。

在审计活动中，审计人利用各种审计手段，对被审计人的经济活动进行审查，确认其是否执行了审计标准，并对其执行、不执行或违背标准的行为进行取证，形成充分有效的审计证据；在此基础上，对比审计标准与审计证据，揭示出被审计人行为的差异，然后对其差异进行评价，形成审计意见，以审计报告的形式提供给审计授权人。审计通过科学严密的审计手段，保证了审计任务的完成。

1.1.5 审计的对象

审计对象是指被审计单位的财政财务收支及其有关的经济活动，以及作为这些经济活动信息载体的会计资料及其相关资料。具体地说，审计对象包括以下两方面的内容：

1）被审计单位的财政财务收支及其有关的经济活动

不论是传统审计还是现代审计，不论是政府审计、内部审计还是民间审计，都要求以被审计单位客观存在的财政财务收支及其有关的经济活动为审计对象，对其是否合法、公允、合理进行审查和评价，以便对其所负受托经济责任是否认真履行进行确定、证明和监督。政府审计的对象，根据宪法的规定，为国务院各部门和地方各级政府的财政收支、国家金融机构和企事业组织的财务收支；内部审计的对象为本部门、本单位的财务收支以及其他有关的经济活动；民间审计的对象为委托人指定的被审计单位的财务收支及其有关的经济活动。

2）被审计单位的会计资料及其相关资料

审计对象主要包括记载和反映被审计单位财政财务收支、作为会计信息载体的会计凭证、账簿、报表等会计资料，以及相关的计划、预算、经济合同等其他资料。提供被审计单位经济活动信息的载体除上述会计、计划、统计等资料外，还有经营目标、预测、决策方案、经济活动分析资料、技术资料等其他资料，以及电子计算机的磁盘等会计信息载体。以上这些都是审计的具体对象。

1.1.6 审计的职能

审计的职能是审计客观上所固有的、不受人们主观意志所支配的内在功能。审计具有经济监督、经济评价和经济鉴证三项职能。

1）经济监督

经济监督是审计的基本职能，它是指监察和督促被审计单位的经济活动，使其按照正常的经济规律和法规制度运行。审计监督是整个经济监督体系中的一个重要组成部分。通过审计监督，可以对被审计单位的财政财务收支及其有关经济活动的真实性、合法性、效益性进行审查，促使其符合国家的方针、政策、法规、制度、计划和预算的要求，借以维护财经法纪。

纵观审计产生和发展的历史，审计无不表现为经济监督的活动，履行着经济监督的职能。我国的审计实践证明，经济越发展，越需要加强审计监督。通过审计监督，可以严肃财经纪律，维护国家和人民的利益，可以加强宏观调控和管理，可以促进企事业单位经济效益的提高。

2）经济评价

经济评价是指审计人员通过对被审计单位的财政财务收支和有关经济活动进行审核检查，就其经济决策、预算、计划和方案是否先进可行，执行情况如何，经济效益高低优劣，以及内部控制是否健全、严密、有效等内容作出评价，为有关方面提供决策信息。

审核检查被审计单位的财政财务收支及其有关的经济活动，是进行经济评价的前提。只有查明了被审计单位的客观事实真相，才能按照一定的标准进行对比分析，形成各种经济评价意见。经济评价的过程，同时也是肯定成绩、发现问题的过程。

3）经济鉴证

经济鉴证是指通过审核鉴定，确认被审计单位的财务报表和经济资料是否合法、真实、正确，是否可以信赖，并作出书面证明，以供审计委托人或其他相关各方使用。

经济鉴证职能是随着现代审计的发展而出现的一项职能，它不断受到人们的重视而被日益强化，并显示其重要作用。在我国，民间审计组织鉴证业务的范围越来越广，执业越来越规范，在经济生活中发挥的作用亦越来越重要。

不同的审计组织形式在审计职能的体现上侧重点有所不同，政府审计和内部审计侧重于经济监督和经济评价，民间审计则侧重于经济鉴证。

1.1.7 审计的作用

审计的作用，是指审计职能在审计工作中产生的客观效果。我国现阶段审计的作用，概括起来主要有防护作用和促进作用。

1）审计的防护作用

审计的防护作用，是指运用审计监督职能所产生的防范、保护、维护、保证、保障等实际效果。这是传统审计所具有的作用。发挥审计的防护作用，可以检查经济资料及其反映的经济活动的真实性和准确性，保证经济信息的准确可靠，保护财产的安全完整，确保国家计划、预算的顺利完成；可以监督党和国家方针、政策和经济法规的贯彻情况，揭露和查处违法乱纪行为。这样，不仅可以维护财经法纪，保障经济秩序，还可以健全法制，防止违法乱纪行为的发生，保证党和国家方针、政策和经济法规的顺利实施，确保社会主义市场经济的健康有效运行。

2）审计的促进作用

审计的促进作用，主要是审计评价职能在审计工作中产生的正面效应。审计人员在审计过程中，可以根据检查审核的情况，进行审计评价。这样，既可以对被审计单位合理的地方、有效的方面以及取得的成绩进行评价，又可以指出被审计单位存在的问题、不合理的地方，并提出改进意见，以利于被审计单位不断完善内部管理制度，提高会计信息的质量和管理水平，挖掘内部潜力，不断提高经济效益。

1.2 审计分类

随着审计的发展及其内容、形式的变化，审计的种类也逐步复杂化，为了正确理解与掌握不同的审计形态，有必要按照一定的标准，对审计予以分类。审计可按其主体、内容和目的、对象和客观条件进行分类。

1.2.1 按审计主体分类

审计主体是指具有并行使审计权的组织机构和专职人员。审计主体在审计活动中处于主导地位，是审计行为的执行者。

按审计主体的性质划分，审计可以分为政府审计、内部审计和民间审计三类。

1）政府审计

政府审计是指政府审计机关依法对各级政府部门、国有金融机构和企事业组织的财政财务收支及其有关经济活动的真实性、合法性和效益性所进行的审查。政府审计具有很强的权威性和强制性。

我国政府审计机关包括中央审计机关和地方审计机关。《中华人民共和国审计法》（以下简称《审计法》）规定，国务院设立审计署，在国务院总理的领导下，主管全国的审计工作。审计长是审计署的行政首长。省、自治区、直辖市、设区的市、自治州、县、自治县、不设区的市、市辖区的人民政府的审计机关，分别在省长、自治区主席、市长、州长、县长、区长和上一级审计机关的领导下，负责本行政区域内的审计工作。地方各级审计机关对本级人民政府和上一级审计机关负责并报告工作，审计业务以上级审计机关领导为主。

根据2022年1月1日起施行的《审计法》第三章第18条至第33条的规定，我国政府审计机关的职责主要包括：

（1）财政收支审计。审计署对中央预算执行情况、决算草案以及其他财政收支情况进行审计监督。地方各级审计机关对本级预算执行情况、决算草案以及其他财政收支情况进行审计监督。

（2）财务收支审计。审计署对中央银行的财务收支，进行审计监督；审计机关对国有企业、国有金融机构和国有资本占控股地位或者主导地位的企业、金融机构的资产、负债、损益以及其他财务收支情况，进行审计监督；审计机关对国家的事业组织和使用财政资金的其他事业组织的财务收支，进行审计监督；审计机关对政府投资和以政府投资为主的建设项目的预算执行情况和决算，对其他关系国家利益和公共利益的重大公共工程项目的资金管理使用和建设运营情况，进行审计监督；审计机关对国有资源、国有资产，进行审计监督；审计机关对政府部门管理的和其他单位受政府委托管理的社会保险基金、全国社会保障基金、社会捐赠资金以及其他公共资金的财务收支，进行审计监督；审计机关对国际组织和外国政府援助、贷款项目的财务收支，进行审计监督；审计机关按照有关规定，对国家机关和依法属于审计机关审计监督对象的其他单位的主要负责人，在任职期间对本地区、本部门或者本单位的财政收支、财务收支以及有关经济活动应负经济责任的履行情况，进行审计监督。

（3）专项审计调查。审计机关有权对与国家财政收支有关的特定事项，向有关地方、部门、单位进行专项审计调查，并向本级人民政府和上一级审计机关报告审计调查结果。

（4）管理审计工作。审计署在国务院总理的领导下，对中央预算执行情况、决算草案以及其他财政收支情况进行审计监督，向国务院总理提出审计结果报告。地方各级审计机关分别在本级政府最高行政首长和上一级审计机关的领导下，对本级预算执行情况、决算草案以及其他财政收支情况进行审计监督，向本级人民政府和上一级审计机关提出审计结果报告。

（5）指导、监督内部审计。审计机关应当对被审计单位的内部审计进行业务指导和监督。

（6）指导、监督和管理社会审计。审计机关按照国务院的规定，有权对被审计单位的社会审计机构出具的相关审计报告进行核查。

根据2022年1月1日起施行的《审计法》第四章第34条至第41条的规定，我国政府审计机关的权限主要包括：

（1）监督检查权。监督检查权包括要求报送资料权、检查权和调查取证权。要求报送资料权是指审计机关有权要求被审计单位按照审计机关的规定提供财务、会计资料以及与财政收支、财务收支有关的业务、管理等资料，包括电子数据和有关文档。被审计单位不得拒绝、拖延、谎报。检查权是指审计机关进行审计时，有权检查被审计单位的财务、会计资料以及与财政收支、财务收支有关的业务、管理等资料和资产，有权检查被审计单位信息系统的安全性、可靠性、经济性，被审计单位不得拒绝。调查取证权是指审计机关进行审计时，有权就审计事项的有关问题向有关单位和个人进行调查，并取得有关证明材料。有关单位和个人应当支持、协助审计机关工作，如实向审计机关反映情况，提供有关证明材料。

（2）采取临时强制措施权。审计机关在进行审计时，为了及时制止正在进行的违反国家规定的财政收支、财务收支行为，或者为了保证审计工作正常进行，有对被审计单位的账册、资产采取一定的暂时性的强制措施的权力。

（3）通报或公布审计结果权。审计结束后，审计机关有向政府有关部门通报或向社会公布审计结果的权力。审计机关通报或者公布审计结果，应当依法保守国家秘密、工作秘密、商业秘密、个人隐私和个人信息，遵守法律、行政法规和国务院的有关规定。

（4）处理、处罚权。审计机关对被审计单位的相关违法、违规行为进行处理、处罚的权力。处理、处罚权包括：对被审计单位拒绝、阻碍审计工作的处理、处罚权；对被审计单位违反预算或者其他违反国家规定的财政收支行为、财务收支行为的处理、处罚权。

（5）建议纠正处理权。审计机关认为被审计单位执行的上级主管部门、单位有关财政收支、财务收支的规定与法律、行政法规相抵触的，应当建议有关主管部门、单位纠正。如有关主管部门不予纠正，审计机关应当提请有权处理的机关依法处理。

2）内部审计

内部审计是指由部门、单位内部专职审计机构的专职审计人员对本单位及所属单位财政财务收支、经济活动、内部控制、风险管理实施独立、客观的监督、评价和建议，以促进单位完善治理、实现目标的活动。内部审计的职能是在本部门、本单位相对独立地行使审计监督权，是实现经济管理的一种必要手段。相对于政府审计和民间审计而言，内部审计的独立性较弱。

关于内部审计机构的设置。根据《审计法》和《审计署关于内部审计工作的规定》，依法属于审计机关审计监督对象的单位应建立健全内部审计制度，并接受审计机关对单位内部审计工作的业务指导和监督。国家机关、事业单位、社会团体等单位的内部审计机构或者履行内部审计职责的内设机构，应当在本单位党组织、主要负责人的直接领导下开展内部审计工作，向其负责并报告工作。国有企业内部审计机构或者履行内部审计职责的内设机构应当在企业党组织、董事会（或者主要负责人）直接领导下开展内部审计工作，向其负责并报告工作。国有企业应当按照有关规定建立总审计师制度。总审计师协助党组织、董事会（或者主要负责人）管理内部审计工作。

《审计署关于内部审计工作的规定》的第十二条中列示的内部审计机构的职责主要包括：

（1）对本单位及所属单位贯彻落实国家重大政策措施情况进行审计。

（2）对本单位及所属单位发展规划、战略决策、重大措施以及年度业务计划执行情况进行审计。

（3）对本单位及所属单位财政财务收支进行审计。

（4）对本单位及所属单位固定资产投资项目进行审计。

（5）对本单位及所属单位的自然资源资产管理和生态环境保护责任的履行情况进行

审计。

(6) 对本单位及所属单位的境外机构、境外资产和境外经济活动进行审计。

(7) 对本单位及所属单位经济管理和效益情况进行审计。

(8) 对本单位及所属单位内部控制及风险管理情况进行审计。

(9) 对本单位内部管理的领导人员履行经济责任情况进行审计。

(10) 协助本单位主要负责人督促落实审计发现问题的整改工作。

(11) 对本单位所属单位的内部审计工作进行指导、监督和管理。

(12) 国家有关规定和本单位要求办理的其他事项。

《审计署关于内部审计工作的规定》的第十三条中列示的内部审计机构的权限主要包括:

(1) 要求被审计单位按时报送发展规划、战略决策、重大措施、内部控制、风险管理、财政财务收支等有关资料(含相关电子数据),以及必要的计算机技术文档。

(2) 参加单位有关会议,召开与审计事项有关的会议。

(3) 参与研究制定有关的规章制度,提出制定内部审计规章制度的建议。

(4) 检查有关财政财务收支、经济活动、内部控制、风险管理的资料、文件和现场勘察实物。

(5) 检查有关计算机系统及其电子数据和资料。

(6) 就审计事项中的有关问题,向有关单位和个人开展调查和询问,取得相关证明材料。

(7) 对正在进行的严重违法违规、严重损失浪费行为及时向单位主要负责人报告,经同意作出临时制止决定。

(8) 对可能转移、隐匿、篡改、毁弃会计凭证、会计账簿、会计报表以及与经济活动有关的资料,经批准,有权予以暂时封存。

(9) 提出纠正、处理违法违规行为的意见和改进管理、提高绩效的建议。

(10) 对违法违规和造成损失浪费的被审计单位和人员,给予通报批评或者提出追究责任的建议。

(11) 对严格遵守财经法规、经济效益显著、贡献突出的被审计单位和个人,可以向单位党组织、董事会(或者主要负责人)提出表彰建议。

3) 民间审计

民间审计是指经政府有关部门审核批准的注册会计师组成的会计师事务所,在接受审计委托人的委托后,根据审计业务约定书对被审计单位进行的审计。注册会计师审计具有独立性、委托性、有偿性的特点。这种审计风险高、责任重。审计理论的产生、发展及审计方法的变革都基本围绕它展开。民间审计组织的每一审计事项的内容取决于审计委托人具体委托事项的目的和要求,其业务范围有:企业财务报表审计,企业合并、分立、清算事宜中的审计业务,内部控制鉴证,代编财务信息,管理咨询等。

民间审计的相关内容参见第2章2.1。

政府审计与民间审计都是被审计单位以外的审计组织所进行的审计,统称外部审计。

1.2.2 按审计的内容和目的分类

按审计的内容和目的不同,审计可以分为财政财务收支审计、财经法纪审计、经济效益审计和经济责任审计四类。

1）财政财务收支审计

财政财务收支审计，也称常规审计或传统审计。它是指审计组织通过对凭证、账簿、报表以及有关经济资料的审查，查明被审计单位的财政财务收支活动是否真实、合规的一种审计。

2）财经法纪审计

财经法纪审计，也称法纪审计。它是对被审计单位或被审计人员是否贯彻执行和严格遵守财经政策、法令、制度的一种审计。从严格的意义上讲，财经法纪审计是财政财务收支审计的一个特殊类别，其内容包括在财政财务收支审计的内容之中，但其内容更加突出以下两点：

（1）对违反财经法律行为的审查，诸如乱挤成本、乱摊费用、偷税漏税、化公为私等行为；

（2）对违法犯罪案件的审查，诸如贪污盗窃、行贿受贿等情况。审计的目的在于通过监督、检查，促使被审计单位和有关人员遵守财经法纪，防止经济违法犯罪案件的发生。

3）经济效益审计

经济效益审计，是指对被审计单位经济活动的效益性所进行的审计。其目的是加强经营管理，提高经济效益。审计重点是审查和评价被审计单位经营管理活动的经济性、效率性和效果性。其中，经济性是对投入的要求，效率性是对速度的要求，效果性是对产出的要求。对这三个方面的审计，实质是审查经济活动是否有效地进行。其具体审计内容包括：

（1）对经营方针决策、各项计划目标和投资方案的经济性、合理性和可行性的审计；

（2）对被审计单位管理素质和管理水平的审计；

（3）对经营活动中人力、物力、财力等资源利用的节约或浪费的专项审计；

（4）对生产经营成果和财务成果等效益实现程度及其影响因素的审计。对被审计单位有关项目进行审查、取证、分析、评价，提出建议，借以查清被审计单位存在的问题，促使其改善经营管理，提高经济效益。

4）经济责任审计

经济责任审计，是指由独立的审计机构和审计人员依据党和国家的方针、政策，财经法令、法规、制度以及计划、预算、经济合同等，对经济责任关系主体经济责任的履行情况进行监督、审查、评价和证明的一种审计方式。经济责任审计的主要目的是分清经济责任人任职期间在本部门、本单位经济活动中应当负有的责任，为组织人事部门、纪检监察机关和其他有关部门考核使用干部或者兑现承包合同等提供参考依据。

对党政主要领导干部和国有企事业单位主要领导人员开展经济责任审计，是审计机关依法依规对党政主要领导干部和国有企事业单位主要领导人员经济责任履行情况进行监督、评价和鉴证的行为。审计的依据是《审计法》和2019年7月中共中央办公厅、国务院办公厅印发的《党政主要领导干部和国有企事业单位主要领导人员经济责任审计规定》，以及国家干部管理的有关规定。所谓经济责任，是指领导干部在任职期间，对其管辖范围内贯彻执行党和国家经济方针政策、决策部署，推动经济和社会事业发展，管理公共资金、国有资产、国有资源，防控重大经济风险等有关经济活动应当履行的职责。经济责任审计可以在领导干部任职期间进行，也可以在领导干部离任后进行，以任职期间审计为主。经济责任审计的审计内容以领导干部任职期间公共资金、国有资产、国有资源的管理、分配和使用为基础，以领导干部权力运行和责任落实情况为重点，充分考虑领导干部管理监督需要、履职特点和审计资源等因素，依规依法确定。经济责任审计有利于加强对党政主要领导干部和国有企事业单位主要领导人员的管理监督，强化对权力运行的制约和监督，推进党风廉政建设和反腐败工作，推进国家治理体系和治理能力现代化。

1.2.3 按审计对象分类

按审计对象分类，又可以细分为按审计对象的性质、接受程度和记录载体等为标志进行分类。

1）按审计对象性质分类

按审计对象的性质不同，审计可以分为公共审计和企事业审计。

（1）公共审计，是指政府审计组织对政府各机关的财政收支及其效果所进行的审计。公共审计属于宏观经济审计，其目的是监督国家财政预算资金的合理有效使用，揭露财政上的不法行为，提出改善财政管理的建议和意见。审计的内容主要包括：预算和决算的可行性和真实性的审计，财政收支的合法性和合理性的审计，国家资金利用的经济性、效率性和效果性的审计等。

（2）企事业审计，是指由审计组织对企事业单位的财务收支及其经济效益所进行的审计。企事业审计属于微观经济审计，其目的是审查企事业单位经济活动的真实性、合法性和效益性；审计的内容包括财务收支审计、财经法纪审计和经济效益审计。企事业审计，按其行业性质不同，又可分为工业企业审计、商业企业审计、交通运输企业审计、文教事业单位审计和基建单位审计等。

2）按审计对象接受程度分类

按审计对象的接受程度不同，审计可以分为强制审计和任意审计。

（1）强制审计，是指根据国家法令的规定，不考虑被审计人的意愿而强制执行的审计。我国政府审计组织和部门内部审计组织对企事业单位的财务收支实行的审计监督，就属于这一审计类别。实行强制审计时，被审计单位必须依法接受审计，不得拒绝。

（2）任意审计，是指根据被审计单位的意愿而进行的审计。在任意审计中，被审计单位不仅可以自主地决定是否接受审计，还可以按照自己的意愿去选择审计范围和审计方法。企业委托民间审计组织对内部控制所进行的审计以及单位内部审计组织的经济效益审计就属于这类审计。

3）按审计对象记录载体分类

按审计对象记录载体的不同，审计可以分为簿籍审计和电算化审计。

（1）簿籍审计，是指运用常规审计方法，对会计簿籍所进行的审计。这类审计属于传统审计方式，其目的在于审查会计资料的真实性和合法性。审计的内容包括会计基础工作的审计、会计凭证的审计、会计账簿的审计和会计报表的审计。

（2）电算化审计，是指对被审计单位电子数据处理系统的会计资料和业务记录所进行的审计。电算化审计是一种现代审计，它通过对电算化软件程序以及信息的输入和输出的审查，查明资料的正确性和可靠性，借以查出和纠正电算化过程中出现的错误，揭露和打击不法分子利用电脑作案的违法行为。

1.2.4 按审计客观条件分类

按审计客观条件分类，就是以审计的实施时间、执行地点、实施方式、范围等所进行的分类。

1）按审计实施时间分类

按审计实施时间不同，审计可以分为事前审计、事中审计和事后审计。

（1）事前审计，是指审计组织在被审计单位经济业务发生前所进行的审计。该类审计的主要内容包括被审计单位经济计划、预算、决策、方案的编制是否切实可行，各项工程项目的预算是否经济有效，以及经济合同的签订是否合理合法等，其目的是事先纠正计划、预算、决策等方面的失误，预防错弊行为的发生，防患于未然，保证经济行为的合理性和合法性，促使被审计单位正确处理各方面的经济关系，不断提高企业经营管理水平。事前审计一般由内部审计组织进行。

（2）事中审计，是指审计组织在被审计单位某项经济业务发生期间所进行的审计。审计的主要内容是审查计划、预算、决策、方案、合同等的执行情况，审查经济责任的履行情况，审查基建工程的施工进度、施工质量、施工效益等，其目的是确保内部控制的贯彻执行，及时发现和纠正错弊行为，保证计划、预算、决策、方案、合同的顺利实施。

（3）事后审计，是指审计组织在被审计单位经济业务结束后所进行的审计。这类审计的内容较多，既包括财政财务收支审计，又包括财经法纪和经济效益审计，其目的是评价经济活动的真实性、合法性和效益性，确认经济责任，总结经验和教训，为今后编制计划、预算、方案等提供参考依据。

2）按审计执行地点分类

按审计执行地点不同，审计可以分为就地审计和报送审计。

（1）就地审计，是指审计组织委派审计人员到被审计单位所在地所进行的审计。这种审计可以深入实际进行调查研究，易于全面了解和掌握被审计单位的实际情况，是运用较为广泛的一种审计形式。

（2）报送审计，是指被审计单位按照审计组织的要求，将审计资料送至审计组织所进行的审计。报送审计一般适用于业务量不大的行政事业单位的经费收支审计。

3）按审计实施方式分类

按审计实施方式不同，审计可分为预告审计和突击审计。

（1）预告审计，是指审计组织在进行审计之前，在把将要进行审计的目的及主要内容等，预先通知被审计单位及其有关人员的情况下所进行的审计。这种审计方式主要适用于一般性财务审计和经济效益审计。其目的是督促被审计单位提高工作质量，纠正错弊，提高审计效果。

（2）突击审计，是指审计组织在进行审计之前，不预先把审计的目的、日期及主要内容等通知被审计单位及有关人员，而采取突然袭击的方式所进行的审计。这种审计方式主要适用于保密性较强的专案审计，如对于贪污挪用资财行为以及偷税漏税等行为的审计。采用该种审计方式的目的，主要是防止被审计单位及其有关人员事先隐匿和销毁各种留有弊端、罪证的会计记录及其他经济资料，便于及时查清问题，顺利完成审计任务。

4）按审计范围分类

按审计范围不同，审计可以分为全部审计、部分审计和专项审计。

（1）全部审计，是指审计组织对被审计单位在审计期内的全部经营活动及其经济资料所进行的审计。全部审计的结果比较准确可靠，但审计业务量过于繁重。它一般适用于内部控制不健全、会计基础工作较为薄弱的单位或经济业务简单、会计资料较少的小型企业。

（2）部分审计，是指审计组织对被审计单位在审计期内经营活动的某些方面及其资料进行的部分的、有目的和重点的审计，如对销售业务进行的审计等。部分审计所需时间短、费用少，便于帮助被审计单位及时发现问题、解决问题。但采用这种审计方式可能会漏掉那些具有严重问题的事件和存在违法或非法行为的经济业务。

（3）专项审计，是指对被审计单位特定项目进行的审计，如对被审计单位财政专项资金使用情况的审计等。专项审计的审计范围小，针对性强，有利于围绕当前中心工作开展，有利于提出有针对性的意见和建议。

1.3 审计目标

审计目标是在一定历史环境下，人们通过审计实践活动所期望达到的境地或最终结果。审计目标通常可以划分为审计总体目标和具体审计目标。审计总体目标是指实施审计要实现的最终目的；具体审计目标是审计总体目标的细化，是针对具体审计项目确定的审计目的。就注册会计师审计而言，注册会计师的重要职责之一始终是对被审计单位财务报表进行审计。财务报表审计目标包括财务报表审计的总体目标和与各类交易、账户余额、披露相关的具体审计目标两个层次。

本节审计总体目标、管理当局认定、具体审计目标、审计程序、审计证据之间的关系如图1-2所示。

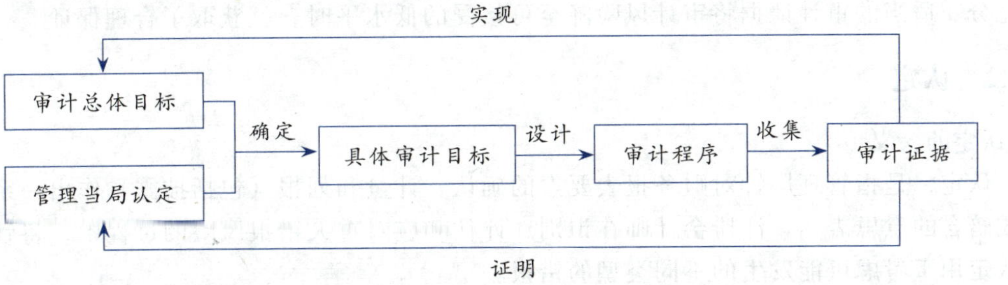

图1-2 审计总体目标、管理当局认定、具体审计目标、审计程序、审计证据之间的关系

1.3.1 审计总体目标

审计的目的是提高财务报表预期使用者对财务报表的信赖程度。这一目的可以通过注册会计师对财务报表是否在所有重大方面按照适用的财务报告编制基础编制发表审计意见得以实现。就大多数通用目的财务报告编制基础而言，注册会计师针对财务报表是否在所有重大方面按照财务报告编制基础编制并实现公允反映发表审计意见。注册会计师按照审计准则和相关职业道德要求执行审计工作，能够形成这样的意见。因此，执行财务报表审计工作时，注册会计师审计的总体目标是：对财务报表整体是否不存在由于舞弊或错误导

致的重大错报获取合理保证，使得注册会计师能够对财务报表是否在所有重大方面按照适用的财务报告编制基础编制发表审计意见；按照审计准则的规定，根据审计结果对财务报表出具审计报告，并与管理层和治理层沟通。

1）财务报表合法性评价

注册会计师应当依据适用的财务报告编制基础特别评价下列内容：

（1）财务报表是否充分披露了所选择和运用的重要会计政策；

（2）所选择和运用的会计政策是否符合适用的财务报告编制基础，并适合被审计单位的具体情况；

（3）管理层作出的会计估计是否合理；

（4）财务报表列报的信息是否具有相关性、可靠性、可比性和可理解性；

（5）财务报表是否作出充分披露，使预期使用者能够理解重大交易和事项对财务报表所传递信息的影响；

（6）财务报表使用的术语（包括每一财务报表的标题）是否适当。

2）财务报表公允性评价

在评价财务报表是否实现公允反映时，注册会计师应当考虑下列方面：

（1）经管理层调整后的财务报表是否与注册会计师对被审计单位及其环境的了解一致；

（2）财务报表的整体列报、结构和内容是否合理；

（3）财务报表（包括相关附注）是否公允地反映了相关交易和事项。

注册会计师应当按照审计准则的规定，对财务报表整体是否不存在由于舞弊或错误导致的重大错报获取合理保证，以作为发表审计意见的基础。由于审计存在固有限制，注册会计师据以得出结论和形成审计意见的大多数审计证据是说服性而非结论性的，因此，审计只能提供合理保证，不能提供绝对保证。合理保证是一种高水平保证。当注册会计师获取充分、适当的审计证据将审计风险降至可接受的低水平时，就获取了合理保证。

1.3.2　认定

1）认定的含义

认定，是指管理层针对财务报表要素的确认、计量和列报（包括披露）作出一系列明确或暗含的意思表达。注册会计师在识别、评估和应对重大错报风险的过程中，将管理层的认定用于考虑可能发生的不同类型的错报。

认定与审计目标密切相关，注册会计师的基本职责就是确定被审计单位管理层对其财务报表的认定是否恰当。注册会计师了解了认定，就很容易确定每个项目的具体审计目标。通过考虑可能发生的潜在错报，注册会计师运用认定评估风险，并据此设计审计程序以应对评估的风险。

保证财务报表公允反映被审计单位的财务状况和经营成果等是管理层的责任。当管理层声明财务报表已按照适用的财务报告编制基础进行编制，在所有重大方面作出公允反映时，就意味着管理层对财务报表各组成要素的确认、计量、列报以及相关的披露作出了认定。被审计单位管理层在财务报表上的认定有些是明确表达的，有些则是隐含表达的。例如，管理层在资产负债表中列报存货及其金额，意味着作出了下列明确的认定：记录的存货是存在的；存货以恰当的金额包括在财务报表中，与之相关的计价或分摊调整已恰当记录。同时，管理层也作出了下列隐含的认定：所有应当记录的存货均已记录；记录的存货都由被审计单位拥有。

管理层在财务报表中的认定包括关于所审计期间各类交易、事项及相关披露的认定、关于期末账户余额及相关披露的认定。

2）关于所审计期间各类交易、事项及相关披露的认定

关于所审计期间各类交易、事项及相关披露的认定通常分为下列类别：

（1）发生。记录或披露的交易和事项已发生，且这些交易和事项与被审计单位有关。

（2）完整性。所有应当记录的交易和事项均已记录，所有应当包括在财务报表中的相关披露均已包括。

（3）准确性。与交易和事项有关的金额及其数据已恰当记录，相关披露已得到恰当计量和描述。

（4）截止。交易和事项已记录于正确的会计期间。

（5）分类。交易和事项已记录于恰当的账户。

（6）列报。交易和事项已被恰当地汇总或分解且表述清楚，相关披露在适用的财务报告编制基础下是相关的、可理解的。

3）关于期末账户余额及相关披露的认定

关于期末账户余额及相关披露的认定通常分为下列类别：

（1）存在。记录的资产、负债和所有者权益是存在的。

（2）权利和义务。记录的资产由被审计单位拥有或控制，记录的负债是被审计单位应当履行的偿还义务。

（3）完整性。所有应当记录的资产、负债和所有者权益均已记录，所有应当包括在财务报表中的相关披露均已包括。

（4）准确性、计价和分摊。资产、负债和所有者权益以恰当的金额包括在财务报表中，与之相关的计价或分摊调整已恰当记录，相关披露已得到恰当计量和描述。

（5）分类。资产、负债和所有者权益已记录于恰当的账户。

（6）列报。资产、负债和所有者权益已被恰当地汇总或分解且表述清楚，相关披露在适用的财务报告编制基础下是相关的、可理解的。

注册会计师可以按照上述分类运用认定，也可按其他方式表述认定，但应涵盖上述所有方面。如注册会计师可以选择将关于各类交易、事项及相关披露的认定与关于账户余额及相关披露的认定综合运用。又如：当“发生”和“完整性”认定包含了对交易是否记录于正确会计期间的恰当考虑时，就可能不存在与交易和事项“截止”相关的单独认定。

案例窗 1-1　　被审计单位存在的问题及违反的认定

诚信会计师事务所接受委托，承接华强股份有限公司2023年度财务报表审计业务。注册会计师赵东负责确定与交易类别、账户余额、列报和披露相关的实质性程序。

要求：针对表1-1所列示的被审计单位存在的问题，请代赵东指出这些问题违反的认定。

表 1-1　被审计单位存在的问题及违反的认定

被审计单位存在的问题	违反的认定
记录了一笔不曾发生的销售收入	
将他人寄售商品列入被审计单位的存货中	
销售明细账和总账中未记录一笔已发生的销售收入	
某一笔销售交易发出商品的数量与账单上的数量不符	
将次年1月初发货的一笔销售收入计入本期	
将一年内到期的负债列为非流动负债	
将出售经营性固定资产所得的收入记录为营业收入	

1.3.3　具体审计目标

注册会计师了解了被审计单位的认定，就很容易确定每个项目的具体审计目标，并以此作为识别和评估重大错报风险以及设计和实施进一步审计程序的基础。

1）与所审计期间各类交易、事项及相关披露相关的审计目标

（1）发生。由“发生”认定推导的审计目标是确认已记录的交易是真实的。例如：如果没有发生销售交易，但在销售日记账中记录了一笔销售，则违反了该目标。

“发生”认定所要解决的问题是管理层是否把那些不曾发生的项目列入财务报表，它主要与财务报表组成要素的高估有关。

（2）完整性。由“完整性”认定推导的审计目标是确认已发生的交易确实已经记录，所有应包括在财务报表中的相关披露均已包括。例如，如果发生了销售交易，但没有在销售明细账和总账中记录，则违反了该目标。

发生和完整性两者强调的关注点是不同的。发生目标针对多记、虚构交易（高估），而完整性目标则针对漏记交易（低估）。

（3）准确性。由“准确性”认定推导出的审计目标是确认已记录的交易是按正确金额反映的，相关披露已得到恰当计量和描述。例如：在销售交易中，发出商品的数量与账单上的数量不符，或是开账单时使用了错误的销售价格，或是账单中的乘积或加总有误，或是在销售明细账中记录了错误的金额，则违反了该目标。

准确性与发生、完整性之间存在区别。例如：若已记录的销售交易是不应当记录的（如发出的商品是寄销商品），则即使发票金额是准确计算的，仍违反了发生目标。又如：若已入账的销售交易是对正确发出商品的记录，但金额计算错误，则违反了准确性目标而没有违反发生目标。完整性与准确性之间也存在同样的关系。

（4）截止。由“截止”认定推导出的审计目标是确认接近于资产负债表日的交易记录于恰当的期间。例如：将本期交易推到下期，或下期交易提到本期，均违反了截止目标。

（5）分类。由“分类”认定推导出的审计目标是确认被审计单位记录的交易经过适当分类。例如：若将出售经营性固定资产所得的收入记录为营业收入，则导致交易分类的错误，违反了分类的目标。

（6）列报。由“列报”认定推导出的审计目标是确认被审计单位的交易和事项已被恰当地汇总或分解且表述清楚，相关披露在适用的财务报告编制基础下是相关的、可理解的。

2）与期末账户余额及相关披露相关的审计目标

（1）存在。由“存在”认定推导的审计目标是确认记录的金额确实存在。例如：若不存在某客户的应收账款，在应收账款明细表中却列入了对该客户的应收账款，则违反了存在目标。

（2）权利和义务。由“权利和义务”认定推导的审计目标是确认资产归属于被审计单位，负债属于被审计单位的义务。例如：将他人寄售商品列入被审计单位的存货中，则违反了权利目标；将不属于被审计单位的债务记入账内，则违反了义务目标。

（3）完整性。由“完整性”认定推导的审计目标是确认已存在的金额均已记录，所有应包括在财务报表中的相关披露均已包括。例如：若存在某客户的应收账款，而应收账款明细表中却没有列入，则违反了完整性目标。

（4）准确性、计价和分摊。资产、负债和所有者权益以恰当的金额包括在财务报表中，与之相关的计价或分摊调整已恰当记录，相关披露已得到恰当计量和描述。

（5）分类。资产、负债和所有者权益已记录于恰当的账户。

（6）列报。资产、负债和所有者权益已被恰当地汇总或分解且表述清楚，相关披露在适用的财务报告编制基础下是相关的、可理解的。

通过上面的介绍可知，认定是确定具体审计目标的基础。注册会计师通常将认定转化为能够通过审计程序予以实现的审计目标。针对财务报表每一项目所表现出的各项认定，注册会计师相应地确定一项或多项审计目标，然后通过执行一系列审计程序获取充分、适当的审计证据，以实现审计目标。

案例窗 1-2　认定、具体审计目标和审计程序之间的关系

诚信会计师事务所接受委托，承接华强股份有限公司2023年度财务报表审计业务。注册会计师赵东负责确定与交易类别、账户余额、列报和披露相关的实质性程序。

要求：针对表1-2列示的认定、具体审计目标，请代赵东列示出应实施的审计程序。

表 1-2　华强股份有限公司应实施的审计程序

认定	具体审计目标	审计程序
存在	资产负债表列示的存货存在	
完整性	销售收入包括了所有已发货的交易	
准确性	销售业务是否基于正确的价格和数量，计算是否准确	
截止	销售业务记录在恰当的期间	
权利和义务	资产负债表中的固定资产确实为公司拥有	
计价和分摊	以净值记录应收账款	

1.3.4　审计工作的基本要求

1）遵守审计准则

审计准则是衡量注册会计师执行财务报表审计业务的权威性标准，涵盖从接受业务委托到出具审计报告的整个过程，注册会计师在执业过程中应当遵守审计准则的要求。

《中华人民共和国注册会计师法》第二十一条规定，注册会计师执行审计业务，必须按照执业准则、规则确定的工作程序出具报告。

2）遵守职业道德守则

注册会计师受到与财务报表审计相关的职业道德要求（包括与独立性相关的要求）约束。相关的职业道德要求通常是指中国注册会计师职业道德守则中与财务报表审计相关的规定。

3）保持职业怀疑

在计划和实施审计工作时，注册会计师应当保持职业怀疑。职业怀疑，是指注册会计师执行审计业务的一种态度，包括采取质疑的思维方式，对可能表明由于舞弊或错误导致错报的情形保持警觉，以及对审计证据进行审慎评价。职业怀疑是注册会计师综合技能不可或缺的一部分，是保证审计质量的关键要素。职业怀疑应当从下列方面理解：

（1）职业怀疑在本质上要求秉持一种质疑的理念。

这种理念促使注册会计师在考虑获取的相关信息和得出结论时采取质疑的思维方式。在这种理念下，注册会计师应当具有批判和质疑的精神，摒弃“存在即合理”的逻辑思维，寻求事物的真实情况。

（2）职业怀疑要求对引起疑虑的情形保持警觉。

这些情形包括但不限于：相互矛盾的审计证据；引起对文件记录、对询问的答复的可靠性产生怀疑的信息；表明可能存在舞弊的情况；表明需要实施除审计准则规定外的其他审计程序的情形。

（3）职业怀疑要求审慎评价审计证据。

审慎评价审计证据是指质疑相互矛盾的审计证据的可靠性。在怀疑信息的可靠性或存在舞弊迹象时，注册会计师需要作出进一步审查，并确定需要修改哪些审计程序或实施哪些追加的审计程序。应当指出的是，虽然注册会计师需要在审计成本与信息的可靠性之间进行权衡，但是，审计中的困难、时间或成本等事项本身，不能作为省略不可替代的审计程序或满足于说服力不足的审计证据的理由。

（4）职业怀疑要求客观评价管理层和治理层。

由于管理层和治理层为实现预期利润或趋势结果而承受内部或外部压力，即使以前正直、诚信的管理层和治理层也可能发生变化。即使注册会计师认为管理层和治理层是正直、诚实的，也不能降低保持职业怀疑的要求，不允许在获取合理保证的过程中满足于说服力不足的审计证据。

4）合理运用职业判断

职业判断，是指在审计准则、财务报告编制基础和职业道德要求的框架下，注册会计师综合运用相关知识、技能和经验，作出适合审计业务具体情况、有根据的行动决策。职业判断是注册会计师行业的精髓，如果没有运用职业判断将相关知识和经验灵活运用于具体事实和情况，只靠机械地执行审计程序，注册会计师无法理解审计准则、财务报告编制基础和相关职业道德要求，难以在整个审计过程中作出有依据的决策。

职业判断涉及注册会计师执业的各个环节。职业判断对于作出下列决策尤为重要：（1）确定重要性，识别和评估重大错报风险；（2）为满足审计准则的要求和收集审计证据的需要，确定所需实施的审计程序的性质、时间安排和范围；（3）为实现审计准则规定的目标和注册会计师的总体目标，评价是否已获取充分、适当的审计证据以及是否还需执行更多的工作；（4）评价管理层在运用适用的财务报告编制基础时作出的判断；（5）根据已获取的审计证据得出结论，如评价管理层在编制财务报表时作出的会计估计的合理性；（6）运用职业道德概念框架识别、评估和应对影响职业道德基本原则的不利因素。

1.4 审计过程

微课

财务报表审计过程

在审计目标确定后，注册会计师就需要收集各种审计证据，以便对财务报表发表审计意见，而审计证据的收集、整理和评价是在审计计划、实施及终结阶段等一系列审计过程中完成的，因此，审计目标的实现与审计过程密切相关。目前，注册会计师审计模式已经转为风险导向审计模式，这就要求注册会计师在审计过程中，以重大错报风险的识别、评估和应对作为工作主线。审计过程大致可分为三个阶段，包括：计划阶段、实施阶段和终结阶段。

1.4.1 计划阶段

计划阶段包括接受业务委托、实施重大错报风险评估程序和计划审计工作三项工作。

1）接受业务委托

会计师事务所应当按照执业准则的规定，谨慎决定是否接受或保持某客户关系和具体审计业务。在接受新客户的业务前，或决定是否保持现有业务及考虑接受现有客户的新业务时，会计师事务所应当开展初步业务活动，执行客户接受与保持的程序，以获取如下信息：

（1）考虑客户的诚信，没有信息表明客户缺乏诚信；

（2）具有执行审计业务必要的素质、专业胜任能力、时间和资源；

（3）能够遵守相关职业道德、独立性的要求。

一旦决定接受业务委托或保持客户关系后，注册会计师应当在审计业务开始前，与客户就审计业务约定条款达成一致意见，签订或修改审计业务约定书，并按约定书规定的条款履行业务。

2）实施重大错报风险评估程序

审计准则规定，注册会计师必须实施风险评估程序，以此作为评估财务报表层次和认定层次重大错报风险的基础。风险评估程序是指注册会计师为了解被审计单位及其环境，以识别和评估财务报表层次和认定层次的重大错报风险（无论该错报是由于舞弊还是错误导致）而实施的审计程序。风险评估程序是必要程序，为注册会计师在许多关键环节作出职业判断提供了重要基础。了解被审计单位及其环境实际上是一个连续、动态地收集、更新与分析信息的过程，贯穿于整个审计过程的始终。

一般来说，实施风险评估程序的主要工作包括：

（1）了解被审计单位及其环境和适用的财务报告编制基础；

（2）识别和评估财务报表层次以及各类交易、账户余额和披露认定层次的重大错报风险，包括确定需要特别考虑的重大错报风险（即特别风险）以及仅通过实施实质性程序无法应对的重大错报风险等。

风险评估程序的详细内容，将在第5章介绍。

3）计划审计工作

计划审计工作十分重要。如果没有恰当的审计计划，不仅无法获取充分、适当的审计证据，影响审计目标的实现，还会浪费有限的审计资源，影响审计工作的效率。因此，对于任何一项审计业务，注册会计师在执行具体审计程序之前，都必须根据具体情况制订科学、合理的计划，使审计业务以有效的方式得到执行。注册会计师在评估财务报表重大错报风险后，应当运用职业判断，针对评估的财务报表层次重大错报风险确定总体应对措施，并针对评估的认定层次重大错报风险设计和实施进一步审计程序，以将审计风险降至可接受的低水平。

一般来说，计划审计工作主要包括：

（1）制定总体审计策略；

（2）制订具体审计计划等。

计划审计工作不是审计业务的一个孤立阶段，而是一个持续、不断修正的过程，贯穿于整个审计业务的始终。

计划审计工作的详细内容，将在第4章介绍。

1.4.2　实施阶段

实施阶段是收集审计证据，借以形成审计意见的关键阶段。注册会计师实施风险评估程序本身并不足以为发表审计意见提供充分、适当的审计证据，还应当进一步实施审计程序，包括实施控制测试（必要时或决定测试时）和实质性程序。实施阶段要做以下四项工作：

1）进行控制测试

内部控制是决定审计范围、方法和时间的一个重要依据。审计人员在前期对重大错报风险进行评估和对内部控制有所了解的基础上，应对内部控制执行的有效性进行测试。测试的目的主要是看内部控制是否得到一贯有效的执行，以便为审计计划的修订和下一步实施实质性程序打下基础。如果注册会计师认为被审计单位内部控制是可信赖的，则实质性程序的工作量就可以相应减少；反之，实质性程序的工作量就可能会增加。

2）修订审计计划

计划审计工作贯穿于整个审计过程。通过对内部控制执行的有效性测试，审计人员会掌握更详尽的情况，据此对原审计计划进行有针对性的修改、调整，能使审计工作在更切合实际的审计计划指导下，更加高效率、高质量地完成审计工作。

3）实施实质性程序

完成对内部控制的控制测试、修订审计计划以后，就可以转入对经济业务的实质性程序。在这一环节上，要选择恰当的审计方法，审查记录资料、盘点实物存量等，搜集充分、适当的审计证据，并形成审计工作底稿。

4）检查和复核审计工作底稿

审计人员按照计划完成审计证据的收集，形成审计工作底稿之后，还要对审计工作底稿进行逐级检查和复核。通过逐级检查和复核，可以有效地防止审计工作出现疏忽和遗漏，提高审计工作质量。

有关控制测试和实质性程序的内容，将在第6章介绍。同时，本教材的业务循环审计内容将介绍对各业务循环的控制测试和实质性程序。

1.4.3 终结阶段

终结阶段是审计人员结束实质性程序工作、形成审计意见、出具审计报告的阶段。注册会计师在完成财务报表所有循环的进一步审计程序后，应当按照有关审计准则的规定做好审计完成阶段的工作，并根据所获取的各种证据，合理运用专业判断，形成适当的审计意见。

本阶段主要有以下工作：

其一，评价审计中的重大发现；

其二，评价审计过程中发现的错报；

其三，复核审计工作底稿和财务报表；

其四，评价独立性和道德问题；

其五，考虑持续经营假设、或有事项和期后事项；

其六，获取管理层声明；

其七，与管理层和治理层沟通；

其八，评价所有审计证据，形成审计意见；

其九，编制审计报告等。

财务报表审计项目审计过程及主要工作内容如图1-3所示。

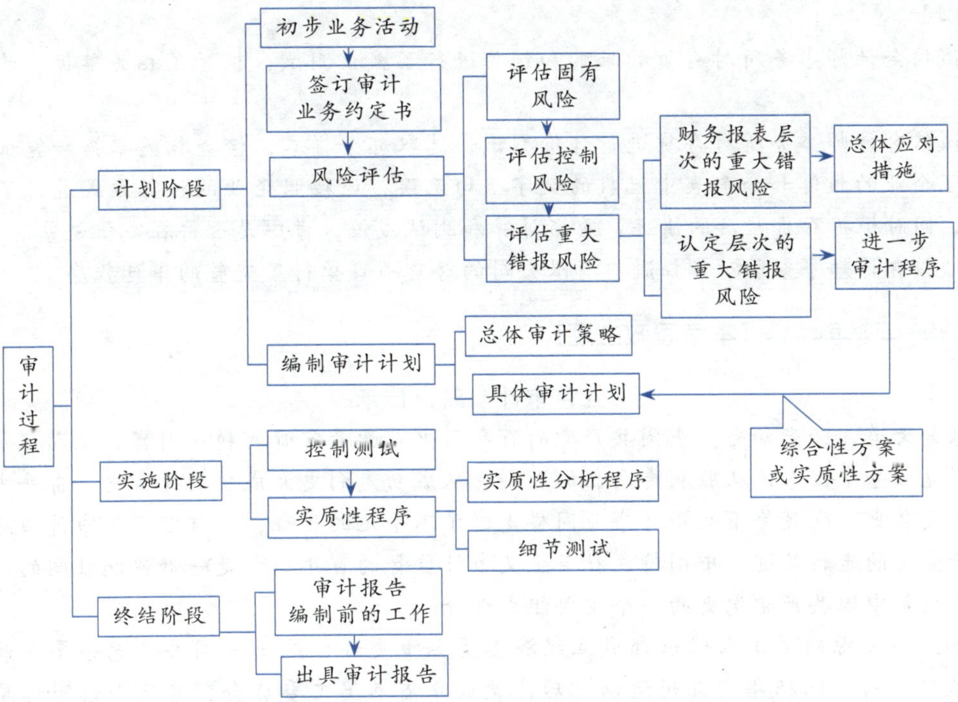

图1-3 财务报表审计项目审计过程及主要工作内容框架图

案例窗 1-3　　风险评估、控制测试和实质性程序

存货的审计目标是依据存货的存在、完整性、权利和义务、准确性、计价和分摊、列报披露认定来确定。从审计的流程来看，存货审计也必须要经历风险评估、控制测试和实质性程序三大审计程序。诚信会计师事务所对华强股份有限公司存货实施的审计流程如下：

（1）风险评估。

诚信会计师事务所进入华强股份有限公司之后，了解了华强股份有限公司情况及其环境，了解和询问的内容包括公司的业务，行业、会计政策或法律，采购和销售的模式，主要客户及供应商，股权结构等，并且调阅了以前年度的审计工作底稿。通过了解，诚信会计师事务所将该客户的存货项目确定为存在重大错报风险和舞弊风险的领域。

（2）控制测试。

首先检查存货相关制度，包括采购制度、仓库管理制度、会计相关政策、成本核算、岗位职责等。进行穿行测试，并对各个生产部门人员发放调查问卷，反馈结果认为内控有效。

诚信会计师事务所又检查了原始凭证，比如入库单、出库单、发货单、成本核算相关表格、进销存的明细、审批授权等，均有效。

（3）实质性程序。

诚信会计师事务所之后又开始对华强股份有限公司存货实施监盘程序。首先，诚信会计师事务所获取了企业的盘点计划，对存货进行了解，并与管理层展开沟通，对存货的现状作出判断，参考了以前年度的存货盘点底稿，制订存货盘点计划，并安排相应的监盘人员及时间、方式等。在监盘现场，抽取了部分存货，进行抽盘，抽盘比例达到88%以上。

诚信会计师事务所对存货的采购和销售进行了截止测试，核对了相关单据，均没有问题。

诚信会计师事务所对存货进行计价测试，选取部分样本，检查相关单据和凭证，并检查了企业的核算和分配表中记载的数字，均无误，还按照企业的核算方式进行了重新计算，同时根据存货监盘的情况，重新计算和测试减值，考虑是否存在减值迹象。

诚信会计师事务所对华强股份有限公司的存货项目执行了完整的审计程序。

【本章思政主题】

红色审计　薪火传承

欲知大道，必先知史。中国共产党的百年历史是党最宝贵的精神财富，生动记录着中国共产党领导中国人民从胜利走向新的胜利，从成功走向更大成功的探索史、奋斗史、创业史和发展史。党领导下的审计事业同样走过了不平凡的历程，同样留下了审计战线上无数共产党员的光辉足迹。中国特色社会主义审计监督的百年历程是一部波澜壮阔的审计发展史，也是中国共产党党史的一个重要组成部分。

1923年安源路矿工人俱乐部成立经济委员会审查部，这是中国共产党领导下最早设立的监督机构。1925年“五卅运动”后，党成立省港罢工委员会，其下专设审计局，与财政委员会、法制局、干事局等并列，同为罢工委员会办事机构，这是党领导下成立的最早以“审计”命名的机构。中国共产党创立初期和大革命时期，党领导的审计工作从无到有，边摸索边发展，有力保障了党领导的工人运动的开展和自身建设，保障了党的各项经济斗争政策措施的贯彻落实，也为土地革命时期开展审计工作积累了宝贵经验。

1927年至1928年，毛泽东、朱德在井冈山建立农村革命根据地。1931年11月，中华苏维埃共和国临时中央政府成立，形成了以瑞金为中心的中央革命根据地。为有效克服和制止乱收乱支、贪污浪费现象，维护经济秩序，保障革命战争需要，巩固刚诞生的红色政权，1934年，苏区中央政府设立专门的审计机构——中央审计委员会，与中央人民委员会、中央革命军事委员会、最高法院并列。阮啸仙当选中华苏维埃共和国中央审计委员会主任。同年，红色政权下的第一部审计法规《中华苏维埃共和国中央政府执行委员会审计条例》由毛泽东同志签署。审计机关的设置、职权、工作方法、程序在这一时期逐步完善。在土地革命战争时期、抗日战争时期、解放战争时期的艰难岁月中，审计勇担使命，“为革命战争省每一个铜板”，充分发挥监督效能，保障财政政策充分执行、服务战争供给、促进反腐倡廉、争取革命的胜利。

1949年至1982年，我国未设置独立的国家审计机构，未形成独立的审计监督制度，对财政财务收支的审计监督，主要是结合财政财务管理工作进行。但财政资金、国有资产的监督一刻也没有停止，审计监督的思想也仍在延续。

1978年12月党的十一届三中全会后，随着改革开放的全面推进，建立独立的、统一的社会主义审计监督制度被提上日程。1982年12月，第五届全国人民代表大会第五次会议公布施行的《中华人民共和国宪法》，正式确立在我国实行审计监督制度，揭开了中国审计史的新篇章。1983年9月15日，审计署成立大会在北京人民大会堂隆重举行。各级审计机关和审计人员围绕党的十二大确定的提高经济效益和实现党和社会风气根本好转的中心工作和任务，以经济效益审计和财经纪律审计为起点，坚持边组建、边工作，迈出了探索的步伐。随着深化改革、扩大对外开放，审计组织体系更加健全，审计基础建设全面起步，审计机关不断扩大审计领域，深化审计内容，积极探索改进审计方式和技术方法。

1992年10月至2002年11月，属于社会主义市场经济体制建立时期。1994年8月31日，第八届全国人民代表大会常务委员会第九次会议通过了《中华人民共和国审计法》。审计法的公布实施，标志着我国审计监督工作步入了法治化轨道。各级审计机关确定了“依法审计、围绕中心、服务大局、突出重点、求真务实”的审计工作方针，认真履行审计监督职责，加强“人、法、技”基础建设，为保障国民经济持续快速健康发展作出了重要贡献；党的十六大以后，审计机关加强了审计分析、研究，注重揭露管理漏洞、制度缺陷、体制性障碍，加大揭示经济运行中潜在风险的力度，为推进我国经济社会发展转型、实施综合性经济体制改革、构建反腐倡廉建设工程、推进政务公开，发挥了积极的作用。

自2012年11月党的十八大召开以来，我国进入了中国特色社会主义新时代的审计阶段，这一时期的审计管理体制改革和职能拓展有了深刻变化。2018年5月中央审计委员会成立，中共中央总书记、国家主席、中央军委主席、中央审计委员会主任习近平主持召开中央审计委员会第一次会议并发表重要讲话，强调改革审计管理体制，组建中央审计委员会，是加强党对审计工作领导的重大举措，更好地发挥审计在党和国家监督体系中的重要作用。以习近平同志为核心的党中央从推进国家治理体系和治理能力现代化、健全党和国家监督体系的高度，对加强审计工作、完善审计制度、改革审计管理体制等方面作出了一系列重大部署，国家审计在推动执行党中央国务院重大决策部署、维护国家经济安全、推动全面深化改革、促进依法治国、推进廉政建设等方面不断发挥新的重要作用。全国各级审计机关以习近平新时代中国特色社会主义思想为指导，坚持和加强党对审计工作的集中统一领导，推动审计领域重大改革落地见效；依法履行审计监督职责，全力服务党和国家工作大局；着力提升审计监督效能，构建了集中统一、全面覆盖、权威高效的审计监督体系。

2022年10月16日，党的二十大明确提出了新时代新征程中国共产党的使命任务，发出了为全面建设社会主义现代化国家、全面推进中华民族伟大复兴而团结奋斗的伟大号召，审计监督将继续坚守职责，有力支持和保障中国式现代化高质量发展。

【思考与启示】

回顾百年红色审计史，我们更清晰地认识到：党和国家的事业大局离不开审计监督，服务于党和国家事业大局是国家审计的根本职责；党的统一领导为审计制度的建立和完善指明了前进方向，增强了审计的权威性和独立性。中国特色的社会主义审计制度，只有在坚持和加强党的全面领导下，紧紧围绕党在各个历史阶段的中心工作，做好经济监督工作，促进权力规范运行，才能不断发展、日趋完善。

准确把握新时代的审计职责定位，有利于审计人更好地发挥审计在党和国家监督体系中的重要作用。新时代审计工作的职责和使命是：认真贯彻落实中央审计委员会决策部署，坚持依法审计，贯彻以人民为中心的发展思想，做好常态化的“经济体检”，以促进经济高质量发展，促进全面深化改革，促进权力规范运行，促进以反腐倡廉为重点，加大对重大政策措施贯彻落实情况的跟踪审计力度，加大对经济社会运行中各类风险隐患的揭示力度，加大对重点民生资金和项目的审计力度，积极推进审计全覆盖；坚持科技强审，加强审计信息化建设，积极推进大数据审计；统筹审计项目和审计组织方式，加快构建集中统一、全面覆盖、权威高效的审计监督体系，努力实现多专业有机融合、多层级优势互补、多部门高效协同，依法全面履行审计监督职责，更好地发挥审计在党和国家监督体系中的重要作用。

新时代的审计事业赋予了审计人崇高的历史使命和广阔的发展舞台，审计人要坚定理想信念，践行党的宗旨，开拓进取，要有锤炼强国有我、强审有我的政治担当，为国而审，聚焦经济社会发展点滴，为民而审，关注群众百姓所需所盼，依法全面履行审计监督职责，推动审计发现问题立行立改，做到忠诚履责、尽心尽责、勇于担责，护航经济社会高质量发展。

2 第2章 熟知执业准则

【知识目标】

1. 了解会计师事务所的组织形式，掌握注册会计师的业务范围
2. 掌握注册会计师职业道德规范
3. 了解注册会计师执业准则体系
4. 理解中国注册会计师鉴证业务的定义和要素
5. 掌握注册会计师法律责任的认定及相关法律规定
6. 明确注册会计师避免法律诉讼的具体措施

【能力目标】

1. 能准确把握我国注册会计师职业道德规范守则的要求
2. 能准确把握注册会计师执业准则体系框架
3. 能准确理解中国注册会计师鉴证业务的内涵
4. 能准确理解注册会计师应承担的法律责任
5. 能准确区分审计业务、审阅业务和其他鉴证业务的区别

【素养目标】

1. 具有依法审计的法治精神，遵循准则，秉公审计，严格执法，注重事实依据，凡审必严，查明真相，严肃问责，做到规范、谨慎、尽责

2. 具有修身自律的职业作风，恪守独立、客观、公正，遵循职业道德基本原则，做到心有所守、身有所循、心有所止，自觉维护行业整体形象

【本章知识架构】

章名	节名	一级标题
熟知执业准则	会计师事务所	会计师事务所的组织形式
		我国会计师事务所设立的条件
		注册会计师的业务范围
	注册会计师职业道德规范	注册会计师职业道德的基本原则
		可能对职业道德基本原则产生不利影响的因素
		应对不利影响的防范措施
	注册会计师执业准则	注册会计师执业准则体系
		中国注册会计师鉴证业务的定义和分类
		中国注册会计师鉴证业务要素
	注册会计师法律责任	财务报表审计责任
		对注册会计师法律责任的认定
		会计师事务所、注册会计师承担法律责任的法律规定
		注册会计师避免法律诉讼的具体措施
本章思政主题 **依法审计 操守为重**		

【导读案例】

2023年3月，中国证券监督管理委员会（简称证监会）官方网站发布《2022年证监稽查20起典型违法案例》，其中一起是YT会计师事务所（简称YT所）在广东JG公司20×6年、20×7年年度财务报表审计执业中，“走过场”式审计，未勤勉尽责，导致出具的文件存在虚假记载，部分主要违法事实如下：

1. JG公司20×6年、20×7年年报审计期间，YT所未对JG公司的业务管理系统实施相应审计程序，未获取充分适当的审计证据。ERP系统为JG公司的业务管理信息系统，用友财务软件系统为JG公司进行账务处理的信息系统。YT所相关审计人员未关注JG公司ERP系统与用友财务软件系统是否存在差异；在财务报表层面了解信息技术的运用时，未执行审计程序了解公司ERP系统的数据如何结转至用友财务软件系统，未了解并涵盖ERP系统；在实施风险应对措施时，未从公司ERP系统获取审计证据，仅从用友财务软件系统获取审计证据，完全信赖了JG公司提供的相关收入凭证附件，获取的审计证据不具有适当性，导致未发现该公司用友财务软件系统与ERP系统的销售数据存在明显差异。YT所上述行为不符合《中国注册会计师审计准则第1211号——重大错报风险的识别和评估》和《中国注册会计师审计准则第1301号——审计证据》的规定。

2. JG公司20×6年、20×7年年报审计期间，YT所在审计项目风险识别与评估阶段未实施有效审计程序，上述行为不符合《中国注册会计师审计准则第1211号——重大错报风险的识别和评估》的规定。在实施风险应对措施时，YT所未按审计计划执行内控测试审计程序，上述行为不符合《中国注册会计师审计准则第1231号——针对评估的重大错报风险采取的应对措施》第八条的规定。YT所未对银行函证保持有效控制，应收账款函证程序存在重大缺陷，未保持应有的职业怀疑，未执行进一步审计程序消除疑虑，导致未获取充分、适当的审计证据，上述行为不符合审计准则相关条款的具体规定。

上述违法事实，有YT所审计工作底稿、审计报告、收费凭证及发票、JG公司出具的情况说明、当事人及相关人员询问笔录等证据证明。证监会广东监管局据此足以认定YT所的上述行为违反《证券法》第一百六十三条关于“证券服务机构为证券的发行、上市、交易等证券业务活动制作、出具审计报告及其他鉴证报告、资产评估报告、财务顾问报告、资信评级报告或者法律意见书等文件，应当勤勉尽责，对所依据的文件资料内容的真实性、准确性、完整性进行核查和验证”的规定，构成《证券法》所述的证券服务机构未勤勉尽责的违法行为。

根据当事人违法行为的事实、性质、情节与社会危害程度，依据《证券法》，证监会广东监管局决定：责令YT会计师事务所改正，没收业务收入120万元，并处以120万元罚款；对签字注册会计师吕某、张某给予警告，分别处以5万元、3万元罚款。

2.1 会计师事务所

综观世界各国，会计师事务所的组织形式主要有独资、普通合伙、有限责任、特殊普通合伙四种。根据《中华人民共和国注册会计师法》（简称《注册会计师法》）的规定，我国允许设立有限责任会计师事务所和合伙会计师事务所两种形式。会计师事务所必须具备一定条件并经过行业主管机关或注册会计师协会的批准登记才能设立。

中国注册会计师协会是注册会计师行业的全国性组织，接受财政部、民政部的监督和指导。省、自治区、直辖市注册会计师协会是注册会计师行业的地方性组织。中国注册会计师协会的宗旨是服务、监督、管理、协调，即以诚信建设为主线，服务本会会员，监督会员执业质量、职业道德，依法实施注册会计师行业管理，协调行业内外关系，维护社会公众利益和会员合法权益，促进行业健康发展。

2.1.1 会计师事务所的组织形式

不同国家民间审计组织的名称各不相同，除叫会计公司、会计师事务所外，德国称经济审计公司，日本称审计法人，泰国称审计会计事务所。我国民间审计组织是指会计师事务所。

会计师事务所是国家批准成立的依法独立承办注册会计师业务的单位，实行自收自支、独立核算、依法纳税，它是注册会计师的工作机构。

1）独资会计师事务所

独资会计师事务所由具有注册会计师执业资格的个人独立开办，承担无限责任。它的优点是对执业人员的数量需求不多，容易设立，执业灵活，能够在代理记账、代理纳税等方面很好地满足小型企业对注册会计师服务业务的需求，虽承担无限责任，但实际发生风险的程度相对较低。其缺点是无力承办大型业务，缺乏发展后劲。

2）普通合伙会计师事务所

普通合伙会计师事务所是由两位或两位以上合伙人组成的合伙组织。合伙人以各自的财产对事务所的债务承担无限连带责任。它的优点是在风险牵制和共同利益的驱动下，促使事务所提高执业质量，扩大业务规模，提高控制风险的能力。缺点是建立一个跨地区、跨国界的大型会计师事务所要经历一个漫长的过程；同时，任何一个合伙人执业中的失误或舞弊行为，都可能给整个会计师事务所带来灭顶之灾，使之一日之间土崩瓦解。

3）有限责任会计师事务所

有限责任会计师事务所由注册会计师认购会计师事务所股份，并以其所认购股份对事务所承担有限责任。会计师事务所以其全部资产对其债务承担有限责任。它的优点是可以通过公司制形式迅速聚集一批注册会计师，建立规模型大所，承办大型业务。其缺点是降低了风险责任对执业行为的高度制约，弱化了注册会计师的个人责任。

4）特殊普通合伙会计师事务所

特殊普通合伙会计师事务所是指事务所以全部资产对其债务承担责任，各合伙人只对个人执业行为承担无限责任。无过失的合伙人对于其他合伙人的过失或不当执业行为以自己在事务所中的财产为限承担责任，不承担无限责任，除非该合伙人有过失或参与了不当执业行为。它的最大特点在于既融入了普通合伙和有限责任会计师事务所的优点，又摒弃了它们的不足。这种组织形式是为顺应经济发展对注册会计师行业的要求于20世纪90年代初期兴起的，目前已成为注册会计师职业界组织形式发展的一大趋势。

2.1.2 我国会计师事务所设立的条件

按照国际惯例，会计师事务所的执业登记都由注册会计师行业主管机构统一负责。会计师事务所必须经过行业主管机关或注册会计师协会的批准登记并由注册会计师协会予以公告。独资会计师事务所和普通合伙会计师事务所经过这个程序即可开业，申请成立有限责任会计师事务所一般还应当进行公司登记。根据《会计师事务所执业许可和监督管理办法》的规定，我国允许设立普通合伙、特殊普通合伙或者有限责任会计师事务所形式。

1）普通合伙会计师事务所申请执业许可应当具备的条件

（1）2名以上合伙人；

（2）书面合伙协议；

（3）有经营场所。

2）特殊普通合伙会计师事务所申请执业许可应当具备的条件

（1）15名以上由注册会计师担任的合伙人；

（2）60名以上注册会计师；

（3）书面合伙协议；

（4）有经营场所；

（5）法律、行政法规或者财政部依授权规定的其他条件。

3）有限责任会计师事务所申请执业许可应当具备下列条件

（1）5名以上的股东；

（2）不少于人民币30万元的注册资本；

（3）股东共同制定的章程；

（4）有经营场所。

4）成为会计师事务所合伙人或者股东应当具备的条件

（1）具有注册会计师执业资格；

（2）成为合伙人（股东）前3年内没有因为执业行为受到行政处罚；

（3）最近连续3年在会计师事务所从事审计业务且在会计师事务所从事审计业务时间累计不少于10年或者取得注册会计师执业资格后最近连续5年在会计师事务所从事审计业务；

（4）成为合伙人（股东）前3年内没有因欺骗、贿赂等不正当手段申请会计师事务所执业许可而被省级财政部门作出不予受理、不予批准或者撤销会计师事务所执业许可的决定；

（5）在境内有稳定住所，每年在境内居留不少于6个月，且最近连续居留已满5年。

2.1.3 注册会计师的业务范围

根据我国注册会计师执业准则的规定，注册会计师的业务范围包括审计业务、审阅业务、其他鉴证业务和相关服务。

1）审计业务

（1）审查企业财务报表，出具审计报告。

财务报表审计业务是指注册会计师依法接受委托，通过执行审计工作对财务报表发表审计意见。为了有效制止和防范利用财务报表弄虚作假，提高财务报表质量，国家依法实行企业年度财务报表审计制度，《中华人民共和国公司法》（以下简称《公司法》）要求各类公司依法接受注册会计师的审计。注册会计师通过对企业财务报表的审计，提高会计信息的质量、维护社会经济秩序。

（2）办理企业合并、分立、清算事宜中的审计业务，出具有关报告。

企业在合并、分立或清算时，应当分别编制合并、分立或清算财务报表。为了帮助财务报表使用人增强对这些报表的信赖程度，企业需要委托注册会计师对其编报的财务报表进行审计。注册会计师在对财务报表审计时，同样应当检查形成财务报表的所有会计资料及其反映的经济业务，并关注企业合并、分立及清算过程中出现的特定事项。办理企业合并、分立及清算事宜中的审计业务后出具的相应审计报告同样具有法定证明效力。

（3）办理法律、行政法规规定的其他审计业务，出具相应的审计报告。

在实际工作中，注册会计师还可以根据国家法律、行政法规的规定接受委托，对特殊目的业务进行审计。特殊目的审计业务是指注册会计师接受委托，对下列财务信息进行审计并出具审计报告的业务：

❶按照企业会计准则和相关会计制度以外的其他基础（简称特殊基础）编制的财务报表。特殊基础通常包括计税基础、收付实现制基础。

❷财务报表的组成部分，包括财务报表特定项目、特定账户或特定账户的特定内容。

❸合同的遵守情况，如对贷款合同遵守情况发表审计意见。

❹简要财务报表。

2）审阅业务

审阅业务是指注册会计师执行历史财务信息审阅业务，如财务报表审阅等。

财务报表审阅是指注册会计师在实施审阅程序的基础上，说明是否注意到某些事项，使其相信财务报表没有按照适用的会计准则和相关会计制度的规定编制，未能在所有重大方面公允反映被审阅单位的财务状况、经营成果和现金流量。相对于审计而言，审阅程序简单，保证程度有限，成本也较低。

3）其他鉴证业务

其他鉴证业务是指除历史财务信息审计和审阅业务之外的鉴证业务。由于其他鉴证业务的鉴证对象不是历史财务信息，所以注册会计师实施的其他鉴证业务与历史财务信息审计和审阅业务相比是特殊的鉴证业务。其他鉴证业务通常包括内部控制鉴证、预测性财务信息审核、系统鉴证等。这些鉴证业务同样可以增强使用者对鉴证对象信息的信任程度。

4）相关服务

相关服务是指注册会计师执行除鉴证业务外的其他相关服务业务，包括对财务信息执行商定程序、代编财务信息、税务服务、管理咨询和会计服务等。

对财务信息执行商定程序是指注册会计师对特定财务数据、单一财务报表或整套财务报表等财务信息执行与特定主体商定的具有审计性质的程序，并就执行的商定程序及其结果出具报告的服务。

代编财务信息是指注册会计师运用会计而非审计的专业知识和技能，代客户编制一套完整或非完整的财务报表，或代为收集、分类和汇总其他财务信息的服务。

资源拓展

中华人民共和国国家审计准则

税务服务包括税务代理和税务筹划。税务代理是注册会计师接受企业或个人委托，为其填制纳税申报表，办理纳税事项。税务筹划是由于纳税义务发生的范围和时间不同，注册会计师从客户利益出发，代替纳税义务人设计可替代的或不同结果的纳税方案。

管理咨询是注册会计师与非注册会计师激烈竞争的一个领域。其服务范围包括：对公司的治理结构、信息系统、预算管理、人力资源管理、财务会计、经营效率及效果和效益等提供诊断、专业意见与建议。

2.2 注册会计师职业道德规范

审计人员职业道德是为了指导审计人员在从事审计工作中保持独立的地位、公正的态度和约束自己行为而制定的一整套职业道德规范。我国国家审计、内部审计、民间审计对审计人员的职业道德行为都作了相应的规定。

中国注册会计师协会为规范中国注册会计师职业行为，提高职业道德水准，维护职业形象，制定了《中国注册会计师职业道德守则》和《中国注册会计师协会非执业会员职业道德守则》。《中国注册会计师职业道德守则》包括《中国注册会计师职业道德守则第1号——职业道德基本原则》《中国注册会计师职业道德守则第2号——职业道德概念框架》《中国注册会计师职业道德守则第3号——提供专业服务的具体要求》《中国注册会计师职业道德守则第4号——审计和审阅业务对独立性的要求》《中国注册会计师职业道德守则第5号——其他鉴证业务对独立性的要求》。

与职业道德有关的基本原则包括诚信、独立性、客观和公正、专业胜任能力和应有的关注、保密以及良好职业行为。职业道德概念框架是指解决职业道德问题的思路和方法，用以指导注册会计师识别对职业道德基本原则的不利影响；评价不利影响的严重程度；必要时采取防范措施消除不利影响或将其降至可接受水平。注册会计师在执业过程中，应当遵守职业道德基本原则，并能运用职业道德概念框架解决职业道德问题。

2.2.1 注册会计师职业道德的基本原则

1）诚信

诚信，是指诚实、守信。也就是说，一个人的言行与内心思想一致，不虚假；能够履行与别人的约定而取得对方的信任。诚信原则要求注册会计师应当在所有的职业关系和商业关系中保持正直和诚实，秉公办事、实事求是。

2）独立性

独立性，是指不受外来力量控制、支配，按照一定之规行事。独立性原则通常是对注册会计师而非非执业会员提出的要求。在执行鉴证业务时，注册会计师必须保持独立性。在市场经济条件下，投资者主要依赖财务报表判断投资风险，在投资机会中作出选择。如果注册会计师与客户存在经济利益、关联关系，或屈从于外界压力，就很难取信于社会公众。

注册会计师执行鉴证业务时，应当从实质上和形式上保持独立性，不得因任何利害关系影响其客观性。实质上的独立性是一种内心状态，使得注册会计师在提出结论时不受损害职业判断的因素影响，诚信行事，遵循客观和公正原则，保持职业怀疑态度。形式上的独立性是一种外在表现，使得一个理性且掌握充分信息的第三方在权衡所有相关事实和情况后，认为会计师事务所或审计项目组成员没有损害诚信原则、客观和公正原则或职业怀疑态度。

会计师事务所在承办鉴证业务时，应当从整体层面和具体业务层面采取措施，以保持会计师事务所和项目组的独立性。

3）客观和公正

客观，是指按照事物的本来面目去考察，不添加个人的偏见。公正，是指公平，正直，不偏袒。客观和公正原则要求注册会计师应当公正处事、实事求是，不得由于偏见、利益冲突或他人的不当影响而损害自己的职业判断。

如果某一情形或关系导致偏见或者对职业判断产生不当影响，注册会计师不应提供相关专业服务。

4）专业胜任能力和应有的关注

（1）专业胜任能力。

专业胜任能力是指注册会计师具有专业知识、技能和经验，能够经济、有效地完成客户委托的业务。如果注册会计师在缺乏足够的知识、技能和经验的情况下提供专业服务，就构成了一种欺诈。一个合格的注册会计师，不仅要充分认识自己的能力，对自己充满信心，更重要的是，必须清醒地认识到自己在专业胜任能力方面存在的不足，如果承接了难以胜任的业务，就可能给客户乃至社会公众带来危害。

专业胜任能力可分为两个独立的阶段：专业胜任能力的获取和专业胜任能力的保持。注册会计师应当持续了解和掌握相关的专业技术和业务的发展，以保持专业胜任能力，使其能够胜任特定业务环境中的工作。

（2）应有的关注。

应有的关注，要求注册会计师遵守执业准则和职业道德规范的要求，勤勉尽责，按照有关工作要求，认真、全面、及时地完成工作任务。在审计过程中，注册会计师应当保持职业怀疑态度，运用专业知识、技能和经验，获取和评价审计证据。同时，注册会计师应当采取措施以确保在其授权下工作的人员得到适当的培训和督导。

5）保密

保密原则要求注册会计师应当对在职业活动中获知的信息予以保密，不得出现下列行为：

（1）未经客户授权或法律法规允许，向会计师事务所以外的第三方披露其所获知的涉密信息。

（2）利用所获知的涉密信息为自己或第三方谋取利益。

注册会计师在社会交往中应当履行保密义务。注册会计师应当警惕无意泄密的可能性，特别是警惕无意向近亲属或关系密切的人员泄密的可能性。

注册会计师在下列情况下可以披露涉密信息：

（1）法律法规允许披露，并且取得客户或工作单位的授权。

（2）根据法律法规的要求，为法律诉讼、仲裁准备文件或提供证据，以及向有关监管机构报告发现的违法行为。

（3）在法律法规允许的情况下，在法律诉讼、仲裁中维护自己的合法权益。

（4）接受注册会计师协会或监管机构的执业质量检查，答复其询问和调查。

（5）法律法规、执业准则和职业道德规范规定的其他情形。

6）良好的职业行为

良好的职业行为要求注册会计师应当遵守相关法律法规，避免发生任何损害职业声誉的行为。

在推介自己和工作时，注册会计师应当客观、真实、得体，不应存在下列行为：

（1）对其能够提供的服务、拥有的资质以及积累的经验进行夸大宣传。

（2）对其他注册会计师的工作进行贬低或无根据的比较。

2.2.2 可能对职业道德基本原则产生不利影响的因素

注册会计师对职业道德基本原则的遵循可能会受到多种因素的不利影响。不利影响的性质和严重程度因注册会计师提供服务类型的不同而不同。可能对职业道德基本原则产生不利影响的因素包括：自身利益、自我评价、过度推介、密切关系和外在压力。

1）自身利益

如果经济利益或其他利益对注册会计师的职业判断或行为产生不当影响，将产生自身利益导致的不利影响。

微课

对职业道德基本原则产生不利影响的因素

自身利益导致不利影响的情形主要包括：

（1）鉴证业务项目组成员在鉴证客户中拥有直接经济利益；

（2）会计师事务所的收入过分依赖某一客户；

（3）鉴证业务项目组成员与鉴证客户存在重要且密切的商业关系；

（4）会计师事务所担心可能失去某一重要客户；

（5）鉴证业务项目组成员正在与鉴证客户协商受雇于该客户；

（6）会计师事务所与客户就鉴证业务达成或有收费的协议；

（7）注册会计师在评价所在会计师事务所以往提供的专业服务时，发现了重大错误。

2）自我评价

如果注册会计师对其以前的判断或服务结果作出不恰当的评价，并且将据此形成的判断作为当前服务的组成部分，将产生自我评价导致的不利影响。

自我评价导致不利影响的情形主要包括：

（1）会计师事务所在对客户提供财务系统的设计或操作服务后，又对系统的运行有效性出具鉴证报告；

（2）会计师事务所为客户编制原始数据，这些数据构成鉴证业务的对象；

（3）鉴证业务项目组成员担任或最近曾经担任客户的董事或高级管理人员；

（4）鉴证业务项目组成员现在受雇于或最近曾受雇于客户，且所处职位能够对鉴证对象施加重大影响；

（5）会计师事务所为鉴证客户提供直接影响鉴证对象信息的其他服务。

3）过度推介

如果注册会计师过度推介客户或工作单位的某种立场或意见，使其客观性受到损害，将产生过度推介导致的不利影响。

过度推介导致不利影响的情形主要包括：

（1）会计师事务所推介审计客户的股份；

（2）在审计客户与第三方发生诉讼或纠纷时，注册会计师担任该客户的辩护人。

4）密切关系

如果注册会计师与客户或雇佣单位存在长期或亲密的关系，而过于倾向于他们的利益，或认可他们的工作，将产生密切关系导致的不利影响。

密切关系导致不利影响的情形主要包括：

（1）项目组成员的近亲属担任客户的董事或高级管理人员；

（2）项目组成员的近亲属是客户的员工，其所处的职位能够对业务对象施加重大影响；

（3）客户的董事、高级管理人员或所处职位能够对业务对象施加重大影响的员工，最近曾担任会计师事务所的项目合伙人；

（4）注册会计师接受客户的礼品或款待；

（5）会计师事务所的合伙人或高级员工与鉴证客户存在长期业务关系。

5）外在压力

如果注册会计师受到实际的压力或感受到压力而无法客观行事，将产生外在压力导致的不利影响。

外在压力导致不利影响的情形主要包括：

（1）会计师事务所受到客户解除业务关系的威胁；

（2）审计客户表示，如果会计师事务所不同意其对某项交易的会计处理，审计客户将不再委托其承办协议中的非鉴证业务；

（3）客户威胁将起诉会计师事务所；

（4）会计师事务所受到降低收费的影响而不恰当地缩小工作范围；

（5）会计师事务所合伙人告知注册会计师，除非同意审计客户不恰当的会计处理，否则将影响晋升。

（6）由于客户员工对所讨论的事项更具有专长，注册会计师面临服从其判断的压力。

2.2.3 应对不利影响的防范措施

防范措施是指可以消除不利影响或将其降至可接受水平的行动或其他措施。应对不利影响的防范措施包括法律法规和职业规范规定的防范措施与具体工作中采取的防范措施。

在具体工作中，应对不利影响的防范措施包括会计师事务所层面和具体业务层面的防范措施。

1）会计师事务所层面的防范措施

（1）会计师事务所领导层强调遵循职业道德基本原则的重要性；

（2）会计师事务所领导层强调鉴证业务项目组成员应当维护公众利益；

（3）制定有关政策和程序，实施项目质量控制，监督业务质量；

（4）制定有关政策和程序，识别对职业道德基本原则的不利影响，评价不利影响的严重程度，采取防范措施消除不利影响或将其降低至可接受的水平；

（5）制定有关政策和程序，保证遵循职业道德基本原则；

（6）制定有关政策和程序，识别会计师事务所或项目组成员与客户之间的利益或关系；

（7）制定有关政策和程序，监控对某一客户收费的依赖程度；

（8）向鉴证客户提供非鉴证服务时，指派鉴证业务项目组以外的其他合伙人和项目组，并确保鉴证业务项目组和非鉴证业务项目组分别向各自的业务主管报告工作；

（9）制定有关政策和程序，防止项目组以外的人员对业务结果施加不当影响；

（10）及时向所有合伙人和专业人员传达会计师事务所的政策和程序及其变化情况，并就这些政策和程序进行适当的培训；

（11）指定高级管理人员负责监督会计师事务所质量控制系统是否有效运行；

（12）向合伙人和专业人员提供鉴证客户及其关联实体的名单，并要求合伙人和专业人员与之保持独立；

（13）制定有关政策和程序，鼓励员工就遵循职业道德基本原则方面的问题与领导层沟通；

（14）建立惩戒机制，保障相关政策和程序得到遵守。

2）具体业务层面的防范措施

（1）由未涉及非鉴证服务的注册会计师复核已执行的非鉴证工作，或在必要时提供建议；

（2）由鉴证业务项目以外的注册会计师复核已执行的鉴证工作，或在必要时提供建议；

（3）向客户审计委员会、监管机构或注册会计师协会咨询；

（4）与客户治理层讨论有关职业道德问题；

（5）向客户治理层说明提供服务的性质和收费的范围；

（6）请其他会计师事务所执行或重新执行部分业务；

（7）轮换鉴证业务项目组合伙人和高级员工。

案例窗2-1　注册会计师职业道德规范案例

华强股份有限公司是诚信会计师事务所2023年发展的审计客户。在承接业务、签订业务约定书等过程中，存在以下涉及职业道德的具体情况：

（1）在承接业务前，诚信会计师事务所在向华强股份有限公司介绍本所专业人员情况时，顺便提供了A注册会计师的父亲是本市税务局分管华强股份有限公司所属行业的副局长这一信息。

（2）为便于沟通和稳定项目组成员构成，诚信会计师事务所指定B项目负责人的任期直到业务约定期届满的2033年。

（3）C注册会计师于2023年11月接受指派，按计划对华强股份有限公司进行了预审，但该会计师事务所认为该情况不构成自我评价，允许C注册会计师继续留在审计项目组。

（4）完成审计工作后，项目组成员D向华强股份有限公司财务负责人表达了希望将其妹妹调入华强股份有限公司的愿望，并说明无论结果如何，都将遵循注册会计师职业道德规范。

要求：针对上述（1）~（4）项，不考虑其他情况，分别指出是否符合相关的职业道德规范，并简要说明理由。

2.3　注册会计师执业准则

资源拓展

中国内部审计准则体系一览表

注册会计师执业准则体系包括注册会计师业务准则和会计师事务所质量控制准则。注册会计师业务准则包括鉴证业务准则和相关服务准则。鉴证业务准则分为鉴证业务基本准则和鉴证业务具体准则。

2.3.1　注册会计师执业准则体系

注册会计师执业准则，是用来规范注册会计师执行业务、获取审计证据、形成审计结论、出具审计报告的专业标准。注册会计师执业准则体系由注册会计师职业道德守则统御，包括注册会计师业务准则和会计师事务所质量控制准则，如图2-1所示。注册会计师业务准则包括鉴证业务准则和相关服务准则，如图2-2所示。相关内容在教材后面的章节中讲述。

资源拓展

麦克森·罗宾斯药材公司审计案

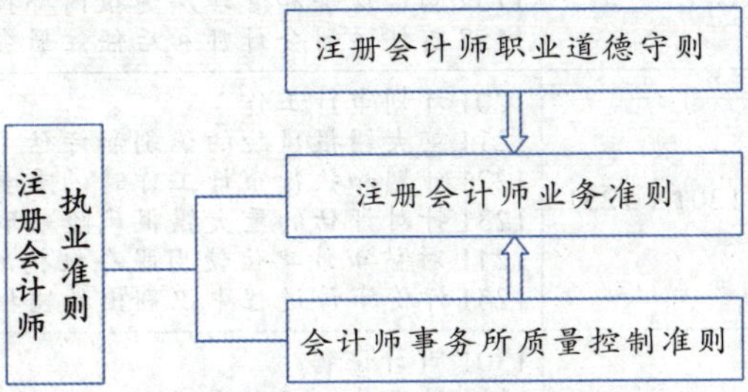

图2-1　注册会计师执业准则体系

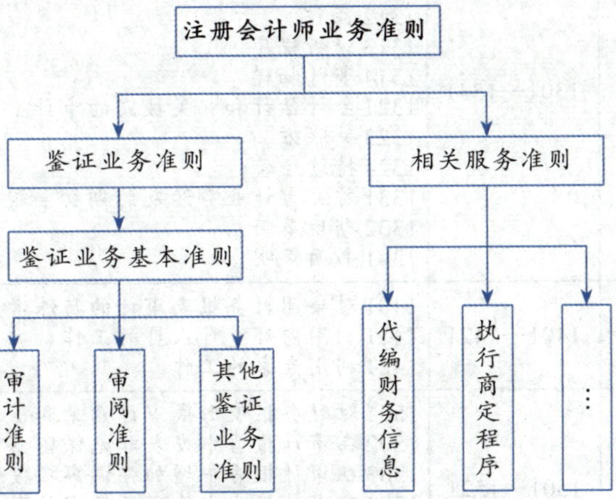

图2-2　注册会计师业务准则体系

1）注册会计师业务准则

（1）鉴证业务准则。

《中国注册会计师鉴证业务基本准则》统领鉴证业务准则。鉴证业务基本准则的目的在于规范注册会计师执行鉴证业务，明确鉴证业务的目标和要素，确定审计准则、审阅准则、其他鉴证业务准则适用的鉴证业务类型，共九章六十条，具体内容包括：总则、鉴证业务的定义和目标、业务承接、鉴证业务的三方关系、鉴证对象、标准、证据、鉴证报告、附则。

按照鉴证业务提供的保证程度和鉴证对象的不同，鉴证业务准则分为审计准则、审阅准则和其他鉴证业务准则。其中，审计准则是整个业务准则体系的核心。

❶审计准则用以规范注册会计师执行历史财务信息的审计业务。在提供审计服务时，注册会计师对所审计信息是否不存在重大错报提供合理保证，并以积极方式提出结论。截至2022年我国审计准则共有45项。中国注册会计师审计准则一览表见表2-1。

表 2-1　　　　　　　　　　中国注册会计师审计准则一览表

类型	编号起止	名称
一般原则与责任 （9项）	1101—1153	1101 注册会计师的总体目标和审计工作的基本要求 1111 就审计业务约定条款达成一致意见 1121 对财务报表审计实施的质量控制 1131 审计工作底稿 1141 财务报表审计中与舞弊相关的责任 1142 财务报表审计中对法律法规的考虑 1151 与治理层的沟通 1152 向治理层和管理层通报内部控制缺陷 1153 前任注册会计师和后任注册会计师的沟通
风险评估以及风险的应对 （6项）	1201—1251	1201 计划审计工作 1211 重大错报风险的识别和评估 1221 计划和执行审计工作时的重要性 1231 针对评估的重大错报风险采取的应对措施 1241 对被审计单位使用服务机构的考虑 1251 评价审计过程中识别出的错报
审计证据 （11项）	1301—1341	1301 审计证据 1311 对存货、诉讼和索赔、分部信息等特定项目获取审计证据的具体考虑 1312 函证 1313 分析程序 1314 审计抽样 1321 会计估计和相关披露的审计 1323 关联方 1324 持续经营 1331 首次审计业务涉及的期初余额 1332 期后事项 1341 书面声明
利用其他主体的工作 （3项）	1401—1421	1401 对集团财务报表审计的特殊考虑 1411 利用内部审计人员的工作 1421 利用专家的工作
审计结论与报告 （6项）	1501—1521	1501 对财务报表形成审计意见和出具审计报告 1502 在审计报告中发表非无保留意见 1503 在审计报告中增加强调事项段和其他事项段 1504 在审计报告中沟通关键审计事项 1511 比较信息：对应数据和比较财务报表 1521 注册会计师对其他信息的责任
特殊领域 （10项）	1601—1633	1601 审计特殊目的财务报表 1602 验资 1603 审计单一财务报表和财务报表特定要素的特殊考虑 1604 对简要财务报表出具报告的业务 1611 商业银行财务报表审计 1612 银行间函证程序 1613 与银行监管机构的关系 1631 财务报表审计中对环境事项的考虑 1632 衍生金融工具的审计 1633 电子商务对财务报表审计的影响

❷审阅准则用以规范注册会计师执行历史财务信息的审阅业务。在提供审阅服务时，注册会计师对所审阅信息是否不存在重大错报提供有限保证，并以消极方式提出结论。截至2022年，我国审阅准则共有1项，即《中国注册会计师审阅准则第2101号——财务报表审阅》。

❸其他鉴证业务准则用以规范注册会计师执行历史财务信息审计或审阅以外的其他鉴

证业务，根据鉴证业务的性质和业务约定的要求，提供有限保证或合理保证。截至2022年我国其他鉴证业务准则共有2项，即《中国注册会计师其他鉴证业务准则第3101号——历史财务信息审计或审阅以外的鉴证业务》和《中国注册会计师其他鉴证业务准则第3111号——预测性财务信息的审核》。

（2）相关服务准则。

相关服务准则用以规范注册会计师执行除鉴证业务外的其他相关服务业务，包括对财务信息执行商定程序、代编财务信息、税务服务、管理咨询等。在提供相关服务时，注册会计师不提供任何程度的保证。截至2022年我国相关服务准则共有2项，即《中国注册会计师相关服务准则第4101号——对财务信息执行商定程序》和《中国注册会计师相关服务准则第4111号——代编财务信息》。

2）会计师事务所质量控制准则

会计师事务所质量控制准则用以规范注册会计师在执行各类业务时应当遵守的质量控制政策和程序，是对会计师事务所质量控制提出的制度要求。截至2022年我国会计师事务所质量控制准则共有2项，即《会计师事务所质量管理准则第5101号——业务质量管理》和《会计师事务所质量管理准则第5102号——项目质量复核》。

2.3.2 中国注册会计师鉴证业务的定义和分类

1）鉴证业务的定义

《中国注册会计师鉴证业务基本准则》中的鉴证业务是指注册会计师对鉴证对象信息提出结论，以增强除责任方之外的预期使用者对鉴证对象信息信任程度的业务。

上述定义可从以下几个方面加以理解：

（1）鉴证业务的用户是“预期使用者”，即鉴证业务可以用来有效地满足预期使用者的需求。

（2）鉴证业务的目的是改善信息的质量或内涵，增强除责任方之外的预期使用者对鉴证对象信息的信任程度，即以适当保证或提高鉴证对象信息的质量为主要目的，而不涉及为如何利用信息提供建议。

（3）鉴证业务的基础是独立性和专业性，通常由具备专业胜任能力和独立性的注册会计师来执行，注册会计师应当独立于责任方和预期使用者。

（4）鉴证业务的“产品”是鉴证结论，注册会计师应当对鉴证对象信息提出结论，该结论应当以书面报告形式予以传达。

2）鉴证业务的分类

（1）鉴证业务按照保证程度不同，可以分为合理保证的鉴证业务与有限保证的鉴证业务。

合理保证的鉴证业务是指注册会计师将鉴证业务风险降至该业务环境下可接受的低水平，以此作为以积极方式提出结论的基础。如在历史财务信息审计中，要求注册会计师将审计风险降至可接受的低水平，对审计后的历史财务信息提供高水平保证（合理保证）。

有限保证的鉴证业务是指注册会计师将鉴证业务风险降至该业务环境下可接受的水平，以此作为以消极方式提出结论的基础。如在历史财务信息审阅中，要求注册会计师将审阅风险降至该业务环境下可接受的水平（高于历史财务信息审计中可接受的低水平），对审阅后的历史财务信息提供低于高水平的保证（有限保证）。

（2）鉴证业务按照预期使用者获取鉴证对象信息的方式不同，可以分为基于责任方认定的业务和直接报告业务。

基于责任方认定的业务是指责任方对鉴证对象进行评价或计量，鉴证对象信息以责任方认定的形式为预期使用者获取。如在财务报表审计中，被审计单位管理层（责任方）对财务状况、经营成果和现金流量（鉴证对象）进行确认、计量和列报（评价或计量）而形成的财务报表（鉴证对象信息）即为责任方的认定，该财务报表可为预期报表使用者获取，注册会计师针对财务报表出具审计报告。这种业务属于基于责任方认定的业务。

直接报告业务是指注册会计师直接对鉴证对象进行评价或计量，或者从责任方获取对鉴证对象评价或计量的认定，而该认定无法为预期使用者获取，预期使用者只能通过阅读鉴证报告获取鉴证对象信息。如在内部控制鉴证业务中，注册会计师可能无法从管理层（责任方）获取其对内部控制有效性的评价报告（责任方认定），或虽然注册会计师能够获取该报告，但预期使用者无法获取该报告，注册会计师直接对内部控制的有效性（鉴证对象）进行评价并出具鉴证报告，预期使用者只能通过阅读该鉴证报告获得内部控制有效性的信息（鉴证对象信息）。这种业务属于直接报告业务。

2.3.3 中国注册会计师鉴证业务要素

《中国注册会计师鉴证业务基本准则》规定，鉴证业务要素包括鉴证业务的三方关系、鉴证对象、标准、证据和鉴证报告五个方面。

1）鉴证业务的三方关系

鉴证业务涉及的三方关系人包括注册会计师、责任方和预期使用者。

三方之间的关系是注册会计师对由责任方负责的鉴证对象或鉴证对象信息提出结论，以增强除责任方之外的预期使用者对鉴证对象信息的信任程度。

（1）注册会计师。

注册会计师，是指取得注册会计师证书并在会计师事务所执业的人员，有时也指其所在的会计师事务所。

注册会计师就是执行鉴证业务的主体。如果鉴证业务涉及的特殊知识和技能超出了注册会计师的能力，注册会计师可以利用专家协助执行鉴证业务。在这种情况下，注册会计师应当确信包括专家在内的项目组整体已具备执行该项鉴证业务所需的知识和技能，并充分参与该项鉴证业务和了解专家所承担的工作。

（2）责任方。

责任方的界定与所执行鉴证业务的类型有关：

❶在直接报告业务中，责任方是指对鉴证对象负责的组织或人员。

❷在基于责任方认定的业务中，责任方是指对鉴证对象信息负责并可能同时对鉴证对象负责的组织或人员。

（3）预期使用者。

预期使用者是指预期使用鉴证报告的组织或人员。责任方可能是预期使用者，但不是唯一的预期使用者。

如果鉴证业务服务于特定的使用者或具有特殊目的，注册会计师可以很容易地识别预期使用者。例如，企业向银行贷款，银行要求企业提供一份与贷款项目相关的预测性财务信息审核报告，这时，银行就是该鉴证报告的预期使用者。

注册会计师可能无法识别使用鉴证报告的所有组织和人员，尤其在各种可能的预期使用者对鉴证对象存在不同的利益需求时。此时，预期使用者主要是指那些与鉴证对象有重要和共同利益的主要利益相关者。例如，在上市公司财务报表审计中，预期使用者主要是指上市公司的股东。注册会计师应当根据法律法规的规定或与委托人签订的协议识别预期使用者。

2）鉴证对象

在注册会计师提供的鉴证业务中，存在着不同类型的鉴证对象，相应地，鉴证对象信息也具有多种不同的形式。

鉴证对象信息是按照标准对鉴证对象进行评价和计量的结果，如责任方按照会计准则和相关会计制度（标准）对其财务状况、经营成果和现金流量（鉴证对象）进行确认、计量和列报（包括披露，下同）而形成的财务报表（鉴证对象信息）。鉴证对象信息应当恰当反映既定标准运用于鉴证对象的情况。如果没有按照既定标准恰当反映鉴证对象的情况，鉴证对象信息可能存在错报，而且可能存在重大错报。

（1）鉴证对象与鉴证对象信息的形式。

❶当鉴证对象为财务业绩或状况时（如历史或预测的财务状况、经营成果和现金流量），鉴证对象信息是财务报表。

❷当鉴证对象为非财务业绩或状况时（如企业的运营情况），鉴证对象信息可能是反映效率或效果的关键指标。

❸当鉴证对象为某种系统和过程时（如企业的内部控制或信息技术系统），鉴证对象信息可能是关于其有效性的认定。

❹当鉴证对象为一种行为时（如遵守法律法规的情况），鉴证对象信息可能是对法律法规遵守情况或执行效果的声明。

（2）鉴证对象特征。

鉴证对象具有不同特征，可能表现为定性或定量、客观或主观、历史或预测、时点或期间。这些特征将对下列方面产生影响：

❶按照标准对鉴证对象进行评价或计量的准确性；

❷证据的说服力。

例如，当鉴证对象为遵守法规情况时，它的特征是定性的；当鉴证对象为企业的财务业绩或状况时，它的特征就是定量的。当鉴证对象为企业未来的盈利能力时，它的特征是主观的、预测的；当鉴证对象为企业的历史财务状况时，它的特征就是客观的、历史的。当鉴证对象为企业注册资本的实收情况时，它的特征是时点的；当鉴证对象为企业内部控制过程时，它的特征就是期间的。

3）标准

（1）标准的定义。

标准是指用于评价或计量鉴证对象的基准，当涉及列报时，还包括列报的基准。

注册会计师在运用职业判断对鉴证对象作出合理一致的评价或计量时，需要有适当的标准。如果没有适当的标准提供指引，任何个人的解释甚至误解都可能对结论的正确性产生影响。也就是说，标准是对所要发表意见的鉴证对象进行“度量”的一把“尺子”，责任方和注册会计师可以根据这把“尺子”对鉴证对象进行“度量”。

对同一鉴证对象进行评价或计量并不一定要选择同一个标准。例如，要评价消费者满意度这一鉴证对象，某些责任方或注册会计师可能会以消费者投诉的次数作为衡量标准；而另外一些责任方或注册会计师可能会选择消费者在初始购买后的三个月内重复购买的数量作为衡量的标准。

(2) 标准的类型。

标准可以是正式的规定，也可以是某些非正式的规定。

正式的规定通常是一些“既定的”标准，是由法律法规规定的，如宪法、会计法、公司法、证券法等。或由政府主管部门或国家认可的专业团体依照公开、适当的程序发布的，如编制遵循性报告时，标准可能是适用的法律、法规，企业编制财务报表时，其标准是权威机构发布的会计准则和相关会计制度。

非正式的规定通常是一些“专门制定的”标准，是针对具体的业务项目“量身定做”的，包括企业内部制定的行为准则、确定的绩效水平等。采用标准的类型不同，注册会计师为评价该标准对于具体鉴证业务的适用性所需执行的工作也不同。

(3) 适当的标准应当具备的特征。

注册会计师在运用职业判断对鉴证对象作出合理一致的评价和计量时，需要有适当的标准。标准是否适当、是否适用于具体的鉴证业务同样离不开注册会计师的职业判断。如果使用的标准不适当或不适用于具体业务，发表的鉴证结论便毫无意义。适当的标准应当与特定业务及其环境相关，因此，同一个业务对象可能存在不同的业务标准。适当的标准应当具备下列所有特征：

❶相关性：注册会计师选用的标准，一定要与作出的结论和提出的意见密切相关，如违反了增值税暂行条例，则不能用消费税暂行条例衡量。有几种可供选择使用的标准时，要选用最能揭示被鉴证事项本质的作为标准。相关的标准有助于得出结论，便于预期使用者作出决策。

❷完整性：完整的标准是不应忽略业务环境中可能影响得出结论的相关因素，当涉及列报时，还包括列报的基准。

❸可靠性：可靠的标准能够使能力相近的注册会计师在相似的业务环境中，对鉴证对象作出合理一致的评价或计量。

❹中立性：中立的标准有助于得出无偏向的结论。

❺可理解性：可理解的标准有助于得出清晰、易于理解、不会产生重大歧义的结论。

注册会计师基于自身的预期、判断和个人经验对鉴证对象进行的评价和计量，不构成适当的标准。

(4) 标准的获取。

标准应当能够为预期使用者获取，以使预期使用者了解鉴证对象的评价或计量过程。标准可以通过下列方式供预期使用者获取：

❶公开发布；

❷在陈述鉴证对象信息时以明确的方式表述；

❸在鉴证报告中以明确的方式表述；

❹常识理解，如计量时间的标准是小时或分钟。

4）证据

注册会计师应当以职业怀疑态度计划和执行鉴证业务，获取有关鉴证对象信息是否不存在重大错报的充分、适当的证据。注册会计师应当及时对制订的计划、实施的程序、获取的相关证据以及得出的结论作出记录。在计划和执行鉴证业务，尤其在确定证据收集程序的性质、时间安排和范围时，应当考虑重要性、鉴证业务风险以及可获取证据的数量和质量。

5）鉴证报告

注册会计师应当出具含有鉴证结论的书面报告，该鉴证结论应当说明注册会计师就鉴证对象信息获取的保证。

案例窗 2-2　责任方认定与鉴证业务类型的判断

注册会计师A接受华强股份有限公司的委托，对该公司管理层编制的下属子公司乙公司IT系统运行有效性的评价报告进行鉴证，华强公司不打算将该评价报告提交给其他预期使用者。

要求：

（1）请指出该项鉴证业务属于表2-2中何种业务类型。

（2）请指出该项鉴证业务的责任方，并简要说明华强公司管理层、乙公司管理层和注册会计师A各自的责任。

表2-2　业务类型表

序号	业务类型	回答“是”或“否”
1	基于责任方认定的业务	
	直接报告业务	
2	历史财务信息鉴证业务	
	其他鉴证业务	

2.4 注册会计师法律责任

近些年来，注册会计师被起诉的案件日益增多，注册会计师的法律责任进一步加大。如果注册会计师在执业过程中有违约、过失或欺诈等行为，给客户或依赖经审计的财务报表的第三者造成重大损失，就要承担相应的法律责任。因此，注册会计师应采取严格遵循职业道德守则和执业准则的要求、建立健全会计师事务所质量控制制度、提取风险基金或购买责任保险等措施避免法律诉讼，保证职业道德和执业质量。

2.4.1 财务报表审计责任

在财务报表审计中，被审计单位管理层和治理层与注册会计师承担着不同的责任，不能相互混淆和替代。明确划分责任，不仅有助于被审计单位管理层和治理层与注册会计师认真履行各自的职责，为财务报表及其审计报告的使用者提供有用的经济决策信息，还有利于保护相关各方的正当权益。

1）被审计单位管理层和治理层的责任

现代公司治理结构要求治理层对管理层编制财务报表的过程实施有效的监督。被审计单位管理层的责任是在治理层的监督下，按照适用的会计准则和相关会计制度的规定编制财务报表。管理层对编制财务报表的具体责任包括：

（1）选择适用的会计准则和相关会计制度。管理层应当根据会计主体的性质和财务报表的编制目的，选择适用的会计准则和相关会计制度，编制和列报财务报表。例如，企业根据规模或行业性质，适合采用企业会计准则或《小企业会计准则》等。

（2）选择和运用恰当的会计政策。会计政策是指企业在会计确认、计量和报告中所采用的原则、基础和会计处理方法。管理层应当根据企业的具体情况，选择和运用恰当的会计政策。

（3）根据企业的具体情况，作出合理的会计估计。会计估计是指企业对其结果不确定的交易和事项以最近可利用的信息为基础所作的判断。管理层有责任根据企业的实际情况作出合理的会计估计，如企业固定资产的使用年限和净残值、应收账款的可收回净额等。

2）注册会计师的责任

按照中国注册会计师审计准则的规定对财务报表发表审计意见是注册会计师的责任。注册会计师应当遵守职业道德规范，按照审计准则的规定计划和实施审计工作，获取充分、适当的审计证据，并根据获取的审计证据得出合理的审计结论，发表恰当的审计意见。注册会计师通过签署审计报告确认其责任。

3）两种责任不能互相取代

财务报表编制和财务报表审计是财务信息生成过程中的不同环节，两者各司其职。法律法规要求管理层和治理层对编制财务报表承担责任，有利于从源头上保证财务信息的质量。在某些方面，注册会计师与管理层和治理层之间可能存在信息不对称，管理层和治理层作为内部人员，对企业的情况更为了解，更能作出适合企业特点的会计处理决策和判断，因此，管理层和治理层应对编制财务报表承担完全责任。尽管在审计过程中，注册会计师可能向管理层和治理层提出调整建议，甚至在不违反独立性的前提下为管理层编制财务报表提供协助，但管理层仍然对编制财务报表承担责任，并通过签署财务报表确认这一责任。

2.4.2 对注册会计师法律责任的认定

1）违约

违约，是指合同的一方或多方未能履行合同条款规定的义务。当注册会计师违约给他人造成损失时，应负违约责任。比如，在商定的期间内未能提交纳税申报表，或违反了与客户订立的保密协议等。

2）过失

过失，是指在一定条件下，没有保持应有的职业谨慎。评价注册会计师的过失，是以其他合格注册会计师在相同条件下可做到的谨慎为标准的。当注册会计师过失给他人造成损失时，应负过失责任。过失按程度不同可区分为普通过失和重大过失。

普通过失，通常是指没有保持职业上应有的职业谨慎。对注册会计师而言，普通过失则是指没有完全遵循专业准则的要求。

重大过失，是指连起码的职业谨慎都没有保持。对注册会计师而言，重大过失则是指根本没有遵循专业准则或没有按照专业准则的基本要求执行审计。

3）欺诈

欺诈又称舞弊，是以欺骗或坑害他人为目的的一种故意的错误行为。对于注册会计师而言，欺诈就是为了达到欺骗他人的目的，明知委托单位的财务报表有重大错报，却加以虚伪的陈述，出具无保留意见的审计报告。

2.4.3 会计师事务所、注册会计师承担法律责任的法律规定

会计师事务所、注册会计师在执业过程中因违约、过失或欺诈行为给被审计单位或其他利害关系人造成损失的，按照有关法律规定应当承担相应的行政责任、民事责任或刑事责任。我国相关的法律规定主要有：

1）《中华人民共和国注册会计师法》

《中华人民共和国注册会计师法》（简称《注册会计师法》）第三十九条规定："会计师事务所违反本法第二十条、第二十一条规定的，由省级以上人民政府财政部门给予警告，没收违法所得，可以并处违法所得一倍以上五倍以下的罚款；情节严重的，并可以由省级以上人民政府财政部门暂停其经营业务或者予以撤销。注册会计师违反本法第二十条、第二十一条规定的，由省级以上人民政府财政部门给予警告；情节严重的，可以由省级以上人民政府财政部门暂停其执行业务或者吊销注册会计师证书。会计师事务所、注册会计师违反本法第二十条、第二十一条的规定，故意出具虚假的审计报告、验资报告，构成犯罪的，依法追究刑事责任。"

《注册会计师法》第四十二条规定："会计师事务所违反本法规定，给委托人、其他利害关系人造成损失的，应当依法承担赔偿责任。"

2）《中华人民共和国证券法》

《中华人民共和国证券法》（简称《证券法》）[①]，第一百六十三条规定："证券服务机构为证券的发行、上市、交易等证券业务活动制作、出具审计报告……其制作、出具的文件有虚假记载、误导性陈述或者重大遗漏，给他人造成损失的，应当与委托人承担连带赔偿责任，但是能够证明自己没有过错的除外。"

《证券法》第二百一十三条规定："证券服务机构违反本法第一百六十三条的规定，未勤勉尽责，所制作、出具的文件有虚假记载、误导性陈述或者重大遗漏的，责令改正，没收业务收入，并处以业务收入一倍以上十倍以下的罚款……情节严重的，并处暂停或者禁止从事证券服务业务。对直接负责的主管人员和其他直接责任人员给予警告，并处以二十万元以上二百万元以下的罚款。"

此外，《证券法》第一百八十八条中对证券服务机构及其从业人员违反《证券法》第四十二条的规定从事买卖证券的行为、第二百一十四条中对证券服务机构未按照规定保存有关文件和资料，泄露、隐匿、伪造、篡改或者毁损有关文件和资料的行为，都明确了其应承担的相应法律责任。《证券法》第二百一十九条对构成犯罪的行为，明确了依法应追

① 本书除特别说明外，均指2019年修订的《中华人民共和国证券法》。

究刑事责任。

3）《中华人民共和国公司法》

《中华人民共和国公司法》（简称《公司法》）[①]第二百零七条中规定，承担资产评估、验资或者验证的机构提供虚假材料、因过失提供有重大遗漏的报告，由公司登记机关没收违法所得，责令改正，情节较重的，处以所得收入一倍以上五倍以下的罚款，并可以由有关主管部门依法责令该机构停业、吊销直接责任人员的资格证书，吊销营业执照。给公司债权人造成损失的，除能够证明自己没有过错的外，在其评估或者证明不实的金额范围内承担赔偿责任。

4）《中华人民共和国刑法》

《中华人民共和国刑法》（简称《刑法》）第二百二十九条规定："承担资产评估、验资、验证、会计、审计、法律服务……职责的中介组织的人员故意提供虚假证明文件，情节严重的，处五年以下有期徒刑或者拘役，并处罚金……"

2.4.4 注册会计师避免法律诉讼的具体措施

1）严格遵循职业道德守则和执业准则的要求

注册会计师是否应承担法律责任，关键在于注册会计师是否有过失或欺诈行为。而判断注册会计师是否具有过失的关键在于注册会计师是否按照执业准则的要求执业。因此，保持良好的职业道德行为，严格遵循执业准则的要求执行工作、出具报告，对于避免法律诉讼或在提起诉讼中保护注册会计师具有非常重要的作用。

2）建立健全会计师事务所质量控制制度

质量控制是会计师事务所各项管理工作的核心和关键。如果一个会计师事务所质量控制不严，很有可能因某一个人或一个部门的原因导致整个会计师事务所遭受灭顶之灾。因此，会计师事务所必须建立一套严密的、科学的质量控制制度，并把这套制度落实到整个审计过程和各个审计环节，促使注册会计师按照执业准则的要求执业，保证审计业务质量。

3）与委托人签订业务约定书

业务约定书具有法律效力，它是确定注册会计师和委托人责任的一个重要文件。会计师事务所不论承办何种业务，都要按照业务约定书准则的要求与委托人签订业务约定书，这样才能在法律诉讼时将一切口舌之辩减少到最低限度。

4）审慎选择客户

中外很多注册会计师法律案件告诉我们，注册会计师要避免法律诉讼，必须慎重选择客户。

（1）要选择正直的客户。在接受委托前，一定要对客户的情况有所了解，评价管理层和关键股东的诚信和品质，弄清委托的真正目的，如果客户对其顾客、员工、政府部门或其他方面没有正直的品格，也必然会欺骗注册会计师，使注册会计师落入设定的圈套。

（2）对陷入财务和法律困境的客户要尤为注意。中外绝大部分涉及注册会计师的诉讼案，都集中在宣告破产的被审计单位。那些周转不灵或面临破产的公司总想为他们的损失

---

① 本书除特别说明外，均指2018年修订的《中华人民共和国公司法》。

寻找替罪羊，因此，对那些已经陷入困境的单位要特别注意，避免被卷入其中。

5）深入了解被审计单位的业务

在很多案件中，注册会计师之所以未能发现错误，一个重要的原因是他们不了解被审计单位所在行业的情况及被审计单位的业务。由于会计是经济活动的综合反映，不熟悉被审计单位的经济业务和生产经营实务，仅局限于有关的会计资料，就可能发现不了某些错误，所以，注册会计师要深入了解被审计单位的业务，才能避免法律诉讼。

6）提取风险基金或购买责任保险

在西方国家，购买充分的责任保险是会计师事务所一项极为重要的保护措施。尽管保险不能免除可能受到的法律诉讼，但能防止或减少诉讼失败时会计师事务所发生的财务损失。《注册会计师法》规定会计师事务所应当按照规定建立职业风险基金，办理职业保险。

7）聘请熟悉注册会计师法律责任的律师

会计师事务所应尽可能聘请熟悉相关法规及注册会计师法律责任的律师。在执业过程中如遇重大法律问题，注册会计师应同律师详细讨论所有潜在的风险，并仔细考虑律师的建议。一旦发生法律诉讼，也应聘请有经验的律师参与诉讼。

8）按规定妥善保管审计工作底稿

根据现行法律及相关司法解释的规定，会计师事务所侵权赔偿责任的归责原则为过错推定原则。如果会计师事务所向法院提交的审计工作底稿上记录的工作程序和反映的职业判断能证明会计师事务所的执业行为遵循了职业准则和规则，不存在主观上的过错，就可以不承担赔偿责任。所以，按规定妥善保管好审计工作底稿，对于会计师事务所有效应对法律诉讼、规避法律责任风险具有重要意义。

【本章思政主题】

依法审计　操守为重

KM公司在中国证监会立案侦查前，是A股市场上最著名的某行业领头企业。20××年年底证监会日常监管发现，KM公司财务报告真实性存疑，涉嫌虚假陈述等违法违规行为，证监会当即立案调查。ZJ会计师事务所是KM公司自上市以来唯一的审计机构，执业中不仅没有按照审计准则实施必要的审计程序，在案件曝光后，还继续坚持其20××年审计报告中出具的保留意见，使得不少业界人士及投资者怀疑其是否与企业合谋进行舞弊。

KM公司部分舞弊行为如下：

1.使用虚假银行单据虚增存款。KM公司通过财务不记账、虚假记账，伪造、变造大额定期存单或银行对账单，配合营业收入造假、伪造销售回款等方式虚增货币资金，金额总计886.8亿元，占公司披露总资产比例极高。

2.伪造业务凭证进行收入造假。KM公司通过伪造业务凭证等手法虚增营业收入、利息收入以及营业利润，虚增营业收入总计291.17亿元，多计利息收入总计6.75亿元，虚增营业利润总计39.36亿元。

3.虚增固定资产、在建工程、投资性房地产。KM公司将前期未纳入报表的不满足会计确认和计量条件的多个工程项目纳入表内，由此调增固定资产11.89亿元，调增在建工程4.01亿元，虚增投资性房地产20.15亿元。

ZJ会计师事务所部分未按照审计准则实施必要的审计程序如下：

1.银行存款的函证程序不合理。KM公司年报存在存贷双高问题，ZJ会计师事务所为KM公司提供审计服务长达18年，理应对此问题进一步执行分析性程序，高度关注银行回函的真实性，但最终并未保持应有的职业怀疑，导致这一环节的函证程序执行失效。

2.有形资产的监盘程序不规范。KM公司年报中存在虚增多类有形资产的问题，而ZJ会计师事务所对此回应声称除存货以外，其他有形资产的虚增问题确实存在。对于存货的监盘表示并无问题，对于大额调增占存货高达78%的库存商品这一事项也未进行特殊风险认定，更没有设置专门的监盘程序；对某特殊存货，审计人员完全听信公司聘请的专业人员的说辞，对于专业人员的可信度也没有实施专门调查，由此导致有形资产的监盘程序失效。

3.收入确认的审计程序不严谨。ZJ会计师事务所在执行银行存款函证程序上的不合理以及对有形资产监盘程序上的不规范，导致对货币资金的真实存在保持相信的态度。因此，KM公司通过虚构发出存货、虚增货币资金来配合营业收入造假，使虚增收入不表现在应收账款的增加上，成功骗过了审计人员。

【思考与启示】

执业质量是会计师事务所的生命线，是注册会计师行业维护公众利益的专业基础和诚信义务。质量与诚信也是注册会计师行业的立业之本、兴业之基和发展之道。会计师事务所和行业从业人员在审计工作中坚持独立、客观、公正的原则，依法执业，恪守职业道德，保持应有的职业谨慎性以及审计人员应有的独立性，严格遵守审计准则执行适当的审计程序，勤勉尽责，在获取的审计证据充分、适当的基础上对财务报表发表恰当审计意见，是确保审计质量、立足市场求得发展、获得行业地位及竞争优势、切实维护注册会计师行业诚信度和公信力的根本之道。

本案例中，ZJ会计师事务所与KM公司有长期合作关系，会计师事务所对于KM公司的行贿问题与长期存在的存贷双高问题选择视而不见，并且连续17年出具标准无保留意见的审计报告，这明显违背了现代风险导向审计的初衷。另外，KM公司支付给ZJ会计师事务所的审计费用连年上涨，金额总计高达3 235万元，在这样的诱惑下，ZJ会计师事务所执业没有保持独立性、没有保持应有的职业道德水准、没有按照审计准则执行适当的审计程序，这是ZJ会计师事务所审计失败的主要原因。

审计人员自身是否遵守法律法规、道德准则、职业规范，决定了其是否能够依法独立行使审计监督权，维护国家经济安全和社会公正。作为注册会计师行业从业人员，应当牢记习近平总书记提出的新时代审计自身建设的最新标准：以“审计精神”立身、以“创新规范”立业、以“自身建设”立信，严格要求自己，自觉维护职业形象，树立审计监督公信力，要有强烈的社会责任感，忠诚履职尽责，以维护人民利益、推动完善国家治理为使命，始终坚守党纪国法、道德良知的底线，清清白白做人，干干净净做事，坚守依法履职和审计质量这条“生命线”、职业操守这条“保障线”，自觉规范和约束审计行为，为我国经济社会高质量发展保驾护航。

3 第3章 承接审计业务

【知识目标】

1. 掌握开展初步业务活动的内容和目的
2. 理解审计的前提条件
3. 掌握自身综合评价专业胜任能力与遵守职业道德规范情况
4. 掌握审计业务约定书的含义和基本内容
5. 理解审计业务约定书的特殊考虑
6. 理解审计业务约定条款的变更情形

【能力目标】

1. 能在签订审计业务约定书前实施初步业务活动，并编制初步业务活动审计工作底稿
2. 能与被审计单位管理层就审计的前提条件进行沟通并达成一致意见
3. 能编制具体审计项目的审计业务约定书
4. 能准确把握审计业务约定书的特殊考虑，识别审计业务约定条款的变更情形
5. 能建立初步业务活动、审计的前提条件和签订审计业务约定书之间的关系

【素养目标】

1. 具有应有的职业谨慎态度，按规范流程了解客户及其环境，慎重选择客户
2. 具有良好的沟通能力，与前任会计师事务所了解审计情况，与被审计单位沟通，确保审计工作的顺利开展
3. 具有契约精神和文字撰写能力，准确约定审计条款，诚实守信，严格履行约定的责任与义务

【本章知识架构】

<table>
<tr><th>章名</th><th>节名</th><th>一级标题</th></tr>
<tr><td rowspan="7">承接审计业务</td><td rowspan="2">初步业务活动</td><td>初步业务活动的目的</td></tr>
<tr><td>初步业务活动的内容</td></tr>
<tr><td rowspan="2">审计的前提条件</td><td>财务报告编制基础</td></tr>
<tr><td>就管理层的责任达成一致意见</td></tr>
<tr><td rowspan="3">审计业务约定书</td><td>审计业务约定书的含义</td></tr>
<tr><td>审计业务约定书的基本内容</td></tr>
<tr><td>审计业务约定书的特殊考虑</td></tr>
<tr><td colspan="3">本章思政主题 诚实守信 立身之本</td></tr>
</table>

【导读案例】

某省财政厅联合省注册会计师协会开展20××年度全省会计师事务所执业质量检查，

检查中发现ZJ会计师事务所存在如下部分违法事实和证据：

1. ZJ会计师事务所在《××生态茶业有限公司20××年年度财务报表审计》中，初步业务活动和风险评估审计程序不到位。对客户及其环境进行初步了解程序不到位，底稿简单流于形式；未根据总体审计策略编制具体审计计划；未实施控制了解（包括内控制度调查、穿行测试）。不符合《中国注册会计师审计准则第1201号——计划审计工作》第八条、第九条的规定。审计业务约定书要素不齐全。如未约定出具报告份数、审计收费相关的补偿方式、争议解决方式。不符合《中国注册会计师审计准则第1111号——就审计业务约定条款达成一致意见》第九条的规定。

资源拓展 安然公司破产案

2. ZJ会计师事务所在《××商贸有限公司20××年年度财务报表审计》中，初步业务活动和风险评估程序不到位。初步业务活动底稿未记录初步评估出的风险；该项目为连续承接项目，应编制业务保持评价表，但底稿中既有业务承接评价表，又有业务保持评价表，且两张评价表都无实质内容；审计业务约定书未约定提供资料时间和出具报告时间，事务所授权代表未签名，地址非事务所注册地；工作底稿中未见注册会计师的工作痕迹；总体审计策略流于形式，与被审计单位实际情况不符；具体审计计划流于形式，拟实施的审计程序不恰当；未实施控制了解。不符合《中国注册会计师审计准则第1201号——计划审计工作》第六条、第七条、第九条以及《中国注册会计师审计准则第1211号——重大错报风险的识别和评估》第八条的规定。

以上事实有执业质量检查报告、财政行政执法检查工作底稿、相关审计工作底稿、检查问询与记录等证据证实。某省财政厅根据《中华人民共和国注册会计师法》第三十九条第二款和《会计师事务所执业许可和监督管理办法》（财政部令第97号）第七十条第一款的规定，对ZJ会计师事务所给予相应行政处罚。

3.1 初步业务活动

注册会计师审计是一种受托审计，会计师事务所应当按照审计执业准则的规定，谨慎决策是否接受或保持某客户关系和具体审计业务，拒绝接受过高风险客户。为了促使注册会计师同被审计单位双方责任的履行，需要签订或修改审计业务约定书。而要完成审计业务约定书的签订或修改，就必须开展一些工作，如在接受客户委托时应考虑被审计单位是否诚信及其对保证审计质量的影响，审计的前提条件是否存在、能否接受委托，注册会计师执行业务所需要的独立性和专业胜任能力是否具备及其对审计质量的影响，以及连续审计时前期审计发现的重大问题对保持同客户的关系有无影响等，这些工作就是在本期审计业务开始时注册会计师应进行的初步业务活动。

3.1.1 初步业务活动的目的

在本期审计开始时，为了确保审计计划工作的完成，使审计有较高的工作质量，注册会计师需要开展初步业务活动，以实现以下三个主要目的：

第一，具备执行业务所需的独立性和专业胜任能力；

第二，不存在因管理层诚信问题而可能影响注册会计师保持该项业务的意愿的事项；

第三，与被审计单位之间不存在对业务约定条款的误解。

3.1.2 初步业务活动的内容

为实现上述三个目的，注册会计师在审计业务开始时应当开展下列初步业务活动：

1）针对保持客户关系和具体审计业务实施相应的质量控制程序

针对保持客户关系和具体审计业务实施质量控制程序，并且根据实施相应程序的结果作出适当的决策是注册会计师控制审计风险的重要环节。在首次接受审计委托时，注册会计师需要执行针对建立有关客户关系和承接具体审计业务的质量控制程序；在连续审计时，注册会计师通常执行针对保持客户关系和具体审计业务的质量控制程序。无论是首次接受审计委托还是连续审计，注册会计师均应考虑下列主要事项，以确定保持客户关系和具体审计业务的结论是恰当的：

（1）被审计单位的主要股东、关键管理人员和治理层是否诚信；

（2）项目组是否具备执行审计业务的专业胜任能力以及必要的时间和资源；

（3）注册会计师接受客户委托的前提条件是否存在；

（4）会计师事务所和项目组能否遵守职业道德规范。

会计师事务所执行客户接受与保持程序的目的，旨在识别和评价会计师事务所面临的风险。例如，如果注册会计师发现潜在客户正面临财务困难，或者发现现有客户在之前的业务中作出虚假陈述，那么可以认为接受或保持该客户的风险非常高，甚至是不可接受的。会计师事务所除考虑客户施加的风险外，还需要复核执行业务的能力，如当工作需要时能否获得合适的具有相应资格的员工；能否获得专业化协助；是否存在任何利益冲突；能否对客户保持独立性等。

注册会计师需要作出的最重要的决策之一就是是否接受和保持客户。一项低质量的决策会导致不能准确确定计酬的时间或未被支付的费用，增加项目合伙人和员工的额外压力，使会计师事务所声誉遭受损失，或者涉及潜在的诉讼。

由于在连续审计的情况下，注册会计师已经积累了一定的审计经验，因此在决定是否保持与某一客户的业务关系时，项目负责人通常重点考虑本期或前期审计中发现的重大事项，及其对保持该客户关系的影响。在实务中，会计师事务所可以区别首次接受审计委托和连续审计的情况制定不同的质量控制程序，以提高审计工作的效率及效果。

2）评价遵守相关职业道德要求的情况

职业道德规范要求注册会计师项目组成员恪守独立、客观、公正的原则，保持专业胜任能力和应有的关注，并对审计过程中获知的信息保密。只有确保注册会计师已具备执行业务所需要的独立性和专业胜任能力，才不会影响注册会计师对该项业务正确意愿的表达。因此，应评价注册会计师遵守职业道德规范的情况。

3）就审计业务约定条款达成一致意见

在作出接受或保持客户关系及具体审计业务的决策后，注册会计师应当在审计业务开始前，与被审计单位就审计业务约定条款达成一致意见，签订或修改审计业务约定书，以避免双方对审计业务的理解产生分歧。审计业务约定书一经签订，双方就要按约定书的规定条款履行业务，否则，要负法律责任。

业务保持评价表审计工作底稿见附录（附表1），索引号AA。

案例窗3-1　　初步业务活动案例

华强股份有限公司拟聘请诚信会计师事务所审计2023年度财务报表。在承接审计业务之前，诚信会计师事务所开展初步业务活动，了解到以下情况：

（1）华强股份有限公司2022年度财务报表的审计机构是兴华会计师事务所（以下简称兴华所），兴华所对华强股份有限公司2022年度财务报表审计后出具了无保留意见的审计报告。诚信会计师事务所在接受业务委托前与兴华所进行了沟通。兴华所告知，华强股份有限公司2022年年末持有的其他债权投资发生大幅减值，建议计提相应的减值准备。但华强股份有限公司管理层以2022年度经营业绩不佳为由拒绝调整，并以解聘相威胁。由于兴华所坚持要求调整，华强股份有限公司最终接受了审计调整建议。

（2）自2023年起，华强股份有限公司将主要产品交货方式，由在华强股份有限公司仓库交货改为运至客户指定交货地点交客户验收，但客户需承担由此而发生运费的80%，其余20%由华强股份有限公司承担。

（3）2023年年末，有网民称华强股份有限公司生产的A产品中有害化学成分的含量较高，会对消费者健康造成不良影响。华强股份有限公司随即发表声明，称A产品中的有害化学成分含量没有超出现行安全标准，并公布国家有关部门的检测报告。但网络调查显示，仍有超过半数的网民对A产品的安全性表示担忧。

要求：请问诚信会计师事务所在决定接受业务委托前，需要考虑哪些主要事项？

3.2　审计的前提条件

审计的前提条件，是指管理层在编制财务报表时采用可接受的财务报告编制基础，以及管理层对注册会计师执行审计工作的前提的认同。可接受的财务报告编制基础是指管理层编制财务报表有恰当的基础，也就是注册会计师对财务报表进行审计有适当的标准。管理层对注册会计师执行审计工作的前提的认同是指管理层认可并理解其应承担的责任。审计的前提条件对审计人员作出正确的审计结论以及分清注册会计师与管理层的责任具有重要意义。

3.2.1　财务报告编制基础

承接鉴证业务的条件之一是《中国注册会计师鉴证业务基本准则》提及的标准适当，且能够为预期使用者获取。标准是指用于评价或计量鉴证对象的基准，当涉及列报时，还包括列报与披露的基准。适当的标准使注册会计师能够运用职业判断对鉴证对象作出合理一致的评价或计量。就审计准则而言，适用的财务报告编制基础为注册会计师提供了用以审计财务报表的标准。如果不存在可接受的财务报告编制基础，管理层就不具有编制财务报表的恰当基础，注册会计师也不具有对财务报表进行审计的适当标准。

1）确定财务报告编制基础的可接受性

在确定编制财务报表所采用的财务报告编制基础的可接受性时，注册会计师需要考虑下列相关因素：

（1）被审计单位的性质（例如，被审计单位是商业企业、公共部门实体，还是非营利组织）；

（2）财务报表的目的（例如，编制财务报表是用于满足广大财务报表使用者共同的财务信息需求，还是用于满足财务报表特定使用者的财务信息需求）；

（3）财务报表的性质（例如，财务报表是整套财务报表，还是单一财务报表）；

（4）法律法规是否规定了适用的财务报告编制基础。

2）通用目的编制基础

如果财务报告准则由经授权或获得认可的准则制定机构制定和发布，供某类实体使用，只要这些机构遵循一套既定和透明的程序，则认为财务报告准则对于这类实体编制通用目的的财务报表是可接受的。

3.2.2 就管理层的责任达成一致意见

按照审计准则的规定执行审计工作的前提是管理层已认可并理解其承担的责任。审计准则并不超越法律法规对这些责任的规定。然而，独立审计的理念要求注册会计师不对财务报表的编制或被审计单位的相关内部控制承担责任，并要求注册会计师合理预期能够获取审计所需要的信息。因此，管理层认可并理解其责任，这一前提对执行独立审计工作是至关重要的。根据《中国注册会计师审计准则第1111号——就审计业务约定条款达成一致意见》的规定，管理层和治理层（如适用）认可并理解其对财务报表的责任包括：

其一，按照适用的财务报告编制基础编制财务报表，并使其实现公允反映（如适用）。大多数财务报告编制基础包括与财务报表列报相关的要求，对于这些财务报告编制基础，在提到“按照适用的财务报告编制基础编制财务报表”时，编制包括列报。实现公允列报的报告目标非常重要，因而在与管理层达成一致意见的执行审计工作的前提中需要特别提及公允列报，或需要特别提及管理层负有确保财务报表根据财务报告编制基础编制并使其实现公允反映的责任。

其二，设计、执行和维护必要的内部控制，以使财务报表不存在由于舞弊或错误导致的重大错报。由于内部控制的固有限制，无论其如何有效，也只能合理保证被审计单位实现其财务报告目标。注册会计师按照审计准则的规定执行的独立审计工作，不能代替管理层维护编制财务报表所需要的内部控制。因此，注册会计师需要就管理层认可并理解其与内部控制有关的责任与管理层达成共识。

其三，向注册会计师提供必要的工作条件，包括允许注册会计师接触与编制财务报表相关的所有信息（如记录、文件和其他事项），向注册会计师提供审计所需要的其他信息，允许注册会计师在获取审计证据时不受限制地接触其认为必要的内部人员和其他相关人员。

按照《中国注册会计师审计准则第1341号——书面声明》的规定，注册会计师应当要求对财务报表承担相应责任并了解相关事项的管理层提供书面声明。如针对财务报表的编制、提供的信息和交易的完整性，注册会计师应当要求管理层就相关责任的履行提供书面声明。因此，注册会计师需要获取针对管理层责任的书面声明、其他审计准则要求的书面声明，以及在必要时需要获取用于支持其他审计证据的书面声明。注册会计师需要使管理层意识到这一点。

如果审计的前提条件不存在，注册会计师应当就此与管理层沟通，除非管理层同意在财务报表中作出额外披露，同时在审计报告中增加强调事项段加以说明；或注册会计师能与管理层就其应承担的责任与管理层达成一致意见等。否则注册会计师承接此类审计业务是不恰当的，除非法律法规另有规定。

案例窗 3-2　就管理层的责任达成一致意见案例

诚信会计师事务所决定承接华强股份有限公司2023年度财务报表审计业务，在与华强股份有限公司签订2023年度财务报表审计业务的约定书时，关于华强股份有限公司应承担的责任，华强股份有限公司管理层认为：

（1）财务报表的合法性与公允性应当由诚信会计师事务所审计人员负责，审计人员应当将财务报表中的所有重大错报予以发现并更正；

（2）内部控制的设计与执行是自己的事情，与财务报表审计业务无关；

（3）审计人员只能获取2023年度财务报表的会计资料，与财务人员接触，审计过程中不得干扰其他部门人员工作。

要求：请问华强股份有限公司管理层的看法正确吗？

3.3 审计业务约定书

注册会计师在接受被审计单位委托开展初步业务活动前的各项工作完成后，应签订或修改审计业务约定书。签订审计业务约定书不论是对注册会计师还是对被审计单位来说都有重要的意义：一是能增进注册会计师与委托人之间的相互了解，使审计工作顺利地开展；二是能明确双方的责任，促使双方各自责任的履行；三是能通过约定业务的履行或不履行实施相应的处罚，保护双方的合法权益。

3.3.1 审计业务约定书的含义

在明确审计业务的范围和性质，初步了解被审计单位的基本情况，并评价专业胜任能力作出接受或保持客户关系的决策后，注册会计师应当在审计业务开始前，与被审计单位就审计业务约定条款达成一致意见，签订或修改审计业务约定书，以避免双方对审计业务的理解产生分歧。审计业务约定书一经签订，双方就要按约定书规定条款履行义务，否则要承担相应的违约责任。

审计业务约定书是指会计师事务所与被审计单位签订的，用以记录和确认审计业务的委托与受托关系、审计目标和范围、双方的责任以及报告的格式等事项的书面协议。会计师事务所承接任何审计业务，都应与被审计单位签订审计业务约定书。对审计业务约定书可从以下几方面理解：

其一，约定书是被审计单位与审计组织共同签订的。但也存在委托人与被审计人不是同一方的情况，在这种情况下，在签订审计业务约定书前，注册会计师应当与委托人、被审计单位就审计业务约定条款进行充分沟通，并达成一致意见。

其二，确认了二者的委托与受托关系。民间审计不同于强制性的政府审计或内部审计，会计师事务所进行的是受托审计，所以要确认委托受托关系。

其三，明确委托目的等事项。这是业务约定书的主要内容。

其四，必须采用书面形式，而不能采用口头形式。

其五，审计业务约定书是一份经济合同文书，具有法定约束力，双方都要遵守。任何一方违约，都需要追究其责任。

在实务中，审计业务约定书可以采用合同式或信函式两种形式。二者尽管形式不同，但其实质内容是相同的。本节主要说明合同式审计业务约定书的内容和格式。

3.3.2 审计业务约定书的基本内容

审计业务约定书的具体内容和格式可能因被审计单位的不同而不同，但应当包括以下主要内容：

其一，财务报表审计的目标与范围。财务报表审计的目标是注册会计师通过执行审计工作，对财务报表是否在所有重大方面按照适用的会计准则编制，是否公允反映被审计单位的财务状况、经营成果和现金流量发表审计意见。财务报表的审计范围是指为实现财务报表审计目标，注册会计师根据审计准则和职业判断实施的恰当的审计程序的总和。

其二，注册会计师的责任。按照中国注册会计师审计准则的规定对财务报表发表审计意见是注册会计师的责任。

其三，管理层的责任。在被审计单位治理层的监督下，按照适用的会计准则编制财务报表是被审计单位管理层的责任。管理层的责任包括：（1）按照适用的财务报告编制基础编制财务报表，并使其实现公允反映。（2）设计、执行和维护必要的内部控制，以使财务报表不存在由于舞弊或错误导致的重大错报。（3）向注册会计师提供必要的工作条件。这些必要的工作条件包括允许注册会计师接触与编制财务报表相关的所有信息（如记录、文件和其他事项），向注册会计师提供审计所需的其他信息，允许注册会计师在获取审计证据时不受限制地接触其认为必要的内部人员和其他相关人员。财务报表审计不能减轻被审计单位管理层和治理层的责任。

资源拓展

2022年证监会第一例罚单

其四，指出用于编制财务报表所适用的财务报告编制基础。

其五，提及注册会计师拟出具的审计报告的预期形式和内容，以及在特定情况下对出具的审计报告可能不同于预期形式和内容的说明。

3.3.3 审计业务约定书的特殊考虑

1）考虑特定需要

如果情况需要，注册会计师还应当考虑在审计业务约定书中列明下列内容：

（1）详细说明审计工作的范围，包括提及适用的法律法规、审计准则，以及注册会计师协会发布的职业道德守则和其他公告。

（2）对审计业务结果的其他沟通形式。

（3）说明由于审计和内部控制的固有限制，即使审计工作按照审计准则的规定得到恰当的计划和执行，仍不可避免地存在某些重大错报未被发现的风险。

（4）计划和执行审计工作的安排，包括审计项目组的构成。

（5）管理层确认将提供书面声明。注册会计师应当要求管理层就其已履行某些责任提供书面声明。

（6）管理层同意向注册会计师及时提供财务报表草稿和其他所有附带信息，以使注册会计师能够按照预定的时间表完成审计工作。

（7）管理层同意告知注册会计师在审计报告日至财务报告报出日之间注意到的可能影响财务报表的事实。

（8）收费的计算基础和收费安排。

（9）管理层确认收到审计业务约定书并同意其中的条款。

（10）在某些方面对利用其他注册会计师和专家工作的安排。

（11）对审计涉及的内部审计人员和被审计单位其他员工工作的安排。

（12）在首次审计的情况下，与前任注册会计师（如存在）沟通的安排。

（13）说明对注册会计师责任可能存在的限制。

（14）注册会计师与被审计单位之间需要达成进一步协议的事项。

（15）向其他机构或人员提供审计工作底稿的义务。

2）组成部分的审计

如果母公司的注册会计师同时也是组成部分的注册会计师时，需要考虑下列因素，决定是否向组成部分单独致送审计业务约定书：

（1）组成部分注册会计师的委托人；

（2）是否对组成部分单独出具审计报告；

（3）与审计委托相关的法律法规的规定；

（4）母公司占组成部分的所有权份额；

（5）组成部分管理层相对于母公司的独立程度。

3）连续审计

对于连续审计，注册会计师应当根据具体情况评估是否需要对审计业务约定条款作出修改，以及是否需要提醒被审计单位注意现有的条款。

注册会计师可以决定不在每期都致送新的审计业务约定书或其他书面协议。然而，下列因素可能导致注册会计师修改审计业务约定条款或提醒被审计单位注意现有的业务约定条款：

（1）有迹象表明被审计单位误解审计目标和范围；

（2）需要修改约定条款或增加特别条款；

（3）被审计单位高级管理人员近期发生变动；

（4）被审计单位所有权发生重大变动；

（5）被审计单位业务的性质或规模发生重大变化；

（6）法律法规的规定发生变化；

（7）编制财务报表采用的财务报告编制基础发生变更；

（8）其他报告要求发生变化。

4）审计业务约定条款的变更

（1）在缺乏合理理由的情况下，注册会计师不应同意变更审计业务约定条款。

（2）在完成审计业务前，如果被审计单位或委托人要求将审计业务变更为保证程度较低的业务，注册会计师应当确定是否存在合理理由予以变更。

（3）如果注册会计师不同意变更审计业务约定条款，而管理层又不允许继续执行原审计业务，注册会计师应当在适用的法律法规允许的情况下，解除审计业务约定，并根据是否有约定确定是否向治理层、所有者或监管机构等作出报告。

审计业务约定书审计工作底稿见附录（附表2），索引号AB。

案例窗3-3　审计业务约定书的基本内容案例

诚信会计师事务所在对华强股份有限公司开展初步业务活动之后，决定承接该公司2023年度财务报表审计业务，在拟签订的审计业务约定书中，有下列内容：

（1）财务报表审计的目标与范围。

（2）注册会计师的责任、管理层的责任。

（3）指出用于编制财务报表所适用的编制基础。

（4）审计报告的预期形式和内容。

（5）说明由于审计和内部控制的固有限制，即使审计工作按照审计准则的规定得到恰当的计划和执行，仍不可避免地存在某些重大错报未被发现的风险。

（6）收费的计算基础和收费安排。

（7）在某些方面对利用其他注册会计师和专家工作的安排。

（8）管理层确认将提供书面声明。注册会计师应当要求管理层就其已履行的某些责任提供书面声明。

要求：哪些内容是审计业务约定书的基本内容？哪些内容是审计业务约定书根据情况需要列明的内容？

【本章思政主题】

诚实守信　立身之本

XH会计师事务所在为LZZJ公司提供20××年年报审计服务时，没有忠实履行核查验证职责，监盘程序未执行到位，未取得充分适当的审计证据，导致未发现LZZJ公司虚增在建工程2亿元，出具了存在虚假记载的审计报告，没有切实发挥“看门人”作用，受到证监会处罚。

LZZJ公司是一家集钢铁铸锻、能源装备、高新技术装备等服务于一体的能源装备综合服务商，公司于2011年1月11日登陆中小板上市。因公司涉嫌信息披露违反证券法律法规，证监会决定对其展开立案调查。经查实：

20××年2月10日，LZZJ公司和ZM公司签订工业产品采购合同，合同约定由ZM公司向LZZJ公司提供锂电池系列设备，合同总价款为3.9亿元，约定交货、提货时间为20××年8月31日。20××年2月18日、21日，LZZJ公司分两笔支付给ZM公司1亿元、0.95亿元，记入对ZM公司的预付账款。

20××年12月31日，LZZJ公司将预付给ZM公司的1.95亿元转为对子公司LK公司的其他应收款，LK公司确认对LZZJ公司的其他应付款，并将其他应付款1.95亿元转入在建工程科目。同时，LK公司将其对LZZJ公司的其他应付款利息进行资本化（即根据LZZJ公司向ZM公司支付预付账款起计算的利息共计11 918 779.16元，记入在建工程，同时贷记对LZZJ公司的其他应付款）；LZZJ公司将此笔资本化利息借记对LK公司的其他应收款，同时抵减财务费用并确认应交增值税销项税额。经查，LK公司将1.95亿元其他应付款转入在建工程时，并没有收到由ZM公司提供的设备实物，也没有相关物流单据与发票。

这些操作导致LZZJ公司20××年合并资产负债表虚增在建工程2.07亿元，虚减预付账款1.95亿元；合并利润表虚减财务费用11 244 131.28元，虚增利润总额11 244 131.28元，占当期披露合并利润总额的比例为48.72%。LZZJ公司20××年年度报告存在虚假记载。LZZJ公司因财务造假、未如实履行信息披露义务，受到证监会处罚。

XH会计师事务所在对LZZJ公司全资子公司LK公司在建工程1.95亿元及对应的资本化利息11 918 779.16元进行审计时，仅获取了未附任何附件的记账凭证，未关注到1.95亿元在建工程尚未取得发票的事实；对在建工程相关设备的监盘程序执行不到位，设备盘点清单上没有盘点人与审计人员的签字及盘点日期；未关注到LK公司在建工程中计提的资本化利息与母公司抵减的财务费用（母公司同时确认应交增值税销项税额）未合并抵销。XH会计师事务所对LZZJ公司20××年财务报表出具了标准无保留意见审计报告，

中国证监会认定XH会计师事务所上述行为存在“未勤勉尽责，所制作、出具的文件有虚假记载、误导性陈述或者重大遗漏”的情形，对XH会计师事务所予以相应处罚。

【思考与启示】

慎重选择客户是会计师事务所业务承接的第一步。诚信，是会计师事务所的立身之本，也是被审计单位的立身之本。会计师事务所的业务承接首先应当对被审计单位的主要股东、关键管理人员和治理层的诚信进行调查，因为那些经营失败或处于财务困境、管理层追求自身利益最大化或恶意欺诈的被审计单位总想为他们的损失寻找“替罪羊”、为他们的恶意造假寻找“合规证明”，会计师事务所和注册会计师不能为了开拓客户和业务，什么业务和客户都承接，不能因为高额审计收费而丧失出具真实可信审计报告的工作原则和目标。担当资本市场守门人，会计师事务所责任尤为重大。美国市场上的安然事件，把“五大”会计师事务所变成“四大”，国内知名R会计师事务所因审计失败无客户可审……这些案例提醒会计师事务所业务承接要警觉，与诚信的被审计单位打交道。

对于被审计单位公司管理层而言，其在财务报表审计业务中承担的是会计责任，理应有责任按照企业会计准则的规定编制财务报表，并使其实现公允反映；理应有责任设计、执行和维护必要的内部控制，以使财务报表不存在由于舞弊或错误而导致的重大错报；理应有责任履行信息披露义务，真实披露财务信息，维护信息披露制度的严肃性。公司管理层财务造假严重背离诚信忠实义务，破坏市场游戏规则，影响社会安定。

民无信不立，业无信不兴。诚信，是一种品格，也是一种责任。诚信是中华民族的传统美德，也是企业生存发展的基石，习近平总书记在不同场合多次对诚信的重要性作了阐述。2020年7月21日，在企业家座谈会上，习近平总书记讲话时强调，企业家要做诚信守法的表率，带动全社会道德素质和文明程度提升。企业家是否诚信守法至关重要，深刻影响着经济运行和社会风气。公司管理层在努力发展壮大自身硬实力的同时，要始终将诚信守法作为一项基本的准则、必备的素质、必须承担的责任，做到遵纪守法、率先垂范，营造风清气正的社会良好氛围，以实际行动践行社会主义核心价值观。诚信更是做人的基本准则。子曰：人而无信，不知其可也。人若不讲信用，在社会上就无立足之地，什么事情也做不成。诚信，在人与人之间的关系中至关重要。让我们在诚信里感受温暖，在诚信里憧憬未来。

4 第4章 制订审计计划

【知识目标】

1.理解重要性的含义；理解重要性与审计风险之间的关系

2.掌握编制审计计划时重要性水平的确定方法

3.理解评价审计结果时对重要性水平的考虑

4.理解审计风险的含义；掌握审计风险模型的使用方法

5.理解审计风险与审计证据之间的关系

6.掌握总体审计策略和具体审计计划的内容

【能力目标】

1.能准确理解审计重要性的含义、审计风险的含义

2.能在审计计划阶段确定财务报表整体的重要性

3.能使用审计风险模型确定可接受的检查风险水平

4.能准确理解重要性、审计风险、审计证据之间的关系

5.能制定具体审计项目的总体审计策略和具体审计计划

6.能根据审计过程中的职业判断合理修改审计计划

【素养目标】

1.具有统筹规划的团队管理能力，合理分工，将审计资源优化配置在关键领域，确保审计工作按时保质完成

2.具有职业判断能力，能够在审计准则和职业道德要求框架下，综合运用相关知识、技能和经验作出适合审计业务具体情况、有根据的行动决策

3.具有全局意识，事先布局整个审计项目各阶段、各部分的工作内容和程序，确保审计工作施之有序

4.具有重点突出意识，精准聚焦重大错报风险领域、重要账户，做到有的放矢

【本章知识架构】

章名	节名	一级标题
制订审计计划	审计重要性	重要性的含义
		重要性水平的确定
		错报
	审计风险	审计风险的含义
		审计风险模型
	审计计划	总体审计策略
		具体审计计划
		审计过程中对计划的更改
		指导、监督与复核
本章思政主题 **未雨绸缪 计划先行**		

【导读案例】

巴克雷斯建筑公司在保龄球风靡美国时，开始承建保龄球的球道，公司连续几年财务报表销售额直线上升，但在发行了外部15年期的长期债券之后半年，就因还不起利息而宣布破产。债券持有人集体上诉，状告巴克雷斯建筑公司和为其审计的毕马威会计师事务所。

在巴克雷斯建筑公司集体上诉案中，主审法官集中讨论三个问题：①巴克雷斯建筑公司在申请发行利率5.5%、期限15年债券时所递交的会计报表中，是否包含错误的披露；②如果有错误的披露，这些错误是否重大；③审计人员是否履行了应尽的谨慎责任。

主审法官最后作出如下判定：

（1）财务报表存在某些错报。法官指出1960年巴克雷斯建筑公司财务报表的主要错误见表4-1。

表4-1　巴克雷斯建筑公司财务报表的主要错误　金额单位：美元

项目	报表数	正确数	高估数	高估比例
销售收入	9 165 320	8 511 420	653 900	7.7%
营业净收益	1 742 801	1 496 196	246 605	16.5%
每股收益	0.75	0.65	0.10	15.4%
流动资产	4 524 021	3 914 332	609 689	15.6%
流动比率	1.9	1.6	0.30	18.8%
或有负债	4 719 835	5 095 630	−375 795	−7.4%

（2）报表中错报属于重大。根据1933年美国证券法，被告被判是否负有民事责任的最先决条件就是看是否存在重大的错误披露。法官分析，美国证券交易委员会对重大性的定义是：当重大性用于任何信息披露要求时，其限定范围是，披露的内容使一般谨慎的投资者在购买上市登记证券时能得到合理的信息。法官裁定：报表中高估的销售额、营业净收益、每股收益每项错误的严重性不足以打消一个谨慎投资者购买债券的念头，故裁定流动资产和由此计算出的流动比率的高估属重大错误，其理由是：债券持有人或未来投资者对公司资金流动状况高估的关心，更甚于对收益的高估，对曾发生过资金流动困难和不久将面临营运资金短缺的公司更是如此。

法官还指出：注册会计师所用的审计程序基本上与准则一致，但没有令人满意。注册会计师只用了两天来复核，所以其复核没有任何价值。与此同时，法官还指出，注册会计师在无保留意见审计报告中，给出了"财务报表真实地反映其财务状况"这一表述，因此，当财务报表没有达到这一要求时，注册会计师应对其承诺负责。

这一案例将"审计重要性"概念带入审计理论、实务界。风险是审计人员执行审计业务所必须考虑的因素，为降低审计风险，或控制审计风险至一定的水平，审计人员必须衡量报表使用者心目中的差错重要性水平或程度，以便合理进行审计计划，从而有足够的把握将审计误差控制在这种程度之下。并且，在审计抽样过程中运用重要性原则，可帮助注册会计师选择恰当的样本，提高审计效率，合理地保障审计质量。

4.1 审计重要性

审计重要性概念的运用贯穿于整个审计过程。在编制审计计划前，注册会计师应当在初步了解被审计单位及其环境、初步了解被审计单位内部控制的基础上，确定财务报表整体的重要性水平，当错报金额高于整体重要性水平时，就很可能被合理预期将对使用者根据财务报表作出的经济决策产生影响。财务报表整体的重要性水平定得越低，审计风险就越高。注册会计师同时还应当确定特定交易类别、账户余额和披露的重要性水平，以便确定进一步审计程序的性质、时间和范围，将审计风险降至可接受的低水平。在整个业务过程中，随着审计工作的开展，注册会计师会根据所获得的新信息更新重要性。在形成审计结论阶段，注册会计师要使用整体重要性水平和为特定交易类别、账户余额和披露的重要性水平而确定的较低金额的重要性水平来评价已识别的错报对财务报表的影响和对审计报告审计意见的影响。

4.1.1 重要性的含义

财务报告编制基础通常从编制和列报财务报表的角度阐释重要性的概念。财务报告编制基础可能以不同的术语解释重要性，但通常而言，重要性概念可从下列方面进行理解：

微课

审计重要性的概念

其一，如果合理预期错报（包括漏报）单独或汇总起来可能影响财务报表使用者依据财务报表作出的经济决策，则通常认为错报是重大的。

其二，对重要性的判断是根据具体环境作出的，并受错报的金额或性质的影响，或受两者共同作用的影响。

其三，判断某事项对财务报表使用者是否重大，是在考虑财务报表使用者整体共同的财务信息需求的基础上作出的。由于不同的财务报表使用者对财务信息的需求可能差异很大，因此不考虑错报对个别财务报表使用者可能产生的影响。

4.1.2 重要性水平的确定

1）财务报表整体的重要性

由于财务报表审计的目标是注册会计师通过执行审计工作对财务报表发表审计意见，因此，注册会计师应当考虑财务报表整体的重要性。只有这样，才能得出财务报表是否公允反映的结论。注册会计师在制定总体审计策略时，应当确定财务报表整体的重要性。

确定重要性需要运用职业判断。注册会计师通常先选定一个基准，再乘以某一百分比作为财务报表整体的重要性。

注册会计师在选择基准时，需要考虑的因素包括：

（1）财务报表要素（如资产、负债、所有者权益、收入和费用）；

（2）是否存在特定会计主体的财务报表使用者特别关注的项目（如为了评价财务业绩，使用者可能更关注利润、收入或净资产）；

（3）被审计单位的性质、所处的生命周期阶段以及所处行业和经济环境；

（4）被审计单位的所有权结构和融资方式（例如，被审计单位仅通过债务方式而非权益方式进行融资，财务报表使用者可能更关注资产及资产的索偿权，而非被审计单位的收益）；

（5）基准的相对波动性。

适当的基准取决于被审计单位的具体情况，包括各类报告收益（如税前利润、营业收入、毛利等），以及所有者权益或净资产。一些实务中较为常用的基准见表4-2。

表4-2 常用的基准

被审计单位的具体情况	可能选择的基准
①企业的盈利水平保持稳定	经常性业务的税前利润
②企业近年来经营状况大幅度波动，盈利和亏损交替发生，或者由正常盈利变为亏损或微利，或者本年度税前利润因情况变化而出现意外增加或减少	过去3～5年经常性业务的平均税前利润或亏损（取绝对值），或其他基准，如营业收入
③企业为新设企业，处于开办期，尚未开始经营，目前正在建造厂房及购买机器设备	总资产
④企业处于新兴行业，目前侧重于抢占市场份额、扩大企业知名度和影响力	营业收入

为选定的基准确定百分比需要运用职业判断。百分比和选定的基准之间存在一定的联系，如经常性业务的税前利润对应的百分比通常比营业收入对应的百分比要高。例如，对以营利为目的的制造行业实体，注册会计师可能认为重要性水平为经常性业务的税前利润的5%是适当的；而对非营利组织，注册会计师可能认为重要性水平为总收入或费用总额的1%是适当的。百分比无论是高一些还是低一些，只要符合具体情况，都是适当的。

2）特定类别交易、账户余额或披露的重要性水平

根据被审计单位的特定情况，下列因素可能表明存在一个或多个特定类别的交易、账户余额和披露，其发生的错报金额虽然低于财务报表整体的重要性，但合理预期将影响财务报表使用者依据财务报表作出的经济决策：

（1）法律法规或适用的财务报告编制基础是否影响财务报表使用者对特定项目（如关联方交易、管理层和治理层的薪酬）计量或披露的预期；

（2）与被审计单位所处行业相关的关键性披露（如制药企业的研究与开发成本）；

（3）财务报表使用者是否特别关注财务报表中单独披露的业务的特定方面（如新收购的业务）。

在根据被审计单位的特定情况考虑是否存在上述交易、账户余额或披露时，了解治理层和管理层的看法和预期通常是有用的。

3）实际执行的重要性

实际执行的重要性，是指注册会计师确定的低于财务报表整体的重要性的一个或多个金额，旨在将未更正和未发现错报的汇总数超过财务报表整体的重要性的可能性降至适当的低水平。如果适用，实际执行的重要性还指注册会计师确定的低于特定类别的交易、账户余额或披露的重要性水平的一个或多个金额。

确定实际执行的重要性并非简单地计算，需要注册会计师运用职业判断，并考虑下列因素的影响：

（1）对被审计单位的了解（这些了解在实施风险评估程序的过程中得到更新）；

（2）前期审计工作中识别出的错报的性质和范围；

（3）根据前期识别出的错报对本期错报作出的预期。

通常而言，实际执行的重要性为财务报表整体重要性的50%～75%。

如果存在下列情况，注册会计师可能考虑选择较低的百分比来确定实际执行的重要性：

❶首次接受委托的审计项目；

❷连续审计项目，以前年度审计调整较多；

❸项目总体风险较高，例如，处于高风险行业，管理层能力欠缺，面临较大市场竞争压力或业绩压力等；

❹存在或预期存在值得关注的内部控制缺陷。

如果存在下列情况，注册会计师可能考虑选择较高的百分比来确定实际执行的重要性：

❶连续审计项目，以前年度审计调整较少；

❷项目总体风险为低到中等，例如，处于非高风险行业，管理层有足够能力、面临较低的业绩压力等；

❸以前期间的审计经验表明内部控制运行有效。

审计准则要求注册会计师确定低于财务报表整体重要性的一个或多个金额作为实际执行的重要性，注册会计师无须通过将财务报表整体的重要性平均分配或按比例分配至各个报表项目的方法来确定实际执行的重要性，而是根据对报表项目的风险评估结果来确定一个或多个实际执行的重要性。例如，根据以前期间的审计经验和本期审计计划阶段的风险评估结果，注册会计师认为可以以财务报表整体重要性的75%作为大多数报表项目的实际执行的重要性；与营业收入项目相关的内部控制存在控制缺陷，而且以前年度审计中存在审计调整，因此考虑以财务报表整体重要性的50%作为营业收入项目的实际执行的重要性，从而有针对性地对高风险领域执行更多的审计工作。

4）审计过程中修改重要性

由于存在下列原因，注册会计师可能需要修改财务报表整体的重要性和特定类别的交易、账户余额或披露的重要性水平（如适用）：

（1）审计过程中情况发生重大变化（如决定处置被审计单位的一个重要组成部分）。

（2）获取新信息。

（3）通过实施进一步审计程序，注册会计师对被审计单位及其经营所了解的情况发生变化。例如，注册会计师在审计过程中发现，实际财务成果与最初确定财务报表整体的重要性使用的预期本期财务成果相比存在很大差异，则需要修改重要性。

5）在审计中运用实际执行的重要性

（1）注册会计师在计划审计工作时可以根据实际执行的重要性确定需要对哪些类型的交易、账户余额和披露实施进一步审计程序，即通常选取金额超过实际执行的重要性的财务报表项目，因为这些财务报表项目有可能导致财务报表出现重大错报。但是，这不代表注册会计师可以对所有金额低于实际执行的重要性的财务报表项目不实施进一步审计程序，这主要出于以下考虑：

❶单个金额低于实际执行的重要性的财务报表项目汇总起来可能金额重大（可能远远超过财务报表整体的重要性），注册会计师需要考虑汇总后的潜在风险；

❷对于存在低估风险的财务报表项目，不能仅仅因为其金额低于实际执行的重要性而不实施进一步审计程序；

❸对于识别出存在舞弊风险的财务报表项目，不能因为其金额低于实际执行的重要性而不实施进一步审计程序。

（2）运用实际执行的重要性确定进一步审计程序的性质、时间安排和范围。例如，在实施实质性分析程序时，注册会计师确定的已记录金额与预期值之间的可接受差异额通常不超过实际执行的重要性；在运用审计抽样实施细节测试时，注册会计师可以将可容忍错报的金额设定为等于或低于实际执行的重要性。

案例窗 4-1　　计划阶段重要性水平的确定

诚信会计师事务所注册会计师赵东担任多家被审计单位2023年度财务报表审计的负责人，并为不同审计客户确定重要性水平。赵东提出如下观点：

（1）在制定总体审计策略时，确定财务报表整体的重要性水平；在制订具体审计计划时，确定特定类别交易、账户余额或披露的重要性水平和实际执行的重要性。

（2）甲公司近年来经营状况大幅度波动，盈利和亏损交替发生，可以选择当年经常性业务的税前利润作为确定重要性水平的基准。

（3）乙公司为新设企业，被审计年度尚处于开办期，正在建造厂房及购买机器设备，赵东选择将乙公司的营业收入作为重要性水平的基准。

（4）丙公司是诚信会计师事务所的常年审计客户，赵东考虑到丙公司已由成长期发展到成熟期，选择采用经常性业务的税前利润作为替代性基准确定的重要性水平，且最终确定的重要性超过上年度的重要性。

要求：逐一考虑上述每种情况，指出注册会计师赵东的观点是否恰当。如不恰当，请简要说明理由。

4.1.3　错报

1）错报的含义

错报，是指某一财务报表项目的金额、分类、列报或披露，与按照适用的财务报告编制基础应当列示的金额、分类、列报或披露之间存在的差异；或根据注册会计师的判断，为使财务报表在所有重大方面实现公允反映，需要对金额、分类、列报或披露作出的必要调整。错报可能是由于错误或舞弊导致的。

错报可能由下列事项导致：

（1）收集或处理用以编制财务报表的数据时出现错误。

（2）遗漏某项金额或披露，包括不充分或不完整的披露，以及为满足特定财务报告编制基础的披露目标而被要求作出的披露（如适用）。

（3）由于疏忽或明显误解有关事实导致作出不正确的会计估计。

（4）注册会计师认为管理层对会计估计作出不合理的判断或对会计政策作出不恰当的选择和运用。

（5）信息的分类、汇总或分解不恰当。

2）累计识别出的错报

注册会计师可能将低于某一金额的错报界定为明显微小的错报，这些明显微小的错报无论单独或者汇总起来，无论从规模、性质或其发生的环境来看都是明显微不足道的，对这类错报不需要累积，因为注册会计师认为这些错报的汇总数明显不会对财务报表产生重大影响。注册会计师在制定审计策略或审计计划时，需要确定一个明显微小错报的临界值，低于该临界值的错报视为明显微小错报，可以不累积。在确定明显微小错报的临界值时，考虑以下因素：

其一，以前年度审计中识别的错报（包括已更正和未更正错报）的数量和金额；

其二，重大错报风险的评估结果；

其三，被审计单位治理层和管理层对注册会计师与其沟通错报的期望；

其四，被审计单位的财务指标是否勉强达到监管机构的要求或投资者的期望。

为了帮助注册会计师评价审计过程中累积的错报的影响以及与管理层和治理层沟通错报事项，将错报区分为事实错报、判断错报和推断错报可能是有用的。

（1）事实错报。

这类错报产生于被审计单位收集和处理数据的错误，对事实的忽略或误解，或故意舞弊行为。例如，注册会计师在审计测试中发现最近购入存货的实际价值为15 000元，但账面记录的金额却为10 000元。因此，存货和应付账款分别被低估了5 000元，这里被低估的5 000元就是已识别的对事实的具体错报。

（2）判断错报。

这类错报是指由于注册会计师认为管理层对会计估计作出不合理的判断或不恰当地选择和运用会计政策而导致的差异。这类错报产生于两种情况：

❶管理层和注册会计师对会计估计值的判断差异，例如，由于包含在财务报表中的管理层作出的估计值超出了注册会计师确定的一个合理范畴，导致出现判断差异；

❷管理层和注册会计师对选择和运用会计政策的判断差异，例如，注册会计师认为管理层选用会计政策造成错报，管理层却认为选用会计政策适当，从而导致出现判断差异。

（3）推断错报。

这类错报是指注册会计师对总体存在的错报作出的最佳估计数，涉及根据在审计样本中识别出的错报来推断总体的错报。推断错报通常是指通过测试样本估计出的总体的错报减去在测试中发现的已经识别的具体错报。例如，应收账款年末余额为2 000万元，注册会计师抽查10%的样本发现金额有100万元的高估，高估部分为账面金额的20%，据此注册会计师推断总体的错报金额为400万元（2 000×20%），那么上述100万元就是已识别的具体错报，其余300万元即推断错报。

3）对审计过程识别出的错报的考虑

错报可能不会孤立发生，一项错报的发生还可能表明存在其他错报。例如，注册会计师识别出由于内部控制失效而导致的错报，或被审计单位广泛运用不恰当的假设或评估方法而导致的错报。

抽样风险和非抽样风险可能导致某些错报未被发现。审计过程中累积错报的汇总数接近确定的重要性，则表明存在比可接受的低风险水平更大的风险，即可能未被发现的错报连同审计过程中累积错报的汇总数，可能超过重要性。

注册会计师可能要求管理层检查某类交易、账户余额和披露，以使管理层了解注册会计师识别出的错报的产生原因，并要求管理层采取措施以确定这些交易、账户余额和披露实际发生错报的金额，以及对财务报表作出适当的调整。例如，在从审计样本中识别出的错报推断总体错报时，注册会计师可能提出这些要求。

案例窗 4-2　形成审计结论阶段对重要性水平的考虑

注册会计师赵东在对华强股份有限公司审计的计划阶段初步确定财务报表整体的重要性水平为150万元。在报告阶段对财务报表整体的重要性进行最终评估，将重要性确定为170万元。此后，注册会计师赵东将在审计过程中已发现但被审计单位尚未更正的错报数进行了汇总，得到了汇总数，但被审计单位拒绝对此加以更正。

要求：

（1）注册会计师赵东应将重要性最终确定为多少？注册会计师赵东是否需要重新评估所执行的审计程序的充分性？为什么？

（2）分别考虑汇总数为160万元和180万元两种情形，注册会计师赵东是否继续实施审计程序？如应继续实施审计程序，赵东应扩大实质性程序的范围，还是应追加实质性程序？

（3）假定最终华强股份有限公司财务报表中未更正错报金额的汇总数为155万元，请问注册会计师应发表何种意见的审计报告？

（4）假定最终华强股份有限公司财务报表中未更正错报金额的汇总数为280万元，请问注册会计师应发表何种意见的审计报告？

4.2 审计风险

审计风险取决于重大错报风险和检查风险。注册会计师应当实施审计程序，评估重大错报风险，并根据评估结果设计和实施进一步审计程序，以控制检查风险。审计业务是一种保证程度高的鉴证业务，可接受的审计风险应当足够低，以使注册会计师能够合理保证所审计的财务报表不含有重大错报。

4.2.1 审计风险的含义

审计风险，是指当财务报表存在重大错报时，注册会计师发表不恰当审计意见的可能性。

审计业务提供的是合理保证，合理保证与审计风险互为补数，即合理保证与审计风险之和等于100%。如果注册会计师将审计风险降至可接受的低水平，则对财务报表不存在重大错报获取了合理保证。

4.2.2 审计风险模型

审计风险取决于重大错报风险和检查风险。审计风险、重大错报风险和检查风险之间的关系用模型表示为：

审计风险=重大错报风险×检查风险

注册会计师应当实施审计程序，评估重大错报风险，并根据评估结果设计和实施进一步审计程序，以控制检查风险。

1）重大错报风险

重大错报风险，是指财务报表在审计前存在重大错报的可能性。重大错报风险与被审计单位的风险相关，且独立存在于财务报表的审计中。在设计审计程序以确定财务报表整体是否存在重大错报时，注册会计师应当从财务报表层次和各类交易、账户余额和披露认定层次方面考虑重大错报风险。《中国注册会计师审计准则第1211号——重大错报风险的识别和评估》对注册会计师如何评估财务报表层次和认定层次的重大错报风险提出了详细的要求。

（1）两个层次的重大错报风险。

财务报表层次重大错报风险与财务报表整体存在广泛联系，它可能影响多项认定。此类风险通常与控制环境有关，如管理层缺乏诚信、治理层形同虚设而不能对管理层进行有效监督等；但也可能与其他因素有关，如经济萧条、企业所处行业处于衰退期。此类风险难以被界定于某类交易、账户余额和披露的具体认定，相反，此类风险增大了一个或多个不同认定发生重大错报的可能性，与由舞弊引起的风险特别相关。

注册会计师应同时考虑各类交易、账户余额和披露认定层次的重大错报风险，有助于注册会计师确定认定层次上实施的进一步审计程序的性质、时间安排和范围。注册会计师在各类交易、账户余额和披露认定层次获取审计证据，以便能够在审计工作完成时，以可接受的低审计风险水平对财务报表整体发表审计意见。《中国注册会计师审计准则第1231号——针对评估的重大错报风险采取的应对措施》对注册会计师如何应对评估的两个层次重大错报风险，提出了详细的要求。

（2）固有风险和控制风险。

认定层次的重大错报风险又可以进一步细分为固有风险和控制风险。

固有风险，是指在考虑相关的内部控制之前，某类交易、账户余额或披露的某一认定易于发生错报（该错报单独或连同其他错报可能是重大的）的可能性。固有风险的高低受固有风险因素的影响，固有风险因素是指在不考虑控制的情况下，导致交易类别、账户余额和披露的某一认定易于发生错报（无论该错报是舞弊还是错误导致）的因素。某些类别的交易、账户余额和披露及其认定的固有风险较高，例如，复杂计算比简单计算可能更容易出错；受重大计量不确定性影响的会计估计发生错报的可能性较大；技术进步可能导致某些产品陈旧，进而导致存货易于发生高估错报（计价认定）。被审计单位及其环境中的某些因素还可能与多个甚至所有类别的交易、账户余额和披露有关，进而影响多个认定的固有风险。这些因素包括维持经营的流动资金匮乏、被审计单位处于夕阳行业等。固有风险因素可以是定性的，也可以是定量的。固有风险因素包括事项或情况的复杂性、主观性、变化、不确定性，以及管理层偏向和其他舞弊风险因素。

控制风险，是指某类交易、账户余额或披露的某一认定发生错报，该错报单独或连同其他错报可能是重大的，但没有被内部控制及时防止或发现并纠正的可能性。控制风险取决于与财务报表编制有关的内部控制的设计和运行的有效性。由于控制的固有局限性，某种程度的控制风险始终存在。

2）检查风险

检查风险，是指如果存在某一错报，该错报单独或连同其他错报可能是重大的，注册会计师为将审计风险降至可接受的低水平而实施审计程序后没有发现这种错报的风险。

检查风险取决于审计程序设计的合理性和执行的有效性。由于注册会计师通常并不对所有的交易、账户余额和披露进行检查，以及其他原因，检查风险不可能降为零。其他原因包括注册会计师可能选择了不恰当的审计程序、审计过程执行不当，或者错误解读了审计结论。这些其他因素可以通过适当计划、在项目组成员之间进行恰当的职责分配、保持职业怀疑态度以及监督、指导和复核助理人员所执行的审计工作得以解决。

3）检查风险与重大错报风险的反向关系

在既定的审计风险水平下，可接受的检查风险水平与认定层次重大错报风险的评估结果呈反向关系。评估的重大错报风险越高，可接受的检查风险越低；评估的重大错报风险越低，可接受的检查风险越高。

案例窗 4-3　　审计风险模型的运用

诚信会计师事务所注册会计师赵东接受指派，对华强股份有限公司2023年度财务报表进行审计。在编制审计计划前，注册会计师赵东根据华强股份有限公司的具体情况，初步确定了财务报表整体的重要性水平，按照会计师事务所审计质量控制的要求，决定将华强股份有限公司年报审计业务的可接受审计风险控制在5%。诚信会计师事务所的业务指导手册规定：10%（含）以下的风险为低水平，10%～40%（含）的风险为中等水平，超过40%的风险为高水平。

赵东根据以往经验和对华强股份有限公司及其环境了解的结果，将华强股份有限公司的固有风险评估为高水平，为80%，控制风险评估为低水平，为10%。

要求：请问注册会计师赵东此次对华强股份有限公司年报审计的检查风险应控制在什么水平？

4.3　审计计划

审计计划包括总体审计策略和具体审计计划。

计划审计工作有利于注册会计师执行财务报表审计工作。合理的审计计划有助于注册会计师适当关注重要的审计领域，及时发现和解决潜在问题，恰当地组织和管理审计业务，以有效的方式执行审计业务。同时充分的审计计划还可以帮助注册会计师对项目组成员进行恰当分工和指导监督，并复核其工作，还有助于协调其他注册会计师和专家的工作。

4.3.1　总体审计策略

资源拓展

中国注册会计师审计准则第1201号——计划审计工作

注册会计师应当为审计工作制定总体审计策略。总体审计策略用以确定审计范围、时间安排和方向，并指导制订具体审计计划。在制定总体审计策略时，应当考虑以下主要事项：

1）审计范围

在确定审计范围时，注册会计师需要考虑下列主要事项：

（1）编制拟审计的财务信息所依据的财务报告编制基础，包括是否需要将财务信息调整至按照其他财务报告编制基础编制。

（2）特定行业的报告要求，如某些行业监管机构要求提交的报告。

（3）预期审计工作涵盖的范围，包括应涵盖的组成部分的数量及所在地点。

（4）母公司和集团组成部分之间存在的控制关系的性质，以确定如何编制合并财务报表。

（5）拟审计的经营分部的性质，包括是否需要具备专门知识。

（6）外币折算，包括外币交易的会计处理、外币财务报表的折算和相关信息的披露。

（7）内部审计工作的可获得性及注册会计师拟信赖内部审计工作的程度。

（8）对利用在以前审计工作中获取的审计证据（如获取的与风险评估程序和控制测试相关的审计证据）的预期。

（9）信息技术对审计程序的影响，包括数据的可获得性和对使用计算机辅助审计技术的预期。

（10）协调审计工作与中期财务信息审阅的预期涵盖范围和时间安排，以及中期审阅所获取的信息对审计工作的影响。

（11）与被审计单位人员的时间协调和相关数据的可获取性等。

2）报告目标、时间安排及所需沟通的性质

为计划报告目标、时间安排和所需沟通的性质，注册会计师需要考虑下列事项：

（1）被审计单位对外报告的时间表，包括中间阶段和最终阶段。

（2）与管理层和治理层举行会谈，讨论审计工作的性质、时间安排和范围。

（3）与管理层和治理层讨论注册会计师拟出具报告的类型和时间安排以及沟通的其他事项（口头或书面沟通），包括审计报告、管理建议书和向治理层沟通的其他事项。

（4）与管理层讨论预期就整个审计业务中对审计工作的进展进行的沟通。

（5）项目组成员之间沟通的预期的性质和时间安排，包括项目组会议的性质和时间安排，以及复核已执行工作的时间安排。

（6）预期是否需要与第三方进行其他沟通，包括与审计相关的法定或约定的报告责任。

3）审计方向

在确定审计方向时，注册会计师需要考虑下列事项：

（1）重要性方面，具体包括：

❶为计划目的确定重要性；

❷在审计过程中重新考虑重要性；

❸识别重要的组成部分和账户余额。

（2）重大错报风险较高的审计领域。

（3）评估的财务报表层次的重大错报风险对指导、监督和复核的影响。

（4）项目组人员的选择（在必要时包括项目质量控制复核人员）和工作分工，包括向重大错报风险较高的审计领域分派具备适当经验的人员。

（5）项目预算，包括考虑为重大错报风险可能较高的审计领域分配适当的工作时间。

（6）向项目组成员强调在收集和评价审计证据过程中保持职业怀疑的必要性的方式。

（7）以往审计中对内部控制运行有效性评价的结果，包括所识别的控制缺陷的性质及应对措施。

（8）管理层重视设计和实施健全的内部控制的相关证据，包括这些内部控制得以适当记录的证据。

（9）业务交易量规模，以基于效率的考虑确定是否依赖内部控制。

（10）对内部控制重要性的重视程度。

（11）影响被审计单位经营的重大发展变化，包括信息技术和业务流程的变化，关键管理人员的变化，以及收购、兼并和分立。

（12）重大的行业发展情况，如行业法规变化和新的报告规定。

（13）会计准则及会计制度的变化。

（14）其他重大变化，如影响被审计单位的法律环境的变化。

4）审计资源

注册会计师应当在总体审计策略中清楚地说明审计资源的规划和调配，包括确定执行审计业务所必需的审计资源的性质、时间安排和范围。

（1）向具体审计领域调配的资源，包括向高风险领域分派有相当经验的项目组成员，就复杂的事项利用专家的工作等。

（2）向具体审计领域分配资源的多少，包括分派到重要地点进行存货监盘的项目组成员的人数，在集团审计中复核组成部分注册会计师工作的范围，向高风险领域分配的审计时间预算等。

（3）何时调配这些资源，包括是在期中审计阶段还是在关键的截止日期调配资源等。

（4）如何管理、指导和监督这些资源，包括预期何时召开项目组预备会和总结会，预期项目合伙人和经理如何进行复核（是现场复核还是非现场复核），是否需要实施项目质量控制复核等。

总体审计策略审计工作底稿见附录（附表6），索引号BE。

4.3.2 具体审计计划

注册会计师应当为审计工作制订具体审计计划。具体审计计划应当包括风险评估程序、计划实施的进一步审计程序和其他审计程序。

1）风险评估程序

具体审计计划应当包括按照《中国注册会计师审计准则第1211号——重大错报风险的识别和评估》的规定，为了充分识别和评估财务报表重大错报风险，注册会计师计划实施的风险评估程序的性质、时间安排和范围。

2）计划实施的进一步审计程序

具体审计计划应当包括按照《中国注册会计师审计准则第1231号——针对评估的重大错报风险采取的应对措施》的规定，针对评估的认定层次的重大错报风险，注册会计师计划实施的进一步审计程序的性质、时间安排和范围。进一步审计程序包括控制测试和实质性程序。

通常，注册会计师计划的进一步审计程序可以分为进一步审计程序的总体方案和拟实施的具体审计程序两个层次。进一步审计程序的总体方案主要是指注册会计师针对各类交易、账户余额和披露决定采用的总体方案（包括实质性方案和综合性方案）。具体审计程序则是对进一步审计程序的总体方案的延伸和细化，它通常包括控制测试和实质性程序的性质、时间安排和范围。在实务中，注册会计师通常单独编制一套包括这些具体程序的“进一步审计程序表”，待具体实施审计程序时，注册会计师将基于所计划的具体审计程序，进一步记录所实施的审计程序及结果，并最终形成有关进一步审计程序的审计工作底稿。

3）计划的其他审计程序

具体审计计划应当包括根据中国注册会计师审计准则的规定，注册会计师针对审计业务需要实施的其他审计程序。计划的其他审计程序可以包括上述进一步审计程序的计划中没有涵盖的、根据其他审计准则的要求注册会计师应当执行的既定程序。例如，有些企业可能涉及环境事项、电子商务，在实务中注册会计师应根据被审计单位的具体情况确定特定项目并执行相应的审计程序。

4.3.3 审计过程中对计划的更改

计划审计工作并非审计业务的一个孤立阶段，而是一个持续的、不断修正的过程。注册会计师应当在审计过程中对总体审计策略和具体审计计划作出必要的更新和修改。

审计过程可以分为不同阶段，通常前一阶段的工作结果会对后一阶段的工作计划产生影响，而后一阶段的工作过程中又可能发现需要对已制订的相关计划进行相应的更新和修改。通常，这些更新和修改涉及比较重要的事项，如对重要性水平的修改，对某类交易、账户余额和列报的重大错报风险的评估和进一步审计程序的更新和修改等。一旦计划被更新和修改，审计工作也就应当进行相应修正。

例如，在制订审计计划时，注册会计师基于对材料采购交易的相关控制的设计和执行获取的审计证据，认为相关控制设计合理并得以执行，因此未将其评价为高风险领域并且计划实施控制测试。但是在实施控制测试时获取的审计证据与审计计划阶段获取的审计证据相矛盾，注册会计师认为该类交易的相关控制没有得到有效执行，此时，注册会计师可能需要修正对该类交易的风险评估，并基于修正的风险评估结果修改计划的审计方案，如采用实质性方案。

4.3.4 指导、监督与复核

注册会计师应当就对项目组成员工作的指导、监督与复核的性质、时间安排和范围制订计划。对项目组成员工作的指导、监督与复核的性质、时间安排和范围主要取决于下列因素：

其一，被审计单位的规模和复杂程度。

其二，审计领域。

其三，评估的重大错报风险。

其四，执行审计工作的项目组成员的素质和专业胜任能力。

注册会计师应当在评估重大错报风险的基础上，计划对项目组成员工作的指导、监督与复核的性质、时间安排和范围。当评估的重大错报风险增加时，注册会计师通常会扩大指导与监督的范围，增强指导与监督的及时性，执行更详细的复核工作。在计划复核的性质、时间安排和范围时，注册会计师还应考虑单个项目组成员的素质和专业胜任能力。

财务报表审计的审计计划编制流程如图4-1所示。

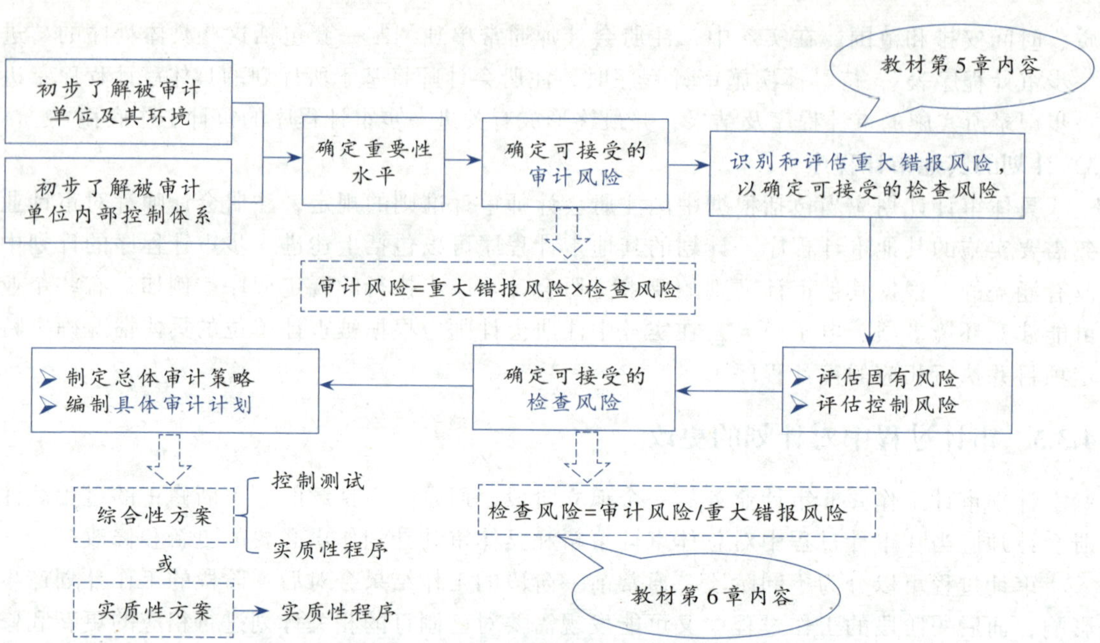

图4-1 财务报表审计的审计计划编制流程

案例窗 4-4　　总体审计策略和具体审计计划的制订

注册会计师赵东承接对华强股份有限公司2023年度财务报表的审计业务，在审计过程中作出了如下论断：

（1）注册会计师需要制订的计划仅限于总体审计策略和具体审计计划。

（2）注册会计师应当就下列事项形成审计工作底稿：总体审计策略；具体审计计划。

（3）在制定总体审计策略时，注册会计师与管理层和治理层举行会谈，讨论审计程序的性质、时间安排和范围。

（4）在制订具体审计计划时确定实际执行的重要性。

（5）在总体审计策略中确定审计范围，所以进一步审计程序的范围在总体审计策略中考虑。

要求：逐一判断以上论断是否恰当。如不恰当，请简要说明理由。

【本章思政主题】

未雨绸缪　计划先行

美国A金融集团租赁公司是一家从事金融服务的企业，公司有可公开交易的债券上市，美国证券交易委员会要求它定期提供财务报表。因该公司先前采用进攻型市场战略，弊端逐渐显露出来，债务拖欠率日渐升高，公司便采用多种非法手段掩饰其已恶化的财务状况，其手段之一就是没有对应收账款计提充足的坏账准备金，因而遭到美国证券交易委员会的指控。

美国证券交易委员会对担任A金融集团租赁公司××××年度财务报表审计的B会计师事务所的表现极为不满，指责该年度的审计“没有进行充分的计划和监督”，认为B会计师事务所在编制A金融集团租赁公司的审计计划时，审计计划及审计程序设计没有充分考虑存在于该公司的大量审计风险因素，××××年度的审计计划“大部分是以前年度审计计划的延续”。最后B会计师事务所被惩罚，并被要求承担公司出具虚假会计报告所带来的损失。

该会计师事务所审计计划存在的问题表现在：

1.控制测试计划失败。审计人员没有计划对超期“应收租赁款”账户进行内部控制测试，因而无法判断应收租赁款超期时间的有效性，也无法保证从客户处取得的账龄分析表的可靠性。

2.审计范围不恰当。审计计划只要求测试一小部分（8%）未收回的应收租赁款。因把大部分精力都集中在金额超过5万美元、欠款期达120天的超期应收租赁款上，忽略了相当部分无法收回的应收租赁款的实质性测试。

3.审计程序执行不到位。尽管审计计划要求对客户坏账核销政策进行复核，但并没有要求外勤审计人员去确定该政策是否被实际执行。事实上，A金融集团租赁公司并没有遵循其坏账核销政策。该公司采用的是一种核销坏账的核算方法，可以随时将大量无法收回的租赁款冲销坏账准备，而事先根本没有对这些应收租赁款计提坏账准备金。某些无法收回的应收租赁款挂账多达几年。

4.审计人员专业胜任能力有限。会计师事务所无视审计业务的复杂性和高风险性，在所分派的审计人员中，大多数对客户以及租赁行业的情况非常陌生，这些人员不具备专业胜任能力。

【思考与启示】

对任何一个审计项目、任何一家会计师事务所而言，不论其业务繁简，也不论其规模大小，审计计划都是至关重要的。计划审计工作对于注册会计师顺利完成审计工作和控制审计风险具有非常重要的意义。在财务报表审计的审计计划阶段，审计人员根据对被审计单位重大错报风险评估的结果，结合自身条件进行分析，制定出总体审计策略和具体审计计划，提出审计工作要达到的审计目标以及实现审计目标的方案和途径。合理的审计计划有助于注册会计师关注重点审计领域、及时发现和解决潜在的问题，并恰当地组织和管理审计工作，以使审计工作更加有效。同时，适当的审计计划将审计资源合理分配在估计风险水平较高的领域，把风险水平降低至可接受的低水平，这也是运用风险导向审计方法的根本目的和中心任务。

现代社会的迅速发展，使审计面临和从事的工作越来越复杂。要切实解决问题，就必须协调各个方面，调动各种资源，使所有审计人员齐心协力完成工作。一份良好的审计计划为审计人员制定了统一目标，使所有审计人员凝聚所有资源朝着一个方向，共同努力来完成同一个审计任务。

有了明确的目标就有了方向，目标的实现依靠计划来进行组织实施。对会计师事务所的审计项目如此，人生亦如此。计划像一座桥，连接我们现在所处的位置和你想去的地方。对国家审计机关来说，计划管理更是审计工作的龙头意识。党的十八大以来，党中央将审计作为党和国家监督体系的重要组成部分，作出一系列重大决策部署。习近平总书记亲自谋划、亲自部署、亲自推动审计领域重大工作，为审计事业发展指明了前进方向、提供了根本遵循。国家审计机关审计项目的确定、审计计划的编制必须紧紧围绕国家经济工作重心以及当地党委、政府的中心工作，紧紧围绕上一级审计机关的工作重点以及对审计工作的总体部署和有关要求，紧紧围绕经济社会生活中的热点、难点等事关人民群众切身利益的民生问题展开。在当前审计资源与审计需求之间的矛盾日益凸显的背景下，以“围绕中心、突出重点”为原则，项目的选取必须确立以审计成效为导向，确保审计工作质量，统筹各级审计力量，拓展审计监督的广度和深度，消除监督盲区，形成多层次、全方位的审计监督体系，确保党中央重大政策措施部署到哪里、国家利益延伸到哪里、公共资金运用到哪里、公权力行使到哪里，审计监督就跟进到哪里，审计监督体系起到为国家经济建设保驾护航的作用。落实习近平总书记在党的二十大报告中提出的加快构建“双循环”新发展格局的战略部署，实现更高质量、更有效率、更加公平、更可持续、更为安全的国家经济发展。

5 第5章 识别和评估重大错报风险

【知识目标】

1. 理解风险识别和评估的作用，掌握风险评估程序
2. 掌握了解被审计单位及其环境的内容
3. 掌握了解被审计单位适用的财务报告编制基础、会计政策以及变更会计政策的原因
4. 理解内部控制的定义、目标及内部控制体系五要素
5. 掌握对被审计单位内部控制体系了解、记录和初步评价的内容
6. 掌握评估重大错报风险的内容

【能力目标】

1. 能准确确定了解被审计单位及其环境和适用的财务报告编制基础的内容
2. 能准确理解内部控制体系的五要素及相互关系
3. 能从整体层面、业务流程层面了解被审计单位的内部控制并记录
4. 能对被审计单位的内部控制进行初步评价
5. 能初步评估财务报表层次和认定层次的重大错报风险

【素养目标】

1. 具有职业怀疑态度，在执行审计业务中能够采取质疑的思维方式，对可能表明由于错误或舞弊导致错报的迹象保持警觉，对审计证据审慎评价

2. 具有风险意识，主动识变应变求变，及时揭示苗头性、倾向性、潜在性问题，把重大风险隐患解决在萌芽状态

3. 具有风险识别和风险评估能力，做到把控易发常规风险点，推动制度建设，防范非常规重大风险

【本章知识架构】

章名	节名	一级标题
识别和评估重大错报风险	风险评估程序	风险识别和评估的作用
		风险评估程序
	了解被审计单位及其环境和适用的财务报告编制基础	了解被审计单位及其环境的主要内容
		了解适用的财务报告编制基础、会计政策以及变更会计政策的原因
	了解被审计单位内部控制体系各要素	内部控制的含义和目标
		内部控制的局限性
		内部控制的要素
		在整体层面了解、评价内部控制
		在业务流程层面了解、评价内部控制

续表

章名	节名	一级标题
识别和评估重大错报风险	评估重大错报风险	评估财务报表层次和认定层次的重大错报风险
		仅通过实质性程序无法应对的重大错报风险
		对重大错报风险评估的修正
		向治理层和管理层通报内部控制缺陷
本章思政主题　**风险意识　防微杜渐**		

【导读案例】

广东ZZZJ会计师事务所在对KM药业公司年报审计中，因在审计过程的风险识别与评估阶段，对货币资金、营业收入的风险评估结果错误，没有将货币资金、营业收入列入相应的风险领域，进而导致进一步审计程序执行不恰当，涉嫌违反相关法律法规，受到证监会的行政处罚。以下列示ZZZJ会计师事务所本应关注到的KM药业公司两例风险迹象：

风险迹象之一：

捷科系统是KM公司的药品供应链系统即业务管理系统，且对接行业监督管理部门，金蝶EAS系统是KM公司的财务系统，金蝶EAS系统与捷科系统的销售数据存在明显差异。ZZZJ相关审计人员明知KM公司捷科系统的存在，却未执行审计程序了解金蝶EAS系统与捷科系统之间数据的勾稽关系，查验捷科系统与金蝶EAS系统是否存在差异，未分析差异形成的原因及造成的影响，未获取审计证据以形成审计结论。在进一步审计程序的内部控制测试、实质性程序中，ZZZJ相关审计人员计划获取销售出库单等业务单据，但仅从金蝶EAS系统获取审计证据，没有追溯至捷科系统，也没有说明未追溯至捷科系统的理由，导致获取的审计证据不具有充分性和适当性。

风险迹象之二：

A股医药公司约有200家，其中20××年营业收入超过100亿元的共34家。这34家公司同年毛利率为5%～86%，中位数为26.4%，KM公司毛利率为29.3%，略高于中位数，尚属基本正常。

但从细分业务来看，KM公司的毛利率水平存在高估嫌疑。按照KM公司年报，20××年公司最主要的业务为药品贸易和中药材贸易，收入分别为79.4亿元和6.0亿元，合计占当年全部营业收入的45%，药品贸易和中药材贸易的毛利率分别达到31.94%和7.97%（其去年药品贸易和中药材贸易的毛利率分别为29.85%和24.47%），因为中药材贸易营收规模相对较小，整个贸易业务的毛利率为30.25%。

但是在上述营业收入超过100亿元的34家公司中，药品贸易（含批发和零售）规模较大的有25家。20××年，这25家公司药品贸易业务的毛利率水平为2.7%～30.3%，中位数仅为9.9%。其中，超过30%的仅有两家，一是KM，另一个是同仁堂。由此可见，KM的毛利率，至少贸易业务的毛利率明显高于行业平均水平，而且长期以来一直都维持在30%左右的高位。ZZZJ对此异常情况未予以足够关注，未执行恰当的进一步审计程序消除疑虑。

KM公司造假事件影响非常大，不仅损害了全体股东的合法权益，而且造成了极其恶劣的社会影响，涉案的广东ZZZJ会计师事务所出具的审计报告存在重大的遗漏过失等，助推了造假成功，ZZZJ会计师事务所对自己的责任难辞其咎。

5.1 风险评估程序

视频

聚焦2021年股市大案：胜通集团财务造假

审计风险取决于重大错报风险和检查风险。重大错报风险分为财务报表层次的重大错报风险和认定层次的重大错报风险。认定层次的重大错报风险由固有风险和控制风险两部分组成。注册会计师在整个审计过程中需要运用职业判断并保持职业怀疑，通过了解被审计单位及其环境、适用的财务报告编制基础和被审计单位内部控制体系，识别和评估舞弊或错误导致的重大错报风险，通过对评估的风险设计和实施恰当的应对措施，针对是否存在重大错报获取充分、适当的审计证据，并从所获取的审计证据中得出结论，对财务报表形成审计意见。可以说，风险评估程序是注册会计师为识别、评估财务报表层次和认定层次的重大错报风险，而设计和实施的审计程序。其中，风险识别是指找出财务报表层次和认定层次的重大错报风险；风险评估是指对重大错报发生的可能性和后果严重程度进行评估。

5.1.1 风险识别和评估的作用

《中国注册会计师审计准则第1211号——重大错报风险的识别和评估》规定，注册会计师应当设计和实施风险评估程序，以获取审计证据，为识别和评估财务报表层次及认定层次重大错报风险，设计进一步审计程序提供依据。

注册会计师应当实施风险评估程序，以了解被审计单位及其环境、适用的财务报告编制基础和内部控制体系各要素。获得的了解为注册会计师在下列关键环节作出职业判断提供重要基础：

（1）确定重要性水平，并随着审计工作的进程评估对重要性水平的判断是否仍然适当。

（2）考虑会计政策的选择和运用是否恰当、是否符合适用的财务报告编制基础的规定，以及财务报表的列报是否适当。

（3）识别需要特别考虑的领域，包括关联方交易的合理性等。

（4）确定实施分析程序时所使用的预期值。

（5）设计和实施进一步审计程序，以将审计风险降至可接受的低水平。

（6）评价所获取审计证据的充分性和适当性。

了解被审计单位及其环境、适用的财务报告编制基础和内部控制体系各要素是一个连续和动态的收集、更新与分析信息的过程，贯穿于整个审计过程的始终。判断对被审计单位及其环境、适用的财务报告编制基础和内部控制体系各要素了解的程度是否恰当，关键是看注册会计师获得的了解是否足以为识别和评估财务报表层次及认定层次的重大错报风险和设计进一步审计程序提供依据。如果足以为之提供依据，那么了解的程度就是恰当的。

5.1.2 风险评估程序

风险评估程序包括下列程序：询问管理层和被审计单位内部其他合适人员；实施分析程序；观察和检查。

1）询问管理层和被审计单位内部其他合适人员

注册会计师可以考虑向管理层和负责财务报告的人员询问下列事项：

（1）管理层所关注的主要问题，如新的竞争对手、主要客户和供应商的流失、新的税收法规的实施以及经营目标或战略的变化等。

（2）被审计单位最近的财务状况、经营成果和现金流量。

（3）可能影响财务报告的交易和事项，或者目前发生的重大会计处理问题，如重大的购并事宜等。

（4）被审计单位发生的其他重要变化，如所有权结构、组织结构的变化，以及内部控制的变化等。

注册会计师通过询问获取的大部分信息来自管理层和负责财务报告的人员。注册会计师也可以通过询问被审计单位内部的其他不同层级和职责的适当人员获取信息，或为识别重大错报风险提供不同的视角。例如：

（1）直接询问治理层，可能有助于注册会计师了解治理层对管理层编制财务报表的监督程度。

（2）直接询问参与生成、处理或记录复杂或异常交易的员工，可能有助于注册会计师评价被审计单位选择和运用某项会计政策的恰当性。

（3）直接询问内部法律顾问，可能有助于注册会计师了解如诉讼、遵守法律法规的情况、影响被审计单位的舞弊或舞弊嫌疑、产品保证和售后责任、与业务合作伙伴的安排（如合营企业），以及合同条款的含义等事项的有关信息。

（4）直接询问营销人员，可能有助于注册会计师了解被审计单位营销策略的变化、销售趋势或与客户的合同安排等。

（5）直接询问风险管理职能部门或人员，可能有助于注册会计师了解可能影响财务报告的经营和监管风险。

（6）直接询问信息技术人员，可能有助于注册会计师了解系统变更、系统或控制失效的情况，或与信息技术相关的其他风险。

（7）直接询问适当的内部审计人员，可能有助于注册会计师在识别和评估风险时了解被审计单位及其环境以及内部控制体系。

2）实施分析程序

分析程序是指注册会计师通过分析不同财务数据之间以及财务数据与非财务数据之间的内在关系，对财务信息作出评价。分析程序还包括在必要时对识别出的、与其他相关信息不一致或与预期值差异重大的波动和关系进行调查。

分析程序既可用作风险评估程序和实质性分析程序，也可用于在临近审计结束时设计和实施分析程序以帮助注册会计师对财务报表形成总体结论，确定财务报表是否与注册会计师对被审计单位的了解一致。这里，我们主要说明将分析程序用作风险评估程序。

在实施分析程序时，注册会计师应当预期可能存在的合理关系，并与被审计单位记录的金额、依据记录金额计算的比率或趋势相比较；如果发现异常或未预期到的关系，注册会计师应当在识别重大错报风险时考虑这些比较结果。例如，注册会计师通过实施分析程序发现两个会计期间的毛利率相当，但是，注册会计师通过对被审计单位的了解，获知在生产成本中占较大比例的原材料成本在相关期间内上升，注册会计师预期销售成本也应相应上升，而毛利率应相应下降。上述分析可能使注册会计师得出结论：销售成本可能存在重大错报风险，应对其给予足够的重视。因此，实施分析程序有助于注册会计师识别不一致的情形、异常的交易或事项，以及可能对审计产生影响的金额、比率和趋势，可以帮助注册会计师识别重大错报风险，特别是舞弊导致的重大错报风险。

3）观察和检查

观察和检查程序可以支持对管理层和被审计单位内部其他合适人员的询问结果。注册会计师应当实施下列观察和检查程序：

（1）观察被审计单位的经营活动。

例如，观察被审计单位人员正在从事的生产活动和内部控制活动，增加注册会计师对被审计单位人员如何进行生产经营活动及实施内部控制的了解。

（2）检查文件、记录和内部控制手册。

例如，检查被审计单位的章程，与其他单位签订的合同、协议，各业务流程操作指引和内部控制手册等，了解被审计单位组织结构和内部控制的建立健全情况。

（3）阅读由管理层和治理层编制的报告。

例如，阅读被审计单位年度和中期财务报告，股东大会、董事会会议、高级管理层会议的会议记录或纪要，经营计划和战略，被审计单位内部管理报告以及其他特殊目的报告（如新投资项目的可行性分析报告）等，了解自上一审计结束日至本期审计期间被审计单位发生的重大事项。

（4）实地察看被审计单位的生产经营场所和厂房设备。

这可以帮助注册会计师了解被审计单位的性质及其经营活动。在实地察看被审计单位的厂房和办公场所的过程中，注册会计师有机会与被审计单位管理层和担任不同职责的员工进行交流，可以增强注册会计师对被审计单位的经营活动及其重大影响因素的了解。

（5）追踪交易在财务报告信息系统中的处理过程（穿行测试）。

这是注册会计师了解被审计单位业务流程及其相关控制时经常使用的审计程序。通过追踪某笔或某几笔交易在业务流程中如何生成、记录、处理和报告，以及相关控制如何执行，注册会计师可以确定被审计单位的交易流程和相关控制是否与之前通过其他程序所获得的了解一致，并确定相关控制是否得到执行。

除了采用上述程序从被审计单位内部获取信息以外，注册会计师也可以从被审计单位外部获取有关信息。外部信息包括证券分析师、银行、评级机构出具的有关被审计单位及其所处行业的经济或市场环境等状况的报告，贸易与经济方面的期刊，法规或金融出版物，以及政府部门或民间组织发布的行业报告和统计数据等。

5.2 了解被审计单位及其环境和适用的财务报告编制基础

注册会计师通过实施风险评估程序以了解下列三个方面内容：

1）被审计单位及其环境

被审计单位及其环境，包括：(1) 组织结构、所有权和治理结构、业务模式（包括该业务模式利用信息技术的程度）；(2) 行业形势、法律环境、监管环境和其他外部因素；(3) 财务业绩的衡量标准，包括内部和外部使用的衡量标准。

2）适用的财务报告编制基础、会计政策以及变更会计政策的原因。

注册会计师可以基于了解被审计单位及其环境、适用的财务报告编制基础、会计政策以及变更会计政策的原因，明确被审计单位在按照适用的财务报告编制基础编制财务报表时，固有风险因素怎样影响各项认定易于发生错报的可能性以及影响的程度。

3）被审计单位内部控制体系各要素。

上述了解的第1）项中第（2）点是被审计单位的外部环境，第1）项中第（1）点、第2）项、第3）项是被审计单位的内部因素，第1）项中第（3）点则既有外部因素也有内部因素。上述了解的各个方面可能会互相影响。例如，被审计单位的行业形势、法律环境、监管环境和其他外部因素可能影响被审计单位的目标、战略以及相关经营风险。而被审计单位的性质、目标、战略以及相关经营风险可能影响被审计单位对会计政策的选择和运用，以及内部控制的设计和执行。因此，注册会计师了解和评价上述各方面时，应当考虑各因素之间的相互关系。

5.2.1 了解被审计单位及其环境的主要内容

1）组织结构、所有权结构和治理结构、业务模式

（1）组织结构。

注册会计师应当了解被审计单位的组织结构，考虑复杂的组织结构可能导致的重大错报风险，例如，对于在多个地区拥有子公司、合营企业、联营企业或其他成员机构，或者存在多个业务分部和地区分部的被审计单位，不仅编制合并财务报表的难度增加，还存在其他可能导致重大错报风险的复杂事项。

（2）所有权结构。

注册会计师应当了解被审计单位所有权结构以及所有者与其他人员或实体之间的关系，考虑关联方关系是否已经得到识别，以及关联方交易是否得到恰当核算。例如，注册会计师应当了解被审计单位是属于国有企业、外商投资企业、民营企业，还是属于其他类型的企业，还应当了解其直接控股母公司、间接控股母公司和其他股东的构成，以及所有者与其他人员或实体（如控股母公司控制的其他企业）之间的关系。

（3）治理结构。

良好的治理结构可以对被审计单位的经营和财务运作以及财务报告实施有效的监督，从而降低财务报表发生重大错报的风险。注册会计师应当了解被审计单位的治理结构，包括：治理层人员是否参与对被审计单位的管理；董事会中的非执行人员（如有）是否与负责执行的管理层相分离；治理层人员是否在被审计单位法律上的组织结构下的组成部分中任职，如担任董事；治理层是否下设专门机构（如审计委员会）以及该专门机构的责任；治理层监督财务报告的责任，包括批准财务报表。

（4）业务模式。

了解被审计单位的业务模式主要是为了了解和评价被审计单位经营风险可能对财务报表重大错报风险产生的影响。

注册会计师了解被审计单位的目标、战略和业务模式有助于从战略层面和整体层面了解被审计单位，并了解被审计单位承担和面临的经营风险。经营风险是指可能对被审计单位实现目标和实施战略的能力产生不利影响的重要状况、事项、情况、作为（或不作为）所致的风险，或由于制定不恰当的目标和战略而导致的风险。不同企业的经营性质、所处行业、外部监管环境、企业的规模和复杂程度不同，可能会面临不同的经营风险，管理层有责任识别和应对这些风险。多数经营风险最终都会产生财务后果，从而影响财务报表。了解影响财务报表的经营风险有助于注册会计师识别重大错报风险。但注册会计师并非需要了解被审计单位业务模式的所有方面，经营风险比财务报表重大错报风险范围更广，也并非所有的经营风险都会导致重大错报风险。

导致财务报表产生重大错报风险的可能性有所增加的经营风险可能来自下列事项：❶目标或战略不恰当，未能有效实施战略，环境的变化或经营的复杂性。❷未能认识到变革的必要性也可能导致经营风险。如：开发新产品或服务可能失败；成功开拓了市场，但可能不足以支撑产品或服务；产品或服务存在瑕疵，可能导致法律责任及声誉方面的风险。❸对管理层的激励和压力措施可能导致有意或无意的管理层偏向，影响重大假设以及管理层或治理层预期的合理性。

注册会计师在了解可能导致财务报表重大错报风险的业务模式、目标和战略及相应的经营风险时，可以考虑如下事项：

❶行业发展，如：缺乏足以应对行业变化的人力资源和业务专长；

❷开发新产品或提供新服务，可能导致被审计单位的产品责任增加；

❸业务扩张，被审计单位可能对市场需求的估计不准确；

❹新的会计政策要求，被审计单位可能对其未完全执行或执行不当；

❺监管要求，可能导致法律责任增加；

❻本期及未来的融资条件，如：被审计单位可能因无法满足融资条件而失去融资机会；

❼信息技术的运用，如：新的信息技术系统的实施将影响经营和财务报告；

❽实施战略的影响，由此产生的需要运用新的会计政策要求的影响。

另外，注册会计师还应当了解被审计单位的经营活动、投资活动、筹资活动，有助于注册会计师了解影响财务报告的重要会计政策、交易或事项。

2）行业形势、法律环境与监管环境以及其他外部因素

（1）了解行业形势有助于注册会计师识别与被审计单位所处行业有关的重大错报风险。主要包括：

❶所处行业的市场与竞争，包括市场需求、生产能力和价格竞争；

❷生产经营的季节性和周期性；

❸产品生产技术的发展；

❹能源供应与成本。

（2）注册会计师应当了解被审计单位所处的法律环境及监管环境，主要包括：

❶适用的财务报告编制基础；

❷受管制行业的法规框架，包括披露要求；

❸对被审计单位经营活动产生重大影响的法律法规，如劳动法和相关法规；

❹税收相关法律法规；

❺目前对被审计单位开展经营活动产生影响的政府政策，如货币政策、财政政策、关税或贸易限制政策等；

❻影响行业和被审计单位经营活动的环保要求。

（3）注册会计师应当了解被审计单位经营的其他外部因素，主要包括：

❶当前的宏观经济状况以及未来的发展趋势；

❷目前国内或本地区的经济状况（如增长率、通货膨胀率、失业率、利率）等对被审计单位经营活动的影响；

❸被审计单位的经营活动受到汇率波动或全球市场力量的影响。

3）被审计单位财务业绩的衡量标准

在了解被审计单位财务业绩衡量和评价情况时，注册会计师应当关注下列用于评价财务业绩的标准：

（1）关键业绩指标（财务的或非财务的）、关键比率、趋势和经营统计数据；

（2）同期财务业绩比较分析；

（3）预算、预测、差异分析，分部信息与分部、部门或其他不同层次的业绩报告；

（4）员工业绩考核与激励性报酬政策；

（5）被审计单位与竞争对手的业绩比较。

与内部财务业绩衡量相关的信息，可能显示财务报表存在错报风险。如：内部财务业绩衡量显示，被审计单位与同行业其他单位相比，具有异常的增长率或盈利水平，结合考虑业绩奖金或激励性报酬等因素，可能显示管理层在编制财务报表时存在某种倾向的错报风险。因此，通过被审计单位内部财务业绩衡量相关的信息，注册会计师可以关注内部财务业绩衡量所显示的未预期到的结果或趋势、管理层的调查结果和纠正措施，以及相关信息是否显示财务报表可能存在重大错报。

5.2.2　了解适用的财务报告编制基础、会计政策以及变更会计政策的原因

注册会计师应当了解适用的财务报告编制基础、会计政策及变更会计政策的原因，并评价被审计单位的会计政策是否适当、是否与适用的财务报告编制基础一致。

在了解被审计单位适用的财务报告编制基础，以及如何根据被审计单位及其环境的性质和情况运用该编制基础时，注册会计师可能需要考虑的事项包括：

1）被审计单位与适用的财务报告编制基础相关的财务报告实务

（1）会计政策和行业特定惯例，包括特定行业财务报表中的“相关交易类别、账户余额和披露”（如医药行业的研究与开发活动）；

（2）收入确认；

（3）金融工具以及相关信用损失的会计处理；

（4）异常或复杂交易（包括有争议或新兴领域的交易）的会计处理。

2）对被审计单位对会计政策的选择和运用（包括发生的变化以及变化的原因）获得的了解，可能的事项

（1）被审计单位用于确认、计量和列报（包括披露）重大和异常交易的方法；

（2）在缺乏权威性标准或共识的争议或新兴领域采用重要会计政策产生的影响；

（3）环境变化，如：适用的财务报告编制基础的变化或税制改革可能导致被审计单位的会计政策变更；

（4）新颁布的会计准则、法律法规，被审计单位采用的时间以及如何采用或遵守这些规定。

了解被审计单位及其环境（不包括内部控制）审计工作底稿见附录（附表3），索引号BA。

了解被审计单位及其环境和适用的财务报告编制基础，有助于注册会计师识别可能导致各类交易、账户余额和披露的认定易于发生错报的固有风险因素。固有风险因素可能是定性或定量的，包括复杂性、主观性、变化、不确定性以及管理层偏向和其他舞弊风险因素。固有风险因素可能通过影响错报发生的可能性和错报发生时其可能的严重程度，来影响认定易于发生错报的可能性。了解固有风险因素的影响，帮助注册会计师按照审计准则的规定识别认定层次的重大错报风险，评估错报发生的可能性和严重程度，帮助注册会计师按照《中国注册会计师审计准则第1231号——针对评估的重大错报风险采取的应对措施》的规定设计和实施进一步审计程序。

案例窗5-1　了解被审计单位案例

诚信会计师事务所接受委托，对华强股份有限公司进行审计。在审计过程中了解到华强股份有限公司的以下情况：

华强股份有限公司是经中国人民银行批准设立的非银行金融机构。为了积极应对国际金融危机带来的严峻挑战，该公司以全面业务调整为主线，开始了由“投资理财”业务模式向“金融服务”模式的战略调整。公司董事会增设了风险管理委员会和审计委员会，同时，授权管理层设立审贷委员会和投资委员会，负责审核财务贷款和投资领域重大事项，并定期向董事会提交有关报告，确保董事会对管理层的有效监督。公司为了适应战略调整和业务发展的需要，对内部机构进行优化调整，对原有的6个部门进行重新组合，按照“135”三层次的格局进行重新设计，总经理部为经营决策层，计划财务部、研发信息部、稽核风险管理部为管理服务层，结算部、信贷部、经营部、投资部、咨询部为业务执行层。

要求：指出华强股份有限公司为实现发展战略而进行的组织架构调整是否合理。

5.3 了解被审计单位内部控制体系各要素

2008年5月，我国财政部会同证监会、审计署、银监会[1]、保监会[2]等五部委联合发布了我国首部内部控制的指引文件《企业内部控制基本规范》，该基本规范被称为中国

① 现为“国家金融监督管理总局”，下同。
② 现为“国家金融监督管理总局”，下同。

的“萨班斯法案”，内容共七章五十条，各章分别是：总则、内部环境、风险评估、控制活动、信息与沟通、内部监督和附则。其中，内部环境是实施内部控制的重要基础和环境条件；风险评估是实施内部控制的重要环节和依据；控制活动是实施内部控制的重要手段和过程；信息与沟通是实施内部控制的重要条件；内部监督是实施内部控制的重要保证。

内部控制体系作为企业生产经营活动的自我调节和自我制约的内在机制，处于企业中枢神经系统的重要位置。内部控制体系包含五个相互关联的要素：内部环境、风险评估、控制活动、信息与沟通、内部监督。注册会计师应当通过实施风险评估程序了解、评价与财务报表编制相关的内部控制体系各要素，确定是否识别出控制缺陷，并向治理层和管理层通报内部控制缺陷。

5.3.1 内部控制的含义和目标

1）内部控制的含义

内部控制是指被审计单位为了合理保证财务报告的可靠性、经营的效率和效果以及对法律法规的遵守，由治理层、管理层和其他人员设计、执行和维护的政策及程序。其中：政策是指被审计单位为了实施控制而作出的应当或不应当采取某种措施的规定；程序是指为执行政策而采取的行动。

2）内部控制的目标

（1）合理保证财务报告的可靠性。这一目标与管理层履行财务报告编制责任密切相关。

（2）合理保证经营的效率和效果，即经济有效地使用企业资源，以最优方式实现企业目标。

（3）合理保证在所有经营活动中遵守法律法规的要求，即在法律法规的框架下从事经营活动。

被审计单位内部控制的目标相当广泛，针对财务报表审计的目的和需要，注册会计师只应当了解与财务报表审计相关的控制，而并非被审计单位所有的内部控制，且了解的目的并非对被审计单位内部控制的有效性发表意见。

与审计相关的控制，按照其对防止、发现或纠正认定层次错报发挥作用的方式，分为直接控制和间接控制。直接控制是指足以精准防止、发现或纠正认定层次错报的内部控制。间接控制是指不足以精准防止、发现或纠正认定层次错报的内部控制。也就是说，直接控制和间接控制对防止、发现或纠正认定层次错报分别产生直接影响和间接影响。

5.3.2 内部控制的局限性

1）内部控制的固有局限性

被审计单位只能设计和实施能为公司财务报表的公允表达提供合理保证的内部控制，而不能提供绝对的保证。注册会计师在对内部控制进行审计时，应当保持应有的职业谨慎，充分关注内部控制的固有局限性：

（1）在决策时人为判断可能出现错误和由于人为失误而导致的内部控制失效。

（2）控制可能由于两个或更多的人员串通或管理层不当地凌驾于内部控制之上而被规避。例如，管理层可能与客户签订“背后协议”，修改标准的销售合同条款和条件，从而导致不适当的收入确认。

此外，如果被审计单位内部行使控制职能的人员素质不适应岗位职责的要求，也会影响控制职能的正常发挥。被审计单位实施内部控制的成本效益问题也会影响其效能，当实施某项控制的控制成本大于控制效果而发生损失时，就没有必要设置控制环节或控制措施。内部控制一般都是针对经常而重复发生的业务而设置的，如果出现不经常发生或未预计到的业务，原有控制就可能不适用。

2）对小型被审计单位的考虑

小型被审计单位拥有的员工通常较少，限制了其职责分离的程度。在小型被审计单位，由于内部控制系统较为简单，业主兼经理更有可能凌驾于控制之上，注册会计师在识别由于舞弊导致的重大错报风险时需要考虑这一问题。

5.3.3 内部控制的要素

内部控制体系包含五个相互关联的要素：内部环境（控制环境）；风险评估；信息与沟通（信息系统与沟通）；控制活动；内部监督。

内部环境为内部控制体系其他要素的运行奠定了总体基础，可能影响内部控制体系其他要素中控制的有效性。风险评估和内部监督也在支持整个内部控制体系。注册会计师对这些要素的了解和评价，更有可能影响其对财务报表层次重大错报风险的识别和评估，也可能影响对认定层次重大错报风险的识别和评估。财务报表层次重大错报风险影响注册会计师设计的总体应对措施，并影响进一步审计程序的性质、时间安排和范围。

信息系统与沟通以及控制活动要素中的控制主要为直接控制。注册会计师对这些要素的了解和评价更有可能影响其对认定层次重大错报风险的识别和评估。内部环境、风险评估和内部监督中的控制主要是间接控制，该类控制虽不足以精准地防止、发现或纠正认定层次的错报，但可以支持其他控制，该类控制可能间接影响及时发现或防止错报发生的可能性。但是，这些要素中的某些控制也可能是直接控制。

1）内部环境

内部环境包括治理职能和管理职能，以及治理层和管理层对内部控制及其重要性的态度、认识和措施。内部环境设定了被审计单位的内部控制基调，影响员工对内部控制的认识和态度。良好的内部环境是实施有效内部控制的基础。

（1）对诚信和道德价值观念的沟通与落实。

诚信和道德价值观念的沟通与落实是内部环境的重要组成部分，影响到重要业务流程的设计和运行。内部控制的有效性直接依赖于负责创建、管理和监控内部控制的人员的诚信和道德价值观念。被审计单位是否存在道德行为规范，以及这些规范如何在被审计单位内部得到沟通和落实，决定了是否能产生诚信和道德的行为。

注册会计师在了解和评价诚信和道德价值观念的沟通与落实时，考虑的主要因素可能包括：

❶被审计单位是否有书面的行为规范并向所有员工传达；

❷被审计单位的企业文化是否强调诚信和道德价值观念的重要性；

❸管理层是否身体力行，高级管理人员是否起到了表率作用；

❹对违反有关政策和行为规范的情况，管理层是否采取适当的惩罚措施。

（2）对胜任能力的重视。

胜任能力是指具备完成某一职位的工作所应有的知识和能力。管理层对胜任能力的重视包括对于特定工作所需的胜任能力水平的设定，以及达到该水平所必需的知识和能力的要求。

注册会计师在就被审计单位对胜任能力的重视情况进行了解和评估时，考虑的主要因素可能包括：

❶财会人员以及信息管理人员是否具备与被审计单位业务性质和复杂程度相称的胜任能力和培训，在发生错误时，是否通过调整人员或系统来加以处理；

❷管理层是否配备足够的财会人员以适应业务发展和有关方面的需要；

❸财会人员是否具备理解和运用会计准则所需的技能。

（3）治理层的参与程度。

被审计单位的内部环境在很大程度上受治理层的影响。治理层的职责应在被审计单位的章程和政策中予以规定。治理层（董事会）通常通过其自身的活动，并在审计委员会或类似机构的支持下，监督被审计单位的财务报告政策和程序。

注册会计师在对被审计单位治理层的参与程度进行了解和评估时，考虑的主要因素可能包括：

❶董事会是否建立了审计委员会或类似机构；

❷董事会、审计委员会或类似机构是否与内部审计人员以及注册会计师有联系和沟通，联系和沟通的性质以及频率是否与被审计单位的规模和业务复杂程度相匹配；

❸董事会、审计委员会或类似机构的成员是否具备适当的经验和资历；

❹董事会、审计委员会或类似机构是否独立于管理层；

❺审计委员会或类似机构会议的数量和时间是否与被审计单位的规模和业务复杂程度相匹配；

❻董事会、审计委员会或类似机构是否充分地参与了监督编制财务报告的过程；

❼董事会、审计委员会或类似机构是否对经营风险的监控有足够的关注，进而影响被审计单位和管理层的风险评估过程；

❽董事会成员是否保持相对的稳定性。

（4）管理层的理念和经营风格。

管理层负责企业的运作以及经营策略和程序的制定、执行和监督。内部环境的每个方面在很大程度上都受管理层采取的措施和作出决策的影响，或在某些情况下受管理层不采取某些措施或不作出某种决策的影响。在有效的内部环境中，管理层的理念和经营风格可以创造一个积极的氛围，促进业务流程和内部控制的有效运行，同时创造一个减少错报发生可能性的环境。

注册会计师在了解和评估被审计单位管理层的理念和经营风格时，考虑的主要因素可能包括：

❶管理层是否对内部控制，包括信息技术的控制，给予了适当的关注；

❷管理层是否由一个或几个人所控制，董事会、审计委员会或类似机构对其是否实施了有效监督；

❸管理层在承担和监控经营风险方面是风险偏好者还是风险规避者；

❹管理层在选择会计政策和作出会计估计时是倾向于激进还是保守；

❺管理层对于信息管理人员以及财会人员是否给予了适当关注；

❻对于重大的内部控制和会计事项，管理层是否征询注册会计师的意见，或者经常在这些方面与注册会计师存在不同意见。

（5）组织结构及职权与责任的分配。

被审计单位的组织结构为计划、运作、控制及监督经营活动提供了一个整体框架。通过集权和分权决策，可在不同部门间进行适当的职责划分、建立适当层次的报告体系。被审计单位的组织结构在一定程度上取决于被审计单位的规模和经营活动的性质。

被审计单位组织结构中应采用向个人或小组分配控制职责的方法，应建立执行特定职能（包括交易授权）的授权机制，确保每个人都清楚地了解报告关系和责任。

注册会计师对组织结构的了解，有助于其确定被审计单位的职责划分达到何种程度，也有助于其评价被审计单位在这方面的不足会对整体审计策略产生的影响。

信息系统处理环境是注册会计师对组织结构及权责分配方法进行了解的一个重要方面。注册会计师应当考虑信息系统职能部门的结构安排是否明确了职责分配，授权和批准系统变化的职责分配，以及是否明确程序开发、运行及使用者之间的职责划分。

注册会计师在对被审计单位组织结构和职权与责任的分配进行了解和评估时，考虑的主要因素可能包括：

❶在被审计单位内部是否有明确的职责划分，是否将业务授权、业务记录、资产保管和维护以及业务执行的责任尽可能地分离；

❷数据处理和管理的职责划分是否合理；

❸是否已针对授权交易建立适当的政策和程序。

（6）人力资源政策与实务。

政策与实务（包括内部控制）的有效性，通常取决于执行人。因此，被审计单位员工的能力与诚信是内部环境中不可缺少的因素。人力资源政策与实务涉及招聘、培训、考核、晋升和薪酬等方面。被审计单位是否有能力招聘并保留一定数量既有能力又有责任心的员工，在很大程度上取决于其人力资源政策与实务。例如，招聘录用标准要求录用最合适的员工，包括强调员工的学历、经验、诚信和道德，这表明被审计单位希望录用有能力并值得信赖的人员。

注册会计师在对被审计单位人力资源政策与实务进行了解和评估时，考虑的主要因素可能包括：

❶被审计单位在招聘、培训、考核、咨询、晋升、薪酬、补救措施等方面是否都有适当的政策和实务（特别是在会计、财务和信息系统方面）；

❷是否有书面的员工岗位职责手册，或者在没有书面文件的情况下，对于工作职责和期望是否做了适当的沟通和交流；

❸人力资源政策与实务是否清晰，并且定期发布和更新；

❹是否设定适当的程序，对分散在各地区和海外的经营人员建立和沟通人力资源政策与程序。

综上所述，注册会计师应当对内部环境的构成要素获取足够的了解，并考虑内部控制的实质及其综合效果，以了解管理层和治理层对内部控制及其重要性的态度、认识以及所采取的措施。

2）风险评估

风险评估包括识别与财务报告相关的经营风险，以及针对这些风险所采取的措施。任何经济组织在经营活动中都会面临各种各样的风险，对其生存和竞争能力产生影响。很多风险并不为经济组织所控制，但管理层应当确定可以承受的风险水平，识别这些风险并采取一定的应对措施。

可能产生风险的事项和情形包括：

（1）监管及经营环境的变化。

（2）新员工的加入。

（3）新信息系统的使用或对原系统进行升级。

（4）业务快速发展。

（5）新技术。

（6）新业务模式、产品和业务活动。

（7）企业重组。

（8）发展海外经营。

（9）新的会计政策。

（10）使用信息技术。其包括与下列事项相关的风险：

❶维护处理的数据和信息的完整性、准确性和有效性；

❷如果被审计单位的信息技术战略不能有效地支持其经营战略，则会产生经营战略风险；

❸被审计单位的信息技术环境的变化或中断，信息技术人员的流动，或被审计单位未对信息技术环境进行必要的更新或更新不及时。

注册会计师应当了解被审计单位的风险评估过程和结果。注册会计师应当确定管理层如何识别与财务报告相关的经营风险，如何估计该风险的重要性，如何评估风险发生的可能性，以及如何采取措施管理这些风险。如果被审计单位的风险评估过程符合其具体情况，了解被审计单位的风险评估过程和结果有助于注册会计师识别财务报表的重大错报风险。

注册会计师在对被审计单位整体层面的风险评估工作进行了解和评估时，考虑的主要因素可能包括：

❶被审计单位是否已建立并沟通其整体目标，并辅以具体策略和业务流程层面的计划；

❷被审计单位是否已建立风险评估，包括识别风险、估计风险的重大性、评估风险发生的可能性以及确定需要采取的应对措施；

❸被审计单位是否已建立某种机制，识别和应对可能对被审计单位产生重大且普遍影响的变化，如在制造业企业中建立期货交易风险管理组等；

❹会计部门是否建立了某种流程，以识别会计政策的重大变化；

❺当被审计单位业务操作发生变化并影响交易记录的流程时，是否存在沟通渠道以通知会计部门；

❻风险管理部门是否建立了某种流程，以识别经营环境包括监管环境发生的重大变化。

注册会计师还可以通过了解被审计单位及其环境的其他方面信息，评价被审计单位风险评估过程的有效性。例如，在了解被审计单位的业务情况时，发现了某些经营风险，注册会计师应当了解管理层是否也意识到这些风险以及如何应对。在审计过程中，注册会计师如果识别出管理层未能识别的重大错报风险，应当考虑被审计单位的风险评估过程为何没有识别出这些风险，以及评估过程是否适合于具体环境。

3）信息与沟通

信息与沟通是收集与交换被审计单位执行、管理和控制业务活动所需信息的过程，包括收集和提供信息（特别是履行内部控制岗位职责所需的信息）给适当人员，使之能够履行职责。信息与沟通的质量直接影响到管理层对经营活动作出正确决策和编制可靠的财务报告的能力。

与财务报表编制相关的信息系统由一系列的活动和政策、会计记录和支持性记录组成，其应当与业务流程相适应。与财务报表编制相关的信息系统旨在：

（1）生成、记录和处理交易（以及获取、处理和披露与交易以外的事项和情况相关的信息），以及为相关资产、负债和所有者权益明确受托责任；

（2）解决不正确处理交易的问题，如自动生成暂记账户文件，以及及时按照程序清理暂记项目；

（3）处理并解释凌驾于控制之上或规避控制的情况；

（4）将从交易处理系统中获取的信息过入总账；

（5）针对除交易以外的事项和情况获取并处理与财务报表编制相关的信息，如资产的折旧和摊销、可回收性的改变等；

（6）确保适用的财务报告编制基础规定披露的信息得到收集、记录、处理和汇总，并适当包含在财务报表中。

注册会计师在了解被审计单位的信息系统时，应了解被审计单位如何生成交易和获取信息，这类信息可能与财务报表编制相关。此外，还应当了解信息处理活动中使用的资源。与了解信息系统完整性、准确性和有效性风险相关的人力资源信息包括：

（1）从事相关工作人员的胜任能力；

（2）资源是否充分；

（3）职责分离是否适当。

与财务报告编制相关的沟通包括使员工了解各自在与财务报告有关的内部控制方面的角色和职责，员工之间的工作关系，以及向适当级别的管理层报告例外事项的方式。公开的沟通渠道有助于确保例外情况得到报告和处理。沟通可以采用政策手册、会计和财务报告手册及备忘录等形式进行，也可以采用电子方式或口头方式和通过管理层的行动来实现。注册会计师应当了解被审计单位内部，如何对财务报告的岗位职责以及与财务报表编制相关的重大事项进行沟通。还应当了解管理层与治理层（特别是审计委员会）之间的沟通，以及被审计单位与外部（包括与监管部门）的沟通。具体包括：

（1）管理层就员工的职责和控制责任是否进行了有效沟通；

（2）针对可疑的不恰当事项和行为是否建立了沟通渠道；

（3）组织内部沟通的充分性是否能够使人员有效地履行职责；

（4）对于与客户、供应商、监管者和其他外部人士的沟通，管理层是否及时采取适当的进一步行动；

（5）被审计单位是否受到某些监管机构发布的监管要求的约束；

（6）外部人士如客户和供应商在多大程度上获知被审计单位的行为守则。

4）控制活动

控制活动是指有助于确保管理层的指令得以执行的政策和程序，包括与授权、业绩评价、信息处理、实物控制和职责分离等相关的活动。

（1）授权。授权包括一般授权和特别授权。授权的目的在于保证交易在管理层授权范围内进行。一般授权是指管理层制定的要求组织内部遵守的普遍适用于某类交易或活动的政策。特别授权是指管理层针对特定类别的交易或活动逐一设置的授权，如重大资本支出和股票发行等。特别授权也可能用于超过一般授权的常规交易，如同意因某些特别原因，对某个不符合信用条件的客户赊购商品。

（2）业绩评价。业绩评价主要包括被审计单位分析评价实际业绩与预算（或预测、前期业绩）的差异，综合分析财务数据与经营数据的内在关系，将内部数据与外部信息来源相比较，评价职能部门、分支机构或项目活动的业绩，以及对发现的异常差异或关系采取必要的调查与纠正措施。

（3）信息处理。信息处理控制分为两类，即信息技术的一般控制和应用控制。信息技术的一般控制是指与多个应用系统有关的政策和程序，有助于保证信息系统持续恰当地运行（包括信息的完整性和数据的安全性），支持应用控制作用的有效发挥，通常包括数据中心和网络运行的控制，系统软件的购置、开发及维护控制。信息技术的应用控制是指主要在业务流程层面运行的人工或自动化程序，与用于生成、记录、处理、报告交易或其他财务数据的程序相关，通常包括检查数据计算的准确性，审核账户和试算平衡表，设置对输入数据和数字序号的自动检查，以及对例外报告进行人工干预。

（4）实物或逻辑控制。实物控制主要包括对资产和记录采取适当的安全保护措施，对访问计算机程序和数据文件设置授权（即逻辑访问权限），以及定期盘点并将盘点记录与会计记录相核对。如对库存现金、有价证券和存货的定期盘点控制都是为了保护财产的安全完整。

（5）职责分离。职责分离主要包括被审计单位如何将交易授权、交易记录以及资产保管等职责分配给不同员工，以防范同一员工在履行多项职责时可能发生的舞弊和错误。职责划分的内容既包括不相容职务在组织机构之间的分离，如企业的材料收发、产品制造、产品销售等应分别由供应、生产、销售部门分别管理，也包括不相容职务在组织机构内部的分离，如在财会部门内部差旅费的审批与报销职权的分离等。

注册会计师应当了解被审计单位有关的控制活动。在了解控制活动时，注册会计师应当重点考虑一项控制活动单独或连同其他控制活动，是否能够以及如何防止或发现并纠正各类交易、账户余额和披露存在的重大错报。注册会计师的工作重点是识别和了解针对重大错报可能发生的领域的控制活动。

在了解和评估控制活动时考虑的主要因素可能包括：

❶被审计单位的主要经营活动是否都有必要的控制政策和程序；

❷管理层在预算、利润和其他财务及经营业绩方面是否都有清晰的目标，在被审计单位内部，是否对这些目标都加以清晰地记录和沟通，并且积极地对其进行监控；

❸是否存在计划和报告系统，以识别与目标业绩的差异，并向适当层次的管理层报告该差异；

❹是否由适当层次的管理层对差异进行调查，并及时采取适当的纠正措施；

❺不同人员的职责应在何种程度上相分离，以降低舞弊和不当行为发生的风险；

❻会计系统中的数据是否与实物资产定期核对；

❼是否建立了适当的保护措施，以防止未经授权接触文件、记录和资产；

❽是否存在信息安全职能部门负责监控信息安全政策和程序。

5）内部监督

内部监督是指被审计单位评价内部控制在一段时间内运行有效性的过程。内部监督涉及及时评估控制的有效性并采取必要的补救措施。例如，管理层对是否定期编制银行存款余额调节表进行复核，内部审计人员评价销售人员是否遵守公司关于销售合同条款的政策等。

注册会计师应当了解被审计单位对控制的持续监督活动和专门的评价活动。持续的监督活动通常贯穿于被审计单位的日常经营活动与常规管理工作中，被审计单位可能安排内部审计人员或具有类似职能的人员对内部控制的设计和执行进行专门的评价，以找出内部控制的优点和不足，并提出改进建议。被审计单位也可能利用与外部有关各方沟通或交流获取的信息，监督相关的控制活动。值得注意的是，监督活动的很多信息是由被审计单位的信息系统产生，这些信息可能会存在错报，导致管理层从监督活动中得出错误的结论。因此，注册会计师应当了解与被审计单位监督活动相关的信息来源，如：顾客的投诉和监管机构提出的意见，以及管理层认为信息具有相关性和可靠性的依据。

注册会计师在了解被审计单位如何监督内部控制体系时，需要考虑的相关事项包括：

❶监督活动的设计，如监督是定期的还是持续的；

❷监督活动的实施情况和频率；

❸对监督活动结果的定期评价，以确定控制是否有效；

❹如何通过适当的整改措施应对识别的缺陷，包括与负责采取整改措施的人员及时沟通缺陷。

注册会计师可以考虑被审计单位监督内部控制体系的过程如何实现对涉及使用信息技术的信息处理控制的监督。这些控制包括：

❶监督以下复杂信息技术环境的控制：评价信息处理控制的持续设计有效性，根据情况的变化对其进行适当修改；评价信息处理控制运行的有效性。

❷监督权限的控制，这些权限应用于实施职责分离的自动化信息处理控制中。

❸监督如何识别和应对与财务报告自动化相关的错误或控制缺陷的控制。

5.3.4 在整体层面了解、评价内部控制

注册会计师在整体层面了解、评价的内部控制要素包括：内部环境、风险评估、内部监督、信息与沟通。

1）了解、评价被审计单位与财务报表编制相关的内部环境

注册会计师应当实施以下风险评估程序了解涉及下列方面的控制、流程和组织结构：

（1）被审计单位管理层如何履行其管理职责，例如，被审计单位的组织文化，管理层是否重视诚信、道德和价值观；

（2）被审计单位在治理层与管理层分离的体制下，治理层的独立性以及治理层监督内部控制体系的情况；

（3）被审计单位内部权限和职责的分配情况；

（4）被审计单位如何吸引、培养和留住具有胜任能力的人员；

（5）被审计单位如何使其人员致力于实现内部控制体系的目标。

了解之后，注册会计师应当评价下列方面的情况：

（1）在治理层的监督下，被审计单位管理层是否营造并保持了诚实守信和合乎道德的文化；

（2）根据被审计单位的性质和复杂程度，被审计单位内部环境是否为内部控制体系的其他要素奠定了适当的基础；

（3）识别出的内部环境方面的控制缺陷是否会削弱被审计单位内部控制体系的其他要素。

2）了解、评价被审计单位与财务报表编制相关的风险评估工作

注册会计师应当实施以下风险评估程序了解被审计单位的下列工作：

（1）识别与财务报告目标相关的经营风险；

（2）评估上述风险的重要程度和发生的可能性；

（3）应对上述风险。

了解之后，注册会计师根据被审计单位的性质和复杂程度，评价其风险评估工作是否适合其具体情况。

如果注册会计师识别出重大错报风险，而被审计单位管理层未能识别出这些风险，注册会计师应当判断这些风险是否是被审计单位风险评估工作应当识别出的风险。如果注册会计师认为，这些风险是被审计单位风险评估工作应当识别出的风险，则应当了解被审计单位风险评估工作未能识别出这些风险的原因。

3）了解、评价被审计单位对与财务报表编制相关的内部控制体系的监督工作

注册会计师应当实施以下风险评估程序了解被审计单位对与财务报表编制相关的内部控制体系的监督工作：

（1）了解被审计单位实施的持续性评价和单独评价，以及识别控制缺陷的情况和整改的情况；

（2）了解被审计单位的内部审计，包括内部审计的性质、职责和活动；

（3）了解被审计单位在监督内部控制体系的过程中所使用信息的来源，以及管理层认为这些信息足以信赖的依据。

了解之后，注册会计师根据被审计单位的性质和复杂程度，评价被审计单位对内部控制体系的监督是否适合其具体情况。

4）了解、评价被审计单位与财务报表编制相关的信息与沟通

注册会计师应当实施以下风险评估程序了解被审计单位的信息处理活动（包括数据和信息），以及在这些活动中使用的资源，针对相关交易类别、账户余额和披露的信息处理活动的政策。具体包括：

（1）信息在被审计单位信息系统中的传递情况，包括交易如何生成，与交易相关的信息如何进行记录、处理、更正、结转至总账、在财务报表中报告，以及其他方面的相关信息如何获取、处理、在财务报表中披露；

（2）与信息传递相关的会计记录、财务报表特定项目以及其他支持性记录；

（3）被审计单位的财务报告过程；

（4）相关的被审计单位资源，包括信息技术环境。

注册会计师应当实施以下风险评估程序了解被审计单位如何沟通与财务报表编制相关的重大事项，以及信息系统和内部控制体系其他要素中的相关报告责任。具体包括：

（1）被审计单位内部人员之间的沟通，包括就与财务报告相关的岗位职责和相关人员的角色进行的沟通；

（2）管理层与治理层之间的沟通；

（3）被审计单位与监管机构等外部各方的沟通。

了解之后，注册会计师应当评价被审计单位的信息与沟通是否能够为被审计单位按照适用的财务报告编制基础编制财务报表提供适当的支持。

在整体层面对被审计单位内部控制的了解和评估，通常由项目组中对被审计单位情况比较了解且较有经验的成员负责，同时需要项目组其他成员的参与和配合。在了解内部控制体系的各要素时，注册会计师应当对被审计单位整体层面的内部控制的设计进行评价，并确定其是否得到执行。这一评价过程需要大量的职业判断，注册会计师应当考虑管理层本身的理念和态度、实际设计和执行的控制，以及对经营活动的密切参与是否能够实现控制的目标。

财务报表层次的重大错报风险很可能源于薄弱的内部环境，因此，注册会计师在评估财务报表层次的重大错报风险时，应当将被审计单位整体层面的内部控制状况和了解到的被审计单位及其环境等方面的情况结合起来考虑。

被审计单位整体层面的内部控制是否有效将直接影响重要业务流程层面控制的有效性，进而影响注册会计师拟实施的进一步审计程序的性质、时间和范围。

在被审计单位整体层面了解和评价内部控制审计工作底稿见附录（附表4），索引号BB-1。

5.3.5 在业务流程层面了解、评价内部控制

1）确定重要业务流程和重要交易类别

在实务中，将被审计单位的整个经营活动划分为几个重要的业务循环，有助于注册会计师更有效地了解和评估重要业务流程及相关控制。通常，制造业企业的内部控制可以划分为下列五个循环：

（1）销售与收款循环。本循环包括向顾客收受订购单，核准购货方的信用，装运商品，开具销货发票，记录收益和应收账款，记录现金收入等程序。

（2）采购与付款循环。本循环包括购买存货、其他资产和劳务，发出订货单，检查所收货物和开具验收报告，记录应付销货方债务，核准付款，支付款项和记录现金支出等程序。

（3）生产与存货循环。本循环包括领取各种原材料及其他物料用品，交付生产，分摊费用，计算生产成本，核算销售成本等程序。

（4）人力资源与工薪循环。本循环包括雇用、辞退职工，制定最低工资标准，核算实际工时，计算应付职工薪酬，计算个人所得税和其他代扣款项，记录工薪卡，发放工资等程序。

（5）投资与筹资循环。本循环包括授权、核准、执行和记录有关银行贷款、融资租赁、应付公司债和股本、交易性金融资产、债权投资、长期股权投资业务等程序。

2）了解重要交易流程，并进行记录

在确定重要业务流程和重要交易类别后，注册会计师便可着手了解每一类重要交易的生成、记录、处理及在财务报表中报告的程序，即重要交易流程。

注册会计师可以通过下列方法获得对重要交易流程的了解：

（1）询问被审计单位的适当人员；

（2）观察所运用的处理方法和程序；

（3）检查被审计单位的手册和其他书面资料；

（4）追踪交易在财务报告信息系统中的处理过程（穿行测试）。

注册会计师在了解重要交易流程时，可以采用下列方法对业务流程进行记录：

（1）文字表述法。文字表述法是审计人员用文字叙述的方式描述被审计单位内部控制的方法。

文字表述法形式灵活，可以根据实际情况选择内容，能充分表达内部控制的一切特殊情况。但这种方法也有局限性，表现在调查和叙述内部控制的情况比较耗费时间，对业务环节多的企业，文字说明难免冗长，容易产生误解，记录时也容易发生遗漏，且不能快速地确定内部控制的薄弱点。因此，文字说明法只适用于业务简单的中小型企业。

文字表述法的参考格式举例见表5-1。

表 5-1 ××公司现金收支内部控制

××公司收入现金，先由出纳审核有关凭证，并填写收款收据，收妥现金后，编制记账凭证，并登记库存现金日记账，而后将此凭证交给会计用以登记相关的账目。每日收到的现金于第二天由出纳送存银行。 支出现金，先由出纳审核支出款项的原始凭证（一般为发票），然后填制付款记账凭证，并于款项付出后在原始凭证上加盖“付讫”的戳记。出纳根据付款记账凭证登记库存现金日记账，而后将记账凭证交会计用以登记相关的账目。 凭证上的复核印章一般先盖好，因此就不再复核。出纳每隔9天进行一次核对，如有差异，须报领导审批后处理。月终，由财务负责人进行盘点。 评价：该公司的内部控制较差，尤其是由出纳填制收、付款凭证又不经复核的做法，容易出现错弊。

（2）调查表法。调查表法是指审计人员通过事先设计好的有关内部控制的问题式调查表，了解被审计单位内部控制的方法。采用这种方法时，可事先进行细致研究，将内部控制的关键控制点和主要控制程序编制成一定格式的调查表。调查表可印发多份，分发给有关被调查人填写，填写后统一收回并将问题归纳整理，以便进行分析研究。如果调查的问题比较单一，涉及面不广，亦可采用当面询问、随问随填的方式。调查表的参考格式举例见表5-2。

调查表法的优点包括：

❶调查范围明确，省时省力，可提高工作效率；

❷如果调查表设置得当，审计人员很容易了解企业内部控制的优势和弱点；

❸方法简便易行，非审计人员亦可使用。

当然调查表法也有其局限性，如缺乏灵活性，所询问和回答的问题只限于表内所提出的问题，如果调查的问题设置不当，就不能全面而正确地反映内部控制的情况，而且遇到特殊情况时，往往会因为“不适用”一栏填得太多而失去意义。另外，若被调查人不认真填写，调查表法会流于形式，审计人员了解不到真实情况。

表 5-2 内部控制调查表

被审计单位名称： 索引号： 页次：

调查内容：销货业务 编制人： 日期：

会计期间： 复核人： 日期：

调查问题	调查结果					备注
	是	否	不适用	缺点		未实施
				严重	较轻	
1.登记入账的销货确系已发运给实有其人的顾客						
2.销货业务已经过适当的审批						
3.对顾客赊销是否经负责人批准						
4.出库单是否由企业采用适当方式予以控制，以保证所有发货都已开票收款						
5.销货发票是否均预先编号并登记入账						
6.销货发票和出库单所列的数量是否核对相符						
7.销货发票是否经过单价检查、乘积复核和加总复核						
8.是否定期给常年顾客发出对账单						
9.登记入账的日期与出库单的日期是否经过比较核对						
10.销货业务在明细账中的记录与总账相符；明细账是否加总复核，是否与总账核对相符						

（3）流程图法。流程图法是利用图解形式来描述被审计单位的内部控制的方法。流程图一般按主要经营环节绘制，如果将各主要经营环节的流程图合并起来，就构成比较完整的内部控制流程图。流程图的绘制方法有横式和纵式两种，无论采用哪种方式，都必须注意以下几点：

❶在绘制流程图前，审计人员必须全面、详细地调查了解主要经营业务各环节的相互关系、凭证传递程序、各环节和各程序应负的责任等。

❷必须事先确定图形符号，设计好图例说明，在目前尚无统一规定专用符号的情况下，可选用一般通用的符号。

❸流程图的绘制一般有两种形式：一种是纵式流程图；另一种是横式流程图。如采用横式流程图，应将业务部门放在上端，业务流程从左上角开始自左至右、从上到下绘制，线条、符号之间的关系要表示清楚，要特别注意业务交叉线的绘制，防止紊乱；另外，还要考虑所有流程图的合并问题，要将业务之间的勾稽关系说明清楚。

流程图的参考格式举例如图 5-1 所示。

流程图法的优点是形象直观，能够清晰地表示各项经济业务的处理程序和内部控制情况，并展示各步骤之间的关系，便于进行评价；在定期审计的情况下，只要将被审计单位以前的流程图按照业务的变化情况对有关线条或符号稍加修改，就可以得到新的流程图。流程图法的缺点在于绘制流程图需要掌握一定的技术，如果绘图技术不过关，绘出的流程图不能清楚、准确地反映被审计单位的内部控制，就会影响审计工作的质量；此外，流程图法也不如调查表法那样容易确定内部控制的薄弱环节。

注册会计师评审内部控制时，上述三种方法可以有针对性地选用，或者将三种方法相互结合运用，以便收到更好的评审效果。

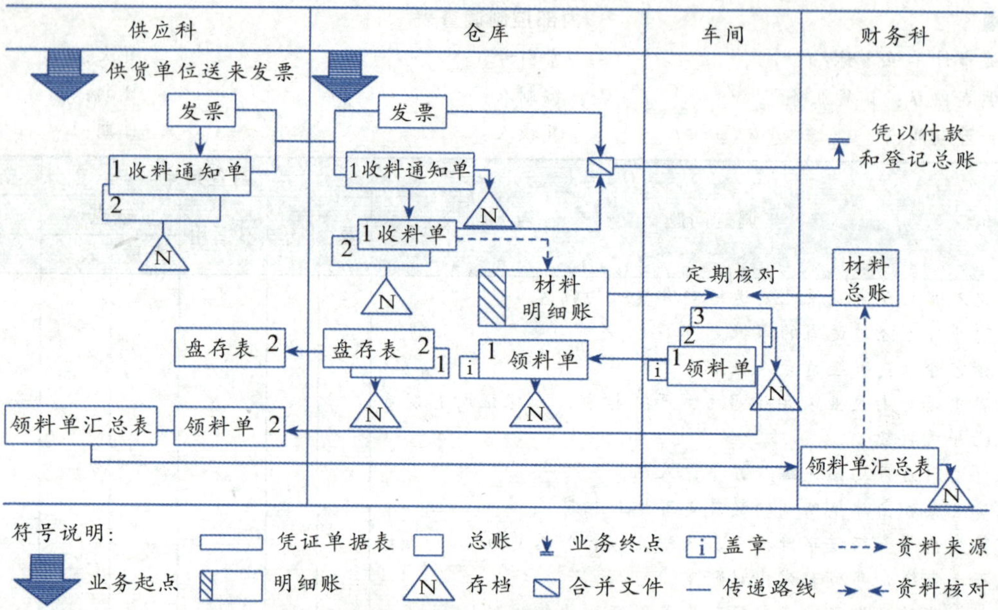

图5-1　材料收发业务流程图

3）实施风险评估程序了解业务流程层面的控制活动

为了解被审计单位业务流程层面的控制活动，注册会计师应当实施风险评估程序识别用于应对认定层次重大错报风险的控制。包括以下控制：

（1）应对特别风险的控制。特别风险是指注册会计师识别出的根据固有风险因素对错报发生的可能性和错报的严重程度的影响，将固有风险评估为达到或接近固有风险等级的最高级。

（2）与会计分录相关的控制。这些会计分录包括用以记录非经常性的、异常的交易，以及用于调整的非标准会计分录。

（3）注册会计师拟测试运行有效性的控制。包括用于应对仅实施实质性程序不能提供充分、适当审计证据的风险的控制。

（4）注册会计师根据职业判断认为适当的、与控制认定层次重大错报风险有关的其他控制。

注册会计师还应当识别上述控制在采用信息技术应用程序、信息技术基础措施和信息技术流程等方面，可能面临运用信息技术导致的风险。其中，信息技术应用程序是指用于生成、处理、记录和报告交易或其他方面信息的程序，包括数据仓库和报告生成工具。信息技术基础设施包括网络、操作系统、数据库及相关的硬件和软件。信息技术流程是指被审计单位用于管理信息技术环境访问权限、程序更改、信息技术环境变化以及信息技术运行的流程。被审计单位的控制活动运用信息技术导致的风险包括：

（1）信息处理控制（即信息技术应用程序进行的信息处理、人工进行的信息处理）的设计无效或运行无效；

（2）信息系统中的信息（如交易信息等）在完整性、准确性和有效性方面存在风险。

注册会计师还应当进一步识别上述控制在采用信息技术应用程序、信息技术基础措施和信息技术流程等方面，可能面临运用信息技术导致的相关风险，以及被审计单位用于应对这些风险的信息技术一般控制。这里的信息技术一般控制，是指为支持被审计单位信息技术环境持续正常运行而实施的控制，包括为支持信息处理控制持续有效运行，以及确保信息系统中信息的完整性、准确性和有效性而实施的控制。

4）初步评价控制活动和风险评估

（1）对控制活动的初步评价。

在识别和了解控制后，根据获取的审计证据，注册会计师需要评价控制设计的合理性并确定其是否得到执行。注册会计师对控制的评价结论可能是以下三种情况之一：

❶所设计的控制单独或连同其他控制能够防止或发现并纠正重大错报，并得到执行；

❷控制本身的设计是合理的，但没有得到执行；

❸控制本身的设计就是无效的或缺乏必要的控制。

（2）风险评估需要考虑的因素。

❶账户特征及已识别的重大错报风险。如果已识别的重大错报风险水平为高，相关的控制应有较高的敏感度，即在错报率较低的情况下也能防止或发现并纠正错报。相反，如果已发现的重大错报风险水平为低，相关的控制就无须具有较高的敏感度。

❷对被审计单位整体层面控制的评价。注册会计师应将对整体层面获得的了解和结论，同在业务流程层面获得的有关重大交易流程及其控制的证据结合起来考虑。

（3）对控制活动的评价决策。

在对控制活动进行初步评价及风险评估后，注册会计师需要回答以下问题：

❶控制本身的设计是否合理。注册会计师需要根据上述的考虑因素判断，如果识别的控制设计合理，该控制在重要业务流程中单独或连同其他控制能否有效地实现特定的控制目标。

❷控制是否得到执行。如果设计合理的控制没有得到执行，该控制也不会发挥应有的作用。

❸是否更多地信赖控制并拟实施控制测试。如果认为被审计单位控制设计合理并得到执行，能够有效防止或发现并纠正重大错报，注册会计师通常可以信赖这些控制，减少拟实施的实质性程序。如果拟更多地信赖这些控制，需要确信所信赖的控制在整个拟信赖期间都有效地发挥了作用，即注册会计师应对这些控制在该期间内是否得到一贯运行进行测试。如果控制测试的结果进一步证实内部控制是有效的，注册会计师可以认为相关账户及认定发生重大错报的可能性较低，对相关账户及认定实施实质性程序的范围也将缩小。

有时，注册会计师认为被审计单位控制设计不合理，不能实现控制目标，或者尽管控制设计合理，但没有得到执行。在这种情况下，注册会计师不需要测试控制运行的有效性，而直接实施实质性程序。但在评估相应的重大错报风险时，需要考虑其对财务报表及其审计的影响。

在被审计单位业务流程层面了解和评价内部控制（以销售与收款循环为例）审计工作底稿见附录（附表5），索引号XSL。

5.4 评估重大错报风险

注册会计师应当识别重大错报风险，并确定其存在于财务报表层次，还是各类交易、账户余额和披露的认定层次。对于识别出的认定层次重大错报风险，注册会计师应当分别评估固有风险和控制风险。注册会计师还应当进一步确定重大错报风险所涉及的相关认定，以及相关交易类别、账户余额和披露。注册会计师在评估被审计单位重大错报风险基础上，确定可以接受的检查风险水平，安排进一步审计程序的性质、范围和时间，降低财务报表的审计风险。

5.4.1 评估财务报表层次和认定层次的重大错报风险

1）评估重大错报风险的审计程序

（1）在了解被审计单位及其环境的整个过程中，结合对财务报表中各类交易、账户余额和披露的考虑，识别风险。如被审计单位因相关环境法规的实施需要更新设备，可能面临原有设备闲置或贬值的风险；宏观经济的低迷可能预示应收账款的回收存在问题。

（2）结合对拟测试的相关控制的考虑，将识别出的风险与认定层次可能发生错报的领域相联系。如销售困难使产品的市场价格下降，可能导致年末存货成本高于其可变现净值而需要计提存货跌价准备，这显示存货的计价认定可能发生错报。

（3）评估识别出的风险，并评价其是否更广泛地与财务报表整体相关，进而潜在地影响多项认定。

（4）考虑发生错报的可能性，以及潜在错报的重大程度是否足以导致重大错报。

注册会计师应当利用实施风险评估程序获取的信息，包括在评价控制设计和确定其是否得到执行时获取的审计证据，作为支持风险评估结果的审计证据。注册会计师应当根据风险评估结果，确定实施进一步审计程序的性质、时间安排和范围。

2）识别和评估两个层次的重大错报风险

在对重大错报风险进行识别和评估后，注册会计师应当确定，识别的重大错报风险是与特定的某类交易、账户余额、列报的认定相关，还是与财务报表整体广泛相关。例如，被审计单位存在复杂的联营或合营，表明长期股权投资账户的认定可能存在重大错报风险，进而影响多项认定；又如，管理层缺乏诚信或承受异常的压力可能引发舞弊风险，这些风险与财务报表整体相关，进而影响多项认定。

对于识别出的财务报表层次重大错报风险，注册会计师应当从下列两方面对其进行评估：

（1）评价这些风险对财务报表整体产生的影响；

（2）确定这些风险是否影响对认定层次风险的评估结果。

对于识别出的认定层次重大错报风险，注册会计师应当分别评估固有风险和控制风险。注册会计师应当通过评估错报发生的可能性和严重程度来评估固有风险。在评估时，注册会计师应当考虑：

（1）固有风险因素如何以及在何种程度上影响相关认定易于发生错报的可能性；

（2）财务报表层次重大错报风险如何以及在何种程度上影响认定层次重大错报风险中固有风险的评估。

注册会计师还应当确定评估的重大错报风险是否为特别风险。

3）内部环境对评估财务报表层次重大错报风险的影响

财务报表层次的重大错报风险很可能源于薄弱的内部环境。薄弱的内部环境带来的风险可能对财务报表产生广泛的影响，难以限于某类交易、账户余额和披露，注册会计师应当采取总体应对措施。例如，被审计单位治理层、管理层对内部控制的重要性缺乏认识，没有建立必要的制度和程序，这样的缺陷源于薄弱的内部环境，可能对财务报表产生广泛影响，需要注册会计师采取总体应对措施。

4）控制活动对评估认定层次重大错报风险的影响

在评估认定层次重大错报风险时，注册会计师应当将所了解的控制活动与特定认定相联系。控制活动可能与某一认定直接相关，也可能与某一认定间接相关。关系越间接，控制活动在防止或发现并纠正认定中错报的作用越小。注册会计师应当考虑对识别的各类交易、账户余额和披露认定层次的重大错报风险予以汇总和评估，以确定进一步审计程序的性质、时间安排和范围。

5.4.2 仅通过实质性程序无法应对的重大错报风险

注册会计师如果认为仅通过实质性程序获取的审计证据无法应对认定层次的重大错报风险，就应当评价被审计单位针对这些风险设计的控制，并确定其执行情况。例如：在被审计单位对日常交易采用高度自动化处理的情况下，审计证据可能仅以电子形式存在，其充分性和适当性通常取决于自动化信息系统相关控制的有效性，注册会计师应当考虑仅通过实施实质性程序不能获取充分、适当审计证据的可能性。

注册会计师拟测试控制运行有效性时，应当评估控制风险；注册会计师不拟测试控制运行有效性时，应当将固有风险的评估结果作为重大错报风险的评估结果。

5.4.3 对重大错报风险评估的修正

注册会计师对认定层次重大错报风险的评估，可能随着审计过程中不断获取审计证据而作出相应的变化。

例如，注册会计师对重大错报风险的评估可能基于预期控制运行有效这一判断，即相关控制可以防止或发现并纠正认定层次的重大错报。但在测试控制运行的有效性时，注册会计师获取的证据可能表明相关控制在被审计期间并未有效运行。同样，在实施实质性程序后，注册会计师可能发现错报的金额和频率比在风险评估时预计的金额和频率要高。因此，如果通过实施进一步审计程序获取的审计证据与初始评估获取的审计证据相矛盾，注册会计师应当修正风险评估结果，并相应修改原计划实施的进一步审计程序。

风险评估程序实施导图如图5-2所示。

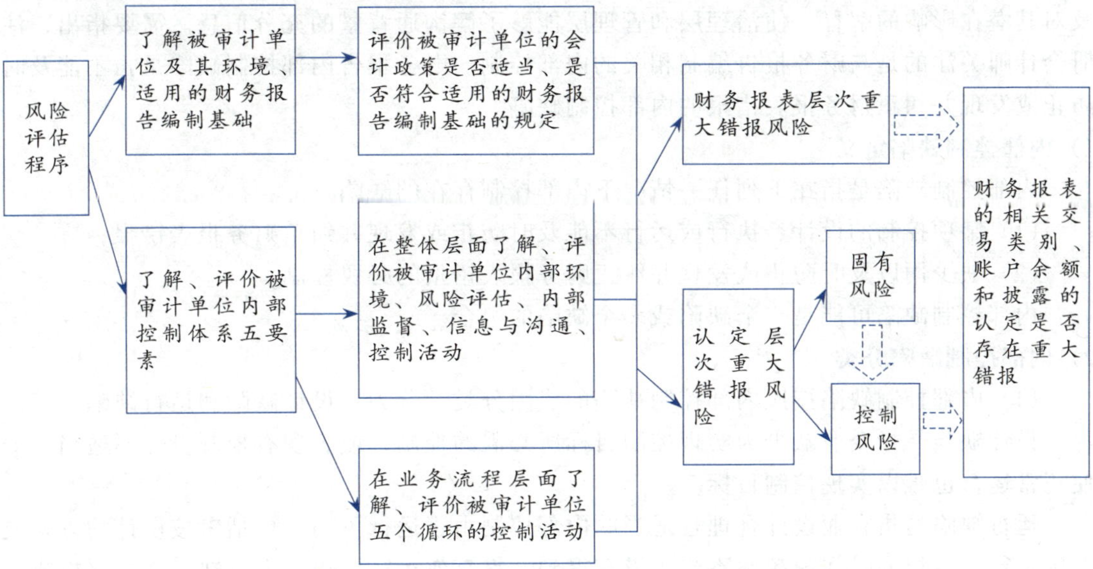

图5-2 风险评估程序实施导图

案例窗 5-2　　风险评估审计案例

华强股份有限公司主要从事小型电子消费品的生产和销售。产品的销售以华强股份有限公司仓库为交货地点。华强股份有限公司日常交易采用自动化信息系统和手工控制相结合的方式。注册会计师赵东负责审计华强股份有限公司2023年度财务报表。赵东在审计工作底稿中记录了所了解的华强股份有限公司情况及其环境，部分内容摘录如下：

（1）由于2023年销售业绩未达到董事会制定的目标，华强股份有限公司于2023年2月更换了公司负责销售的副总经理。

（2）华强股份有限公司主要竞争对手于2023年年末纷纷推出降价促销活动。为了巩固市场份额，华强公司于2024年元旦开始全面下调了主要产品的建议零售价，不同规格的主要产品降价幅度从6%到20%不等。

（3）华强股份有限公司于2023年7月完工投入使用的一个仓库被有关部门认定为违章建筑，被要求在2024年6月底前拆除。

（4）2023年年初，华强股份有限公司启用新财务信息系统，并计划同时使用原系统6个月。由于同时运行两个系统对华强股份有限公司相关部门人员的工作量影响很大，2个月后，华强股份有限公司决定提前停用原系统。

要求：针对上述资料，请逐项指出资料所列事项是否可能表明存在重大错报风险。如果认为存在，请简要说明理由，并分别说明该风险是属于财务报表层次还是认定层次。

5.4.4　向治理层和管理层通报内部控制缺陷

无论在风险评估过程中，还是在审计工作的其他阶段，注册会计师在根据已执行的审计工作识别出内部控制缺陷后，应当以书面形式向治理层和管理层恰当通报其在审计过程中识别出的，根据职业判断认为足够重要从而值得治理层和管理层各自关注的内部控制缺陷。在书面沟通文件中沟通值得关注的内部控制缺陷应当包括以下内容：对缺陷的描述以及对其潜在影响的解释；使治理层和管理层能够了解沟通背景的充分信息。需要指出，注册会计师关注的是与财务报告编制相关的内部控制。财务报告内部控制缺陷是指不能及时防止或发现并纠正财务报表错报的内部控制缺陷。

1）内部控制缺陷定义

内部控制缺陷是指在下列任一情况下内部控制存在的缺陷：

（1）某项控制的设计、执行或运行不能及时防止或发现并纠正财务报表错报；

（2）缺少用以及时防止或发现并纠正财务报表错报的必要控制。

内部控制缺陷可能是一个缺陷或多个缺陷的组合。

2）内部控制缺陷分类

（1）内部控制缺陷按照内部控制缺陷的成因分类，分为：设计缺陷和运行缺陷。

设计缺陷是指企业缺少为实现控制目标所必需的控制，或者现有控制设计不适当，即使正常运行也难以实现控制目标。

运行缺陷是指企业设计合理且适当的内部控制由于运行不当，包括未按设计的方式或意图运行、运行的时间或频率不当、没有得到一贯有效运行、执行人员缺乏必要授权或专业胜任能力等，无法有效实现控制目标。

（2）内部控制缺陷按照影响内部控制目标实现的严重程度分类，分为：重大缺陷、重要缺陷和一般缺陷。

重大缺陷是指一个或多个控制缺陷的组合，可能导致企业严重偏离控制目标。下面列举的迹象通常表明财务报告内部控制可能存在重大缺陷：

（1）董事、监事和高级管理人员舞弊；

（2）企业更正已公布的财务报告；

（3）注册会计师发现当期财务报告存在重大错报，而内部控制在运行过程中未能发现该错报；

（4）企业审计委员会和内部审计机构对内部控制的监督无效。

重要缺陷是指一个或多个控制缺陷的组合，其严重程度和经济后果低于重大缺陷，但仍有可能导致企业偏离控制目标。重要缺陷的严重程度低于重大缺陷，不会严重危及内部控制的整体有效性，但也应当引起董事会、管理层的充分关注。

一般缺陷是指除重大缺陷、重要缺陷之外的其他控制缺陷。

在向治理层和管理层提供信息时，注册会计师需要特别说明的是：在识别和评估重大错报风险时，注册会计师了解被审计单位内部控制体系的目的是设计适合具体情况的审计程序，而不是对内部控制的有效性发表意见。

【本章思政主题】

风险意识 防微杜渐

“银广夏”事件是中国股市的第一造假案。上市以来一直担当银广夏审计师的中天勤会计师事务所将审计失败归因于企业没有诚信，自己并无责，但如果中天勤严格按审计准则执业，造假公司中十个有九个可被发现。在“银广夏”事件中，中天勤会计师事务所审计人员对种种异常不以为然、执业过程未能保持应有的职业谨慎，在审计计划阶段未能识别和评估重大错报风险、未能保持应有的职业关注，对客户的经济状况缺乏深入了解，是其审计失败的主要原因之一。部分具体表现为：

1. 对客户的业务经营缺乏充分了解。“银广夏”萃取产品神话之所以骗过注册会计师，原因是他们对生物萃取一无所知，而这种“二氧化碳超临界萃取”正是银广夏“发迹”的脸面。

2. 未能了解客户经营所处的环境，以至于对经济及产业情况认识不够，最终导致对所面临的风险未能提高警觉。“银广夏”的主营业务由于对自然环境和气候的高依赖、低技术含量和竞争壁垒，在当时的市场环境下不可能有暴利，不论是生产领域还是流通领域，其净利润率能达到10%就算相当优秀了，而“银广夏”当时的利润率居然高于46%，当年深沪两市农业类、草药类和葡萄酿酒类上市公司的利润率鲜有超过20%的。稍有常识的人都会为之警觉，而中天勤的注册会计师却充耳不闻、充眼不见。

3. 客户当时年销售收入与应收款项保持大体比例的同步增长，货币资金和应收款项合计与短期借款也保持大体比例的同步增长，考虑到公司当年销售及资金回笼并不理想，显然客户希望以巨额货币资金的囤积来显示销售及回款情况。注册会计师未予以充分关注。

4. 对客户的供应商的重视不够。为银广夏贡献了主要利润的德国诚信公司，只与银广夏单线联系，据称其为一家百年老店，但事实上却是成立不足十年，注册资本仅为10万马克的一家小型贸易公司。

5.如果客户宣称的销售出口属实，按照我国税法，应办理几千万的出口退税，但年报里根本找不到出口退税的项目。

中天勤会计师事务所组织审计力量时未能坚持应有的职业谨慎，在对银广夏核心业务天津广夏（银广夏利润造假案直接工具）的财务报表进行审计时，派出的审计人员竟然是两名不具备注册会计师资格且不具备专业审计和外贸知识的助理审计人员，且未按规定聘请技术专家协助开展审计工作。如果审计工作中审计人员不能识别和评估重大错报风险，以确定可接受的检查风险，来控制审计风险，审计失败是必然的。

【思考与启示】

深圳中天勤会计师事务所对银广夏的财务报表审计采用的是账项基础审计模式，重实质性程序，轻内部控制测试，对银广夏的管理当局诚信、经营性质、经营状况、公司治理及管理现状等情况了解不够，却完全相信银广夏提供的海关对账单、银行对账单、重要出口商品单价等重要的证据，注册会计师未能采取必要的审计程序对这些证据的真假作进一步确认。审计失败的另一个主要原因是中天勤会计师事务所没有采用风险导向审计模式，没有对重大错报风险进行识别、评估，致使审计人员没有实施充分的审计程序发现银广夏管理层的舞弊行为，以控制审计风险。

风险导向审计模式的审计思维就是要跳出单据、账本、报表的束缚，以被审计单位的风险评估为基础，综合分析评审影响被审计单位经济活动的各种因素，根据所得出的量化风险水平指标确定审计的范围和重点，进而开展实质性审查。风险导向审计模式的应用同时可以将审计资源分配到最容易导致会计报表出现重大错报的领域，对没有重大错报风险的领域只执行一般审计程序，节约审计成本，提高审计效率。

风险导向审计模式所体现出的风险意识是一种超前意识，能够做到居安思危，在识别风险后，提倡自觉、自律，进行风险防范。“图之于未萌，虑之于未有。”只有具有自觉的风险意识，才能更好地做到安而不忘危，存而不忘亡，治而不忘乱，以更好地规避全面深化改革中的各种风险。在审计业务中，审计人员能够控制的是检查风险，重大错报风险由被审计单位控制，审计人员只能评估，以决定可接受的检查风险水平。重大错报风险包括经营风险和控制风险。对于企业自身而言，防范风险的前提是识别自身经营风险，树立必胜信念，提高驾驭风险的本领，树立和强化管理制度化、制度流程化、流程信息化的内控理念，严格落实各项规章制度，将风险管理和合规管理要求嵌入业务流程，促使企业依法合规开展各项经营活动，实现“强内控、防风险、促合规”的管控目标，加快实现高质量发展，只有这样才能立于改革潮头，担当时代重任。

6 第6章 实施进一步审计程序

【知识目标】

1. 理解针对财务报表层次重大错报风险的总体应对措施
2. 熟悉针对认定层次重大错报风险制定进一步审计程序时应考虑的因素
3. 掌握控制测试的含义和要求。
4. 熟悉拟定控制测试性质、时间和范围的思路
5. 掌握实质性程序的含义和要求
6. 熟悉拟定实质性程序性质、时间和范围的思路

【能力目标】

1. 能制订针对财务报表层次重大错报风险的总体应对措施
2. 能制订根据重大错报风险评估结果进行控制测试的具体审计计划
3. 能制订根据重大错报风险评估结果实施实质性程序的具体审计计划

【素养目标】

1. 具有研判风险隐患、主动进行风险防范来化解风险的能力，以推动社会高质量发展

2. 具有敢于直面矛盾、攻坚克难、对违纪行为敢于斗争的斗争精神，抓住关键、查深查透的工作作风

【本章知识架构】

章名	节名	一级标题
实施进一步审计程序	总体应对措施	向项目组强调保持职业怀疑态度的必要性
		分派更有经验或具有特殊技能的审计人员，或利用专家的工作
		提供更多的督导
		注意增加进一步审计程序的不可预见性
		对拟实施审计程序的性质、时间和范围作出总体修改
	进一步审计程序	进一步审计程序的含义和要求
		进一步审计程序的性质
		进一步审计程序的时间
		进一步审计程序的范围
	控制测试	控制测试的含义和要求
		控制测试的性质
		控制测试的时间
		控制测试的范围
		对内部控制的再次评价

续表

章名	节名	一级标题
实施进一步审计程序	实质性程序	实质性程序的含义和要求
		实质性程序的性质
		实质性程序的时间
		实质性程序的范围
本章思政主题 **风险管理 积极应对**		

【导读案例】

毕马威华振会计师事务所（特殊普通合伙）在对万科企业股份有限公司20××年12月31日的合并及母公司资产负债表，20××年度的合并及母公司利润表、合并及母公司现金流量表、合并及母公司股东权益变动表，以及财务报表附注进行审计后，发表了无保留意见的审计报告。现摘录审计报告的关键审计事项部分原文内容如下：

三、关键审计事项

关键审计事项是我们根据职业判断，认为对本期财务报表审计最为重要的事项。这些事项的应对以对财务报表整体进行审计并形成意见为背景，我们不对这些事项单独发表意见。

房地产开发项目的收入确认：

1.事项描述

请参阅财务报表附注“三、公司重要会计政策、会计估计”注释5及“五、合并财务报表项目附注”注释41。

销售房地产开发项目产生的收入占贵集团20××年度营业收入总额的91.4%。这些收入在满足以下所有条件时进行确认：

（1）与客户签署了买卖合同。

（2）取得了客户的首期款并且已确认余下房款的付款安排。

（3）房产已经被客户接受，或根据买卖合同约定被视为已获客户接受（以较早者为准）。

由于房地产开发项目的收入对贵集团的重要性，以及单个房地产开发项目销售收入确认上的细小错误汇总起来可能对贵集团的利润产生重大影响，因此，我们将贵集团房地产开发项目的收入确定为关键审计事项。

2.在审计中如何应对该事项

与房地产开发项目的收入确认的评价相关的审计程序中包括以下程序：

（1）评价与房地产开发项目的收入确认相关的关键内部控制的设计和运行有效性；

（2）检查贵集团的房产标准买卖合同条款，以评价贵集团有关房地产开发项目的收入确认政策是否符合相关会计准则的要求；

（3）就本年确认房产销售收入的项目，选取样本，检查可以证明房产已经被客户接受，或被视为已获客户接受的支持性文件，以评价相关房产销售收入是否已按照集团的收入确认政策确认；

（4）就资产负债表日前后确认房产销售收入的项目，选取样本，检查可以证明房产已经被客户接受，或被视为已获客户接受的支持性文件，以评价相关房产销售收入是否在恰当的期间确认。

毕马威华振会计师事务所针对万科企业股份有限公司房地产开发项目的收入确认出现的重大错报风险，制定了相应的进一步审计程序，为发表恰当的审计意见提供了合理的基础。

资源拓展

控制测试、细节测试不足，会计师事务所领警示函

6.1 总体应对措施

针对财务报表层次的重大错报风险，注册会计师应采取五项总体应对措施：向项目组强调保持职业怀疑态度的必要性；分派更有经验或具有特殊技能的审计人员，或利用专家的工作；提供更多的督导；注意增加进一步审计程序的不可预见性；对拟实施审计程序的性质、时间和范围作出总体修改。

1）向项目组强调保持职业怀疑态度的必要性

职业怀疑态度是指注册会计师以质疑的思维方式评价所获取审计证据的有效性，并对相互矛盾的审计证据，以及引起对文件记录或管理层和治理层提供的信息的可靠性产生怀疑的审计证据保持警觉。

2）分派更有经验或具有特殊技能的审计人员，或利用专家的工作

由于各行业在经营业务、经营风险、财务报告、法规要求等方面具有特殊性，审计人员的专业分工细化成为一种趋势。审计项目组成员中应有一定比例的人员曾经参与过被审计单位以前年度的审计，或具有被审计单位所处特定行业的相关审计经验。必要时，要考虑利用信息技术、税务、评估、精算等方面的专家的工作。

3）提供更多的督导

对于财务报表层次重大错报风险较高的审计项目，项目组的高级别成员，如项目负责人、项目经理等经验较丰富的人员，要对其他成员提供更详细、更经常、更及时的指导和监督，并加强项目质量复核。

4）注意增加进一步审计程序的不可预见性

被审计单位人员，尤其是管理层，如果熟悉注册会计师的审计套路，就可能采取种种规避手段，掩盖财务报告中的舞弊行为。因此，在设计拟实施审计程序的性质、时间和范围时，为避免既定思维对审计方案的限制，避免对审计效果的人为干涉，从而使得针对重大错报风险的进一步审计程序更加有效，注册会计师要考虑使某些程序不被被审计单位管理层所预见或事先了解。

在实务中，注册会计师可以通过以下方式提高审计程序的不可预见性：

（1）对某些未测试过的低于设定的重要性水平或风险较小的账户余额和认定实施实质性程序；

（2）调整实施审计程序的时间，使被审计单位不可预期；

（3）采取不同的审计抽样方法，使当期抽取的测试样本与以前有所不同；

（4）选取不同的地点实施审计程序，或预先不告知被审计单位所选定的测试地点。

一些可能适用的具有不可预见性的审计程序见表6-1。

表 6-1 一些可能适用的具有不可预见性的审计程序

审计领域	一些可能适用的具有不可预见性的审计程序
存货	向以前审计过程中接触不多的被审计单位员工询问，例如，采购、销售、生产人员等
	在不事先通知被审计单位的情况下，选择一些以前未曾到过的盘点地点进行存货监盘
销售和应收账款	向以前审计过程中接触不多或未曾接触过的被审计单位员工询问，例如，负责处理大客户账户的销售部人员
	改变实施实质性分析程序的对象，例如，对收入按细类进行分析
	针对销售和销售退回延长截止测试期间
	实施以前未曾考虑过的审计程序，如： （1）函证确认销售条款或者选定销售额较不重要、以前未曾关注的销售交易，例如，对出口销售实施实质性程序。 （2）实施更细致的分析程序，例如，使用计算机辅助审计技术复核销售及客户账户。 （3）测试以前未曾函证过的账户余额，例如，金额为负或是零的账户，或者余额低于以前设定的重要性水平的账户。 （4）改变函证日期，即把所函证账户的截止日期提前或者推迟。 （5）对关联公司销售和相关账户余额，除了进行函证外，再实施其他审计程序进行验证
采购和应付账款	如果以前未曾对应付账款余额普遍进行函证，可考虑直接向供应商函证确认余额。如果经常采用函证方式，可考虑改变函证的范围或者时间
	对以前由于低于设定的重要性水平而未曾测试过的采购项目，进行细节测试
	使用计算机辅助审计技术审阅采购和付款账户，以发现一些特殊项目，例如，是否有不同的供应商使用相同的银行账户
现金和银行存款	多选几个月的银行存款余额调节表进行测试
	对有大量银行账户的，考虑改变抽样方法
固定资产	对以前由于低于设定的重要性水平而未曾测试过的固定资产进行测试，例如，考虑实地盘查一些价值较低的固定资产，如汽车和其他设备等
集团审计项目	修改组成部分审计工作的范围或者区域（如增加某些不重要的组成部分的审计工作量，或实地去组成部分开展审计工作）

5）对拟实施审计程序的性质、时间和范围作出总体修改

财务报表层次的重大错报风险很可能源于薄弱的控制环境。薄弱的控制环境带来的风险可能对财务报表产生广泛影响，难以限于某类交易、账户余额、列报，注册会计师应当采取总体应对措施。相应地，注册会计师对控制环境的了解影响其对财务报表层次重大错报风险的评估。有效的控制环境可以使注册会计师增强对内部控制和被审计单位内部产生的证据的信赖程度。如果控制环境存在缺陷，注册会计师在对拟实施审计程序的性质、时间和范围作出总体修改时应当考虑：

（1）在期末而非期中实施更多的审计程序。控制环境的缺陷通常会削弱期中获得的审计证据的可信赖程度。

（2）主要依赖实质性程序获取审计证据。良好的控制环境是其他控制要素发挥作用的基础。控制环境存在缺陷通常会削弱其他控制要素的作用，导致注册会计师可能无法信赖内部控制，而主要依赖实施实质性程序获取审计证据。

（3）增加拟纳入审计范围的经营地点的数量。

6.2 进一步审计程序

针对认定层次重大错报风险，注册会计师应实施进一步审计程序。

1）进一步审计程序的含义和要求

进一步审计程序相对风险评估程序而言，是指注册会计师对评估的各类交易、账户余额、列报认定层次重大错报风险实施的审计程序，包括控制测试和实质性程序。

在设计进一步审计程序时，注册会计师应当考虑下列因素：

（1）风险的重要性。风险的重要性是指风险造成的后果的严重程度。风险的后果越严重，就越需要注册会计师关注和重视，越需要精心设计有针对性的进一步审计程序。

（2）重大错报发生的可能性。重大错报发生的可能性越大，同样越需要注册会计师精心设计进一步审计程序。

（3）涉及的各类交易、账户余额和列报的特征。不同的交易、账户余额和列报，产生的认定层次的重大错报风险也会存在差异，适用的审计程序也有差别，需要注册会计师区别对待，并设计有针对性的进一步审计程序予以应对。

（4）被审计单位采用的特定控制的性质。不同性质的控制（尤其应区分是人工控制还是自动化控制）对注册会计师设计进一步的审计程序具有重要影响。

（5）注册会计师是否拟获取审计证据，以确定内部控制在防止或发现并纠正重大错报方面的有效性。如果注册会计师在风险评估时预期内部控制运行有效，随后拟实施的进一步审计程序必须包括控制测试，且实质性程序自然会受到之前控制测试结果的影响。

2）进一步审计程序的性质

进一步审计程序的性质是指进一步审计程序的目的和类型。其中，进一步审计程序的目的包括通过实施控制测试以确定内部控制运行的有效性，通过实施实质性程序以发现认定层次的重大错报；进一步审计程序的类型包括检查、观察、询问、函证、重新计算、重新执行和分析性程序等。

在确定进一步审计程序的性质时，注册会计师需要考虑的因素包括：

（1）认定层次重大错报风险的评估结果。评估的认定层次重大错报风险越高，对通过实质性程序获取的审计证据的相关性和可靠性的要求越高，从而可能影响进一步审计程序的类型及其综合运用。例如，当注册会计师判断某类交易协议的完整性存在更高的重大错报风险时，除了检查文件以外，注册会计师还可能决定向第三方询问或函证协议的完整性。

（2）评估的认定层次重大错报风险产生的原因。例如，注册会计师可能判断某特定类别的交易即使在不存在相关控制的情况下发生重大错报的风险仍较低，此时注册会计师可能认为仅实施实质性程序就可以获取充分、适当的审计证据。再如，对于经由被审计单位信息系统日常处理和控制的某类交易，如果注册会计师预期此类交易在内部控制运行有效的情况下发生重大错报的风险较低，且拟在控制运行有效的基础上设计实质性程序，注册会计师就会决定先实施控制测试。

3）进一步审计程序的时间

进一步审计程序的时间是指注册会计师何时实施进一步审计程序，或审计证据适用的期间或时点。因此，当提及进一步审计程序的时间时，在某些情况下指的是审计程序的实施时间，在另一些情况下是指需要获取的审计证据适用的期间或时点。

有关进一步审计程序的时间选择问题，第一个层面是注册会计师选择在何时实施进一步审计程序的问题；第二个层面是选择获取什么期间或时点的审计证据的问题。第一个层面的选择问题主要集中在如何权衡期中与期末实施审计程序的关系；第二个层面的选择问题分别集中在如何权衡期中审计证据与期末审计证据的关系、如何权衡以前审计获取的审计证据与本期审计获取的审计证据的关系。这两个层面的最终落脚点都是如何确保获取审计证据的效率和效果。

注册会计师在确定何时实施审计程序时应当考虑下列几项重要因素：

（1）控制环境。良好的控制环境可以抵消在期中实施进一步审计程序的局限性，使注册会计师在确定实施进一步审计程序的时间时有更大的灵活度。

（2）何时能得到相关信息。例如，某些控制活动可能仅在期中（或期中以前）发生，而之后可能难以再被观察到；再如，某些电子化的交易和账户文档如未能及时取得，可能会被覆盖。在这些情况下，注册会计师如果希望获取相关信息，则需要考虑能够获取相关信息的时间。

（3）错报风险的性质。例如，被审计单位可能为了保证盈利目标的实现，而在会计期末伪造销售合同以虚增收入，此时注册会计师需要考虑在期末（即资产负债表日）这个特定时点获取被审计单位截至期末所能提供的所有销售合同及相关资料，以防范被审计单位在资产负债表日后伪造销售合同虚增收入的做法。

（4）审计证据适用的期间或时点。注册会计师应当根据需要获取的特定审计证据确定何时实施进一步审计程序。例如，为了获取资产负债表日的存货余额证据，显然不宜在与资产负债表日间隔过长的期中时点或期末以后时点实施存货监盘等相关审计程序。

需要说明的是，虽然注册会计师在很多情况下可以根据具体情况选择实施进一步审计程序的时间，但也存在着一些限制选择的情况，某些审计程序只能在期末或期末以后实施，包括将财务报表与会计记录相核对，检查财务报表编制过程中所进行的会计调整等。如果被审计单位在期末或接近期末发生了重大交易，或重大交易在期末尚未完成，注册会计师应当考虑交易的发生或截止等认定可能存在的重大错报风险，并在期末或期末以后检查此类交易。

4）进一步审计程序的范围

进一步审计程序的范围是指实施进一步审计程序的数量，包括抽取的样本量，对某项控制活动的观察次数等。

在确定进一步审计程序的范围时，注册会计师应当考虑下列因素：

（1）确定的重要性水平。确定的重要性水平越低，注册会计师实施进一步审计程序的范围越广。

（2）评估的重大错报风险。评估的重大错报风险越高，对拟获取审计证据的相关性、可靠性的要求越高，因此，注册会计师实施的进一步审计程序的范围也越广。

（3）计划获取的保证程度。计划获取的保证程度，是指注册会计师计划通过所实施的审计程序对测试结果可靠性所获取的信心。计划获取的保证程度越高，对测试结果可靠性的要求越高，注册会计师实施的进一步审计程序的范围也越广。例如，注册会计师对财务报表是否不存在重大错报的信心可能来自控制测试和实质性程序，如果注册会计师计划从控制测试中获取更高的保证程度，则控制测试的范围就应更广。

案例窗 6-1　　进一步审计程序的设计

注册会计师赵东是华强股份有限公司2023年度财务报表审计业务的项目合伙人，正在针对评估的重大错报风险设计进一步审计程序。相关情况如下：

（1）华强股份有限公司利用高度自动化系统开具销售发票。赵东于2023年7月确认系统的一般控制有效，并确认了该系统正在运行后，得出系统在2023年度有效运行的结论。

（2）虽然应付账款完整性认定的控制有效，但评估的固有风险较高。赵东决定放弃信赖相关内部控制，转而扩大检查等实质性程序的范围。

（3）赵东评估的存货计价认定相关控制的有效性较高，在设计进一步审计程序时，决定相应缩小控制测试的范围。

（4）为应对应收账款项目计价和分摊认定的重大错报风险，赵东决定全部采用积极的方式进行函证，同时扩大函证程序的范围。

（5）赵东怀疑华强股份有限公司可能在会计期末以后伪造销售合同以虚增销售收入，拟在2023年12月31日向华强股份有限公司索取全部销售合同副本。

（6）华强股份有限公司2023年度多次向银行和其他企业抵押借款。为应对与财务报表披露的完整性认定相关的重大错报风险，赵东决定扩大对实物资产的检查范围。

要求：赵东针对评估的重大错报风险设计进一步审计程序在性质、时间安排或范围方面是否存在不当之处？简要说明理由。

6.3　控制测试

在拟定进一步审计程序时，是否需要实施控制测试，取决于注册会计师对重大错报风险的评估，如果认为被审计单位各循环内部控制的设计是健全的，并且得到了执行，就需要安排控制测试以进一步对各循环内部控制执行的有效性取证，在此基础上，作出对各循环内部控制信赖度的再次评价。本节应掌握控制测试的含义和要求，拟定控制测试的性质、时间和范围如何规划。

6.3.1　控制测试的含义和要求

控制测试是指用于评价内部控制在防止或发现并纠正认定层次重大错报方面的运行有效性的审计程序。控制测试的目的是测试控制运行的有效性。这一概念不同于“了解内部控制”。“了解内部控制”包含两层含义：一是评价控制的设计；二是确定控制是否得到执行。

了解内部控制时，注册会计师获取的审计证据应当确定某项控制是否存在，被审计单位是否正在使用；在测试控制运行的有效性时，注册会计师应当获取关于控制是否有效运行的审计证据。因此，在了解控制是否得到执行时，注册会计师只需抽取少量的交易进行检查，或观察某几个时点。但在测试控制运行的有效性时，注册会计师需要抽取足够数量的交易进行检查或对多个不同时点进行观察。

在测试控制运行的有效性时，注册会计师应当从下列方面获取关于控制是否有效运行的审计证据：

➢ 控制在所审计期间的相关时点是如何运行的；

➢ 控制是否得到一贯执行；

➢ 控制由谁或以何种方式执行。

控制测试并非在任何情况下都需要实施。当存在下列情形之一时，注册会计师应当实施控制测试：

➢ 在评估认定层次重大错报风险时，预期控制的运行是有效的。

注册会计师通过实施风险评估程序，可能发现某项控制的设计是存在的，也是合理的，同时得到了执行。在这种情况下，出于成本效益的考虑，注册会计师可能预期，如果相关控制在不同时点都得到了一贯执行，与该项控制有关的财务报表认定发生重大错报的可能性就不会很大，也就不需要实施很多的实质性程序。为此，注册会计师可能会认为值得对相关控制在不同时点是否得到了一贯执行进行测试，即实施控制测试。因此，只有认为控制设计合理、能够防止或发现并纠正认定层次的重大错报，注册会计师才有必要对控制运行的有效性实施测试。

➢ 仅实施实质性程序不足以提供认定层次充分、适当的审计证据。

如果认为仅实施实质性程序获取的审计证据无法将认定层次重大错报风险降至可接受的低水平，注册会计师应当实施相关的控制测试，以获取控制运行有效性的审计证据。例如，在被审计单位对日常交易或与财务报表相关的其他数据（包括信息的生成、记录、处理、报告）采用高度自动化处理的情况下，审计证据可能仅以电子形式存在，此时审计证据是否充分和适当通常取决于自动化信息系统相关控制的有效性。如果信息的生成、记录、处理和报告均通过电子格式进行而没有适当有效的控制，则生成不了正确信息或信息被不恰当修改的可能性就会大大增加。在认为仅通过实施实质性程序不能获取充分、适当的审计证据的情况下，注册会计师必须实施控制测试，且这种控制已经不再是单纯出于成本效益的考虑，而是必须获取的一类审计证据。

了解内部控制与控制测试的评价要点及对后续工作的影响见表6–2。

表6–2　了解内部控制与控制测试的评价要点及对后续工作的影响

项目	评价要点	评价结论	是否进行控制测试	对实施实质性程序的影响
了解内部控制（初次评价内部控制）	1. 内部控制设计是否合理 2. 内部控制是否得到执行	设计不健全	不进行	
		设计健全，但未得到执行	不进行	
		设计健全并得到执行	进行（拟信赖内部控制，并拟减少实质性程序的数量及范围）	
控制测试（再次评价内部控制）	内部控制执行的有效性	高信赖度		大大减少实质性程序的数量及范围
		中信赖度		适当减少实质性程序的数量及范围
		低信赖度		增加实质性程序的数量及范围

6.3.2 控制测试的性质

控制测试的性质是指控制测试所使用的审计程序的类型及其组合。

➢ 询问。询问即向被审计单位适当员工询问，获取与内部控制运行情况相关的信息。虽然询问是一种有用的手段，但仅仅通过询问不能为控制运行有效性提供充分的证据，注册会计师应当将询问与其他审计程序结合使用，以获取有关控制运行有效性的审计证据。

➢ 观察。观察是测试不留下书面记录的控制（如职责分离）的运行情况的有效方法。通常情况下，注册会计师通过观察直接获取的证据比间接获取的证据更可靠。但是，观察提供的证据仅限于观察发生的时点，本身也不足以测试控制运行的有效性。

➢ 检查。对运行情况留有书面证据的控制，检查程序非常适用。书面说明、复核时留下的记号，或其他记录在偏差报告中的标志，都可以被当作控制运行情况的证据。

➢ 重新执行。通常只有当询问、观察和检查程序结合在一起仍无法获得充分的证据时，注册会计师才考虑通过重新执行来证实控制是否有效运行。

将询问与检查或重新执行结合使用，通常能够比仅实施询问和观察获取更高的保证。例如，被审计单位针对处理收到的邮政汇款单设计和执行了相关的内部控制，注册会计师通过询问和观察程序往往不足以测试此类控制的运行有效性，还需要检查能够证明此类控制在所审计期间的其他时段有效运行的文件和凭证，以获取充分、适当的审计证据。

6.3.3 控制测试的时间

控制测试的时间包含两层含义：一是何时实施控制测试；二是测试所针对的控制适用的时点或期间。如果测试的是特定时点的控制，注册会计师仅得到该时点控制运行有效性的审计证据；如果测试的是某一期间的控制，注册会计师可以获取控制在该期间有效运行的审计证据。

如果仅需要测试控制在特定时点的运行有效性（如对被审计单位期末存货盘点进行控制测试），注册会计师只需要获取该时点的审计证据。如果需要获取控制在某一期间有效运行的审计证据，仅获取与时点相关的审计证据是不充分的，注册会计师应当辅以其他控制测试，包括测试被审计单位对控制的监督。所谓的“其他控制测试”应当具备的功能是，能提供相关控制在所有相关时点都运行有效的审计证据；被审计单位对控制的监督起到的就是一种检验相关控制在所有相关时点是否都有效运行的作用。

6.3.4 控制测试的范围

控制测试的范围是指某项控制活动的测试次数。

注册会计师在确定某项控制的测试范围时通常考虑的因素有：

➢ 在整个拟信赖的期间，被审计单位执行控制的频率。控制执行的频率越高，控制测试的范围越大。

➢ 在所审计期间，注册会计师拟信赖控制运行有效性的时间长度。拟信赖期间越长，控制测试的范围越大。

➢ 为证实控制能够防止或发现并纠正认定层次重大错报，所需获取审计证据的相关性和可靠性。对审计证据的相关性和可靠性要求越高，控制测试的范围越大。

➢ 通过测试与认定相关的其他控制获取的审计证据的范围。针对同一认定，可能存在不同的控制。当针对其他控制获取的审计证据的充分性和适当性较高时，测试该控制的范围可适当缩小。

➢ 控制的预期偏差。预期偏差可以用控制未得到执行的预期次数占控制应当得到执行的次数的比率加以衡量。控制的预期偏差率越高，需要实施控制测试的范围越大。如果控制的预期偏差率过高，注册会计师应当考虑控制可能不足以将认定层次的重大错报风险降至可接受的低水平，从而针对某一认定实施的控制测试可能是无效的。

6.3.5 对内部控制的再次评价

进行控制测试后，注册会计师对内部控制再次进行评价，评价的结果一般划分为以下三个类型：

➢ 高信赖程度。若企业具有健全、合理的内部控制，并且均能有效地发挥作用，经济业务和会计记录发生差错的可能性很小，则注册会计师可以较多地依赖、利用内部控制，相应减少实质性程序的数量和范围。

➢ 中信赖程度。企业的内部控制较好，但存在一定的缺陷或薄弱环节，在一定程度上可能影响会计记录的真实性和可靠性，则注册会计师应扩大内部控制的测试范围，增加抽样样本数量，或增加财务报表项目实质性程序的数量和范围。

➢ 低信赖程度。重要的内部控制明显失效，大部分经济业务和会计记录失控，各项资料和数据经常出现差错，从而导致对内部控制难以信赖和利用。在这种情况下，注册会计师应扩大对经济业务和财务报表项目实施实质性程序的数量和范围，以获取足够的审计证据，编写审计报告。情况严重时，可考虑取消审计约定。

案例窗6-2　　控制测试程序的设计

注册会计师赵东是华强股份有限公司2023年度财务报表审计业务的项目合伙人，在审计计划阶段，赵东需要了解华强股份有限公司及其环境、评估重大错报风险。相关情况如下：

（1）在确定了解华强股份有限公司及其环境的具体内容时，根据财务负责人介绍的具体情况，赵东决定仅了解华强股份有限公司的内部控制。

（2）赵东认为审计业务的对象是财务资料，不必对内部控制进行系统、全面的了解，所以只选择性地了解了华强股份有限公司的一些其认为与审计相关的内部控制。

（3）由于华强股份有限公司的风险评估过程未能识别注册会计师已经识别出的与财务报表相关的重大错报风险，赵东认为华强股份有限公司的内部控制存在重大缺陷。

（4）为提高审计工作效率，赵东在对内部控制进行了解的基础上，直接进行控制测试，并据以形成内部控制是否可以信赖的结论。

（5）赵东根据华强股份有限公司在接近年末发生的管理层凌驾于管理费用相关的内部控制的情况，认为“管理费用”项目存在特别风险。

（6）对总体毛利率实施分析性程序的结果，初步显示销售成本存在重大错报，赵东直接要求华强股份有限公司调整“营业收入”和“营业成本”项目。

要求：请分别考虑上述每一种情况，指出注册会计师赵东的观点或做法是否存在不当之处。如认为存在不当之处，请简要说明理由。

6.4 实质性程序

注册会计师在对被审计单位各循环内部控制进行控制测试后，对各循环内部控制进行再次评价，在此基础上，决定实质性程序的性质、时间和范围。本节应掌握实质性程序的含义和要求，拟定实质性程序的性质、时间和范围如何规划。

6.4.1 实质性程序的含义和要求

实质性程序是指注册会计师针对评估的重大错报风险实施的直接用以发现认定层次重大错报的审计程序。

实质性程序包括对各类交易、账户余额、披露的细节测试以及实质性分析程序。其目的是检查和确定在被审计单位的内部控制下所产生的会计资料的真实性和正确性，为编写审计报告收集更为确切的证据。

由于注册会计师对重大错报风险的评估是一种判断，可能无法充分识别所有的重大错报风险，并且由于内部控制存在固有局限性，无论评估的重大错报风险的结果如何，注册会计师都应当针对所有重大的各类交易、账户余额、列报实施实质性程序。

6.4.2 实质性程序的性质

实质性程序的性质是指实质性程序的类型及其组合。实质性程序的两种基本类型是细节测试和实质性分析程序。

细节测试是对各类交易、账户余额、披露的具体细节进行测试，目的在于直接识别财务报表认定是否存在错报。细节测试被用于获取与某些认定相关的审计证据，如存在、准确性、计价等。

实质性分析程序从技术特征上仍然是分析性程序，主要是通过研究数据间的关系评价信息，只是将该技术方法用作实质性程序，即用以识别各类交易、账户余额、披露及相关认定是否存在错报。

6.4.3 实质性程序的时间

实质性程序的时间可以选择在期末或期中。如果在期中实施了实质性程序，注册会计师应当针对剩余期间实施进一步的实质性程序，或将实质性程序和控制测试结合使用，以将期中测试得出的结论合理延伸至期末。在如何将期中实施的实质性程序得出的结论合理延伸至期末时，注册会计师有两种选择：

其一，针对剩余期间实施进一步的实质性程序；

其二，将实质性程序和控制测试结合使用。

如果拟将期中测试得出的结论延伸至期末，注册会计师应当考虑针对剩余期间仅实施实质性程序是否足够。如果认为实施实质性程序本身不充分，注册会计师还应当测试剩余期间相关控制运行的有效性或针对期末实施实质性程序。

6.4.4 实质性程序的范围

评估的认定层次重大错报风险和实施控制测试的结果是注册会计师在确定实质性程序的范围时的重要考虑因素。因此，在确定实质性程序的范围时，注册会计师应当考虑评估的认定层次重大错报风险和实施控制测试的结果。注册会计师评估的认定层次的重大错报风险越高，需要实施实质性程序的范围越广，如果对控制测试的结果不满意，注册会计师应当考虑扩大实质性程序的范围。

在设计细节测试时，注册会计师除了从样本量的角度考虑测试范围外，还要考虑选样方法的有效性等因素。例如，从总体中选取大额或异常项目，而不是进行代表性抽样或分层抽样。

实质性分析程序的范围有两层含义：第一层含义是对什么层次上的数据进行分析。注册会计师可以选择在高度汇总的财务数据层次进行分析，也可以根据重大错报风险的性质和水平调整分析层次。例如，按照不同产品线、不同季节或月份、不同经营地点或存货存放地点等实施实质性分析程序。第二层含义是需要对什么幅度或性质的偏差展开进一步调查。实施分析性程序可能发现偏差，但并非所有的偏差都值得展开进一步调查。可容忍或可接受的偏差（预期偏差）越大，作为实质性分析程序一部分的进一步调查的范围就越小。于是确定适当的预期偏差幅度同样属于实质性分析程序的范畴。因此，在设计实质性分析程序时，注册会计师应当确定已记录金额与预期值之间可接受的差异额。在确定该差异额时，注册会计师应当主要考虑各类交易、账户余额、列报及相关认定的重要性和计划的保证水平。

案例窗 6-3　进一步审计程序方案综合实例

华强股份有限公司是诚信会计师事务所的常年审计客户。注册会计师赵东是华强股份有限公司2023年度财务报表审计业务的项目负责人。在应对评估的认定层次的重大错报风险时，赵东需要设计和实施有针对性的进一步审计程序，包括确定进一步审计程序的性质、时间和范围。相关情况如下：

（1）为应对存货存在认定的重大错报风险，注册会计师拟降低对内部控制的信赖，计划实施的进一步审计程序以检查、重新计算、函证等细节测试为主。

（2）考虑赊销审批制度的设计存在重大缺陷，注册会计师决定不测试相关内部控制，直接实施函证程序，并将函证的截止时间提前到财务报表日之前1个月。

（3）了解固定资产内部控制后，注册会计师认为相关内部控制设计合理且得以运行。在随后设计进一步审计程序时，相应缩小了控制测试的样本规模。

（4）由于成本核算采用了高度自动化的内部控制，且已证实相关的控制正在执行，注册会计师决定不再扩大控制测试的范围。

（5）由于评估的销售费用重大错报风险较低，拟在2023年7月份对上半年发生的销售费用实施细节测试，次年2月份对下半年的销售费用实施实质性程序，在此基础上合并形成销售费用项目的审计结论。

（6）为应对营业收入发生认定的特别风险，注册会计师不仅放弃依赖上年通过实质性程序获取的证据，而且大幅降低对上期获取的有关控制有效的审计证据的依赖。

要求：请分别考虑上述每一种情况，指出注册会计师赵东计划的进一步审计程序的性质、时间或范围是否存在不当之处，并简要说明理由。

【本章思政主题】

风险管理 积极应对

WFSK公司是一家以稻米精深加工系列产品的研发、生产和销售为主营业务的公司，20××年9月27日成功上市，登陆创业板。次年8月，省证监局在对WFSK公司的例行检查中偶然发现两套账本，WFSK公司财务造假问题由此浮现。证监局对该造假案件的调查结果显示，WFSK公司涉嫌欺诈发行股票和违法信息披露。ZL会计师事务所作为WFSK公司的审计机构，在进行该公司发行上市审计中没有发现该问题，其对WFSK公司上市前三年的财务报告进行审计后，出具的是标准无保留意见的审计报告。证监会通报了ZL会计事务所的审计过失，并对签字会计师给予了警告及罚款。

在风险导向审计中，对被审计单位及其环境进行了解是必要程序。WFSK公司所处的稻米加工行业其实在上市前两年就已经发生变化，全国稻米加工企业由于原料供应危机导致大面积停产，但是在招股书中，WFSK公司对此风险只字未提，打着本地原料供应充分的幌子粉墨登场创业板，并隐瞒不报上市后次年的停产，对此，ZL事务所没有充分关注此问题的重大变化，识破其原材料供应谎言，以识别和评估重大错报风险。

ZL事务所及其注册会计师在评价WFSK公司舞弊风险时，认为其管理层为满足上市要求和借款融资需求，有粉饰财务报表的动机和压力。IPO审计阶段，在已识别出包括营业收入、应收账款、预付账款等在内的重大错报风险领域的情况下，ZL事务所及其注册会计师未实施有效的进一步审计程序来应对风险。

以下重点介绍其函证实质性审计程序的缺失：

1. ZL事务所及其注册会计师在审计WFSK公司IPO财务报表过程中，未对WFSK公司的银行存款、应收账款余额进行函证，也未执行恰当的替代审计程序。其中，银行存款函证程序的缺失，导致ZL事务所未能发现WFSK公司虚构一个农信社银行账户的事实，WFSK公司以该银行账户虚构资金发生额2.86亿元，其中包括虚构收入回款约1亿元；应收账款函证程序的缺失，导致ZL事务所未能发现WFSK公司虚增收入的事实。

2. ZL事务所及其注册会计师在对WFSK公司往来科目余额进行函证时，未对函证实施过程保持控制。ZL事务所审计工作底稿中部分询证函回函上的签章，并非被询证者本人的签章。上述程序缺陷，导致ZL事务所未能发现WFSK公司虚增收入和采购的事实。

在WFSK公司巨额财务造假案中，ZL会计事务所被证监会认定在WFSK公司的发行上市审计中，未勤勉尽责，审计程序缺失，在审计证据的获取以及审计意见的形成方面存在不当行为，所出具的审计报告存在虚假记载。

【思考与启示】

对于每一个财务报表审计项目，审计人员通过审计提供的是合理保证。审计人员在对被审计单位重大错报风险评估的基础上，通过控制检查风险来控制审计风险。重大错报风险评估只是一种判断与估计，审计人员需要在此基础上敏锐地判断并决策，有的放矢，制定针对财务报表层次重大错报风险的总体应对措施，制定针对认定层次的重大错报风险的进一步审计程序，并体现在审计计划中，明确重点审计领域、重点审计账户，设计如何开展控制测试及实质性程序的性质、时间、范围，调动集中有限的审计资源关注重点问题，降低审计风险，查出财务报表中的重大错报，发表恰当的审计意见，保证审计工作质量。面对风险，审计人员需要积极应对。

习近平总书记对于防范化解重大风险的指导思想是，要居安思危，增强忧患意识、风险意识、责任意识，坚定必胜信念，积极开拓进取，着力解决金融领域突出矛盾和问题，有效防范各种潜在风险。既要有防范风险的先手，也要有应对和化解风险挑战的高招；既要打好防范和抵御风险的有准备之战，也要打好化险为夷、转危为机的战略主动战。对各种可能的风险及其原因都要心中有数、对症下药、综合施策，出手及时有力，力争把风险化解在源头，不让小风险演化为大风险，不让个别风险演化为综合风险。我们有信心在国家改革开放的道路上，在中国共产党领导下，坚定信念跟党走，任何风险挑战都阻挡不了中国人民实现更加美好生活的前进步伐，任何风险挑战都阻挡不了中华民族伟大复兴的历史进程！

“人生天地间，长路有险夷。”人生路上面对风险挑战，我们要有风险意识，保持定力，把牢正确方向，坚定必胜信心，不回避，不胆怯，不惧怕，不退缩，不止步，做好防范化解风险的各项工作，永葆勇于斗争的奋进姿态，敢于闯关夺隘，敢于攻城拔寨，在风险挑战面前砥砺胆识，踏平坎坷成大道，斗罢艰险又出发。

第7章 获取审计证据

【知识目标】

1. 掌握获取审计证据的八种基本审计方法
2. 掌握审计证据的分类，理解审计证据的特征
3. 理解审计工作底稿的概念、格式与内容
4. 掌握审计工作底稿的编制要求，明确审计工作底稿的复核内容
5. 理解审计工作底稿归档与保管工作的具体要求
6. 理解审计抽样法的概念、种类
7. 掌握审计抽样法运用的一般程序
8. 理解控制测试和细节测试中审计抽样法的运用

【能力目标】

1. 能在获取审计证据过程中正确选择和恰当使用八种基本审计方法
2. 能在审计过程中获取到充分、适当的审计证据，并对其进行整理与分析
3. 能在审计工作中按规范要求编制、复核审计工作底稿，以及进行审计工作底稿的归档与保管工作
4. 能在控制测试和细节测试中正确运用审计抽样法，防范抽样风险

【素养目标】

1. 具有爱岗敬业、勤勉尽责、不畏艰难的工作精神，耐心细致、严谨务实的工作作风，做到对违纪事实取证充分，对违纪项目定性准确，客观公正地评价审计对象，保证审计工作的质量
2. 具有规范意识，审计工作底稿编制规范，做到审计情况、审计问题说清楚，最终审计结论明确
3. 具有保守秘密的意识，对在执行审计业务中知悉的商业秘密、取得的资料、形成的审计记录等，未经批准不对外提供和披露，不将其用于与审计工作无关的目的
4. 具有逻辑推理、分析判断能力，精准确定样本范围，准确推断总体特征，揭示问题本质

【本章知识架构】

章名	节名	一级标题
获取审计证据	获取审计证据的基本审计方法	检查记录或文件
		检查有形资产

续表

章名	节名	一级标题
获取审计证据	获取审计证据的基本审计方法	观察
		询问
		函证
		重新计算
		重新执行
		分析性程序
	审计证据	审计证据的概念和作用
		审计证据的种类
		审计证据的特征
		获取审计证据时对成本的考虑
		审计证据的收集、整理与分析
	审计工作底稿	审计工作底稿的概念和作用
		审计工作底稿的存在形式和内容
		审计工作底稿的编制要求及要素
		审计工作底稿的复核
		审计工作底稿的归档
	审计抽样	审计抽样的概念
		审计抽样的种类
		审计抽样的一般程序
		控制测试中的审计抽样
		细节测试中的审计抽样
本章思政主题 **爱岗敬业 忠诚奉献**		

【导读案例】

视频

注册会计师行业宣传片

银行函证及回函，是注册会计师在获取被审计单位授权后，直接向银行业金融机构发出询证函，银行业金融机构针对所收到的询证函，查询、核对相关信息并直接提供书面回函的过程。银行函证及回函工作是夯实市场主体会计信息质量、防范金融风险、维护市场秩序的重要途径。对注册会计师而言，银行函证是独立审计的核心程序之一，银行函证回函对于注册会计师在审计工作中识别财务报表错误与舞弊行为至关重要。

2021年2月20日，中国证监会对广东ZZZJ会计师事务所下达行政处罚决定书，认定ZZZJ会计师事务所对KM公司2016年、2017年财务报表中的货币资金科目实质性审计程序存在重大缺陷。ZZZJ会计师事务所在实施风险应对措施时，未严格执行舞弊风险应对措施等审计计划，执行审计程序违反诚信原则，未对银行、往来款函证保持有效控制，未保持应有的职业怀疑，未执行进一步审计程序消除疑虑，导致未获取充分、适当的审计证据。

在对货币资金的审核中，ZZZJ会计师事务所审计人员计划直接从银行索取KM公司交通银行基本户全年度的银行对账单及银行流水单，并进行重点审核。后来经查实，KM公司提前制作了虚假的银行对账单，审计时，审计项目经理苏某从KM公司黄某处取得该银行对账单，并未直接从银行索取。KM公司提前以内审名义、使用ZZZJ会计师事务所的询证函模板向银行进行函证，苏某和黄某现场函证时，黄某再将询证函需要银行盖章回复的确认页替换为原先以内审名义函证的确认页，伪造ZZZJ会计师事务所收到的银行确认无误的询证函回函。KM公司对交通银行和工商银行执行邮寄函证的程序中，两份询证函回函的寄件人均为KM公司财务人员黄某和马某。ZZZJ会计师事务所相关审计人员执业中未勤勉尽责，最终发现，ZZZJ会计师事务所出具的KM公司2016年、2017年财务报表审计报告存在虚假记载。

2020年8月，为进一步规范银行函证及回函工作，提升审计工作质量，维护金融市场秩序，推动社会信用体系建设，防范银行业金融机构操作风险和声誉风险，中国注册会计师协会和中国银行业协会根据财政部、中国银保监会联合发布的《关于进一步规范银行函证及回函工作的通知》的要求，制定了《银行函证及回函工作操作指引》，就银行函证及回函工作中的具体事项作了进一步明确和细化，以推进会计师事务所和银行业金融机构提高银行函证和回函工作质量。

7.1 获取审计证据的基本审计方法

审计方法是注册会计师为取得充分适当的审计证据，与审计评价标准进行对比，形成审计意见和结论所采取的一切技术手段的总称。基本审计方法包括：检查记录或文件、检查有形资产、观察、询问、函证、重新计算、重新执行和分析性程序。在审计过程中，注册会计师可根据需要单独或综合运用各种审计方法，以获取充分、适当的审计证据。在审计实务中，注册会计师根据管理当局的认定确定具体审计目标，在此基础上选择适当的审计方法收集审计证据，来证明管理当局的认定，发表审计意见。正确运用审计方法对提高审计工作质量和效益、顺利完成审计任务具有重要意义。

7.1.1 检查记录或文件

检查记录或文件是指注册会计师对被审计单位内部或外部生成的，以纸质、电子或其他介质形式存在的记录或文件进行审查。

1）按审查书面资料的技术分类

（1）审阅法。

审阅法是指审计人员对被审计单位的会计资料和其他资料进行详细的阅读和审查的一种审查方法。审阅法侧重于审查书面资料的真实性、合法性，主要是审阅会计凭证、会计账簿和财务报表。

❶原始凭证的审阅。

A. 原始凭证上反映的经济业务是否符合规定。

B. 原始凭证上记载的抬头、日期、数量、单价、金额等方面的字迹是否清晰、数字是否相符，有无涂改情况。

C. 审阅填发原始凭证的单位名称、地址和公章，审查凭证的各项手续是否完备。如有不符合规定的情况，就可能存在问题。

❷记账凭证审阅。

A. 合规性审阅。审阅记账凭证是否附有合法的原始凭证。

B. 完整性审阅。记账凭证的审批传递手续是否符合规定程序，有无制单、复核、记账和主管人员的签章。

C. 正确性审阅。记账凭证上载明的所附原始凭证张数是否与原始凭证的张数一致，记账凭证的记录是否符合会计准则等的规定，会计分录的编制及金额是否正确，是否正确记入总账、明细分类账，业务摘要是否与原始凭证记载的经济活动内容一致。

❸账簿的审阅。

这主要是指审阅明细分类账和日记账。审阅内容如下：

A. 审阅账簿启用手续、使用记录和交接记录是否齐全完整；期初和期末余额的结转、承前页、转下页、月结和年结是否符合规定。

B. 账簿各项记录是否规范和完备，如业务摘要、对应科目是否齐全，有无涂改痕迹，是否按规定的方法更正记账错误。

C. 账簿记录的内容是否真实、正确。特别要注意审阅应收及应付账款、材料成本差异、长期待摊费用、管理费用、制造费用等容易掩盖错弊和经常反映会计转账事项的账簿。

❹财务报表的审阅。

A. 审阅财务报表的编制是否符合企业会计准则以及国家有关财务会计制度的规定。

B. 审阅财务报表项目是否完整，各项目的对应关系和勾稽关系是否正确，相关数据是否一致。

C. 审阅财务报表附注是否对应予以揭示的重大问题作了充分的披露。

❺其他相关资料的审阅。

可结合上期拟订的计划、预算和定额与实际的执行结果和完成情况，审阅计划、预算和定额的制定偏高还是偏低，是否适度，有无冒进或保守的情况，还要根据本期的计划、预算和定额的执行情况，查看各项指标是否完成。

审阅合同时，主要审阅合同的签订是否合法、有效；审阅合同内容是否符合合同法的规定，合同条款是否齐全，合同签订手续是否完备，实际执行结果是否与合同一致。

审阅规章制度时，主要审阅单位内部制定的规章制度是否符合企业的实际情况；审阅内部控制制度是否健全等。

（2）核对法。

核对法是指对被审计单位的凭证、账簿和报表等书面资料的有关数据，按照其内在联系进行相互对照检查，以获取审计证据的方法。核对法侧重审查各种相关资料的一致性，其主要内容有：

❶原始凭证上记载的数量、单价、金额及其合计数是否与相关原始凭证及记账凭证一致；

❷日记账或明细分类账的记录是否与相应的原始凭证或记账凭证的记录一致；

❸总分类账的账户记录是否与所属明细分类账的账户记录合计数相符；

❹总分类账各账户的借方发生额和余额合计与贷方发生额和余额合计是否相等；

❺总分类账各账户的发生额和余额合计是否与财务报表上相应项目的金额相等；

❻财务报表上各有关项目的数字计算是否正确，各报表之间的有关数字是否一致，如果涉及前期的数字，则要核对是否与前期财务报表上的有关数字相符；

❼实物盘存记录与本期有关账目的记录是否相符。

2）按审查书面资料的顺序分类

（1）顺查法。

顺查法是指按照会计核算的处理顺序，依次对证、账、表各个环节进行审查的方法。具体操作是：首先审查原始凭证是否真实正确、合理合法，并核对记账凭证；然后再以记账凭证核对账簿，审查账证是否一致，总分类账余额同所属明细分类账余额的合计是否一致；最后以账簿核对财务报表，审查调整结账事项同所编制的报表是否一致。

顺查法的优点是审查全面，不易发生遗漏，方法简单，易于核对、结果精确。其缺点是面面俱到，容易忽视重大问题，费时费力，工作量大。因此，顺查法主要适用于规模较小、业务量少、内部控制制度不健全的被审计单位，以及重要的审计事项和贪污舞弊的专案审计。

（2）逆查法。

逆查法是指按照与会计核算相反的处理顺序，依次对表、账、证各个环节进行审查的方法。具体做法是：根据审计人员所掌握的线索，先从审阅、分析财务报表入手，然后根据分析中发现的问题，有重点地与有关总账、明细账核对，进而审查记账凭证，直至审查原始凭证。

逆查法的优点是便于抓住问题的实质，同时还可以节省人力和时间，提高工作效率。其缺点是不能全面地审查问题，易有遗漏。由此，逆查法主要适用于规模大、业务量多、内部控制制度健全有效、会计核算质量高的单位。

3）按审查书面资料的数量分类

（1）详查法。

详查法是对被审计单位审计期内被审计事项的所有凭证、账簿、报表进行详细审查的一种审计方法。详查法的特点是：对被审计单位审计期间内的全部会计资料和其反映的经济活动进行全面、详细的审查，以查找其中的错弊为重要目标。

详查法的优点是能全面查清被审计单位所存在的问题，特别是对弄虚作假、营私舞弊等违反财经法纪行为，一般不易疏漏，以保证审计质量。其缺点是工作量太大，费时费力，审计成本高，故难以普遍采用。详查法一般适用于规模较小的单位或有重大错弊、违法行为的单位。

（2）抽查法。

抽查法是指在被审计单位审计期间内特定审计事项的全部会计资料中选取部分资料进行审查，根据审查结果推断全部资料有无错弊的一种审计方法。抽查法的特点是：根据被审查期的审计对象总体的具体情况、审计目的和要求选取具有代表性的样本，然后根据抽取样本的审查结果来推断总体的正确性，或推断其余未抽查部分有无错弊。

抽查法的优点是高效率、低费用，节约时间和人力，能够收到事半功倍的效果。其缺点是如果样本抽查不当，不能代表总体特征，就可能得出错误结论。这种方法仅适用于内部控制制度健全、会计基础较好的单位。

案例窗 7-1　　检查记录或文件方法的运用

审计人员审查永辉公司2023年度财务报表时，该年10月19日第15号记账凭证及所附原始凭证引起了审计人员的注意。原始凭证有：发票1张、入库验收单1张和转账支票存根1张。其中，发票、入库验收单分别见表7-1和表7-2。

表 7-1

电子发票（普通发票）

发票号码：2231100700015452186
开票日期：2023年12月23日

购买方信息	名称：永辉公司 统一社会信用代码/纳税人识别号： 91310040213456071M			销售方信息	名称：昌盛供销社门市部 统一社会信用代码/纳税人识别号： 91310206311453402A		
项目名称	规格型号	单位	数量	单价	金额	税率	税额
*有机化学材料*无水乙二氧		千克	654	26.35	17 232.58	3%	516.98
*有机化学材料*二丁酯		千克	1 700	4.21	7 163.11	3%	214.89
*有机化学材料*丙酮		千克	1 888.2	8.40	15 857.21	3%	475.72
合计					40 252.90		1 207.59
价税合计（大写）	⊗肆万壹仟肆佰陆拾元肆角玖分					（小写）	¥41 460.49
备注							

开票人：刘××

表 7-2

永辉公司入库验收单

供货单位：昌盛供销社门市部　　2023年10月19日　　金额单位：元

品名	单位	数量	单价	金额	备注
无水乙二氧	千克	654	27.14	17 749.56	
二丁酯	千克	1 700	4.34	7 378	
丙酮	千克	1 888.2	8.65	16 332.93	

验收人：胡××　　采购员：王××

转账支票（限于篇幅，未列示）上的付款金额及收货单位与上述发货票相符。

根据上述会计凭证及所掌握的被审计单位的基本情况，审计人员归纳出以下几个疑点：

（1）永辉公司生产的产品主要是消耗钢材和耐火材料，对于上述三种化学材料的年需要量最多不超过百余千克，而上述会计凭证所反映的购进数量表现为异常数量。

（2）这三种化学材料是机电化工公司独家经营的易耗品，昌盛供销社门市部不可能经营这三种化学材料。

（3）入库验收单上的日期与发票上的日期不相符。根据在本地购货与以发票进行货款结算的情况，入库验收单上的验收日期一般应迟于发票上的日期。

根据上述疑点，审计人员进行了追踪查证。通过查阅原材料明细账，到仓库查对保管账，盘查实物，并到昌盛供销社门市部查证等手段，终于查清了真相：永辉公司购进小型面包车一辆，价款及运杂费（运杂费由某汽车销售公司代垫）共计41 460.49元，为了在账上不直接反映该汽车的购进情况，决定将购车款计入生产成本。于是该公司财务科利用与昌盛供销社门市部的购销关系，向其索要一张发票，由材料会计填写了虚假内容，并交仓库"入库"，另一会计人员对转账支票的支票联与存根联填写不同的内容，即支款联填写真实的收款单位——某汽车销售公司及其开户银行和账号，存根联则填写昌盛供销社门市部。

查明真相后，审计人员提出审计意见：建议永辉公司将购面包车款项从原材料调入固定资产，并补提当年折旧。

7.1.2 检查有形资产

检查有形资产是指注册会计师对实物资产进行审查。检查有形资产程序主要适用于存货和现金，也适用于有价证券、应收票据和固定资产等。

检查有形资产按照方式不同分为直接盘存和监督盘存两种形式。

直接盘存是指审计人员亲自到现场盘点实物，并要求被审计单位有关人员协同执行，以证实书面资料同有关的财产物资是否相符的方法。这种方法在实际中应用较少，常用于数量较小但容易出现舞弊行为的贵重财产物资，如贵重文物、珠宝、贵重材料的盘点。

监督盘存是指审计人员现场监督被审计单位各种实物资产及现金、有价证券等的盘点，并进行适当的抽查。一般而言，实物资产的盘点是被审计单位管理当局的责任，应由被审计单位进行计划、组织和实施，审计人员只进行现场监督并适当抽查复点。审计人员抽点部分如发现差异，除应督促被审计单位更正外，还应扩大抽查范围，如发现差错过大，则应要求被审计单位重新盘点。

检查有形资产只能对实物资产是否确实存在提供有力的审计证据，但无法验证实物资产的所有权和计价情况。因此，审计人员在盘点之外，还应采取其他方法验证实物资产的所有权和计价情况。

在检查有形资产时，有时还需要运用调节法。调节法是指在审查某个项目时，由于被审计单位结账日数据和审计日数据不一致，通过对有关数据进行增减调节，来证实结账日数据账实是否一致的审计方法。这也是一种取得实物证据的方法。调节法常用于以下两方面：

1）对未达账项的调节

通过编制银行存款余额调节表，对被审计单位与开户银行双方发生的未达账项进行增减调节，以验证“银行存款”账户的余额是否正确。

2）对财产物资的调节

在盘存月对实物财产进行盘存获得盘存数，结合盘存日期与结账日期之间新发生的出入库数量，对盘存日有关财产物资的盘存数进行增减调节，以验证或推算结账日有关财产物资的应结存数。其计算公式为：

结账日数量=盘存日盘点数量+结账日至盘存日发出数量−结账日至盘存日收入数量

案例窗 7-2　调节法的运用

2024年2月15日，审计人员对华强股份有限公司全部现金进行监盘后，确认实有现金数额为1 000元。华强股份有限公司2月14日账面库存现金余额为2 000元；2月15日发生的现金收支全部未登记入账，其中，收入金额为3 000元、支出金额为4 000元；2024年1月1日至2月14日现金收入总额为165 200元、现金支出总额为165 500元。

要求：推断2023年12月31日库存现金余额应为多少。

7.1.3 观察

观察是指注册会计师察看相关人员正在从事的活动或执行的程序。例如，对客户执行的存货盘点或控制活动进行观察。

观察提供的审计证据仅限于观察发生的时点，并且在相关人员已知被观察时，相关人员从事活动或执行程序可能与日常的做法不同，从而会影响注册会计师对真实情况的了解，因此，注册会计师有必要获取其他类型的佐证证据。

7.1.4 询问

询问是指注册会计师以书面或口头方式，向被审计单位内部或外部的知情人员获取财务信息和非财务信息，并对答复进行评价的过程。

采用这种方法时，审计人员需要注意以下事项：

- 明确询问内容，事先拟出询问提纲。
- 确定询问对象，要向知情人询问。
- 在询问过程中，应采用恰当的方式，询问内容应做好记录。
- 如果作为重要证据使用，应当请被询问人签字。
- 询问法获得的证据只能作为辅助证据，为进一步审计指明方向。

案例窗 7-3　长江干堤审计案

为了查处长江堤防隐蔽工程偷工减料问题，审计人员按照工程建设标段，找来施工方案、计划、图纸、发票等进行检查，根据发票上的公章找到采石场进行询问，发现有的是假发票。为了证实真实的买石量，审计人员从港监部门的运输记录里查出每天运送石料的船只名称和吨位及运送次数，由此推算出施工单位可能购买的石料的数量，并将这个推算结果与施工单位虚报的工程量进行核对，看是否相符。

同时，审计人员还检查了施工单位将买来的石料抛入江中的情况。在查看抛石记录的过程中，审计人员查看了施工单位日志，还查看了气象日志。结果发现有的时候气象日志显示的是当天下大雨不适宜进行抛石，而抛石日志则显示在长江抛石，而且经询问甚至出现了运输记录和抛石日志记录不相符的情况，这很明显是在造假。

【案例点评】

在本案例中，审计人员运用的审计程序有：

审计程序之一：检查方法。检查的资料有被审计单位内部的也有外部的。内部的资料包括：施工方案、计划、图纸、发票、抛石日志。外部的资料包括：港监部门的运输记录、气象日志。

审计程序之二：询问方法。询问的对象主要是外部人员，包括采石场和运输部门的人员。

审计程序之三：分析性程序。其主要从三个角度进行分析，首先，将审计人员推算出来的采购石料数量和被审计单位申报的数量进行核对；其次，将被审计单位抛石日志时间和气象日志下雨时间进行核对；最后，将向江边运输石料数量和抛石记录进行核对。

审计人员在审计过程中目标明确，围绕查验工程用料的完整性设计了相关的审计程序，获取的审计证据的相关性很高；此外，在检查中审计人员发现被审计单位内部的资料有作假的情况时，较多地利用了外部信息，提高了审计证据的可靠性；最后，审计人员从不同的审计程序中获取了足够证明被审计单位在用料方面造假的审计证据。

7.1.5 函证

函证是指注册会计师直接从第三方（被询证者）获取书面答复以作为审计证据的过程。书面答复可以采用纸质、电子或其他介质等形式。当针对的是与特定账户余额及其项目相关的认定时，函证常常是相关的程序。

1）函证的对象

（1）银行存款、借款与金融机构往来的其他重要信息。

（2）应收账款。

（3）根据具体情况和实际需要，对下列内容（包括但不限于）实施函证：交易性金融资产；应收票据、其他应收款、预收账款；由其他单位代为保管、加工或销售的存货；长期股权投资；应付账款、预付账款；保证、抵押或质押；或有事项；重大或异常的交易。

函证通常适用于账户余额及其组成部分（如应收账款明细账），但是不一定限于这些项目。例如，为确认合同条款是否发生变动及变动细节，注册会计师可以函证被审计单位与第三方签订的合同条款。注册会计师还可向第三方函证是否存在影响被审计单位收入确认的背后协议或某项重大交易的细节。

2）管理层要求不实施函证时的处理

当被审计单位管理层要求对拟函证的某些账户余额或其他信息不实施函证时，注册会计师应当考虑该项要求是否合理，并获取审计证据予以支持。如果认为管理层的要求合理，注册会计师应当实施替代审计程序，以获取与这些账户余额或其他信息相关的充分、适当的审计证据。如果认为管理层的要求不合理，且被其阻挠而无法实施函证，注册会计师应当视为审计范围受到限制，并考虑对审计报告可能产生的影响。

分析管理层要求不实施函证的原因时，注册会计师应当保持职业怀疑态度，并考虑：管理层是否诚信，是否可能存在重大的舞弊或错误，替代审计程序能否提供与这些账户余额或其他信息相关的充分、适当的审计证据。

3）询证函的设计

（1）设计询证函的总体要求。

询证函的设计服从于审计目标的需要。在针对账户余额的“存在”认定获取审计证据时，注册会计师应当在询证函中列明相关信息，要求对方核对确认。但在针对账户余额的“完整性”认定获取审计证据时，注册会计师则需要改变询证函的内容设计或者采用其他审计程序。例如，对应付账款的完整性获取审计证据时，根据被审计单位的供货商明细表向被审计单位的主要供货商发出询证函，比从应付账款明细表中选择询证对象更容易发现未入账的负债。

（2）函证方式。函证方式有两种：积极式函证和消极式函证。

积极式函证要求被询证者对询问的事项无论与事实是否相符必须给予回函答复。积极式函证适用于重大错报风险评估为高水平、内部控制差、会计核算质量差、金额大、疑点多等情况。

消极式函证要求被询证者对询问的事项有异议时，才在限定的时间内给予复函。当同时存在下列情况时，注册会计师可考虑采用消极式函证：

❶重大错报风险评估为低水平；

❷涉及大量余额较小的账户；

❸预期不存在大量的错误；

❹没有理由相信被询证者不认真对待函证。

在实务中，注册会计师也可将这两种方式结合使用。消极式函证不如积极式函证的可靠性高。

（3）实施函证程序需要考虑的因素。

❶以往审计或类似业务的经验。在判断实施函证程序的可靠性时，注册会计师需要考虑来自以前年度审计或类似审计业务的经验，包括回函率、以前年度审计中发现的错报以及回函所提供信息的准确程度等。当注册会计师根据以往经验认为，即使询证函设计恰当，回函率仍很低，应考虑从其他途径获取审计证据。

❷拟函证信息的性质。信息的性质是指信息的内容和特点。例如，对非常规合同或交易，注册会计师不仅应对账户余额或交易金额作出函证，还应当考虑对交易或合同的条款实施函证，以确定是否存在重大口头协议，客户是否有自由退货的权利等。

❸被询证者的适当性。注册会计师应当向对所询证信息知情的第三方发送询证函。例如，对短期投资和长期投资，通常向股票、债券专门保管或登记机构发函询证或向接受投资的一方发函询证；对预付账款、应付账款，通常向供货单位发函询证；对保证、抵押或质押，通常向有关金融机构发函询证；对或有事项，通常向律师等发函询证；对重大或异常的交易，通常向有关的交易方发函询证。

函证所提供的审计证据的可靠性受到被询证者的能力、独立性、客观性、回函者是否有权回函等因素的影响。注册会计师在设计询证函、评价函证结果以及确定是否需要实施其他审计程序时，应当考虑回函者的动机、回函意愿等方面的信息或有关回函者是否能够保持客观和公正的信息。

❹被询证者易于回函的信息类型。询证函所函证信息是否便于被询证者回答，影响到回函率和所获取审计证据的性质。例如，某些被询证者的信息系统可能便于对形成账户余额的每笔交易进行函证，而不是对账户余额本身进行函证。此外，对获得被审计单位管理层授权的询证函，被询证者可能更愿意回函，在某些情况下，如果没有获得授权，被询证者甚至不能够回函。

注册会计师应当对函证的全过程保持控制，以保证所获取审计证据的可靠性。对无法取得函证的事项应考虑采用替代程序，以取得必要的审计证据。有关函证程序的具体实施见本教材第9章应收账款的函证。

4）被询证者的回函中所包括的免责或其他限制条款是否影响函证可靠性

无论是采用纸质还是电子介质，被询证者的回函中存在免责或其他限制条款是影响外部函证可靠性的因素之一，但这种限制不一定使回函失去可靠性，注册会计师能否依赖回函信息以及依赖的程度取决于免责或限制条款的性质和实质。

（1）对回函可靠性不产生影响的条款。

实务中常见的这种回函中格式化的免责条款例子包括：

❶“提供的本信息仅出于礼貌，我方没有义务必须提供，我方不因此承担任何明示或暗示的责任、义务和担保”。

❷“本回复仅用于审计目的，被询证方、其员工或代理人无任何责任，也不能免除注

册会计师做其他询问或执行其他工作的责任”。

（2）对回函可靠性产生影响的限制条款。

一些限制条款可能使注册会计师对回函中所包含信息的完整性、准确性或注册会计师能够信赖其所含信息的程度产生怀疑，实务中例子包括：

❶“本信息是从电子数据库中取得，可能不包括被询证方所拥有的全部信息”；

❷“本信息既不保证准确也不保证是最新的，其他方可能会持有不同意见”；

❸“接收人不能依赖函证中的信息”。

如果限制条款使注册会计师将回函作为可靠审计证据的程度受到了限制，则注册会计师可能需要执行额外的或替代审计程序。如果注册会计师不能通过替代或额外的审计程序获取充分、适当的审计证据，注册会计师应当按照《中国注册会计师审计准则第1502号——在审计报告中发表非无保留意见》的规定，确定其对审计工作和审计意见的影响。

案例窗7-4　函证方法的运用

注册会计师赵东负责审计华强股份有限公司2023年度财务报表。华强股份有限公司2023年12月31日应收账款余额为3 000万元，赵东认为“应收账款”项目存在重大错报风险，于是决定选取金额较大及风险较高的应收账款明细账余额实施函证程序。选取的应收账款明细账余额为1 800万元，相关事项如下：

（1）审计项目组成员要求被询证的华强股份有限公司客户将回函直接寄到会计师事务所，但华强股份有限公司客户A公司将回函直接寄到华强股份有限公司财务部，审计项目组成员取得了该回函，将其纳入审计工作底稿。

（2）对于审计项目组成员以传真件方式收到的回函，审计项目组成员与被询证方取得了电话联系，确认回函信息，并在审计工作底稿中记录了电话内容与时间、对方姓名与职位，以及实施该程序的审计项目组成员的姓名。

（3）审计项目组成员根据华强股份有限公司财务人员提供的电子邮件地址，向华强股份有限公司境外客户Y公司发送了电子邮件，询证应收账款余额，收到电子邮件回复。Y公司确认余额准确无误，审计项目组成员将电子邮件内容打印并归入审计工作底稿。

要求：指出上述函证程序在实施中是否有不当之处，并说明理由。

7.1.6　重新计算

重新计算是指注册会计师以人工方式或使用计算机辅助审计技术，对记录或文件中的数据计算的准确性进行核对。重新计算通常包括计算销售发票和存货的总金额、加总日记账和明细账、检查折旧费用和预付费用的计算、检查应纳税额的计算等。

7.1.7　重新执行

重新执行是指注册会计师重新独立执行原本作为被审计单位内部控制组成部分的程序或控制。例如，注册会计师利用被审计单位的银行存款日记账和银行对账单，重新编制银行存款余额调节表，并与被审计单位编制的银行存款余额调节表进行比较。

7.1.8 分析性程序

分析性程序是指注册会计师通过研究不同财务数据之间以及财务数据与非财务数据之间的内在关系，对财务信息作出评价。分析性程序还包括调查识别出的、与其他相关信息不一致或与预期数据严重偏离的波动和关系。

1）注册会计师实施分析性程序的目的

（1）用作风险评估程序，以了解被审计单位及其环境。注册会计师实施风险评估程序的目的在于了解被审计单位及其环境并评估财务报表层次和认定层次的重大错报风险。在风险评估过程中使用分析性程序也出于这个目的。分析性程序可以帮助注册会计师发现财务报表中的异常变化，或者预期发生而未发生的变化，识别存在潜在重大错报风险的领域。分析性程序还可以帮助注册会计师发现财务状况或盈利能力发生变化的信息，识别那些表明被审计单位持续经营能力问题的事项。

（2）当使用分析性程序比细节测试能更有效地将认定层次的检查风险降至可接受的水平时，分析性程序可以用作实质性程序。在针对评估的重大错报风险实施进一步审计程序时，注册会计师可以将分析性程序作为实质性程序的一种，单独或结合其他细节测试，收集充分、适当的审计证据。这里运用分析性程序可以减少细节测试的工作量，节约审计成本，降低审计风险，使审计工作更有效率和效果。

（3）在审计结束或临近结束时对财务报表进行总体复核。这时注册会计师运用分析性程序，在已收集的审计证据的基础上，对财务报表整体的合理性进行最终把握，评价报表仍然存在重大错报风险而未被发现的可能性，考虑是否需要追加审计程序，以便为发表审计意见提供合理基础。

2）分析性程序用作实质性程序

相对于细节测试而言，实质性分析程序能够达到的精确度可能受到种种限制，所提供的证据在很大程度上是间接证据，证明力相对较弱。注册会计师不能仅依赖实质性分析程序，而忽略细节测试的运用。

（1）实质性分析程序运用包括以下几个步骤：

❶识别需要运用分析性程序的账户余额或交易；

❷确定期望值；

❸确定可接受的差异额；

❹识别需要进一步调查的差异；

❺调查异常数据关系；

❻评估分析性程序的结果。

案例窗 7-5　　分析性程序的运用之一

注册会计师赵东是华强股份有限公司2023年度财务报表审计业务的项目负责人，在整个审计过程中，需要合理运用分析性程序获取充分、适当的审计证据。相关情况如下：

（1）在计划审计工作时，赵东需要针对风险评估阶段如何运用分析性程序进行具体规划并编制具体审计计划。

（2）赵东不仅需要决定是否有必要将分析性程序用作实质性程序，还需要考虑如何在控制测试中运用分析性程序。

（3）在评估重大错报风险时，赵东拟计算财务费用占固定资产的百分比，并与上年对应比例比较。

（4）华强股份有限公司采用计时工资制，工时与应付职工薪酬之间存在稳定的可预期关系，赵东据此决定对应付职工薪酬余额仅实施实质性分析程序，不实施细节测试。

（5）由于项目组已在风险应对阶段获取了充分、适当的审计证据，赵东认为没有必要在完成阶段运用分析性程序。

要求：逐一考虑上述每种情况，指出注册会计师赵东的决策或观点是否存在不当之处；若有不当之处，请说明理由。

（2）分析性程序常用的具体方法有：

❶比较分析法。

比较分析法是通过对被审计单位某一具体项目与既定标准进行比较，寻找差异，发现问题，以获取审计证据的一种技术方法。相关标准有：该项目的计划数、预算数、上期实际数或同行业标准等。比较分析法可比较绝对数，也可比较相对数。

绝对数比较分析法是将有关资料的数量、金额与相关标准直接进行比较，看其差额的程度是否在正常范围内，是否合乎情理。例如，不同时期的财务报表项目相对比，如资产负债表中的存货比上期增长很多；本期的报表项目相对比，如利润表中利润总额与营业收入相比，没有同步增长。

相对数比较分析法是对有关同类指标的相对数进行比较，分析增减变化程度是否正常、合理，从中找出问题或反常情况的一种比较分析法。它分为下列两种：

其一，结构比较分析法，是指首先计算出有关指标的结构比例，然后对不同时期的结构比例进行比较，分析其变化趋势及原因，从中揭示其反常差异和问题的一种比较分析法。

其二，动态比较分析法，是指首先将同类指标的数值在不同时期进行比较，求出百分比（比率），然后分析其变化趋势，从中评价生产经营状况和业绩，发现问题，为逆查账目提供线索的一种比较分析法。

❷比率分析法。

比率分析法是指通过对两个性质不同但又相关的指标所构成的比率进行分析，从中发现疑点，进一步查明原因的一种技术方法。如利用资产负债率、流动比率、速动比率可以分析企业负债水平和偿债能力。又如，某企业本年实际销售利润率为18%，与计划销售利润率15%、本行业平均销售利润率20%相对比，就可以评价该企业较好地完成了销售利润计划，但还是低于本行业平均水平，说明该企业与同行业其他企业相比还存在一定差距（低2%），有待深入查明其原因。

案例窗 7-6　　分析性程序运用之二

审计人员高艳在审计华强股份有限公司的过程中获取了该公司流动资产的相关数据，见表7-3。

表 7-3　**华强股份有限公司流动资产简表**　单位：万元

年份	2022	2023
货币资金	80	78
应收账款	320	500
存货	1 100	900
流动资产合计	1 500	1 478

已知华强股份有限公司2023年经营稳定，业绩没有明显的增长。

要求：针对上述资料，指出审计人员高艳如何运用分析性程序（结构百分比法）进行分析，以评估华强股份有限公司流动资产各项目是否存在重大错报风险。

三大审计程序与八种审计方法之间的关系见表7-4。

表 7-4　**三大审计程序与八种审计方法之间的关系**

审计程序		审计方法
风险评估	了解被审计单位及其环境和适用的财务报告编制基础	询问　观察　检查　分析性程序
	了解被审计单位内部控制体系	询问　观察　检查　穿行测试
控制测试		询问　观察　检查　重新执行
实质性程序	实质性分析程序	分析性程序
	细节测试	询问　观察　检查　函证　重新计算

7.2 审计证据

审计证据是审计人员在审计过程中，运用各种审计方法所取得的，用来证明被审计对象的事实真相及其与审计依据的符合程度，从而形成审计意见和结论的各种凭据。审计人员执行审计业务的过程，实质上就是收集审计证据、将证据记录于审计工作底稿、形成审计意见的过程。收集、鉴定和综合审计证据是审计工作的核心。

7.2.1 审计证据的概念和作用

审计证据，是指注册会计师为了得出审计结论、形成审计意见而使用的所有信息。审计证据包括构成财务报表基础的会计记录所含有的信息和从其他来源所获取的信息。

会计记录中含有的信息一般包括对初始分录的记录和支持性记录，如支票、发票、合同、总账、明细账、记账凭证，以及支持成本分配、计算、调节和披露的手工计算表和电子数据表。可用作审计证据的其他来源信息包括：注册会计师从被审计单位外部或内部获取的会计记录以外的信息，如被审计单位的会议记录、内部控制手册、询证函回函等；通过询问、观察和检查等审计程序获取的信息，如对存货进行监盘获取存货存在的证据等；注册会计师自己编制或获取的可以通过合理推断得出结论的信息，如注册会计师编制的各种计算表、分析表等。构成财务报表基础的会计记录中含有的信息和其他信息共同构成审计证据，两者缺一不可。

审计证据是确认被审计事项事实真相、形成审计意见的客观基础；审计证据是考核和评价审计工作质量的基本依据；审计证据是确定和解除被审计人员经济责任和法律责任的客观依据；审计证据有利于减轻或免除审计人员的法律责任。从一定意义上讲，收集、评价和综合审计证据是整个审计工作的核心，直接关系到审计工作的成败。

7.2.2 审计证据的种类

审计证据按其外形特征可分为实物证据、书面证据、口头证据和环境证据四大类。

1）实物证据

实物证据是指在审计对象作为实物形态而存在的情况下，审计人员通过实际观察或清查盘点所获取的、用以确定某些实物资产是否确实存在的证据。例如，库存现金、各种存货和固定资产等可以通过监盘或实地观察来证明其是否确实存在。在审计实务中，最典型的实物证据就是各类盘点表。

通常实物证据被认为是最可靠的证据，具有很强的证明力。但实物资产的存在并不完全能证实被审计单位对其拥有所有权。例如，年终盘点的存货可能包括其他企业寄售或委托加工的部分，或者已经销售而等待发运的商品。再者，某些实物资产的清点，虽然可以确定其实物数量，但质量好坏有时难以通过实物清点来进行判断。因此，对于取得实物证据的账面资产，还应就其所有权归属及其价值情况另行审计，收集另外的审计证据。

2）书面证据

书面证据是审计人员在审计过程中所获取的各种以书面文件为存在形式的证据。它包括与审计有关的各种原始凭证、会计记录（记账凭证、会计账簿和各种明细表）、各种会议记录和文件、各种合同、通知书、报告书及函件等。在审计过程中，审计人员往往需要大量地获取和利用这些书面证据。书面证据是审计证据的主要组成部分，也可以称之为基本证据。

书面证据的可靠性取决于两个因素：一是证据本身是否容易被涂改或伪造。对于容易被涂改或伪造的书面证据，其可靠性较差。二是书面证据的来源。通常来源于企业外部的书面证据比来自企业内部的书面证据的可靠程度高。

书面证据按其来源可以分为外部证据和内部证据两类。

（1）外部证据。

外部证据是由被审计单位以外的机构或人士所编制的书面证据，一般具有较强的证明力。

外部证据包括两类：一类是由被审计单位以外的机构或人士编制并由其直接递交审计人员的书面证据，如应收账款函证回函、保险公司和证券经纪人的证明等。此类证据因未经被审计单位有关职员之手，排除了伪造、更改凭证的可能性，因而证明力是最强的。另一类是由被审计单位以外的机构或人士所编制但由被审计单位持有并提交给审计人员的书面证据，如顾客订单、购货发票、银行对账单等。由于此类证据已经被审计单位职员之手，在评价其可靠性时，审计人员应考虑其被涂改、伪造的可能性。虽然这类外部证据的可靠性不如第一类外部证据，但相对于内部证据而言，它仍具有较高的可靠性。

此外，外部证据还包括审计人员为证明某个事项而自己动手编制的各种计算表、分析表，如审计人员审查成本的真实性时重新计算产品成本取得的审计证据；审计人员亲自参加财产物资盘点而取得的审计证据。这种证据可信程度高，具有很强的证明力。

(2) 内部证据。

内部证据是由被审计单位的内部机构或人员编制和提供的书面证据，包括被审计单位的会计记录、被审计单位管理当局的声明书和其他各种由被审计单位编制和提供的有关书面文件。

一般而言，内部证据不如外部证据可靠。审计人员在确认内部证据的可靠性时，应考虑两方面因素的影响：

❶内部证据是否经过外部流转，并获得其他单位或个人的承认。如销售发票、付款支票等，具有较高的可靠性。

❷被审计单位内部控制的好坏。若被审计单位内部控制健全有效，则内部证据具有较强的可靠性；反之则弱。如收料单与领料单经过了被审计单位不同部门的审核、签章，并且所有凭据预先连续编号并按序号依次进行了处理，则这些内部证据具有较高的可靠性。

3）口头证据

口头证据是由被审计单位职员或其他人员对审计人员的提问做口头答复所形成的审计证据。如在审计过程中，审计人员通常会向被审计单位的有关人员询问会计记录、文件的存放地点，采用特别会计政策和方法的理由，收回逾期应收账款的可能性等。对于这些问题的口头答复，就构成了口头证据。

一般而言，口头证据本身并不足以证明事情的真相，但审计人员往往可以通过口头证据发掘出一些重要的线索，从而有利于对某些需审核的情况做进一步的调查，以搜集到更为可靠的证据。

在审计过程中，审计人员应把各种重要的口头证据尽快做成记录，并要求被询问者签名确认，同时应尽可能地从不同渠道取得其他相应证据的支持。相对而言，不同人员对同一问题所做的口头陈述相同时，口头证据具有较高的可靠性。

4）环境证据

环境证据也称状况证据，是指对被审计单位产生影响的各种环境事实，具体而言，包括以下几种：

(1) 有关企业内部控制情况。如果被审计单位有着良好的内部控制，就可增加其会计资料的可信赖程度，相应地，审计人员需要收集的其他审计证据就可以适当减少。

(2) 被审计单位管理人员的素质。被审计单位管理人员的素质越高，则其所提供的证据发生差错的可能性就越小。

(3) 各种管理条件和管理水平。被审计单位各种管理条件越好、管理水平越高，其所提供的证据的可靠程度也越高。

必须指出，环境证据一般不属于基本证据，但它可以帮助审计人员了解被审计单位及其经济活动所处的环境，是审计人员进行判断时所必须掌握的资料。

审计证据、审计方法与具体审计目标之间的关系见表7-5。

表7-5 **审计证据、审计方法与具体审计目标之间的关系**

审计证据	审计方法	具体审计目标
实物证据	检查有形资产、观察	存在、完整性，不包括计价、所有权
书面证据	检查记录或文件、重新计算、函证、分析程序	所有审计目标
口头证据	询问	总体合理性
环境证据	观察	总体合理性

7.2.3 审计证据的特征

1）审计证据的充分性

充分性是关于审计证据的数量特征。它是指审计证据的数量足以使审计人员形成审计意见，主要与注册会计师确定的样本量有关。例如，对某个审计项目实施某一选定的审计程序，从200个样本中获取的证据要比从100个样本中获取的证据更充分。客观公正的审计意见必须建立在足够数量的审计证据的基础上，但这并不是说，审计证据的数量可以无限制地增多。

审计人员判断审计证据是否充分时，应当考虑下列主要因素：

（1）审计风险。错报风险越大，需要的审计证据越多。具体来说，在可接受的审计风险一定的情况下，重大错报风险越大，注册会计师就应实施越多的测试工作，将检查风险降至可接受的水平，以将审计风险控制在可接受的低水平范围内。

（2）具体审计项目的重要性。审计项目越重要，审计人员就越需要获取充分的审计证据以支持其审计结论或意见。而对于不太重要的审计项目，即使审计人员出现判断上的偏差，也不至于引发整体判断失误，因而可减少审计证据的数量。

（3）审计人员的经验。经验丰富的审计人员，往往可从较少的审计证据中判断出被审计事项是否存在错误或舞弊行为，从而可减少对审计证据数量的依赖程度。

（4）审计过程中是否发现错误或舞弊。一旦审计过程中发现被审计事项存在错误或舞弊行为，则被审计单位整体财务报表存在问题的可能性就增大，因此需要增加审计证据的数量，以确保能得出合理的审计结论，形成恰当的审计意见。

（5）审计证据的类型与获取途径。如果审计人员获取的大多数是外部证据，则审计证据的质量较高，故可适当减少证据的数量；反之，数量就应相应增加。

2）审计证据的适当性

适当性是关于审计证据的质量特征。它是指审计证据的相关性和可靠性。

（1）相关性。

审计证据的相关性是指审计证据应当与审计目标相关。如果取得的证据与审计目标没有联系，即使其说服力很强，也不能用以证明或否定被审计事项。如存货监盘结果只能证明存货是否存在，是否有毁损短缺，而不能证明存货的计价和所有权情况。

（2）可靠性。

审计证据的可靠性是指审计证据应能如实反映客观事实。审计证据的可靠性受其来源、及时性和客观性的影响。判断审计证据可靠性的一般原则包括：

❶从被审计单位外部独立来源获取的审计证据比从其他来源获取的审计证据更可靠。

❷相关控制有效时内部生成的审计证据比控制薄弱时内部生成的审计证据更可靠。

❸直接获取的审计证据比间接获取或推论得出的审计证据更可靠。

❹以文件记录形式（包括纸质、电子或其他介质）存在的审计证据比口头形式的审计证据更可靠。

❺从原件获取的审计证据比从复印、传真或通过拍摄、数字化或其他方式转化成电子形式的文件获取的审计证据更可靠。

❻不同来源或不同性质的审计证据相互印证时，审计证据更为可靠。

❼越及时、越客观的证据越可靠。

通常情况下，注册会计师以函证方式直接从被询证者获取的审计证据，比被审计单位内部生成的审计证据更可靠。通过函证等方式从独立来源获取的相互印证的信息，可以提高注册会计师从会计记录或管理层书面声明中获取的审计证据的保证水平。

充分性和适当性是审计证据的两个重要特征，两者缺一不可，只有充分且适当的审计证据才是有证明力的。审计人员需要获取的审计证据的数量也受审计证据质量的影响。审计证据质量越高，需要的审计证据数量就越少。例如，被审计单位内部控制健全时生成的审计证据更可靠，审计人员只需要获取适量的审计证据，就可以为发表审计意见提供合理的基础。

案例窗 7-7　　审计证据的证明力

不同类型审计证据的可靠性存在一定的差异。比较下列几组证据，说明每一组证据中哪个类型的证据更可靠。

（1）银行询证函回函与银行对账单。

（2）注册会计师通过自行计算折旧额所取得的证据与被审计单位的累计折旧明细账的数据。

（3）销售发票副本与出库单。

（4）律师询证函回函与注册会计师和律师交谈取得的证据。

（5）内部控制良好时形成的领料单与内部控制较差时形成的领料单。

（6）存货盘点总表与存货监盘记录。

7.2.4　获取审计证据时对成本的考虑

在保证获取充分、适当的审计证据的前提下，控制审计成本也是审计单位需要考虑的。但为了保证得出的审计结论、形成的审计意见是恰当的，审计人员不应将获取审计证据的成本高低和难易程度作为减少不可替代的审计程序的理由。例如，对存货进行监盘是证实存货是否存在的不可替代的审计程序，审计人员在审计中不得以检查成本高和难以实施为由而不执行该程序。

7.2.5　审计证据的收集、整理与分析

根据审计准则的要求，审计证据的收集是审计人员在审计过程中运用检查、监盘、观察、查询及函证、计算和分析性复核等审计方法获取审计证据的过程。

审计证据的整理与分析是指对收集到的个别的、分散的初始审计证据进行归纳、分析和综合，使之更加条理化、系统化，形成综合证明力，并在此基础上形成恰当的整体审计意见。必须指出的是，审计证据的收集、整理与分析往往是交叉进行的，并非互不相关的独立环节。在收集审计证据的过程中就需要对证据资料进行初步整理与分析，在整理与分析的过程中一方面能形成有价值的新的审计证据，另一方面还可以发现证据的不足之处，及时进行补充收集。可以说，审计工作就是在不断地收集证据，整理与分析证据，而后评价判断证据，在收集证据的反复过程中向纵深开展的。

1）审计证据整理与分析的方法

一般来说，审计证据的整理与分析没有固定模式，其方式随审计目的和审计证据的种类不同而不同。审计证据整理与分析的基本方法有以下几种：

（1）分类。分类是指将各种审计证据按其证明力的强弱，或按与审计目标的关系是否直接等分门别类排成序。通过归类，使初始证据条理化、有序化。

（2）计算。计算是指按照一定的方法对数据方面的审计证据进行加工运算，从而得出所需的新的审计证据。

（3）比较。比较包括两方面的内容：一方面是将各种审计证据进行反复比较，从中分析出被审计单位经济业务的变动趋势及其特征。另一方面是将审计证据与审计目标进行比较，判断审计证据是否符合要求；如认为其不符合要求，则需补充收集有关的审计证据。

（4）小结。小结是指审计人员在对审计证据进行上述分类、计算和比较的基础上，还应对审计证据进行归纳、总结，得出具有说服力的局部的审计结论。

（5）综合。综合是指审计人员对各类审计证据及其所形成的局部的审计结论进行综合分析，最终形成整体的审计意见。

2）审计证据整理与分析应注意的几个问题

（1）审计证据的取舍。审计人员不必也不可能把审计证据所反映的内容全部都包括到审计报告之中。在编写审计报告之前，审计人员必须对反映不同内容的审计证据进行适当的取舍，舍弃那些无关紧要的、不支持审计意见的次要证据，只选择那些具有代表性的、典型的审计证据在审计报告中加以反映。审计证据的取舍标准应考虑两方面：

❶金额大小。对于金额较大，足以对被审计单位的财务状况或经营成果的反映产生重大影响的证据，应当作为重要证据予以保留。

❷问题性质的严重程度。严重性是判断取舍的又一重要标准。在涉及金额不大但问题引发的后果甚为严重的情况下，如影响合同履行、影响被审计单位收益趋势等情况，同样应将其作为重要的审计证据。

（2）分清事实的现象和本质。有些审计证据所反映的情况可能只是一种现象，审计人员不能被这些表面现象所迷惑，而应该能够透过现象挖掘出事物的本质。

（3）排除伪证。伪证是审计证据的提供者出于某种动机而伪造的证据，或是有关方面基于某些主观或客观原因而提供虚假证据。这些伪证以假乱真，如不认真排除，往往会干扰审计人员形成正确、恰当的审计结论和意见。

案例窗 7-8　　审计证据的充分性与适当性

注册会计师高艳在执行华强股份有限公司2023年度财务报表审计业务的过程中，需要根据审计目标设计和实施进一步审计程序，以获取充分、适当的审计证据。相关情况如下：

（1）为证实应付账款的完整性，采用传统变量抽样方法确定样本规模，并采用系统随机数表法从应付账款明细表中选择供应商进行函证。

（2）在确认赊销审批自动化信息系统一般控制有效的基础上，基于所测试的少量几笔赊销业务不存在控制偏差，直接得出赊销审批控制运行有效的结论。

（3）为弥补领料单的可靠性，高艳决定扩大审计程序的范围，增加审计证据的数量。

(4) 为证实销售发票复核的效果，从总计38 900张发票存根中选取了一定数量的样本，检查有无复核人员签字。

(5) 某银行的函证回函与华强股份有限公司的记录严重不符。高艳基于外部独立来源信息的可靠性更高这一原则，认为“货币资金”项目存在重大错报。

(6) 虽然怀疑一张大额买方发票可能被篡改，但因审计工作通常不涉及鉴定文件记录的真伪，高艳在复印发票后，没有采取其他措施。

要求：分别针对上述每种情况，逐一指出所获取的审计证据在充分性或适当性方面是否符合要求，并简要说明理由。如认为不符合要求，具体指出是充分性、相关性，还是可靠性不符合要求。

7.3 审计工作底稿

审计人员编制的审计工作底稿，既可表明审计的工作过程，又可展示审计人员的决策水平和职业判断能力，反映审计准则的遵循情况等。高质量的审计工作底稿不但有助于审计人员编制出深受公众信任的审计报告，而且一旦陷入诉讼案件中可以为审计人员提供辩护。

7.3.1 审计工作底稿的概念和作用

审计工作底稿是审计证据的载体，是指注册会计师对制订的审计计划、实施的审计程序、获取的相关审计证据，以及得出的审计结论作出的记录。它形成于审计过程，也反映整个审计过程。

审计工作底稿的内容包括：

- 审计人员在制订审计计划、实施审计程序、形成审计结论时直接编制的、用以反映其审计思路和审计过程的工作记录；
- 审计人员从被审计单位或其他有关部门取得的、用作审计证据的各种原始记录，以及审计人员接受并审阅的别人代为编制的审计记录。

审计工作底稿是审计业务中普遍使用的专业工具。编制或取得审计工作底稿是审计人员最主要的审计工作。审计工作底稿可以实现以下目的：

- 有助于项目组计划和执行审计工作。
- 有助于负责督导的项目组成员按照《中国注册会计师审计准则第 1121 号——对财务报表审计实施的质量控制》的规定，履行指导、监督与复核审计工作的责任。
- 便于项目组说明其执行审计工作的情况。
- 保留对未来审计工作持续产生重大影响的事项的记录。
- 便于会计师事务所按照《会计师事务所质量管理准则第 5101 号——业务质量管理》的规定，实施质量控制复核与检查。
- 便于监管机构和注册会计师协会根据相关法律法规或其他相关要求，对会计师事务所实施执业质量检查。

7.3.2 审计工作底稿的存在形式和内容

1）审计工作底稿的存在形式

审计工作底稿可以以纸质、电子或其他介质形式存在。实务中，为便于审计单位内部质量控制和外部执业检查或调查，以电子或其他介质形式存在的审计工作底稿通过打印方式，转换成纸质形式的审计工作底稿，并与其他纸质形式的审计工作底稿一并归档。

无论审计工作底稿以何种形式存在，审计单位都应当对审计工作底稿设计和实施适当控制，以实现下列目的：

（1）使审计工作底稿清晰地显示其生成、修改及复核的时间和人员；

（2）在审计业务的所有阶段，尤其在项目组成员共享信息或通过互联网将信息传递给其他人员时，保护信息的完整性和安全性；

（3）防止未经授权改动审计工作底稿；

（4）允许项目组和其他经授权的人员为适当履行职责而接触审计工作底稿。

2）审计工作底稿的内容

审计工作底稿通常包括总体审计策略、具体审计计划、分析表、问题备忘录、重大事项概要、询证函回函、核对表、有关重大事项的往来邮件以及对被审计单位文件记录的摘要或复印件。此外，还包括业务约定书、管理建议书、项目组内部或项目组与被审计单位举行的会议记录等。

审计工作底稿通常不包括已被取代的审计工作底稿的草稿或财务报表的草稿、对不全面或初步思考的记录、存在印刷错误或其他错误而作废的文本，以及重复的文件记录。因为这些草稿、错误的文本或重复的文件记录等不构成审计结论、审计报告的支持性证据，审计人员对其无须保留。

7.3.3 审计工作底稿的编制要求及要素

1）编制审计工作底稿的总体要求

注册会计师编制的审计工作底稿，应当使得未曾接触该项审计工作的有经验的专业人士清楚地了解：按照审计准则的规定实施的审计程序的性质、时间和范围；实施审计程序的结果和获取的审计证据；就重大事项得出的审计结论，以及在得出结论时作出的重大职业判断。

这里所指的有经验的专业人士，是指对审计过程、相关法律法规和审计准则的规定、被审计单位所处经营环境、与被审计单位所处行业相关的会计和审计问题有一定了解的人士。

具体而言，审计人员编制的审计工作底稿，应当内容完整、格式规范、标识一致、记录清晰、结论明确，以便其他审计人员在复核、检查或使用审计工作底稿时，能够理解和接受审计工作底稿的内容。对于由被审计单位、其他第三者提供或代为编制的审计工作底稿，审计人员必须做到：

（1）注明资料来源；

（2）实施必要的审计程序，如对有关法律性文件的复印件同原件核对一致。

2）确定审计工作底稿的格式、内容和范围时应考虑的因素

（1）被审计单位的规模和复杂程度。通常来说，对大型被审计单位进行审计形成的审计工作底稿，通常要比对小型被审计单位进行审计形成的审计工作底稿要多；对业务复杂的被审计单位进行审计形成的审计工作底稿，通常要比对业务简单的被审计单位进行审计形成的审计工作底稿要多。

（2）拟实施审计程序的性质。不同的审计程序会使得注册会计师获取不同性质的审计证据，由此注册会计师会编制不同格式、内容和范围的审计工作底稿。如注册会计师编制的应收账款函证程序的审计工作底稿——询证函及回函，就与编制存货监盘程序的审计工作底稿——盘点表，在格式、内容和范围方面存在不同。

（3）识别的重大错报风险。识别和评估的重大错报风险水平的不同可能导致注册会计师执行的程序和获取的审计证据不相同。如当注册会计师识别出应收账款余额存在较高的重大错报风险，而其他应收款的重大错报风险较低时，对应收账款会执行较多的审计程序并获取较多的审计证据，对应收账款的记录会比对其他应收款的记录内容要多。

（4）已获取审计证据的重要程度。注册会计师在执行多项审计程序时可能会获取不同的审计证据，有些审计证据的相关性和可靠性较高，有些则较差，注册会计师可区分不同的审计证据进行有选择性的记录。

（5）已识别的例外事项的性质和范围。如在应收账款函证程序中，注册会计师发现某个函证的回函表明存在不符事项，即例外事项。如果在实施恰当的追查后发现该例外事项并未构成错报，注册会计师只在审计工作底稿中记录发生该例外事项的原因及影响。如果该例外事项构成错报，注册会计师需要执行额外的审计程序并获取更多的审计证据，由此编制的审计工作底稿在内容和范围方面是不同的。

（6）当从已执行审计工作或获取审计证据的记录中不易确定结论或结论基础时，记录结论或结论基础的必要性。在有些情况中，涉及复杂的事项时，注册会计师单纯将已执行的审计工作或获取的审计证据记录下来，并不会使其他有经验的注册会计师经过合理分析，得出审计结论或结论基础。这时，注册会计师需要进一步说明并记录得出结论的过程及该事项的结论。

（7）使用的审计方法和工具。如在对应收账款账龄进行重新计算时，应用计算机辅助技术可以针对总体进行测试，而采用人工方式时，则会针对样本进行测试，因此形成的审计工作底稿在格式、内容和范围方面是不同的。

3）审计工作底稿的要素

审计人员所编制的审计工作底稿一般应包括以下全部或部分要素：

（1）被审计单位名称，是指财务报表的编报单位。

（2）审计项目名称，是指某一财务报表项目名称或某一审计程序及实施对象的名称，如库存现金盘点表、原材料抽查盘点表等。

（3）审计项目时点或期间，是指某一资产负债表项目的报告时点或某一利润表项目的报告期间。

（4）审计过程记录。在审计工作底稿中要求详细记录审计程序实施的全过程。其包括两方面内容：一是被审计单位的未审情况，包括被审计单位的内部控制情况、有关会计账项的未审计发生额及期末余额。二是审计过程的记录，包括审计人员实施的审计测试性质、测试项目、抽取的样本及检查的重要凭证、审计调整及重分类事项等。

需要注意的是，注册会计师在记录实施审计程序的性质、时间和范围时，应当记录测试的特定项目或事项的识别特征。识别特征是指被测试的项目或事项表现出的征象或标志。记录识别特征的目的主要是对例外事项或不符事项进行检查，以及对测试的项目或事项进行复核。比如在对被审计单位生成的订购单进行细节测试时，注册会计师可以订购单的日期或编号作为测试订购单的识别特征。若被审计单位按年对订购单依次编号，则识别特征是××××年××号；若被审计单位按序列号进行编号，则可以直接将该号码作为识别特征。再比如，对于一项需要询问被审计单位中特定人员的审计程序，注册会计师可以记录询问的时间、被询问人的姓名及职位并作为识别特征。观察这一审计程序时，注册会计师可以观察的对象或观察过程、观察的地点和时间作为识别特征。

此外，注册会计师还应当根据具体情况判断某一事项是否属于重大事项，同时考虑编制重大事项概要。将散落在审计工作底稿中的有关重大事项的记录汇总在重大事项概要中，这不仅可以帮助注册会计师集中考虑重大事项对审计的影响，还便于审计工作的复核人员全面、快速地了解重大事项，从而提高复核工作的效率。所谓重大事项通常包括：

❶引起特别风险的事项；

❷实施审计程序的结果，该结果表明财务信息可能存在重大错报，或需要修正以前对重大错报风险的评估或针对这些风险拟采取的应对措施；

❸导致注册会计师难以实施必要审计程序的情形；

❹导致出具非标准审计报告的事项。

重大事项概要包括审计过程中识别的重大事项及其如何得到解决，或对其他支持性审计工作底稿的交叉索引。

（5）审计标识及说明。审计标识是审计人员为便于表达审计含义而采用的符号。为了便于他人理解，审计人员应在审计工作底稿中说明各种审计标识所代表的含义，或者采用审计标识说明表的形式统一说明，审计标识应前后一致。

（6）审计结论。审计结论是帮助注册会计师总结所执行的相关审计程序后所得出的结论，并进一步作为形成审计意见的基础。注册会计师记录审计结论时需要注意，在审计工作底稿中记录的审计程序和审计证据是否足以支持所得出并记录的审计结论。审计工作底稿应包括审计人员对被审计单位内部控制情况的研究与评价结果、有关会计账项的审定发生额及审定期末余额等审计结论。

（7）索引号及编号。通常，审计工作底稿需要注明索引号及顺序编号，以使相关审计工作底稿之间保持清晰的勾稽关系。相互引用时，需要在审计工作底稿中交叉注明索引号及编号。

（8）编制者姓名及编制日期。每一张审计工作底稿上应当注明执行审计工作的人员姓名及其完成该项审计工作的日期。

（9）复核者姓名及复核日期。审计工作的复核人员也应当在审计工作底稿上签名，并注明复核的日期和范围。在需要项目质量控制复核的情况下，还需要注明项目质量控制复核人员及复核的日期。

审计工作底稿范本见表7-6。

表7-6　　　　应付职工薪酬审定表　　（审计工作底稿标题）

（索引号及编号）

被审计单位：______	索引号：______
项目：______	财务报表截止日/期间：______
编制：______	复核：______
日期：______	日期：______

（编制者姓名及编制日期）　（复核者姓名及复核日期）

项目名称	期末未审数	账项调整		重分类调整		期末审定数	上期审定数	索引号
		借方	贷方	借方	贷方			
1. 工资								
2. 奖金								
3. 津贴								
4. 补贴								
5. 职工福利								
6. 社会保险费								
（1）医疗保险费								
（2）养老保险费								
（3）失业保险费								
（4）工伤保险费								
（5）生育保险费								
7. 住房公积金								
8. 工会经费								
9. 职工教育经费								
10. 非货币性福利								
合计								

（审计过程记录）

审计结论：（审计结论）

7.3.4 审计工作底稿的复核

1）审计工作底稿复核的作用

一份审计工作底稿往往由一名专业人员独立完成，编制者对有关资料的引用、对有关事项的判断、对会计数据的加计验算等都可能出现误差，因此，在审计工作底稿编制完成后，审计工作底稿复核就显得很有必要。审计组织应结合自身实际情况，制定实用、有效的复核制度。

审计工作底稿复核制度，就是审计组织对有关复核人的级别、复核程序与要点、复核人的职责等所作出的明文规定。审计工作底稿复核的作用主要表现在以下三个方面：

（1）减少或者消除人为的审计误差，以降低审计风险，提高审计质量；

（2）及时发现和解决问题，保证审计计划的顺利执行，并不断地协调审计进度，节约审计时间、提高审计效率；

（3）便于上级管理人员对审计人员进行审计质量监控和工作业绩考评。

2）审计工作底稿复核的要求

复核是审计组织进行质量监控的一项重要程序，必须有严格和明确的规则。一般来说，复核应做好以下四项工作：

（1）做好复核记录。在复核工作中，复核人如发现已执行的审计程序和作出的审计记录存在问题，应指示有关人员予以答复、处理，并形成相应的审计记录。

（2）书面表示复核意见。复核人复核审计工作底稿后应以书面形式表示复核意见。

（3）复核人签名和签署日期，以划清审计责任，也有利于上级复核人对下级复核人的监督。

（4）督促编制人及时修改和完善审计工作底稿。

3）审计工作底稿的复核制度

（1）项目组内部复核。

项目组内部的复核并非全部由项目负责人执行，项目负责人可以委派项目组内经验较多的人员复核经验较少的人员执行的工作，但是，项目负责人应对复核负责。

复核人员在复核已实施的审计工作时，复核的内容包括：

❶审计工作是否已按照法律法规、职业道德规范和审计准则的规定执行；

❷重大事项是否已提请进一步考虑；

❸相关事项是否已进行适当咨询，由此形成的结论是否得到记录和执行；

❹是否需要修改已执行审计工作的性质、时间和范围；

❺已执行的审计工作是否支持形成的结论，并已得到适当记录；

❻获取的审计证据是否充分、适当；

❼审计程序的目标是否实现。

项目负责人也应当在审计过程的适当阶段及时实施复核，以使重大事项在出具审计报告前能够得到满意解决。项目负责人复核的内容包括对关键领域所作出的判断，尤其是执行业务过程中识别出的疑难问题或争议事项、特别风险以及项目负责人认为重要的领域。检查这些内容的目的是通过对过程的控制，以最终确保审计报告的恰当性。

（2）项目质量控制复核。

会计师事务所应当对特定业务实施项目质量控制复核。例如，对上市公司财务报表审计，就必须进行项目质量控制复核，原因在于上市公司财务报表涉及社会公众利益的范围广泛，审计一旦出现问题，社会经济影响比较重大。

项目质量控制复核，是指会计师事务所挑选不参与该业务的人员，在出具审计报告前，对项目组作出的重大判断和在准备审计报告时形成的结论作出客观评价的过程。对应当实施项目质量控制复核的特定业务，如果没有完成项目质量控制复核，就不得出具审计报告。

需要注意的是，项目质量控制复核并不减轻项目负责人的责任，更不能替代项目负责人的责任。项目质量控制复核的范围，取决于审计业务的复杂程度和审计风险，具体包括客观评价下列事项：

❶项目组作出的重大判断；

❷项目组在准备审计报告时得出的结论。

项目质量控制复核与项目组内部复核在内容和目的等方面具有一定的相似性，但存在以下主要区别：

❶复核主体不同。项目组复核是项目组内部进行的复核，包括项目负责人实施的复核。项目质量控制复核则是会计师事务所挑选不参与该业务的人员独立地对特定业务实施的复核。后者的独立性和客观性高于前者。

❷复核对象不同。对每项审计业务都应当实施项目组内部复核；而会计师事务所只对特定业务才实施独立的项目质量控制复核。

❸复核要求不同。对每项审计业务实施项目组内部复核的内容比较广泛；会计师事务所对特定业务实施项目质量控制复核的重点，是客观评价项目组作出的重大判断和在准备审计报告时形成的结论。

案例窗 7-9　审计工作底稿的复核

诚信会计师事务所为保证审计工作质量，结合本所的实际情况对审计工作底稿进行了规范，结合近期执行的审计业务对审计工作进行检查。具体情况如下：

（1）对实施项目质量控制复核的审计业务，不仅编制人、复核人要在每张审计工作底稿上签字，还要求项目质量控制复核人员在每张审计工作底稿上签字。

（2）项目质量控制复核人员对审计工作底稿复核的主要内容是实施的审计程序是否适当，获取的审计证据是否足以支持审计结论。

（3）因对甲公司2023年年末应收账款实施审计抽样时将所有贷方余额的应收账款从总体中剔除并单独实施审计程序，项目组在编制审计工作底稿时以贷方余额作为识别特征。

（4）对乙公司2023年度财务报表的某项认定实施实质性程序的结果表明：先前重大错报风险的评估结论不完全正确，项目组将修正后的评估结果作为重大事项列入工作底稿。

（5）丙公司项目合伙人不仅要求项目组成员及时记录与管理层、治理层和其他人员对重大事项的讨论内容和参加讨论的人员，而且要记录讨论的时间、地点。

要求：请针对上述每种情况，逐一指出诚信会计师事务所的规定和各项目组的做法是否符合审计准则对审计工作底稿的相关规定，并简要说明理由。

7.3.5　审计工作底稿的归档

1）审计档案的分类

审计工作底稿经过分类整理、汇集归档后，就形成了审计档案。审计档案是会计师事务所审计工作的重要历史资料，应妥善保管。审计档案按照使用期限的长短和作用的大小可分为永久性档案和当期档案两类。

（1）永久性档案。

永久性档案是指那些记录内容相对稳定，具有长期使用价值，并对以后审计工作具有重要影响和直接作用的审计档案，通常可分为三类：审计项目管理资料、被审计单位背景资料、法律事项资料。其具体包括：审计业务约定书原件、各期审计档案清单、被审计单位的组织结构以及有关设立、经营的文件的复印件等。

（2）当期档案。

当期档案是指那些记录内容经常变化，只供当期审计使用和下期审计参考的审计档案，通常可分为五类：沟通和报告相关工作底稿、审计完成阶段工作底稿、审计计划阶段工作底稿、特定项目审计程序表和进一步审计程序工作底稿。其具体包括：审计报告和经审计的财务报表、重大事项概要、总体审计策略和具体审计计划、关联方、有关控制测试工作底稿、有关实质性测试工作底稿等。

2）审计档案的所有权

从一般意义上讲，审计档案的所有权应属于执行该项业务的审计人员。但在我国，注册会计师不能独立于会计师事务所之外承揽审计业务，必须以会计师事务所的名义统一承揽业务，因此，审计工作底稿的所有权属于承接该项业务的会计师事务所。

会计师事务所对审计工作底稿应当实施适当的质量控制，具体包括：安全保管审计工作底稿并对审计工作底稿保密、保证审计工作底稿的完整性、便于对审计工作底稿的使用和检索、按照规定的期限保存审计工作底稿。

3）审计工作底稿的归档和保存

（1）审计工作底稿的归档期限。

审计工作底稿的归档期限为审计报告日后的60天内。如果注册会计师未能完成审计业务，审计工作底稿的归档期限为审计业务中止后的60天内。

（2）审计工作底稿的保存年限。

会计师事务所应当自审计报告日起，对审计工作底稿至少保存10年。如果注册会计师未能完成审计业务，会计师事务所应当自审计业务中止日起，对审计工作底稿至少保存10年。

对于保管期限届满的审计档案，会计师事务所可以决定将其销毁。销毁时，应当按照规定履行必要的手续。对将要销毁的审计档案作最后一次检查，然后报主任会计师批准。销毁时，有关人员应进行现场监督和检查，以保证被销毁的审计档案彻底销毁干净。

（3）审计工作底稿归档期的变动。

在审计报告日后将审计工作底稿归整为最终审计档案是一项事务性的工作，并不涉及实施新的审计程序或得出新的结论。在归档期内，注册会计师可以对审计工作底稿作出变动，但只是针对以下事务性的工作：

❶删除或废弃被取代的审计工作底稿。删除，主要是指删除整张原审计工作底稿，或以涂改、覆盖等方式删减原审计工作底稿中的全部或部分记录内容。废弃，主要是指将原审计工作底稿从审计档案中抽取出来，使审计档案中不再包含原来的底稿。

❷对审计工作底稿进行分类、整理和交叉索引。

❸对审计档案归整工作的完成核对表签字认可。

❹记录在审计报告日前获取的、与审计项目组相关成员进行讨论并取得一致意见的审计证据。

（4）审计工作底稿归档后的变动。

一般情况下，在审计工作底稿归档后不需要对审计工作底稿进行修改或增加。如果发现有必要修改现有审计工作底稿或增加新的审计工作底稿，注册会计师应当记录：修改或增加审计工作底稿的时间和人员，以及复核的时间和人员；修改或增加审计工作底稿的具体理由；修改或增加审计工作底稿对审计结论产生的影响。

4）审计档案的保密与调阅

会计师事务所应当建立审计工作底稿保密制度，对工作底稿中涉及的商业秘密保密。但由于下列情况需要查阅工作底稿的，不属于泄密：

（1）法院、检察院及其他部门依法查阅，并按规定办理了必要手续。

（2）注册会计师协会对执业情况进行检查。

（3）因工作需要，并经委托人同意，在下列情况下，不同会计师事务所的注册会计师可以要求查阅工作底稿：

❶被审计单位更换会计师事务所；

❷审计合并报表；

❸联合审计；

❹会计师事务所认为合理的其他情况。

拥有审计工作底稿的会计师事务所应当对要求查阅者提供适当的协助，并根据审计工作底稿的内容及性质，决定是否允许要求查阅者阅览其审计工作底稿及复印或摘录有关内容。查阅者因误用审计工作底稿而造成的后果，与拥有审计工作底稿的会计师事务所无关。

案例窗 7-10　审计工作底稿的规范

注册会计师赵东是华强股份有限公司2023年度财务报表审计业务项目负责人。在实施审计工作过程中，赵东和项目组成员需要编制、复核、利用审计工作底稿。相关情况如下：

（1）项目负责人要求每个项目组成员编制的工作底稿至少可以使本项目组成员在复核时能清楚地了解所实施的程序、获取的证据和形成的结论等信息。

（2）在借阅华强股份有限公司2022年度审计工作底稿时，项目组成员甲私下更正了上年由他自己编制的部分工作底稿中存在的错误结论。

（3）在编制销售业务审计工作底稿时，项目组成员乙根据华强股份有限公司与其客户往来频繁的特点，以客户的公司名称作为工作底稿的识别特征。

（4）为展现审计工作的思路和进程，项目组成员丙在工作底稿中记录对相关问题的初步思考和最终结论。

（5）归整工作底稿时，项目组的助理人员丁有选择地复印并保留了由其他注册会计师编制的部分工作底稿作为参考资料，以提高自己的业务能力。

（6）因条件所限，档案管理员戊只保管纸质工作底稿。项目合伙人要求项目组成员将审计过程中形成的电子工作底稿转换成纸质工作底稿后交给档案管理员。

要求：假定不存在其他情况，请分别针对上述每种情况，指出项目负责人及项目组成员的做法是否存在不当之处，并简要说明理由。

7.4　审计抽样

审计抽样方法的运用是审计工作理论和实践的重大突破，在有限的审计资源条件下，极大地提高了审计工作的效率，降低了审计费用，收集到充分适当的审计证据。审计抽样的方法由最初的判断抽样发展到统计抽样；而统计抽样比起判断抽样，在一定程度上又大大提高了审计结论的可靠性，控制和降低了抽样风险。

7.4.1 审计抽样的概念

审计抽样是指注册会计师对具有审计相关性的总体中低于百分之百的项目实施审计程序，使所有抽样单元都有被选取的机会，为注册会计师针对整个总体得出结论提供合理基础。审计抽样的基本目标是在有限的审计资源条件下，收集充分适当的审计证据，以形成和支持审计结论。审计抽样的应用，极大地提高了审计工作的效率，降低了审计费用。

审计抽样不同于详细审计。详细审计是指对审计对象总体中的全部项目进行审计，并根据审计结果形成审计意见。从审计对象总体中选取部分项目进行审计，并对所选项目本身发表审计意见的方法不属于审计抽样。

审计抽样应当具备三个基本特征：

其一，对某类交易或账户余额中低于百分之百的项目实施审计程序；

其二，所有抽样单元都有被选取的机会；

其三，审计测试的目的是评价该账户余额或交易类型的某一特征。

审计人员拟实施的审计程序将对运用审计抽样产生重要影响。有些审计程序可以使用审计抽样，有些审计程序则不宜使用审计抽样。

1）风险评估程序

审计人员应当实施下列风险评估程序以了解被审计单位及其环境：

（1）询问被审计单位管理层和内部其他相关人员；

（2）分析性程序；

（3）观察和检查。

审计人员在实施上述风险评估程序时通常不涉及审计抽样，原因是：一方面，审计人员实施风险评估程序的目的是了解被审计单位及其环境，识别和评估重大错报风险，而不需要对总体取得结论性证据；另一方面，风险评估程序实施的范围较为广泛，且所获取的信息具有较强的主观色彩，因此通常不涉及使用审计抽样方法。

但是，如果审计人员在了解控制的设计和确定其是否得到执行时，一并计划和实施控制测试，则会涉及审计抽样方法，但此时审计抽样仅适用于控制测试。

2）控制程序

如果显示控制有效运行的特征留下了书面证据，即控制的运行留下了轨迹，审计人员通常可以在控制测试中运用审计抽样方法。如信用部门经理在销售合同上签名批准赊销，或者操作人员在向某计算机数据处理系统输入数据前必须得到有关主管人员的签字授权。对这些留下了运行轨迹的控制，审计人员应当考虑检查这些文件记录以获取控制运行有效性的审计证据，这时可以使用审计抽样方法。某些控制可能不存在文件记录，或文件记录与证实控制运行有效性不相关。对这些未留下运行轨迹的控制实施测试时，审计人员应当考虑实施询问、观察等审计程序，以获取有关控制运行有效性的审计证据，此时不涉及使用审计抽样方法。如在对被审计单位的存货盘点过程实施控制测试时，审计人员主要通过对存货移动控制、盘点程序及被审计单位用以控制存货盘点的其他活动的观察来进行。审计人员用来观察盘点的这些程序不需要使用审计抽样方法。

3）实质性程序

实质性程序包括对各类交易、账户余额、列报的细节测试，以及实施实质性分析程序。在实施细节测试时，审计人员可以使用审计抽样方法。在实施实质性分析程序时，审计人员不宜使用审计抽样方法。

7.4.2 审计抽样的种类

1）审计抽样按照决策的依据不同划分为统计抽样和非统计抽样

（1）统计抽样。

统计抽样是指审计人员运用数理统计方法确定样本及样本量，进而随机选择样本，并根据样本的审查结果来推断总体特征的一种审计抽样方法。

统计抽样能够科学地确定抽样规模，并且审计对象总体中各项目被抽取的机会均等，可以防止人为的偏见，保证审计结论在规定的可靠程度之上和一定的精确度之内作出。统计抽样还能使审计人员量化控制抽样风险。但统计抽样的技术性较强，可能需要花费较高成本来训练审计人员掌握这种技术。

（2）非统计抽样。

非统计抽样是指审计人员运用专业经验和主观判断来确定样本规模和选取样本的一种审计抽样方法。

非统计抽样的优势在于两个方面：一是简单易行；二是能充分利用审计人员的实践经验和判断能力。其缺点是审计人员全凭主观标准和个人经验来确定样本规模，往往导致要么样本量过大，浪费了人力和时间；要么样本量过小，易得出错误的审计结论。但是，非统计抽样只要设计得当，也可达到同统计抽样一样的效果。

究竟应选用哪种抽样技术，主要取决于审计人员对成本效果方面的考虑。非统计抽样可能比统计抽样花费的成本要小，但是统计抽样的效果则可能比非统计抽样要好得多。

值得注意的是，非统计抽样和统计抽样的选用，主要涉及的是审计程序实施的范围，并不影响运用于样本的审计程序的选择，也不影响获取单个样本项目证据的适当性，以及审计人员对发现的样本错误所进行的适当反映。因为这些事项都需要审计人员运用其职业经验和判断。

2）审计抽样按照目的不同划分为属性抽样和变量抽样

（1）属性抽样。

属性抽样是一种用来对总体中某一事件发生率得出结论的统计抽样方法。属性抽样在审计中最常见的用途是测试某一设定控制的偏差率，以支持注册会计师评估的控制有效性。审计人员在进行控制测试时，通常采用属性估计抽样和发现抽样两种方法。

（2）变量抽样。

变量抽样是一种用来对总体金额得出结论的统计抽样方法。变量抽样通常回答下列问题：金额是多少？账户是否存在错报？变量抽样在审计中的主要用途是进行细节测试，以确定记录金额是否合理。审计人员在进行实质性程序中的细节测试时，通常采用传统变量抽样和概率比例规模抽样（简称PPS抽样）。

7.4.3 审计抽样的一般程序

1）样本设计

在设计审计样本时，注册会计师应当考虑审计程序的目的和抽样总体的特征，即注册会计师首先应考虑拟实现的具体目标，并根据目标和总体的特点确定能够最好地实现该目标的审计程序组合，以及如何在实施审计程序时运用审计抽样。审计人员设计样本时，应当考虑以下基本因素：

（1）确定测试目标。

确定测试目标是样本设计阶段的第一项工作。一般而言，控制测试是为了获取关于某项控制运行是否有效的证据，而细节测试的目的是确定某类交易或账户余额是否正确，获取与存在的错报有关的证据。

（2）定义总体和抽样单元。

审计对象总体是审计人员为形成审计结论，拟采用抽样方法审计的经济业务及有关会计或其他资料的全部项目。审计人员在确定审计对象总体时，应保证其相关性和完整性。相关性是指审计对象总体必须符合具体的审计目标；完整性是指审计对象总体必须包括被审计经济活动的全部项目。

抽样单元是构成审计对象总体的个别项目。审计人员应当根据审计目的及被审计单位实际情况，确定抽样单元。审计人员依据不同的要求和方法，从审计对象总体中选择若干抽样单元，称之为样本；样本的数量称为样本规模。

（3）抽样风险与非抽样风险。

抽样风险是指注册会计师根据样本得出的结论，可能不同于如果对整个总体实施与样本相同的审计程序得出的结论的风险。抽样风险与样本量成反比，样本量越大，抽样风险越低。

审计人员在进行控制测试时，应关注以下抽样风险：

❶信赖不足风险，是指推断的控制有效性低于其实际有效性的风险，也可以说，尽管样本结果不支持注册会计师计划信赖内部控制的程度，但实际偏差率支持该信赖程度的风险。

❷信赖过度风险，是指推断的控制有效性高于其实际有效性的风险，也可以说，尽管样本结果支持注册会计师计划信赖内部控制的程度，但实际偏差率不支持该信赖程度的风险。

审计人员在进行细节测试时，应关注以下抽样风险：

❶误拒风险，是指注册会计师推断某一重大错报存在而实际上不存在的风险。

❷误受风险，是指注册会计师推断某一重大错报不存在而实际上存在的风险。

上述风险，都将严重影响审计的效率和效果。但是，信赖过度风险和误受风险对审计人员来说是最危险的，因为它使审计工作无法达到预期的效果；信赖不足风险和误拒风险属于保守型风险，一般会导致审计人员执行额外的审计程序，降低审计效率。

非抽样风险是指注册会计师由于任何与抽样风险无关的原因而得出错误结论的风险。注册会计师即使对某类交易或账户余额的所有项目实施审计程序，也可能仍未能发现重大错报或控制失效。这种风险并非抽样所致，而是因其他因素引起的。其原因主要有：

❶注册会计师选择的总体不适合测试目标；

❷注册会计师未能适当地定义误差（包括控制偏差或错报）；

❸注册会计师选择了不适于实现特定目标的审计程序；

❹注册会计师未能适当地评价审计发现的情况；

❺其他原因。

非抽样风险对审计效率和效果都有一定的影响。非抽样风险无法量化，但审计人员可通过对审计工作适当地计划、指导和监督，坚持质量控制标准，以有效降低非抽样风险。

案例窗 7-11　　应关注的抽样风险与非抽样风险

注册会计师抽样审查的情况见表7-7。

表7-7　　**抽样审查情况表**

审查内容	样本及其容量	可容忍误差	推断误差	总体实际误差
未批准赊销	销货发票副本200本	2%	1.5%	10%
假造应收账款	向150个客户发函	10 000元	20 000元	14 000元
虚列现金支出	200笔支出及其凭证	1%	25%	0.5%
漏记应付账款	材料验收单100张	5 000元	8 670元	3 000元

要求：

（1）表7-7所列的情况中，关于未批准赊销的情况属于哪种抽样风险？

（2）哪种情况可能使注册会计师给予相关内部控制的信赖低于应当给予的信赖？

（3）哪种情况的抽样结果未引起抽样风险？

（4）哪种情况直接影响实质性测试的效率，但不影响实质性测试的效果？

（4）样本规模。

样本规模是指从总体中选取样本项目的数量。在确定样本规模时，审计人员应当考虑能否将抽样风险降至可接受的低水平。影响样本规模的因素包括：

❶可接受的抽样风险。

样本规模受审计人员可接受的抽样风险水平的影响。可接受的抽样风险与样本规模成反比。审计人员愿意接受的抽样风险越低，样本规模通常越大。审计人员愿意接受的抽样风险越高，样本规模越小。

❷可容忍误差。

可容忍误差是指注册会计师在认为测试目标已实现的情况下准备接受的总体最大误差。在其他因素既定的条件下，可容忍误差越大，所需的样本规模越小。

❸预计总体误差。

预计总体误差即注册会计师根据以前对被审计单位的经验或实施风险评估程序的结果而估计总体中可能存在的误差。预计总体误差越大，可容忍误差也应当越大。在既定的可容忍误差下，当预计总体误差增加时，所需的样本规模更大。

❹总体变异性。

总体变异性是指总体的某一特征（如金额）在各项目之间的差异程度。在控制测试中，审计人员在确定样本规模时一般不考虑总体变异性。在细节测试中，审计人员确定适当的样本规模时要考虑特征的变异性。总体项目的变异性越低，通常样本规模越小。审计人员可以通过分层，将总体分为相对同质的组，以尽可能降低每一组中变异的影响，从而减少样本规模。

❺总体规模。

对大规模总体而言，总体的实际容量对样本规模几乎没有影响。对小规模总体而言，审计抽样比其他选择测试项目的方法的效率低。

(5) 分层。

分层是指将某一审计对象总体划分为若干具有相似特征的次级总体的过程。审计人员可以利用分层，着重审计可能存在较大错误的项目，并减少样本量。

对总体进行分层时，必须注意以下几点：

❶总体中的每一个抽样单位必须属于某一个层次，并且只属于这一层次。

❷必须有事先确定的、有形的、具体的差别或标准来明确区分不同的层次。

❸必须能够事先确定每一层次中抽样单位的准确数字。

分层不但能够提高审计效率，而且可以使审计人员按项目的重要性、变化频率或其他特征选取不同的样本量，并且针对不同的层次，实施不同的审计程序。

案例窗 7-12　应收账款分层案例

对应收账款进行函证时，将涉及的往来明细账户按余额的大小分为若干层次，再对每个层次采用不同的审计方法，见表7-8。

表 7-8　**应收账款分层与审计方法**

层次	分层标准	抽样方法	函证方式
1	余额在10 000元及10 000元以上	100%函证	积极式
2	余额在5 000~10 000元	随机选样	积极式
3	余额在5 000元以下	系统选样	消极式

2）样本选取

(1) 随机选样。

随机选样是指对审计对象总体或次级总体的所有项目，按随机规则选取样本。随机选样通常用随机数表和计算机产生的随机数来进行。所谓随机数表，就是随机产生的由0~9这10个数字组成的多个几位数字，并将这些数字随机纵横排列而成的一种表。表7-9列示了部分随机数表。

表 7-9　**随机数表（部分列示）**

	1	2	3	4	5	6
1	69358	26533	94923	56241	38942	57255
2	85385	39380	15570	39289	74903	81072
3	43510	69105	07145	94724	45873	73829
4	63378	21991	05588	26649	10368	47458
5	22571	98025	14588	72537	33875	88622
6	83199	52608	51696	98143	17524	99434
7	17178	85263	63285	21300	82412	33452
8	65199	34810	24622	50472	06464	82499
9	17282	69064	84088	49739	04197	87668
10	57885	72453	18185	38640	19336	63992

审计人员运用此法时，首先应确定随机数表中的数字与审计对象总体中的项目的一一对应关系。如果总体中的项目已连续编号，则这种一一对应关系就很容易建立，但有时也需要重新编号才能建立。审计人员使用随机数表时，应选择一个起点和一个选号路线，起点和选号路线可任意选择，但一经选定，就不得改变，必须从起点开始，按照选号路线依次选取。

随机选样不仅使总体中每个抽样单元被选取的概率相等，而且使相同数量的抽样单元组成的每种组合被选取的概率相等。这种方法在统计抽样和非统计抽样中均适用。

案例窗 7-13　　随机数表运用案例

审计人员对某公司连续编号为500~5000的现金支票进行随机选样，拟选取一组样本量为20的样本。首先，审计人员确定随机数表中的数字与审计对象总体中的项目的一一对应关系。确定只用随机数表所列数字的前四位数来与现金支票号码一一对应。其次，选择选样路径：从左到右，从上到下。则选出的20个号码为：2653、3894、3938、1557、3928、4351、714、4587、2199、558、2664、1036、4745、2257、1458、3387、1752、1717、2130、3345。选出这20个号码后，便可找出与其对应的20张支票作为选定样本进行审查。

（2）系统选样。

系统选样也称等距选样，是指首先计算选样间隔，确定随机起点，然后按照间隔，顺序选取样本的方法。选样间隔的计算公式为：

选样间隔=总体规模÷样本规模

系统选样方法使用方便，并可用于无限总体。但使用系统选样方法要求总体必须是随机排列的，如果测试的特征在总体内的分布具有某种规律性，则选取的样本的代表性就可能较差。例如，应收账款明细表每页的记录均以账龄的长短按先后次序排列，则选中的200个样本可能多数是账龄相同的记录。

例如，审计人员拟采用系统抽样从2 000张销货发票中选取200张作为样本，则选样间隔为10。假定审计人员把第101号发票作为随机起点，每隔10张凭证选取一个样本。则所选取的样本号码依次为：101、111、121、131、141、151……

克服系统抽样方法的这一缺点，可采用两种方法：一是增加随机起点的个数；二是在确定选样方法之前对总体特征的分布进行观察，如发现总体特征的分布呈随机分布，则采用系统选样方法，否则，应考虑使用其他选样方法。

（3）随意选样。

随意选样是指审计人员不带任何偏见地选取样本，即不考虑样本项目的性质、金额大小、位置、外观或其他特征而选取总体项目。随意选样的缺点在于很难完全无偏见地选取样本项目，即这种方法难以彻底排除审计人员的个人偏好对样本的影响，因而其结果有时缺乏合理性与可靠性。例如，从发票柜中取发票时，某些审计人员可能倾向于抽取柜子中间位置的发票，这样就会使柜子上面部分和下面部分的发票缺乏相等的被选取机会。因此，在运用随意选样方法时，审计人员要避免由于项目的性质、金额大小、位置、外观等的不同所引起的偏见，尽量使所选用的样本具有代表性。

3）评价样本结果

审计人员必须运用恰当的审计技术对所选取的样本进行审查，并按照下列步骤评价抽样结果：

（1）分析样本误差。

审计人员在分析样本误差时，一般应从以下方面入手：

❶根据预先确定的构成误差的条件，确定某一有问题的项目是否为一项误差。

❷审计人员按照既定的审计程序，无法对样本取得审计证据时，应当实施替代审计程序以获取相应的审计证据。如果没有或无法实施替代审计程序，应将有关样本视为误差。

❸如果某些样本误差项目具有共同的特征，如相同的经济业务类型、场所、时间，则应将这些具有共同特征的项目作为一个整体，实施相应的审计程序，并根据审计结果，进行单独评价。

❹在分析抽样中所发现的误差时，还应考虑误差的质的方面，包括误差的性质、原因及其对其他相关审计工作的影响，以进一步考虑某个误差是否构成一项舞弊。

（2）推断总体误差。

在实施控制测试中，审计人员将样本中发现的偏差数量除以样本规模，就计算出样本偏差率。无论使用统计抽样还是非统计抽样方法，样本偏差率都是审计人员对总体偏差率的最佳估计，但审计人员必须考虑抽样风险。

当实施细节测试时，审计人员应当根据样本中发现的误差金额推断总体误差金额，并考虑推断误差对特定审计目标及审计的其他方面的影响。

（3）形成审计结论。

审计人员应当评价样本结果，以确定对总体相关特征的评估是否得到证实或需要修正。

❶控制测试中的样本结果评价。在控制测试中，审计人员应当将总体偏差率与可容忍误差相比较，但必须考虑抽样风险。

在统计抽样中，可能出现以下三种情况：

A. 如果估计的总体偏差率上限低于可容忍偏差率，则总体可以接受。审计人员可以对总体作出结论，样本结果支持计划评估的控制有效性，从而支持计划的重大错报风险评估水平。

B. 如果估计的总体偏差率上限大于或等于可容忍偏差率，则总体不可以接受。审计人员可以对总体作出结论，样本结果不支持计划评估的控制有效性，从而不支持计划的重大错报风险评估水平。这时，审计人员应当修正重大错报风险评估水平，并增加实质性程序的数量。

C. 如果估计的总体偏差率上限低于但接近可容忍偏差率，审计人员应当结合其他审计程序的结果，考虑是否接受总体，并考虑是否需要扩大测试范围，以进一步证实计划评估的控制有效性和重大错报风险水平。

❷细节测试中的样本结果评价。在细节测试中，审计人员首先必须根据样本中发现的实际错报要求被审计单位调整账面记录金额。将被审计单位已更正的错报从推断的总体错报金额中减掉后，审计人员应当将调整后的推断总体错报与该类交易或账户余额的可容忍错报相比较，但必须考虑抽样风险。

在统计抽样中，可能出现以下两种情况：

A. 如果计算的总体错报上限低于可容忍错报，则总体可以接受。这时，审计人员对总体作出结论，所测试的交易或账户余额不存在重大错报。

B. 如果计算的总体错报上限大于或等于可容忍错报，则总体不可以接受。这时，审计人员对总体作出结论，所测试的交易或账户余额存在重大错报。通常，审计人员会建议被审计单位对错报进行调查，且在必要时调整账面记录。

7.4.4 控制测试中的审计抽样

控制测试中的审计抽样，通常被称作属性抽样。属性抽样用于检查内部控制制度情况。它是通过对样本检查的结果，推断总体中某些特征或属性发生的频率或次数，借以评价客户的内部控制是否值得信赖并为实质性程序提供依据。

所谓属性，是指审计对象总体的质量特征，即被审计业务或内部控制是否遵循了既定的标准以及存在差错的水平。由于在控制测试中，若不是性质问题，审计人员一般只关心错误出现的次数或频率，而不关心错误程度的大小。所以在进行属性抽样审计中，对样本项目的检查或评估是以正确（合规）和不正确（差错）来衡量的。属性抽样的目的在于通过对样本进行合规性（遵循性）检查，来获取总体可靠性的合理水平。总体可靠性的合理水平可以表述为总体差错率没有超过某个水平。

属性抽样主要有以下两种方法：

一种是发现抽样。发现抽样是在既定的可信赖程度下，在假定误差以既定的误差率存在于总体之中的情况下，至少查出一个误差的抽样方法。发现抽样主要用于搜查重大非法事件，它能够以极高的可信赖程度（如99.5%以上）确保查出误差率仅在0.5%~1%的误差。使用发现抽样时，当发现重大的误差，如欺诈的凭据时，无论发生的次数多少，审计人员都可能放弃一切抽样程序，而对总体进行全面彻底的检查。若发现抽样未发现任何例外，审计人员可得出下列结论：在既定的误差率范围内没有发现重大误差。

使用发现抽样时，审计人员需确定可信赖程度及可容忍误差。然后，在预期总体误差为0的假设下，参阅适当的属性抽样表，即可得出所需的样本量。例如，审计人员怀疑企业的职员伪造请购单、验收单及进货发票，以虚构进货交易而达到支付现金的目的。为确定此种舞弊是否存在，审计人员必须在企业的已付凭单中找出一组不实的单据。假设审计人员设定：如果总体中包含2%或2%以上的欺诈性项目，那么在95%的可信赖程度下，样本将显示出不实的凭单。在预期总体误差为0及可容忍误差为2%时，所需样本量为149个。经审计人员选取并检查149个凭证后，未发现有不实情况，则审计人员有95%的把握确信总体中的不实凭单不超过2%。

发现抽样适用于总体容量较大，但差错率较低的情况。在怀疑存在舞弊欺诈行为的审计情况下，采用这种方法最为有效。

另一种是属性估计抽样。属性估计抽样用以估计被测试控制的偏差发生率，或控制未有效运行的频率。以下内容以属性估计抽样法为主。

在控制测试中使用审计抽样可以分为样本设计、选取样本和评价样本结果三个阶段。

1）样本设计

（1）确定测试目标。

注册会计师实施控制测试的目标是提供关于控制运行有效性的审计证据，以支持计划的重大错报风险评估水平。如果对控制运行有效性的定性评价分为最高、高、中和低四个层次，注册会计师只有在初步评估控制运行有效性在中等或以上水平时，才会实施控制测试。

（2）定义总体和抽样单元。

❶定义总体。在控制测试中，注册会计师应当考虑总体的同质性，即总体中的所有项目应该具有同样的特征。在界定总体时，应当确保总体适合于特定的审计目标，同时确保总体的完整性。例如，要测试现金支付授权控制是否有效运行，注册会计师应当将该时期的所有已支付现金的单据作为总体，而不是只从已得到授权的单据中抽取样本，这样不能发现控制偏差。

❷定义抽样单元。抽样单元应与审计测试目标相适应，通常是提供控制运行证据的一份文件资料、一个记录或其中一行。例如，如果测试目标是确定付款是否得到授权，且设定的控制要求付款之前授权人在付款单据上签字，抽样单元可能被定义为每一张付款单据。如果一张付款单据包含了对几张发票的付款，且设定的控制要求每张发票分别得到授权，那么付款单据上与发票对应的一行就可能被定义为抽样单元。

（3）定义偏差。

注册会计师应定义所要测试的控制及可能出现偏差的情况。例如，设定的控制要求每笔支付都应附有发票、收据、验收报告和订购单等证明文件，且均盖上“已付”戳记。注册会计师认为盖上“已付”戳记的发票和验收报告足以显示控制的适当运行。在这种情况下，误差可能被定义为缺乏盖有“已付”戳记的发票和验收报告等证明文件的款项支付。

（4）定义测试期间。

注册会计师通常在期中实施控制测试。由于期中测试获取的证据只与控制截至期中测试时点的运行有关，注册会计师需要确定如何获取关于剩余期间的证据。注册会计师应当获取与控制在剩余期间发生的所有重大变化的性质和程度有关的证据，包括其人员的变化。如果发生了重大变化，注册会计师应修正其对内部控制的了解，并考虑对变化后的控制进行测试，或者，也可以考虑对剩余期间实施实质性分析程序或细节测试。

2）选取样本

（1）确定样本规模。在控制测试中影响样本规模的因素如下：

❶可接受的信赖过度风险。由于控制测试是控制是否有效运行的主要证据来源，因此，可接受的信赖过度风险应确定在相对较低的水平上。通常，相对较低的水平在数量上是指5%~10%的信赖过度风险。注册会计师一般将信赖过度风险确定为10%，特别重要的测试可以将信赖过度风险确定为5%。

❷可容忍偏差率。一个很高的可容忍偏差率通常意味着，控制的运行不会大大降低相关实质性程序的程度。在这种情况下，由于注册会计师预期控制运行的有效性很低，特定的控制测试可能不需进行，反之，如果注册会计师在评估认定层次重大错报风险时预期控制的运行是有效的，必须实施控制测试，确定的可容忍偏差率则越低，进行控制测试的范围越大，样本规模越大。实务中，注册会计师通常认为，当偏差率为3%~7%时，控制有效性的估计水平较高；可容忍偏差率超过20%时，由于估计控制运行无效，注册会计师不需进行控制测试。

❸预计总体偏差率。注册会计师可以根据上年测试结果和控制环境等因素对预计总体偏差率进行评估。在考虑上年测试结果时，应考虑被审计单位内部控制和人员的变化。在

实务中，如果以前年度的审计结果无法取得或认为其不可靠，可以在抽样总体中选取一个较小的初始样本，以初始样本的偏差率作为预计总体偏差率的估计值。如果预计总体偏差率高得无法接受，意味着控制有效性很低，注册会计师通常决定不实施控制测试，而实施更多的实质性程序。

使用统计公式计算样本规模，在基于泊松分布的统计模型中，样本量的计算公式如下：

样本量（n）=可接受的信赖过度风险系数（R）÷可容忍偏差率（TR）

其中的分子“可接受的信赖过度风险系数”取决于特定的信赖过度风险和预期发生偏差的数量。表7-10列示了控制测试中常用的风险系数。

表7-10　控制测试中常用的风险系数

预期发生偏差的数量	信赖过度风险	
	5%	10%
0	3.0	2.3
1	4.8	3.9
2	6.3	5.3
3	7.8	6.7
4	9.2	8.0
5	10.5	9.3
6	11.9	10.6
7	13.2	11.8
8	14.5	13.0
9	15.7	14.2
10	17.0	15.4

现举例说明样本量的计算。假定审计人员确定的可容忍信赖过度风险为10%，可容忍偏差率为7%，并预期至多发现1例偏差。应用公式可计算出所需的样本量为56，具体计算如下：

$n=R\div TR=3.9\div 7\%=56$

其中的风险系数3.9是根据预期的偏差数量1、信赖过度风险10%来确定的，从表7-10中可查出。

（2）确定样本规模后，使用上节所述的选取样本的方法选取样本，并对选取的样本项目实施审计程序。

3）评价样本结果

（1）分析偏差的性质和原因。注册会计师对偏差的性质和原因的分析包括：是有意还是无意？是误解了规定还是粗心大意？是经常发生还是偶然发生？是系统的还是随机的？如果对偏差的分析表明是故意违背了既定的内部控制政策或程序，注册会计师应考虑存在重大舞弊的可能性。

（2）计算总体偏差率。将样本中发现的偏差数量除以样本规模，就可以计算出样本偏差率。样本偏差率就是审计人员对总体偏差率的最佳估计，因而在控制测试中无须另外推断总体偏差率。但审计人员还必须考虑抽样风险。

（3）得出总体结论。在实务中，审计人员使用统计抽样方法时通常使用公式、表格直接计算在确定的信赖过度风险水平下可能发生的偏差率上限，即估计的总体偏差率与抽样风险允许限度之和。

使用统计公式评价样本结果。假定上例中，审计人员对56个项目实施了既定的审计程序，且未发现偏差，则在既定的可接受信赖过度风险下，根据样本结果计算总体最大偏差率如下：

总体偏差率上限（MDR）=R÷n×100%=2.3÷56×100%=4.1%

其中的风险系数根据可接受的信赖过度风险为10%、偏差数量为0，在表7-9中可查出为2.3。

这意味着，如果样本量为56且无一例偏差，总体实际偏差率超过4.1%的风险为10%，即有90%的把握保证总体实际偏差率不超过4.1%。若审计人员确定的可容忍偏差率为7%，则可以得出结论：总体的实际偏差率超过可容忍偏差率的风险很小，总体可以接受。也就是说，样本结果证实审计人员对控制运行有效性的估计和评估的重大错报风险水平是适当的。

如果在56个样本中有2例偏差，则在既定的可接受信赖过度风险下，按照公式计算的总体偏差率上限如下：

总体偏差率上限（MDR）=R÷n×100%=5.3÷56×100%=9.5%

这意味着，如果样本量为56且有2例偏差，总体实际偏差率超过9.5%的风险为10%，在可容忍偏差率为7%的情况下，审计人员可以得出结论：总体的实际偏差率超过可容忍偏差率的风险很大，因而总体不能接受。也就是说，样本结果不支持审计人员对控制运行有效性的估计和评估的重大错报风险水平。审计人员应当扩大控制测试范围，以证实初步评估结果，或提高重大错报风险评估水平，并增加实质性程序的数量。

案例窗7-14　　属性估计抽样法的运用

注册会计师高艳拟运用统计抽样方法对华强股份有限公司的采购审批制度执行情况实施控制测试。为此，确定的信赖过度风险为10%，可容忍偏差率为4%。

华强股份有限公司的采购审批制度规定，由提出请购的部门根据需要编制请购单，经所在部门主管签字批准后送交采购部门。采购部门职员只根据经批准的请购单编制连续编号的订购单并安排采购。订购单一式四联，正联送供应商，第二、三联分别送验收、应付凭单等部门，第四联后附请购单留存。

（1）高艳将全年发生的采购业务定义为测试总体，将请购单作为与总体对应的实物。

（2）华强股份有限公司没有对请购单连续编号，管理层的解释是为了便于多个部门使用请购单。高艳不认为该情况属于控制缺陷。

（3）高艳认为，如果评估的预计总体偏差率达到或超过可容忍偏差率，没有可供选择的抽样方案，应当对内部控制实施100%的测试。

（4）编制具体审计计划时，估计全年发生采购交易3 000笔，并从1～3 000中随机选取了与样本规模对应的55个号码，但因全年实际发生了2 727笔交易，导致5个大于2 727的号码无法与实际业务对应，高艳将抽样规模改为50。

（5）选取样本时，与选取的随机数对应的编号为1569的订购单没有对应的实物。采购部门负责人给出的解释是订购单丢失。高艳随机抽取了另一张订购单加以替代。

要求：请逐一考虑上述每一种情况，指出注册会计师高艳的决策和做法是否妥当，并简要说明原因。

7.4.5 细节测试中的审计抽样

细节测试中的审计抽样，通常被称作变量抽样。它是通过对样本检查的结果，推断总体货币金额的统计抽样方法。在进行实质性程序中的细节测试时，通常采用传统变量抽样和概率比例规模抽样。

1）传统变量抽样

（1）均值估计抽样。均值估计抽样是通过检查确定样本的平均值，再根据样本平均值推断总体的平均值和总值的方法。这种方法的适用范围十分广泛，无论被审计单位提供的数据是否完整、可靠（甚至在被审计单位缺乏基本的经济业务或事项账面记录的情况下），均可使用此法。

使用这种方法时，审计人员先计算样本中所有项目审定金额的平均值，然后用这个样本平均值乘以总体规模，得出总体金额的估计值。总体估计金额和总体账面金额之间的差额就是推断的总体错报。

例如，审计人员从总体规模为1 000个、账面金额为1 000 000元的存货项目中选择了200个项目（账面总金额为208 000元）作为样本。在确定了正确的采购价格并重新计算了价格与数量的乘积之后，审计人员将200个样本项目的审定金额加总后除以200，确定样本项目的平均审定金额为980元。然后计算估计的存货余额为980 000元（980×1 000）。推断的总体错报就是20 000元（1 000 000−980 000）。

（2）比率估计抽样。比率估计抽样是指以样本的实际金额与账面金额之间的比率关系来估计总体实际金额与账面金额之间的比率关系，然后再以此比率乘以总体的账面金额，从而求出估计的总体实际金额的一种抽样方法。比率估计抽样确定样本量的方法与均值估计抽样相同，在进行抽样结果评价时的计算公式如下：

比率=样本审定金额合计÷样本账面金额×100%

估计的总体实际金额=总体账面金额×比率

推断的总体错报=估计的总体实际金额−总体账面金额

如果上例中审计人员使用比率估计抽样，样本审定金额合计与样本账面金额的比率则为0.94（200×980÷208 000）。审计人员用总体账面金额乘以该比率，得到估计的存货余额为940 000元（1 000 000×0.94）。推断的总体错报则为60 000元（1 000 000−940 000）。

比率估计抽样主要用于对审查项目正确值与账面值随项目变化并大致成比例变化的总体审查。

（3）差额估计抽样。差额估计抽样是指以样本实际金额与账面金额的平均差额来估计总体实际金额与账面金额的平均差额，然后再以这个平均差额乘以总体规模，从而求出总体的实际金额与账面金额的差额（总体错报）的一种抽样方法。计算公式如下：

平均错报=样本实际金额与账面金额的差额÷样本规模

推断的总体错报=平均错报×总体规模

使用这种方法时，审计人员先计算样本项目的平均错报，然后根据这个样本平均错报推断总体。例如，审计人员从总体规模为1 000的存货项目中选择了200个项目作为样本检查。总体的账面金额总额为1 000 000元。审计人员逐一比较200个样本项目的审定金额和账面金额，并将账面金额（208 000元）和审定金额（196 000元）之间的差异加总，本例中为12 000元。12 000元的差额除以样本项目个数200，得到样本平均错报60元。然后审计人员用这个平均错报乘以总体规模，计算出总体错报为60 000元（60×1 000）。

差额估计抽样主要用于对审查项目正确值与账面值随项目变化但不成比例变化的总体审查。

2）概率比例规模抽样（简称PPS抽样）

PPS抽样是一种运用属性抽样原理对货币金额而不是对发生率得出结论的统计抽样方法。PPS抽样以货币单元作为抽样单元。在该方法下总体中的每个货币单元被选中的机会相同，所以总体中某一项目被选中的概率等于该项目的金额与总体金额的比率。项目金额越大，被选中的概率就越大。但实际上注册会计师并不是对总体中的货币单元实施检查，而是对包含被选取货币单元的余额或交易实施检查。PPS抽样有助于注册会计师将审计重点放在较大的余额或交易。此抽样方法之所以得名，是因为总体中每一余额或交易被选取的概率与其账面金额（规模）成比例。

案例窗7-15　传统变量抽样法的运用

注册会计师高艳审计华强股份有限公司2023年度财务报表，在针对存货实施细节测试时，高艳决定采用传统变量抽样方法实施审计抽样。华强股份有限公司2023年12月31日存货账面余额合计15 000万元，高艳确定总体规模为3 000，样本规模为200，样本账面余额合计为1 200万元，样本审定合计为800万元。

要求：代注册会计师高艳分别采用均值估计抽样、差额估计抽样和比率估计抽样三种方法推断总体的错报金额。

【本章思政主题】

爱岗敬业　忠诚奉献

E公司为某省国资委下属重点企业A集团公司的下属全资子公司，E公司原董事长因工作调动，按国家相关规定及A集团公司制度要求需接受离任经济责任审计。集团公司审计部组建审计小组，依据《党政主要领导干部和国有企事业单位主要领导人员经济责任审计规定》《第2205号内部审计具体准则——经济责任审计》《某集团内部审计管理办法》等法规制度开展审计工作。

审计组在审计计划中确定的审计内容如下：被审计对象任职期间公司财务状况；经济指标完成情况；重大经营决策和对外投资及效益情况；国有资产保值增值情况；内控制度建立及执行情况、财务管理情况及遵守国家财经法纪情况；贯彻执行党和国家有关经济工作方针政策和决策部署情况；执行集团公司决策情况；廉洁自律情况；前期审计问题整改等。

在现场审计中，审计组通过查阅公司财务资料、会议记录、合同档案、采购档案、目标责任书等资料，梳理公司内控制度，快速获取公司重大经济决策、对外投资、经营业绩等重要信息。同时，访谈公司高管和员工，做好访谈记录，以支撑审计结论。在此基础上，审计组筛选出部分重要事项，通过比对资料、分析性程序和控制测试等程序来查找问题。针对审计发现的问题，积极与被审计单位、对象进行沟通，展示问题及佐证资料，得到其认同，完成取证过程，形成审计工作底稿。

以下列示部分审计过程：

1.梳理内控制度建立、执行情况。

审计组收集整理公司有关制度，结合后续审计检查制度执行情况。E公司作为国企，制度基本框架较为完善，制定了财务管理、采购管理、投资管理等制度，建立起了较为全面的内控制度体系。审计组通过梳理公司制度，发现部分制度，如存货管理办法、采购管理办法等制定时间过长，与公司目前实际经营情况不相适应。

审计组查阅财务及其他相关资料，检查财务管理的规范性，发现存在财务主管离职未办理书面移交手续、使用季度存货盘点单倒扎确认当季材料销售收入、业务招待费签单按年进行结算和报销等问题。

上述情况反映出公司基础管理环节还存在薄弱之处，需进一步加强管理。

2.重大投资事项管理审计

E公司原董事长任职期间，公司对外收购某公司25%股份，投资金额三千余万元。审计组收集立项、投资方案、投资协议、资金安排等相关资料，审查投资决策的过程、执行和效果情况。发现公司未在投资前进行可行性研究分析；公司未按协议条款派出财务总监参与被投资公司的生产经营管理；在投资后未及时进行股权转让变更。

上述情况反映出公司在投资前未充分论证投资的有效性、评估投资可能存在的风险；投资过程中未有效参与管理，未能正确履行投资主体责任，以充分保障公司投资的安全和效益。

针对审计发现问题的认定和责任划分等关键环节，审计组与A集团公司、E公司以及被审计对象进行多轮次的讨论与沟通，最终顺利提交审计报告。审计报告对被审计对象任职期间公司财务状况进行列示；对公司经营绩效作出客观评价；对被审计对象履行工作职责情况作出评价结论；对被审计对象在工作职责范围内需承担的责任进行准确的认定和划分。最终认定，审计过程中未发现被审计对象任职期间存在违反廉洁规定，利用职权、职务获取不正当利益、私设“小金库”等其他违反财经纪律的行为。通过此次审计，审计组还帮助公司完善存货、采购管理等4项制度，优化收费、存货管理等5条业务流程，为公司堵塞管理漏洞30余个，有效地为公司降低了管理风险，审计报告得到了A集团公司、E公司及被审计对象的认可。

【思考与启示】

经济责任审计是中国特色社会主义审计监督制度的重要组成部分，对于加强领导干部管理监督，促进领导干部履职尽责、担当作为，确保党中央令行禁止具有重要意义。

在此案例中，审计人员在审计查证或者认定事实的基础上，综合运用多种方法，坚持定性评价与定量评价相结合，依照有关党内法规、法律法规、政策规定、责任制考核目标等，在审计范围内，对被审计领导干部履行经济责任情况作出客观公正、实事求是的评价。审计过程中，审计人员以高度负责的精神和态度，执行严谨的审计程序、取得扎实的审计证据，让审计判断做到有理有据，让审计结论做到合情合理。每一位审计人员做到认真履行宪法和法律赋予的审计监督职责，勤勉敬业、秉公办事、清正廉明、自觉遵纪守法、坚持原则、敢于碰硬、客观公正、恪尽职守，对事业不辞辛苦，甘于贡献出自己全部的精神和力量，切实维护了人民利益和国家财产安全，对促进权力规范运行、促进反腐倡廉、保障经济社会健康运行发挥出巨大的作用。

8 第8章 出具审计报告

【知识目标】

1. 了解审计报告编制前的工作内容
2. 理解审计报告的基本概念、作用和种类
3. 理解评价财务报告合法性、公允性应当考虑的内容
4. 明确确定审计意见类型的条件
5. 掌握无保留意见审计报告、非无保留意见审计报告的基本内容
6. 了解在审计报告中需要沟通的关键审计事项
7. 了解在审计报告中增加强调事项段和其他事项段的情形

【能力目标】

1. 能按照工作要求，完成审计报告编制前的各项工作
2. 能根据各种意见类型审计报告的符合条件，确定审计报告的意见类型
3. 能根据确定的审计意见类型撰写不同意见类型的审计报告
4. 能与被审计单位治理层有效沟通关键审计事项
5. 能确定应在审计报告中强调的事项

【素养目标】

1. 具有客观公正的立场和态度，以充分、适当的审计证据支持审计结论，实事求是地评价和处理审计发现的问题，出具真实可靠的审计报告

2. 具有正直坦诚的职业态度，在审计工作中坚持原则，不屈从于外部压力，不歪曲事实，不隐瞒审计发现的问题

3. 具有良好的沟通协调能力，创造和谐的工作氛围，实施有效的信息交流，保证审计工作顺利实施

4. 具有优秀的写作能力，能够撰写准确、条理清晰的审计报告，运用恰当的语言方式对发现的问题、原因分析、风险评估和改进建议等进行准确描述

【本章知识架构】

章名	节名	一级标题
出具审计报告	审计报告编制前的工作	评价审计中的重大发现
		评价审计过程中发现的错报
		复核审计工作底稿和财务报表
		书面声明
	审计报告概述	审计报告的基本概念
		审计报告的作用
		审计报告的种类

续表

章名	节名	一级标题
出具审计报告	审计报告的基本内容	无保留意见审计报告的基本内容
		无保留意见审计报告符合的条件
	沟通关键审计事项	确定关键审计事项的决策框架
		在审计报告中沟通关键审计事项
		不在审计报告中沟通关键审计事项的情形
		就关键审计事项与治理层沟通
	非无保留意见审计报告	保留意见的审计报告
		否定意见的审计报告
		无法表示意见的审计报告
	强调事项段和其他事项段	强调事项段
		其他事项段
		与治理层的沟通
本章思政主题 **客观公正 恪守职责**		

【导读案例】

2023年5月10日，中注协发布上市公司2022年年报审计情况快报（第十期），会计师事务所出具上市公司年报审计报告总体情况的部分内容如下：截至2023年4月30日，57家事务所共为5 170家上市公司出具了财务报表审计报告，其中，沪市主板1 685家，深市主板1 522家，创业板1 255家，科创板517家，北交所191家。从审计报告意见类型看，5 039家被出具了无保留意见审计报告，94家被出具了保留意见审计报告，37家被出具了无法表示意见审计报告。

现摘录3例上市公司2022年度审计报告的情况：

1.**南京港**。天衡会计师事务所（特殊普通合伙）出具了带强调事项段的无保留意见的财务报表审计报告，【强调事项】内容如下：

我们提醒财务报表使用者关注，南京港公司存在如财务报表附注十四的或有事项中所述的未决诉讼事项。截至财务报表批准日所述诉讼事项尚未判决，其判决结果具有不确定性。本段内容不影响已发表的审计意见。

2.***ST嘉凯**。大华会计师事务所（特殊普通合伙）出具了带持续经营事项段的无保留意见的财务报表审计报告，【与持续经营相关的重大不确定性】内容如下：

我们提醒财务报表使用者关注，如财务报表附注二所述，嘉凯城公司2021年度、2022年度已连续两年发生亏损，亏损金额（归属母公司）分别为126 895.26万元、98 396.92万元；截至2022年12月31日，流动负债高于流动资产288 458.63万元，归属于母公司股东权益为-9 705.56万元。如财务报表附注二、（二）所述，这些事项或情况，表明存在可能导致对嘉凯城公司持续经营能力产生重大疑虑的不确定性。该事项不影响已发表的审计意见。

3.**超华科技**。利安达会计师事务所（特殊普通合伙）出具了保留意见的财务报表审计报告，【形成保留意见的基础】内容如下：

如财务报表附注所述，截至2022年12月31日超华科技应收账款中应收安徽江蓝资源科技有限公司22 789.66万元、天长市鹏扬铜业有限公司4 962.25万元。截至本报告出具日，我们未能就上述往来款项的商业实质及其合理性以及可回收性获取充分、适当的审计证据。

我们按照中国注册会计师审计准则的规定执行了审计工作。审计报告的“注册会计师对财务报表审计的责任”部分进一步阐述了我们在这些准则下的责任。按照中国注册会计师职业道德守则，我们独立于超华科技，并履行了职业道德方面的其他责任。我们相信，我们获取的审计证据是充分、适当的，为发表审计意见提供了基础。

8.1 审计报告编制前的工作

注册会计师在按业务循环完成各财务报表项目的审计测试和一些特殊项目的审计工作后，在审计终结阶段应汇总审计测试结果，进行更具综合性的审计工作，如评价审计中的重大发现；评价审计过程中发现的错报；复核审计工作底稿和财务报表；评价独立性和道德问题；考虑被审计单位持续经营假设的合理性；关注或有事项和期后事项对财务报表的影响等。在此基础上，评价审计结果，在与客户沟通后，获取管理当局声明书，确定应出具的审计报告意见的类型和措辞，进而编制并致送审计报告，终结审计工作。需要说明的是，以上只是对审计终结阶段注册会计师主要工作的列举，并不完整。本节只对以下主要在审计终结阶段执行的工作进行阐述。

8.1.1 评价审计中的重大发现

在审计终结阶段，项目合伙人和审计项目组考虑的重大发现和事项的例子包括：期中复核中的重大发现及其对审计方法的影响；涉及会计政策的选择、运用和一贯性的重大事项，包括相关披露；就识别出的重大风险，对审计策略和计划的审计程序所作的重大修正；在与管理层和其他人员讨论重大发现和事项时得到的信息；与注册会计师的最终审计结论相矛盾或不一致的信息等。

对实施的审计程序的结果进行评估，可能全部或部分地揭示出以下事项：为了实现计划的审计目标，是否有必要对重要性进行修订；对审计策略和计划的审计程序的重大修正，包括重大错报风险评估结果的重要变动；对审计方法有重要影响的值得关注的内部控制缺陷和其他缺陷；财务报表中存在的重大错报；在实施审计程序时遇到的重大困难；就重大会计和审计事项达成最终结论所存在的意见分歧等事项。

注册会计师在审计计划阶段对重要性的判断，与其在评估审计差异时对重要性的判断是不同的。如果在审计终结阶段修订后的重要性水平远远低于在计划阶段确定的重要性水平，注册会计师应重新评估已经获得的审计证据的充分性和适当性。

如果项目组内部、项目组与被咨询者之间以及项目合伙人与项目质量控制复核人员之间存在意见分歧，审计项目组应当遵循事务所的政策和程序予以妥善处理。

8.1.2 评价审计过程中发现的错报

1）错报的沟通和更正

除非法律法规禁止，注册会计师应当及时将审计过程中累积的所有错报与适当层级的管理层进行沟通。注册会计师还应当要求管理层更正这些错报。及时与适当层级的管理层沟通错报事项能使管理层评价这些事项是否为错报，并采取必要行动，如有异议则告知注册会计师。

管理层更正所有错报（包括注册会计师通报的错报），能够降低尚未更正错报的累积影响而导致未来期间财务报表出现重大错报的风险。

如果管理层拒绝更正沟通的部分或全部错报，注册会计师应当了解管理层不更正错报的理由，并在评价财务报表整体是否不存在重大错报时考虑该理由。

2）评价未更正错报的影响

未更正错报，是指注册会计师在审计过程中累积的且被审计单位未予更正的错报。在评价未更正错报的影响之前，注册会计师可能有必要依据实际的财务结果对重要性作出修改。例如，注册会计师在审计过程中获知了某项信息，而该信息可能导致注册会计师确定与原来不同的财务报表整体重要性或者特定类别交易、账户余额或披露的一个或多个重要性水平（如适用），注册会计师应当予以修改。如果注册会计师对重要性或重要性水平（如适用）进行的重新评价导致需要确定较低的金额，则应重新考虑实际执行的重要性和进一步审计程序的性质、时间安排和范围的适当性，以获取充分、适当的审计证据，作为发表审计意见的基础。

在评价未更正错报的影响时，注册会计师需要考虑每一单项错报，以评价其对相关类别的交易、账户余额或披露的影响，包括评价该项错报是否超过特定类别的交易、账户余额或披露的重要性水平（如适用）。如果注册会计师认为某一单项错报是重大的，则该项错报不太可能被其他错报抵销。此外，确定一项分类错报是否重大，注册会计师还需要进行定性评估。例如，分类错报对合同条款的影响，对关键比率的影响。

在某些情况下，即使某些错报低于财务报表整体的重要性，但在将其单独或连同在审计过程中累积的其他错报一并考虑时，注册会计师也可能将这些错报评价为重大错报。

8.1.3 复核审计工作底稿和财务报表

1）对财务报表总体合理性实施分析程序

在审计结束或临近结束时，注册会计师运用分析程序的目的是确定经审计调整后的财务报表整体是否与其对被审计单位的了解一致，是否具有合理性。

在运用分析程序进行总体复核时，如果识别出以前未识别的重大错报风险，注册会计师应当重新考虑对全部或部分各类交易、账户余额、列报评估的风险是否恰当，并在此基础上重新评价之前计划的审计程序是否充分，是否有必要追加审计程序。

2）复核审计工作底稿

《会计师事务所质量控制准则第5101号——业务质量管理》对会计师事务所业务复核与项目质量控制复核的质量控制制度作出了规定。《中国注册会计师审计准则第1121号——对财务报表审计实施的质量控制》对注册会计师执行财务报表审计的复核与审计项目质量控制复核的质量控制程序作出了规定。遵循准则要求执行审计工作底稿复核是确保注册会计师执业质量的重要手段之一。会计师事务所应当结合自身组织架构和质量控制体系建设需要，制定相关的质量控制政策和程序，建立完善的审计工作底稿分级复核制度。如教材“7.3　审计工作底稿”中所述，对审计工作底稿的复核可分为两个层次：项目组内部复核和特定业务的项目质量控制复核。

项目组内部复核又分为两个层次，项目组经验丰富人员的现场复核和项目合伙人的复核。特定业务的项目质量控制复核是指在出具审计报告前，对项目组作出的重大判断和在准备报告时形成的结论作出客观评价的过程。项目质量控制复核对保证审计工作结果的质量、确认审计工作已达到会计师事务所的工作标准和消除妨碍注册会计师判断的偏见等方面有重要的意义。

8.1.4 书面声明

书面声明，是指管理层向注册会计师提供的书面陈述，用以确认某些事项或支持其他审计证据。书面声明是注册会计师在财务报表审计中需要获取的必要信息，是审计证据的重要来源。如果管理层修改书面声明的内容或不提供注册会计师要求的书面声明，可能使注册会计师警觉存在重大问题的可能性。而且，在很多情况下，要求管理层提供书面声明而非口头声明，可以促使管理层更加认真地考虑声明所涉及的事项，从而提高声明的质量。

尽管书面声明提供必要的审计证据，但其本身并不为所涉及的任何事项提供充分、适当的审计证据。而且，管理层已提供可靠书面声明的事实，并不影响注册会计师就管理层责任履行情况或具体认定获取的其他审计证据的性质和范围。

1）针对管理层责任的书面声明

针对财务报表的编制，注册会计师应当要求管理层提供书面声明，确认其根据审计业务约定条款，履行了按照适用的财务报告编制基础编制财务报表并使其实现公允反映（如适用）的责任。

针对提供的信息和交易的完整性，注册会计师应当要求管理层就下列事项提供书面声明：

（1）按照审计业务约定条款，已向注册会计师提供所有相关信息，并允许注册会计师不受限制地接触所有相关信息以及被审计单位内部人员和其他相关人员；

（2）所有交易均已记录并反映在财务报表中。

如果未从管理层获取其确认已履行的责任的书面声明，注册会计师在审计过程中获取的有关管理层已履行这些责任的其他审计证据是不充分的。

基于管理层认可并理解在审计业务约定条款中提及的管理层的责任，注册会计师可能还要求管理层在书面声明中再次确认其对自身责任的认可与理解。当存在下列情况时，这种确认尤为适当：

（1）代表被审计单位签订审计业务约定条款的人员不再承担相关责任；

（2）审计业务约定条款是在以前年度签订的；

（3）有迹象表明管理层误解了其责任；

（4）情况的改变需要管理层再次确认其责任。

当然，再次确认管理层对自身责任的认可与理解，并不限于管理层已知的全部事项。

2）书面声明的日期和涵盖的期间

书面声明的日期应当尽量接近对财务报表出具审计报告的日期，但不得在审计报告日后。书面声明应当涵盖审计报告针对的所有财务报表和期间。

由于书面声明是必要的审计证据，在管理层签署书面声明前，注册会计师不能发表审计意见，也不能签署审计报告。而且，由于注册会计师关注截至审计报告日发生的、可能需要在财务报表中作出相应调整或披露的事项，书面声明的日期应当尽量接近对财务报表出具审计报告的日期，但不得在其之后。

在实务中可能会出现这样的情况，即在审计报告中提及的所有期间内，现任管理层均尚未就任。他们可能由此声称无法就上述期间提供部分或全部书面声明。然而，这一事实并不能减轻现任管理层对财务报表整体的责任。相应地，注册会计师仍然需要向现任管理层获取涵盖整个相关期间的书面声明。

3）书面声明的形式

书面声明应当以声明书的形式致送注册会计师。参考格式8-1列示了一种声明书的范例。有必要先介绍一下与该声明书相关的几点背景信息：

（1）被审计单位按照企业会计准则编制财务报表；

（2）《中国注册会计师审计准则第1324号——持续经营》中有关就被审计单位持续经营能力获取书面声明的要求不相关；

（3）所要求的书面声明不存在例外情况。

参考格式8-1　　**华强股份有限公司管理层声明书**

（致注册会计师）：

本声明书是针对你们审计华强股份有限公司截至2023年12月31日的年度财务报表而提供的。审计的目的是对财务报表发表意见，以确定财务报表是否在所有重大方面已按照企业会计准则的规定编制，并实现公允反映。

尽我们所知，并在作出了必要的查询和了解后，我们确认：

（一）财务报表

1.我们已履行（插入日期）签署的审计业务约定书中提及的责任，即根据企业会计准则的规定编制财务报表，并对财务报表进行公允反映。

2.在作出会计估计时使用的重大假设（包括与公允价值计量相关的假设）是合理的。

3.已按照企业会计准则的规定对关联方关系及其交易作出了恰当的会计处理和披露。

4.根据企业会计准则的规定，所有需要调整或披露的资产负债表日后事项都已得到调整或披露。

5.未更正错报，无论是单独还是汇总起来，对财务报表整体的影响均不重大。未更正错报汇总表附在本声明书后。

6.（插入注册会计师可能认为适当的其他任何事项）。

（二）提供的信息

7.我们已向你们提供下列工作条件：

（1）允许接触我们注意到的、与财务报表编制相关的所有信息（如记录、文件和其他事项）。

（2）提供你们基于审计目的要求我们提供的其他信息。

（3）允许在获取审计证据时不受限制地接触你们认为必要的本公司内部人员和其他相关人员。

8.所有交易均已记录并反映在财务报表中。

9.我们已向你们披露了由于舞弊可能导致的财务报表重大错报风险的评估结果。

10.我们已向你们披露了我们注意到的、可能影响本公司的与舞弊或舞弊嫌疑相关的所有信息，这些信息涉及本公司的：（1）管理层；（2）在内部控制中承担重要职责的员工；

(3) 其他人员（在舞弊行为导致财务报表重大错报的情况下）。

11. 我们已向你们披露了从现任和前任员工、分析师、监管机构等方面获知的、影响财务报表的舞弊指控或舞弊嫌疑的所有信息。

12. 我们已向你们披露了所有已知的、在编制财务报表时应当考虑其影响的违反或涉嫌违反法律法规的行为。

13. 我们已向你们披露了我们注意到的关联方的名称和特征、所有关联方关系及其交易。

14.（插入注册会计师可能认为必要的其他任何事项）。

附：未更正错报汇总表

华强股份有限公司（盖章）

中国××市

华强股份有限公司管理层（签名并盖章）

二〇二三年×月×日

8.2 审计报告概述

资源拓展

中国注册会计师审计准则第1332号——期后事项

注册会计师审计是受托审计，为了解受托责任，审计后应向委托人提供报告结果，表明自己的意见。审计报告意见不仅能为委托人作出决定、被审计单位纠错和改进工作提供依据，而且还能为社会有关人士作出正确决策提供依据，同时它还是明确审计人员责任的重要资料。因此，审计报告具有重要意义。

8.2.1 审计报告的基本概念

1）审计报告的含义

审计报告是指注册会计师根据审计准则的规定，在执行审计工作的基础上，对财务报表发表审计意见的书面文件。

审计报告是注册会计师在完成审计工作后向委托（委派）人递交的最终产品。它具有以下特征：

（1）注册会计师应当按照审计准则的规定执行审计工作。审计准则是衡量注册会计师执行财务报表审计业务的权威性标准，涵盖从接受业务委托到出具审计报告的整个过程，注册会计师在执业过程中应当遵守审计准则的要求。

（2）注册会计师在实施审计工作的基础上才能出具审计报告。注册会计师在审计工作中，只有通过实施风险评估、进一步审计程序等，才能获取充分适当的审计证据，得出合理的审计结论，为形成审计意见提供基础，出具审计报告；否则，出具的就可能是不恰当的审计报告。

（3）注册会计师应通过对财务报表发表意见履行业务约定书约定的责任。财务报表审计的目标是注册会计师通过执行审计工作，对财务报表是否在所有重大方面按照财务报告编制基础编制并实现公允反映发表审计意见。因此，在实施审计工作的基础上，注册会计师需要对财务报表形成审计意见，向委托（委派）人提交审计报告。形成审计意见，编制并向委托（委派）人提交审计报告，即履行业务约定书约定的责任。

（4）注册会计师应当以书面形式出具审计报告。审计报告具有特定的要素和格式，注册会计师只有以书面形式出具审计报告，才能清楚表达对财务报表发表的审计意见。

2）注册会计师对审计报告的责任

注册会计师应当根据由审计证据得出的结论，清楚表达对财务报表的意见，并对出具的审计报告负责。财务报表是指对企业财务状况、经营成果和现金流量的结构化表述，至少应当包括资产负债表、利润表、所有者（股东）权益变动表、现金流量表和附注。无论是出具无保留意见审计报告，还是非无保留意见审计报告，注册会计师一旦在审计报告上签名并盖章，就表明对其出具的审计报告负责。

3）审计报告与已审计财务报表的关系

审计报告是注册会计师对财务报表是否在所有重大方面按照财务报告编制基础编制并实现公允反映发表审计意见的书面文件，因此，注册会计师应当将已审计财务报表附于审计报告之后，以便于财务报表使用者正确理解和使用审计报告，并防止被审计单位替换、更改已审计的财务报表。

8.2.2 审计报告的作用

注册会计师签发的审计报告，主要具有鉴证、保护和证明三方面的作用。

1）鉴证作用

注册会计师签发的审计报告，不同于政府审计和内部审计的审计报告，它是以超然独立的第三者身份，对被审计单位财务报表合法性、公允性发表意见。这种意见，具有鉴证作用，使得被审计财务报表赢得了其信息使用者的信任，得到了政府及其各部门和社会各界的普遍认可。

2）保护作用

注册会计师通过审计，可以对被审计单位财务报表出具不同类型审计意见的审计报告，以提高或降低财务报表信息使用者对财务报表的信赖程度，能够在一定程度上对被审计单位的财产、债权人和股东的权益及企业利害关系人的合法权益起到保护作用。

3）证明作用

审计报告对审计工作质量和注册会计师的审计责任起证明作用。通过审计报告，可以证明注册会计师在审计过程中是否实施了必要的审计程序，是否以审计证据为依据发表审计意见，发表的审计意见是否与被审计单位的实际情况相一致，审计工作的质量是否符合要求。

8.2.3 审计报告的种类

审计报告可以按照不同的标准进行分类。

1）按审计报告的使用目的或公开程度分类

审计报告按其使用目的或公开程度不同，可以分为公布的审计报告和非公布的审计报告。公布的审计报告是指公诸于世，供社会大众阅读，不具有保密性的审计报告。这种审计报告都附有被审计单位的财务报表，以供企业股东、投资者、债权人等阅读。非公布的审计报告是指为特定目的而撰写的审计报告。这种审计报告一般用于经营管理、合并或业务转让、融通资金等的需要。

2）按审计报告的性质分

审计报告按其性质不同，可以分为无保留意见审计报告和非无保留意见审计报告。无保留意见审计报告是指注册会计师认为财务报表在所有重大方面按照适用的财务报告编制基础的规定编制并实现公允反映时发表的审计意见而形成的报告。非无保留意见审计报告，是指无保留意见审计报告以外的其他审计报告，包括保留意见的审计报告、否定意见的审计报告和无法表示意见的审计报告。

8.3 审计报告的基本内容

8.3.1 无保留意见审计报告的基本内容

无保留意见审计报告应当包括下列要素：标题、收件人、审计意见、形成审计意见的基础、管理层对财务报表的责任、注册会计师对财务报表审计的责任、按照相关法律法规的要求报告的事项（如适用）、注册会计师的签名和盖章，以及会计师事务所的名称、地址及盖章和报告日期。

1）标题

审计报告的标题应当统一规范为“审计报告”。

2）收件人

审计报告的收件人是指注册会计师按照业务约定书的要求致送审计报告的对象，一般是指审计业务的委托人。审计报告应当按照审计业务约定的要求用全称载明收件人。针对整套通用目的的财务报表出具的审计报告，审计报告的致送对象通常为被审计单位的股东或治理层。

3）审计意见

审计意见部分由两部分构成。

第一部分指出已审计财务报表，应当包括下列方面：

（1）指出被审计单位的名称；

（2）说明财务报表已经审计；

（3）指出构成整套财务报表的每一张报表的名称；

（4）提及财务报表附注，包括重要会计政策和会计估计；

（5）指明构成整套财务报表的每一张财务报表的日期或涵盖的期间。

第二部分应当说明注册会计师发表的审计意见。如果对财务报表发表无保留意见，除非法律法规另有规定，审计意见应当使用“我们认为，财务报表在所有重大方面按照［适用的财务报告编制基础（如企业会计准则等）］的规定编制，公允反映了［……］”的措辞。审计意见应当说明，财务报表在所有重大方面按照适用的财务报告编制基础编制，公允反映了被审计单位的财务状况、经营成果和现金流量。

4）形成审计意见的基础

审计报告应当包含标题为“形成审计意见的基础”的部分。该部分提供关于审计意见的重要背景，应当紧接在审计意见部分之后，并包括下列方面：

（1）说明注册会计师按照审计准则的规定执行了审计工作。

（2）提及审计报告中用于描述审计准则规定的注册会计师责任的部分。

（3）声明注册会计师按照与审计相关的职业道德要求对被审计单位保持了独立性，并履行了职业道德方面的其他责任。

（4）说明注册会计师是否相信获取的审计证据是充分、适当的，为发表审计意见提供了基础。

5）管理层对财务报表的责任

审计报告应当包含标题为“管理层对财务报表的责任”的部分。管理层对财务报表的责任部分应当说明管理层应对下列方面负责：

（1）按照适用的财务报告编制基础的规定编制财务报表，使其实现公允反映，并设计、执行和维护必要的内部控制，以使财务报表不存在由于舞弊或错误导致的重大错报。

（2）评估被审计单位的持续经营能力和使用持续经营假设是否适当，并披露与持续经营相关的事项（如适用）。对管理层评估责任的说明应当包括描述在何种情况下使用持续经营假设是适当的。

6）注册会计师对财务报表审计的责任

审计报告应当包含标题为“注册会计师对财务报表审计的责任”的部分。该部分应当包括下列内容：

（1）说明注册会计师的目标是对财务报表整体是否不存在由于舞弊或错误导致的重大错报获取合理保证，并出具包含审计意见的审计报告。

（2）说明合理保证是高水平的保证，但按照审计准则执行的审计并不能保证在某一重大错报存在时总能发现。

（3）说明错报可能由于舞弊或错误导致。在说明错报可能由于舞弊或错误导致时，注册会计师应当从下列两种做法中选取一种：

❶描述如果合理预期错报单独或汇总起来可能影响财务报表使用者依据财务报表作出的经济决策，则通常认为错报是重大的；

❷根据适用的财务报告编制基础，提供关于重要性的定义或描述。

“注册会计师对财务报表审计的责任”部分还应当包括下列内容：

（1）说明在按照审计准则执行审计工作的过程中，注册会计师运用职业判断，并保持职业怀疑。

（2）通过说明注册会计师的责任，对审计工作进行描述。这些责任包括：

❶识别和评估由于舞弊或错误导致的财务报表重大错报风险，设计和实施审计程序以应对这些风险，并获取充分、适当的审计证据，作为发表审计意见的基础。由于舞弊可能涉及串通、伪造、故意遗漏、虚假陈述或凌驾于内部控制之上，未能发现由于舞弊导致的重大错报的风险高于未能发现由于错误导致的重大错报的风险。

❷了解与审计相关的内部控制，以设计恰当的审计程序，但目的并非对内部控制的有效性发表意见。

❸评价管理层选用会计政策的恰当性和作出会计估计及相关披露的合理性。

❹对管理层使用持续经营假设的恰当性得出结论。同时，根据获取的审计证据，就可能导致对被审计单位持续经营能力产生重大疑虑的事项或情况是否存在重大不确定性得出结论。

❺评价财务报表的总体列报、结构和内容（包括披露），并评价财务报表是否公允反映相关交易和事项。

“注册会计师对财务报表审计的责任”部分还应当涵盖下列内容：

（1）说明注册会计师与治理层就计划的审计范围、时间安排和重大审计发现等事项进行沟通，包括沟通注册会计师在审计中识别的值得关注的内部控制缺陷。

（2）对于上市实体财务报表审计，指出注册会计师就已遵守与独立性相关的职业道德要求向治理层提供声明，并与治理层沟通可能被合理认为影响注册会计师独立性的所有关系和其他事项，以及相关的防范措施（如适用）。

（3）对于上市实体财务报表审计，以及决定按照《中国注册会计师审计准则第1504号——在审计报告中沟通关键审计事项》的规定沟通关键审计事项的其他情况，说明注册会计师从已与治理层沟通的事项中确定哪些事项对本期财务报表审计最为重要，因而构成关键审计事项。

7）按照相关法律法规的要求报告的事项（如适用）

除审计准则规定的注册会计师对财务报表出具审计报告的责任外，相关法律法规可能对注册会计师设定其他报告责任。

8）注册会计师的签名和盖章

审计报告应当由项目合伙人和另一名负责该项目的注册会计师签名和盖章，有利于明确法律责任。

9）会计师事务所的名称、地址及盖章

审计报告应当载明会计师事务所的名称和地址，并加盖会计师事务所公章。

注册会计师在审计报告中载明会计师事务所地址时，标明会计师事务所所在的城市即可。在实务中，审计报告通常载于会计师事务所统一印刷的、标有该所详细通信地址的信笺上，因此，无须在审计报告中注明详细地址。

10）报告日期

审计报告应当注明报告日期。审计报告日不应早于注册会计师获取充分、适当的审计证据，并在此基础上对财务报表形成审计意见的日期。

在确定审计报告日时，注册会计师应当确信已获取下列两方面的审计证据：

（1）构成整套财务报表的所有报表（包括相关附注）已编制完成；

（2）被审计单位的董事会、管理层或类似机构已经认可其对财务报表负责。

对按照企业会计准则编制的财务报表出具的无保留意见审计报告审计工作底稿见附录（附表63），索引号EN。

参考格式8-2列示了诚信会计师事务所对华强股份有限公司财务报表出具的无保留意见审计报告。

参考格式8-2　**对财务报表出具的无保留意见审计报告**

背景信息（略）

审 计 报 告

华强股份有限公司全体股东：

一、对财务报表出具的审计报告

（一）审计意见

我们审计了华强股份有限公司（以下简称“华强公司”）的财务报表，包括2023年12月31日的资产负债表，2023年度的利润表、现金流量表、股东权益变动表以及相关的财务报表附注。

我们认为，后附的财务报表在所有重大方面按照企业会计准则的规定编制，公允反映了华强公司2023年12月31日的财务状况以及2023年度的经营成果和现金流量。

（二）形成审计意见的基础

我们按照中国注册会计师审计准则的规定执行了审计工作。审计报告的“注册会计师对财务报表审计的责任”部分进一步阐述了我们在这些准则下的责任。按照中国注册会计师职业道德守则，我们独立于华强公司，并履行职业道德方面的其他责任。我们相信，我们获取的审计证据是充分、适当的，为发表审计意见提供了基础。

（三）关键审计事项

关键审计事项是根据我们的职业判断，认为对本期财务报表审计最为重要的事项。这些事项是在对财务报表整体进行审计并形成意见的背景下进行处理的，我们不对这些事项提供单独的意见。

[按照《中国注册会计师审计准则第1504号——在审计报告中沟通关键审计事项》的规定描述每一关键审计事项]

（四）管理层和治理层对财务报表的责任

管理层负责按照企业会计准则的规定编制财务报表，使其实现公允反映，并设计、执行和维护必要的内部控制，以使财务报表不存在由于舞弊或错误导致的重大错报。

在编制财务报表时，管理层负责评估华强公司的持续经营能力，披露与持续经营相关的事项（如适用），并运用持续经营假设，除非计划清算华强公司、停止营运或别无其他现实的选择。

治理层负责监督华强公司的财务报告过程。

（五）注册会计师对财务报表审计的责任

我们的目标是对财务报表整体是否不存在由于舞弊或错误导致的重大错报获取合理保证，并出具包含审计意见的审计报告。合理保证是高水平的保证，但并不能保证按照审计准则执行的审计在某一重大错报存在时总能发现。错报可能由于舞弊或错误导致，如果合理预期错报单独或汇总起来可能影响财务报表使用者依据财务报表作出的经济决策，则通常认为错报是重大的。

在按照审计准则执行审计工作的过程中，我们运用了职业判断，保持职业怀疑。我们同时：

（1）识别和评估由于舞弊或错误导致的财务报表重大错报风险；对这些风险有针对性地设计和实施审计程序；获取充分、适当的审计证据，作为发表审计意见的基础。由于舞弊可能涉及串通、伪造、故意遗漏、虚假陈述或凌驾于内部控制之上，未能发现由于舞弊导致的重大错报的风险高于未能发现由于错误导致的重大错报的风险。

（2）了解与审计相关的内部控制，以设计恰当的审计程序，但目的并非对内部控制的有效性发表意见。

（3）评价管理层选用会计政策的恰当性和作出会计估计及相关披露的合理性。

（4）对管理层使用持续经营假设的恰当性得出结论。同时，根据获取的审计证据，就可能导致对华强公司持续经营能力产生重大疑虑的事项或情况是否存在重大不确定性得出结论。如果我们得出结论认为存在重大不确定性，审计准则要求我们在审计报告中提请报表使用者关注财务报表中的相关披露；如果披露不充分，我们应当发表非无保留意见。我们的结论基于截至审计报告日可获得的信息。然而，未来的事项或情况可能导致华强公司不能持续经营。

(5) 评价财务报表的总体列报、结构和内容（包括披露），并评价财务报表是否公允反映相关交易和事项。

我们与治理层就计划的审计范围、时间安排和重大审计发现（包括我们在审计中识别的值得关注的内部控制缺陷）等事项进行沟通。

我们还就遵守关于独立性的相关职业道德要求向治理层提供声明，并就可能被合理认为影响我们独立性的所有关系和其他事项，以及相关的防范措施（如适用）与治理层进行沟通。

从与治理层沟通的事项中，我们确定哪些事项对本期财务报表审计最为重要，因而构成关键审计事项。我们在审计报告中描述这些事项，除非法律法规禁止公开披露这些事项，或在极其罕见的情形下，如果合理预期在审计报告中沟通某事项造成的负面后果超过在公众利益方面产生的益处，我们确定不应在审计报告中沟通该事项。

二、按照相关法律法规的要求报告的事项

[本部分的格式和内容，取决于法律法规对其他报告责任的性质的规定。法律法规规范的事项（其他报告责任）应当在本部分处理，除非其他报告责任与审计准则所要求的报告责任涉及相同的主题。如果涉及相同的主题，其他报告责任可以在审计准则所要求的同一报告要素部分中列示]

诚信会计师事务所　　　　　　中国注册会计师：×××（项目合伙人）
（盖章）　　　　　　　　　　（签名并盖章）
中国××市　　　　　　　　　　中国注册会计师：×××
　　　　　　　　　　　　　　（签名并盖章）
　　　　　　　　　　　　　　二〇二四年×月×日

8.3.2 无保留意见审计报告符合的条件

无保留意见审计报告是对财务报表在所有重大方面按照适用的财务报告编制基础编制并实现公允反映时发表的审计意见而形成的报告。编制无保留意见审计报告应符合下列条件：

1）财务报表已经在所有重大方面按照适用的财务报告编制基础的规定编制，并实现公允反映

在评价财务报表是否按照适用的财务报告编制基础编制时，注册会计师应当考虑下列内容：

（1）财务报表是否充分披露了选择和运用的重要会计政策。

（2）选择和运用的会计政策是否符合适用的财务报告编制基础，并适合于被审计单位的具体情况。

（3）管理层作出的会计估计是否合理。

（4）财务报表反映的信息是否具有相关性、可靠性、可比性和可理解性。

（5）财务报表是否作出充分披露，使财务报表预期使用者能够理解重大交易和事项对财务报表所传递信息的影响。

（6）财务报表使用的术语（包括每一财务报表的标题）是否适当。

在评价财务报表是否实现公允反映时，注册会计师应当考虑下列内容：

（1）财务报表的总体列报（包括披露）、结构和内容是否合理。

（2）财务报表是否公允地反映了相关交易和事项。

2）注册会计师已经按照中国注册会计师审计准则的规定计划和执行审计工作，取得了充分、适当的审计证据

3）未更正错报单独或汇总起来不构成重大错报，不存在应调整或披露而被审计单位未予调整或披露的重要事项

无保留意见的审计报告意味着，注册会计师通过实施审计工作，认为被审计单位财务报表的编制符合合法性和公允性的要求，合理保证财务报表不存在重大错报。

8.4 沟通关键审计事项

《中国注册会计师审计准则第1504号——在审计报告中沟通关键审计事项》要求注册会计师在上市实体整套通用目的财务报表审计报告中增加关键审计事项部分，用于沟通关键审计事项。关键审计事项，是指注册会计师根据职业判断认为对当期财务报表审计最为重要的事项。在审计报告中沟通关键审计事项，可以提高已执行审计工作的透明度，从而提高审计报告的决策相关性和有用性。沟通关键审计事项还能够为财务报表使用者提供额外的信息，以帮助其了解被审计单位、已审计财务报表中涉及重大管理层判断的领域，以及注册会计师根据职业判断认为对当期财务报表审计最为重要的事项。沟通关键审计事项，还能够为财务报表预期使用者就与被审计单位、已审计财务报表或已执行审计工作相关的事项进一步与管理层和治理层沟通提供基础。

8.4.1 确定关键审计事项的决策框架

根据关键审计事项的定义，注册会计师在确定关键审计事项时，需要遵循以下决策框架：

1）以“与治理层沟通的事项”为起点选择关键审计事项

《中国注册会计师审计准则第1151号——与治理层的沟通》要求注册会计师与被审计单位治理层沟通审计过程中的重大发现，包括注册会计师对被审计单位的重要会计政策、会计估计和财务报表披露等会计实务的看法，审计过程中遇到的重大困难，已与治理层讨论或需要书面沟通的重大事项等，以便治理层履行其监督财务报告过程的职责。对财务报表和审计报告使用者信息需求的调查结果表明，他们对这些事项感兴趣，并且呼吁增加这些沟通的透明度。因此，应从与治理层沟通事项中选取关键审计事项。

2）从“与治理层沟通的事项”中选出“在执行审计工作时重点关注过的事项”

注册会计师在确定哪些事项属于重点关注过的事项时，需要特别考虑下列方面：

（1）评估的重大错报风险较高的领域或识别出的特别风险。

（2）与财务报表中涉及重大管理层判断（包括被认为具有高度估计不确定性的会计估计）的领域相关的重大审计判断。

（3）当期重大交易或事项对审计的影响。

3）从“在执行审计工作时重点关注过的事项”中选出“最为重要的事项”从而构成关键审计事项

在确定某一与治理层沟通过的事项的相对重要程度以及该事项是否构成关键审计事项

时，下列考虑也可能是相关的：

（1）该事项对预期使用者理解财务报表整体的重要程度，尤其是对财务报表的重要性。

（2）与该事项相关的会计政策的性质或者与同行业其他实体相比，管理层在选择适当的会计政策时涉及的复杂程度或主观程度。

（3）从定性和定量方面考虑，与该事项相关的由于舞弊或错误导致的已更正错报和累积未更正错报（如有）的性质和重要程度。

（4）为应对该事项所需要付出的审计努力的性质和程度。

（5）在实施审计程序、评价实施审计程序的结果、获取相关和可靠的审计证据以作为发表审计意见的基础时，注册会计师遇到的困难的性质和严重程度，尤其是当注册会计师的判断变得更加主观时。

（6）识别出的与该事项相关的控制缺陷的严重程度。

（7）该事项是否涉及数项可区分但又相互关联的审计考虑。例如，长期合同的收入确认、诉讼或其他或有事项等方面，可能需要重点关注，并且影响其他会计估计。

8.4.2 在审计报告中沟通关键审计事项

1）在审计报告中单设关键审计事项部分

为达到突出关键审计事项的目的，注册会计师应当在审计报告中单设一部分，以“关键审计事项”为标题，并在该部分使用恰当的子标题逐项描述关键审计事项。关键审计事项部分的引言应当同时说明下列事项：

（1）关键审计事项是注册会计师根据职业判断，认为对本期财务报表审计最为重要的事项；

（2）关键审计事项的应对以对财务报表整体进行审计并形成审计意见为背景，注册会计师对财务报表整体形成审计意见，而不对关键审计事项单独发表意见。

2）描述单一关键审计事项

为帮助财务报表使用者了解注册会计师确定的关键审计事项，注册会计师应当在审计报告中逐项描述每一关键审计事项，并同时说明下列方面：

（1）该事项被认定为审计中最为重要的事项之一，因而被确定为关键审计事项的原因。

（2）该事项在审计中是如何应对的。注册会计师可以描述下列要素：

❶审计应对措施或审计方法中，与该事项最为相关或对评估的重大错报风险最有针对性的方面；

❷对已实施审计程序的简要概述；

❸实施审计程序的结果；

❹对该事项作出的主要看法。

在描述时，注册会计师还应当分别索引至财务报表的相关披露（如有），以使预期使用者能够进一步了解管理层在编制财务报表时如何应对这些事项。

8.4.3 不在审计报告中沟通关键审计事项的情形

一般而言，在审计报告中沟通关键审计事项，通常有助于提高审计的透明度，是符合公众利益的。然而，在极其罕见的情况下，关键审计事项可能涉及某些“敏感信息”，沟通这些信息可能为被审计单位带来较为严重的负面影响。在某些情况下，法律法规也可能禁止公开披露某事项。例如，公开披露某事项可能妨碍相关机构对某项违法行为或疑似违法行为的调查。

因此，除非法律法规禁止公开披露某事项，或者在极其罕见的情况下，如果合理预期在审计报告中沟通某事项造成的负面后果超过产生的公众利益方面的益处，注册会计师确定不应在审计报告中沟通该事项，则注册会计师应当在审计报告中逐项描述关键审计事项。

8.4.4 就关键审计事项与治理层沟通

治理层在监督财务报告过程中担当重要角色。就关键审计事项与治理层沟通，能够使治理层了解注册会计师就关键审计事项作出的审计决策的基础以及这些事项将如何在审计报告中作出描述，也能够使治理层考虑鉴于这些事项将在审计报告中沟通，作出新的披露或提高披露质量是否有用。因此，注册会计师就下列方面与治理层沟通：

其一，注册会计师确定的关键审计事项；

其二，根据被审计单位和审计业务的具体情况，注册会计师确定不存在需要在审计报告中沟通的关键审计事项（如适用）。

参考格式8-3列示了审计报告中关键审计事项——商誉的减值测试。

参考格式 8-3　审计报告中关键审计事项——商誉的减值测试

相关信息披露详见财务报表附注——××

（一）事项描述

截至2023年12月31日，集团因收购YYY公司而确认了×××万元的商誉。贵公司管理层于每年年末对商誉进行减值测试。本年度，YYY公司产生了经营损失，该商誉出现了减值迹象。

报告期末，集团管理层对YYY公司的商誉进行了减值测试，以评价该项商誉是否存在减值。管理层采用现金流预测模型来计算商誉的可收回金额，并将其与商誉的账面价值相比较。该模型所使用的折现率、预计现金流，特别是未来收入增长率等关键指标需要作出重大的管理层判断。通过测试，管理层得出商誉没有减值的结论。

（二）实施的审计程序

我们针对管理层减值测试所实施的审计程序包括：

1.对管理层的估值方法予以了评估；

2.基于我们对相关行业的了解，我们质疑了管理层假设的合理性，如收入增长率、折现率等；

3.检查录入数据与支持证据的一致性，例如，已批准的预算以及考虑这些预算的合理性。

（三）实施审计程序的结果

我们认为，基于目前所获取的信息，管理层对商誉减值测试所使用的假设是合理的，相关信息在财务报表附注——××中所作出的披露是适当的。

8.5 非无保留意见审计报告

非无保留意见审计报告是指无保留意见审计报告以外的其他审计报告，包括保留意见的审计报告、否定意见的审计报告和无法表示意见的审计报告。

当存在下列情形之一时，注册会计师应当在审计报告中发表非无保留意见：

其一，根据获取的审计证据，得出财务报表整体存在重大错报的结论；

其二，无法获取充分、适当的审计证据，不能得出财务报表整体不存在重大错报的结论。

注册会计师确定恰当的非无保留审计意见类型，取决于下列事项：

其一，导致非无保留意见的事项的性质，是财务报表存在重大错报，还是在无法获取充分、适当的审计证据的情况下，财务报表可能存在重大错报；

其二，注册会计师就导致非无保留意见的事项对财务报表产生或可能产生影响的广泛性作出的判断。

8.5.1 保留意见的审计报告

保留意见是审计人员认为被审计单位的经营活动和财务报表在整体上是公允的，但对某些问题不作出肯定或否定，个别方面可能存在的重要错误或问题又不足以使财务报表失效而相应作出保留若干意见的评价。

1）发表保留意见审计报告的适用条件

如果认为财务报表整体是公允的，但还存在下列情形之一，注册会计师应当出具保留意见的审计报告：

（1）在获取充分、适当的审计证据后，注册会计师认为错报单独或汇总起来对财务报表影响重大，但不具有广泛性。

注册会计师在获取充分、适当的审计证据后，只有当认为财务报表就整体而言是公允的，但还存在对财务报表产生重大影响的错报时，才能发表保留意见。如果注册会计师认为错报对财务报表产生的影响极为严重且具有广泛性，则应发表否定意见。因此，保留意见被视为注册会计师在不能发表无保留意见情况下最不严厉的审计意见。

（2）注册会计师无法获取充分、适当的审计证据以作为形成审计意见的基础，但认为未发现的错报（如存在）对财务报表可能产生的影响重大，但不具有广泛性。

注册会计师因审计范围受到限制而发表保留意见还是无法表示意见，取决于无法获取的审计证据对形成审计意见的重要性。注册会计师在判断重要性时，应当考虑有关事项潜在影响的性质和范围以及在财务报表中的重要程度。只有当未发现的错报（如存在）对财务报表可能产生的影响重大但不具有广泛性时，才能发表保留意见。

2）保留意见审计报告的内容和格式

（1）如果对财务报表发表保留意见，除在审计报告中包含规定的审计报告要素外，注册会计师应当对审计意见部分使用“保留意见”的标题并发表保留意见。

当由于财务报表存在重大错报而发表保留意见时，注册会计师应当根据适用的财务报告编制基础在审计意见段中说明：注册会计师认为，除“形成保留意见的基础”部分所述事项产生的影响外，后附的财务报表在所有重大方面按照适用的财务报告编制基础的规定编制，公允反映了……

当无法获取充分、适当的审计证据而导致发表保留意见时，注册会计师应当在审计意见段中使用“除……可能产生的影响外”等措辞。

（2）对财务报表发表保留意见审计报告，注册会计师还应当将“形成审计意见的基础”这一标题修改为“形成保留意见的基础”，并在该部分对导致发表保留意见的事项进行描述，以说明：注册会计师相信，注册会计师已获取的审计证据是充分、适当的，为发表保留意见提供了基础。

参考格式8-4列示了由于财务报表存在错报而发表保留意见的审计报告。

参考格式8-4　由于财务报表存在错报而发表保留意见的审计报告

背景信息（略）

审计报告

华强股份有限公司全体股东：

一、对财务报表出具的审计报告

（一）保留意见

我们审计了华强股份有限公司（以下简称“华强公司”）的财务报表，包括2023年12月31日的资产负债表，2023年度的利润表、现金流量表、股东权益变动表以及相关的财务报表附注。

我们认为，除“形成保留意见的基础”部分所述事项产生的影响外，后附的财务报表在所有重大方面按照企业会计准则的规定编制，公允反映了华强公司2023年12月31日的财务状况以及2023年度的经营成果和现金流量。

（二）形成保留意见的基础

华强公司2023年12月31日资产负债表中存货的列示金额为×元，管理层根据成本对存货进行计量，而没有根据成本与可变现净值孰低的原则进行计量，这不符合企业会计准则的规定。华强公司的会计记录显示，如果管理层以成本与可变现净值孰低来计量存货，存货列示金额将减少×元。相应地，资产减值损失将增加×元，所得税费用、净利润和股东权益将分别减少×元、×元和×元。

我们按照中国注册会计师审计准则的规定执行了审计工作。审计报告的“注册会计师对财务报表审计的责任”部分进一步阐述了我们在这些准则下的责任。按照中国注册会计师职业道德守则，我们独立于华强公司，并履行了职业道德方面的其他责任。我们相信，我们获取的审计证据是充分、适当的，为发表保留意见提供了基础。

（三）关键审计事项

关键审计事项是根据我们的职业判断，认为对本期财务报表审计最为重要的事项。这些事项是在对财务报表整体进行审计并形成意见的背景下进行处理的，我们不对这些事项提供单独的意见。除“形成保留意见的基础”部分所述事项外，我们确定下列事项是需要在审计报告中沟通的关键审计事项：

[按照《中国注册会计师审计准则第1504号——在审计报告中沟通关键审计事项》的规定描述每一关键审计事项]

（四）管理层和治理层对财务报表的责任

[按照《中国注册会计师审计准则第1501号——对财务报表形成审计意见和出具审计

报告》的规定报告，参见参考格式8-2]

（五）注册会计师对财务报表审计的责任

[按照《中国注册会计师审计准则第1501号——对财务报表形成审计意见和出具审计报告》的规定报告，参见参考格式8-2]

二、按照相关法律法规的要求报告的事项

[按照《中国注册会计师审计准则第1501号——对财务报表形成审计意见和出具审计报告》的规定报告，参见参考格式8-2]

诚信会计师事务所　　　　　　　　　中国注册会计师：×××（项目合伙人）
（盖章）　　　　　　　　　　　　　（签名并盖章）
中国××市　　　　　　　　　　　　中国注册会计师：×××
（签名并盖章）
二〇二四年×月×日

8.5.2 否定意见的审计报告

否定意见是指审计人员认为被审计单位在经营活动中存在严重违法乱纪行为或会计处理严重违反会计准则，致使财务报表严重歪曲财务状况和经营成果而给予的一种否定的评价。

1）发表否定意见审计报告的适用条件

在获取充分、适当的审计证据后，如果认为错报单独或汇总起来对财务报表影响重大，且具有广泛性，注册会计师应当发表否定意见，出具否定意见的审计报告。

2）否定意见审计报告的内容和格式

（1）如果对财务报表发表否定意见，除在审计报告中包含规定的审计报告要素外，注册会计师应当对审计意见部分使用“否定意见”的标题并发表否定意见。

当发表否定意见时，注册会计师应当根据适用的财务报告编制基础在审计意见段中说明：注册会计师认为，由于“形成否定意见的基础”部分所述事项的重要性，财务报表没有在所有重大方面按照适用的财务报告编制基础的规定编制，未能公允反映……

（2）对财务报表发表否定意见审计报告，注册会计师还应当将“形成审计意见的基础”这一标题修改为“形成否定意见的基础”，并在该部分对导致发表否定意见的事项进行描述，以说明：注册会计师相信，注册会计师已获取的审计证据是充分、适当的，为发表否定意见提供了基础。

参考格式8-5列示了由于财务报表存在重大错报而发表否定意见的审计报告。

参考格式8-5　**由于财务报表存在重大错报而发表否定意见的审计报告**

背景信息（略）

审 计 报 告

华强股份有限公司全体股东：

一、对财务报表出具的审计报告

（一）否定意见

我们审计了华强股份有限公司（以下简称“华强公司”）的财务报表，包括2023年12月31日的资产负债表，2023年度的利润表、现金流量表、股东权益变动表以及相关的财务报表附注。

我们认为，由于“形成否定意见的基础”部分所述事项的重要性，后附的财务报表没有在所有重大方面按照企业会计准则的规定编制，未能公允反映华强公司2023年12月31日的财务状况以及2023年度的经营成果和现金流量。

（二）形成否定意见的基础

华强公司2023年12月31日资产负债表中存货的列示金额为×元，管理层根据成本对存货进行计量，而没有根据成本与可变现净值孰低的原则进行计量，这不符合企业会计准则的规定。华强公司的会计记录显示，如果管理层以成本与可变现净值孰低来计量存货，存货列示金额将减少×元。相应地，资产减值损失将增加×元，所得税费用、净利润和股东权益将分别减少×元、×元和×元。这一事项的存在对财务报表影响重大，且具有广泛性。

我们按照中国注册会计师审计准则的规定执行了审计工作。审计报告的“注册会计师对财务报表审计的责任”部分进一步阐述了我们在这些准则下的责任。按照中国注册会计师职业道德守则，我们独立于华强公司，并履行职业道德方面的其他责任。我们相信，我们获取的审计证据是充分、适当的，为发表否定意见提供了基础。

（三）关键审计事项

关键审计事项是根据我们的职业判断，认为对本期财务报表审计最为重要的事项。这些事项是在对财务报表整体进行审计并形成意见的背景下进行处理的，我们不对这些事项提供单独的意见。除“形成否定意见的基础”部分所述事项外，我们确定下列事项是需要在审计报告中沟通的关键审计事项：

[按照《中国注册会计师审计准则第1504号——在审计报告中沟通关键审计事项》的规定描述每一关键审计事项]

（四）管理层和治理层对财务报表的责任

[按照《中国注册会计师审计准则第1501号——对财务报表形成审计意见和出具审计报告》的规定报告，参见参考格式8-2]

（五）注册会计师对财务报表审计的责任

[按照《中国注册会计师审计准则第1501号——对财务报表形成审计意见和出具审计报告》的规定报告，参见参考格式8-2]

二、按照相关法律法规的要求报告的事项

[按照《中国注册会计师审计准则第1501号——对财务报表形成审计意见和出具审计报告》的规定报告，参见参考格式8-2]

诚信会计师事务所　　　　　中国注册会计师：×××（项目合伙人）
（盖章）　　　　　　　　　　（签名并盖章）
中国××市　　　　　　　　　中国注册会计师：×××
（签名并盖章）
二〇二四年×月×日

8.5.3 无法表示意见的审计报告

无法表示意见是指审计人员在审计过程中因未搜集到足够的、适当的审计证据，无法对被审计单位的财务报表发表确切的审计意见所表示的一种不作评价的意见。

1）发表无法表示意见审计报告的适用条件

（1）如果无法获取充分、适当的审计证据以作为形成审计意见的基础，但认为未发现的错报（如存在）对财务报表可能产生的影响重大且具有广泛性，注册会计师应当发表无法表示意见。

（2）在极少数情况下，可能存在多个不确定事项。尽管注册会计师对每个单独的不确定事项获取了充分、适当的审计证据，但由于不确定事项之间可能存在相互影响，以及可能对财务报表产生累积影响，注册会计师不可能对财务报表形成审计意见。在这种情况下，注册会计师应当发表无法表示意见。

2）无法表示意见审计报告的内容和格式

（1）对财务报表发表无法表示意见，除在审计报告中包含规定的审计报告要素外，注册会计师应当对审计意见部分使用“无法表示意见”的标题并发表无法表示意见。当由于无法获取充分、适当的审计证据而发表无法表示意见时，注册会计师应当说明：

❶注册会计师接受委托审计财务报表；

❷说明注册会计师不对后附的财务报表发表审计意见；

❸由于“形成无法表示意见的基础”部分所述事项的重要性，注册会计师无法获取充分、适当的审计证据以作为对财务报表发表审计意见的基础。

（2）对财务报表发表无法表示意见审计报告，注册会计师还应当直接在审计意见段之后增加“形成无法表示意见的基础”部分，并在该部分对导致发表无法表示意见的事项进行描述。该部分不应提及审计报告中用于描述注册会计师责任的部分；也不应说明注册会计师是否已获取充分、适当的审计证据以作为形成审计意见的基础。

（3）当注册会计师对财务报表发表无法表示意见时，注册会计师应当修改审计报告中“注册会计师对财务报表审计的责任”部分，使之仅包含下列内容：

❶注册会计师的责任是按照中国注册会计师审计准则的规定，对被审计单位财务报表执行审计工作，以出具审计报告；

❷但由于形成无法表示意见的基础部分所述的事项，注册会计师无法获取充分、适当的审计证据以作为发表审计意见的基础；

❸声明注册会计师在独立性和职业道德方面的其他责任。

参考格式8-6列示了由于注册会计师无法针对财务报表多个要素获取充分、适当的审计证据而发表无法表示意见的审计报告。

参考格式8-6　由于注册会计师无法针对财务报表多个要素获取充分、适当的审计证据而发表无法表示意见的审计报告

背景信息（略）

审 计 报 告

华强股份有限公司全体股东：

一、对财务报表出具的审计报告

（一）无法表示意见

我们接受委托，审计华强股份有限公司（以下简称“华强公司”）的财务报表，包括2023年12月31日的资产负债表，2023年度的利润表、现金流量表和股东权益变动表以及相关财务报表附注。

我们不对后附的华强公司财务报表发表审计意见。由于“形成无法表示意见的基础”部分所述事项的重要性，我们无法获取充分、适当的审计证据以作为对财务报表发表审计意见的基础。

（二）形成无法表示意见的基础

我们于2024年1月接受华强公司的审计委托，因而未能对华强公司2023年年初金额为×元的存货和年末金额为×元的存货实施监盘程序。此外，我们也无法实施替代审计程序获取充分、适当的审计证据。并且，华强公司于2023年9月采用新的应收账款电算化系统，由于系统存在缺陷导致应收账款出现大量错误。截至审计报告日，管理层仍在纠正系统缺陷并更正错误，我们也无法实施替代审计程序，以对截至2023年12月31日的应收账款总额×元获取充分、适当的审计证据。因此，我们无法确定是否有必要对存货、应收账款以及财务报表其他项目作出调整，也无法确定应调整的金额。

（三）管理层和治理层对财务报表的责任

[按照《中国注册会计师审计准则第1501号——对财务报表形成审计意见和出具审计报告》的规定报告，参见参考格式8-2]

（四）注册会计师对财务报表审计的责任

我们的责任是按照中国注册会计师审计准则的规定，对华强公司的财务报表执行审计工作，以出具审计报告。但由于“形成无法表示意见的基础”部分所述的事项，我们无法获取充分、适当的审计证据以作为发表审计意见的基础。

按照中国注册会计师职业道德守则，我们独立于华强公司，并履行了职业道德方面的其他责任。

二、按照相关法律法规的要求报告的事项

[按照《中国注册会计师审计准则第1501号——对财务报表形成审计意见和出具审计报告》的规定报告，参见参考格式8-2]

诚信会计师事务所　　　　中国注册会计师：×××（项目合伙人）
（盖章）　　　　（签名并盖章）
中国××市　　　　中国注册会计师：×××
（签名并盖章）
二〇二四年×月×日

案例窗8-1　　确定审计报告的意见类型

诚信会计师事务所注册会计师高艳担任多家被审计单位2023年度财务报表审计的项目合伙人，遇到下列导致出具非标准审计报告的事项：

（1）甲公司管理层对固定资产实施减值测试，按照未来现金流量现值与固定资产账面净值的差额确认了重大减值损失。管理层无法提供相关信息以支持现金流量预测中假设的未来5年的营业收入，审计项目组也无法作出估计。

（2）2023年10月上市公司乙公司因涉嫌信息披露违规被证券监管机构立案稽查。截至审计报告日，尚无稽查结论。管理层在财务报表附注中披露了上述事项。

（3）丙公司于2023年9月起停止经营活动，董事会拟于2024年内清算丙公司。2023年12月31日，丙公司账面资产余额主要为货币资金、其他应收款以及办公家具等固定资产，账面负债余额主要为其他应付款和应付职工薪酬。管理层认为，如采用非持续经营编制基础，对上述资产和负债的计量并无重大影响，因此，仍以持续经营假设编制2023年度财务报表，并在财务报表附注中披露了清算计划。

要求：针对上述第（1）至（3）项，假定不考虑其他条件，逐项指出注册会计师高艳应当出具何种意见类型的审计报告，并简要说明理由。

8.6 强调事项段和其他事项段

8.6.1 强调事项段

1）强调事项段的含义

审计报告的强调事项段是指审计报告中含有的一个段落，该段落提及已在财务报表中恰当列报或披露的事项，根据注册会计师的职业判断，该事项对财务报表使用者理解财务报表至关重要。

2）增加强调事项段的情形

如果认为有必要提醒财务报表使用者关注已在财务报表中列报或披露，且根据职业判断认为对财务报表使用者理解财务报表至关重要的事项，在同时满足下列条件时，注册会计师应当在审计报告中增加强调事项段：

（1）按照《中国注册会计师审计准则第1502号——在审计报告中发表非无保留意见》的规定，该事项不会导致注册会计师发表非无保留意见；

（2）当《中国注册会计师审计准则第1504号——在审计报告中沟通关键审计事项》适用时，该事项未被确定为在审计报告中沟通的关键审计事项。

某些审计准则对特定情况下在审计报告中增加强调事项段提出具体要求。这些情形包括：

（1）法律法规规定的财务报告编制基础不可接受，但其是基于法律或法规作出的规定；

（2）提醒财务报表使用者注意财务报表按照特殊目的编制基础编制；

（3）注册会计师在审计报告日后知悉了某些事实（即期后事项），并且出具了新的审计报告或修改了审计报告。

除上述审计准则要求增加强调事项段的情形外，注册会计师可能认为需要增加强调事项段的情形举例如下：

（1）异常诉讼或监管行动的未来结果存在不确定性。

（2）提前应用（在允许的情况下）对财务报表有广泛影响的新会计准则。

（3）存在已经或持续对被审计单位财务状况产生重大影响的特大灾难。

3）在审计报告中增加强调事项段时注册会计师采取的措施

（1）将强调事项段作为单独的一部分放于审计报告中，并使用包含“强调事项”这一术语的适当标题。

（2）明确提及被强调事项以及相关披露的位置，以便能够在财务报表中找到对该事项的详细描述。强调事项段应当仅提及已在财务报表中列报或披露的信息。

（3）指出审计意见没有因该强调事项而改变。

增加强调事项段是为了提醒财务报表使用者关注某些事项，并不影响注册会计师的审计意见。为了使财务报表使用者明确这一点，注册会计师应当在强调事项段中指明，该段内容仅用于提醒财务报表使用者关注，并不影响已发表的审计意见。

参考格式8-7列示了由于偏离适用的财务报告编制基础的规定导致的带强调事项段的保留意见审计报告。

参考格式8-7 **由于偏离适用的财务报告编制基础的规定导致的带强调事项段的保留意见审计报告**

背景信息（略）

审计报告

华强股份有限公司全体股东：

一、对财务报表出具的审计报告

（一）保留意见

我们审计了华强股份有限公司（以下简称"华强公司"）的财务报表，包括2023年12月31日的资产负债表，2023年度的利润表、现金流量表、股东权益变动表以及相关的财务报表附注。

我们认为，除"形成保留意见的基础"部分所述事项产生的影响外，后附的财务报表在所有重大方面按照企业会计准则的规定编制，公允反映了华强公司2023年12月31日的财务状况以及2023年度的经营成果和现金流量。

（二）形成保留意见的基础

华强公司2023年12月31日资产负债表中列示的以公允价值计量且其变动计入当期损益的金融资产为×元，管理层对这些金融资产未按照公允价值进行后续计量，而是按照其历史成本进行计量，这不符合企业会计准则的规定。如果按照公允价值进行后续计量，华强公司2023年度利润表中公允价值变动收益将减少×元，2023年12月31日资产负债表中以公允价值计量且其变动计入当期损益的金融资产将减少×元。相应地，所得税费用、净利润和股东权益将分别减少×元、×元和×元。

我们按照中国注册会计师审计准则的规定执行了审计工作。审计报告的"注册会计师对财务报表审计的责任"部分进一步阐述了我们在这些准则下的责任。按照中国注册会计师职业道德守则，我们独立于华强公司，并履行了职业道德方面的其他责任。我们相信，我们获取的审计证据是充分、适当的，为发表保留意见提供了基础。

（三）强调事项——火灾的影响

我们提醒财务报表使用者关注，财务报表附注——××描述了火灾对华强公司的生产设备造成的影响。本段内容不影响已发表的审计意见。

（四）管理层和治理层对财务报表的责任

[按照《中国注册会计师审计准则第1501号——对财务报表形成审计意见和出具审计报告》的规定报告，参见参考格式8-2]

（五）注册会计师对财务报表审计的责任

[按照《中国注册会计师审计准则第1501号——对财务报表形成审计意见和出具审计

报告》的规定报告，参见参考格式8-2]

二、按照相关法律法规的要求报告的事项

[按照《中国注册会计师审计准则第1501号——对财务报表形成审计意见和出具审计报告》的规定报告，参见参考格式8-2]

诚信会计师事务所　　　　中国注册会计师：×××（项目合伙人）

（盖章）　　　　（签名并盖章）

中国××市　　　　中国注册会计师：×××

（签名并盖章）

二〇二四年×月×日

8.6.2 其他事项段

1）其他事项段的含义

其他事项段是指审计报告中含有的一个段落，该段落提及未在财务报表中列报或披露的事项，根据注册会计师的职业判断，该事项与财务报表使用者理解审计工作、注册会计师的责任或审计报告相关。

2）需要增加其他事项段的情形

如果认为有必要沟通虽然未在财务报表中列报或披露，但根据职业判断认为与财务报表使用者理解审计工作、注册会计师的责任或审计报告相关的事项，在同时满足下列条件时，注册会计师应当在审计报告中增加其他事项段：

（1）未被法律法规禁止；

（2）当《中国注册会计师审计准则第1504号——在审计报告中沟通关键审计事项》适用时，该事项未被确定为在审计报告中沟通的关键审计事项。

具体来讲，需要在审计报告中增加其他事项段的情形包括：

❶与使用者理解审计报告相关的情形。

❷与使用者理解注册会计师的责任或审计报告相关的情形。

❸对两套以上财务报表出具审计报告的情形。

❹限制审计报告分发和使用的情形。

如果在审计报告中包含其他事项段，注册会计师应当将该段落作为单独的一部分，并适用“其他事项”或其他适当标题。

8.6.3 与治理层的沟通

如果拟在审计报告中增加强调事项段或其他事项段，注册会计师应当就该事项和拟使用的措辞与治理层沟通。

与治理层的沟通能使治理层了解注册会计师拟在审计报告中所强调的特定事项的性质，并在必要时为治理层提供向注册会计师作出进一步澄清的机会。

【本章思政主题】

客观公正 恪守职责

ZJ会计师事务所因在承担上市公司KM公司20×6年—20×8年连续三年的年度财务报表审计中存在多项违法事实，受到中国证监会的行政处罚。在证监会的行政处罚决定书中，显示的ZJ会计师事务所部分违法事实如下：

一、KM公司连续三年年度财务报告存在虚增收入、虚增货币资金等虚假记载行为，但是ZJ会计师事务所为其三年年报分别出具的审计意见是：标准无保留的审计意见、标准无保留的审计意见、保留意见。

二、20×6年度和20×7年度，KM公司的货币资金、营业收入均存在舞弊风险，ZJ会计师事务所在进行审计时，在风险识别与评估阶段部分认定结论错误；在实施风险应对措施时，未严格执行舞弊风险应对措施等审计计划，所执行审计程序违反诚信原则，未对函证保持有效控制，未保持应有的职业怀疑，未执行进一步审计程序消除疑虑，导致未获取充分、适当的审计证据，甚至出现审计项目经理配合KM公司财务人员拦截询证函、将伪造的走访记录作为审计证据的行为。最终，ZJ会计师事务所出具的KM公司年报审计报告存在虚假记载。此外，项目经理严重违反独立性要求，ZJ会计师事务所对内部员工管理监控不到位。

三、20×8年度，KM公司的营业收入存在舞弊风险，其某产品贸易属于当期营业收入异常且重要的组成部分，ZJ会计师事务所对其单独执行实质性审计程序以应对存在的舞弊风险。实际执行过程中，ZJ会计师事务所在风险识别与评估阶段部分认定结论错误；在实施风险应对措施时，未严格执行审计计划，未保持应有的职业怀疑，未执行进一步审计程序消除疑虑，导致未获取充分、适当的审计证据。虽然ZJ会计师事务所出具的KM公司20×8年度财务报表审计报告带有保留意见的事项，但其并未对营业收入事项发表保留意见。

证监会认为，ZJ会计师事务所在审计过程中，未按照《中国注册会计师审计准则》《中国注册会计师职业道德守则第1号——职业道德基本原则》等相关要求，执行恰当的审计程序，获取充分适当的审计证据，形成真实客观的审计结论，发表正确的审计意见，出具的财务报表审计报告存在虚假。

【思考与启示】

会计师事务所在国家经济政治生活中起着重要作用，担当着不可替代的角色。它是连接政府和企业的桥梁，是所有者和经营者之间的纽带，独立于政府和企业之外、不以营利为首要目标、具有法定社会职能的第三人。它一方面担负着塑造市场经济微观主体、规范企业经营活动的重任；另一方面又是国家对社会经济进行宏观调控的具体执行者。会计师事务所的基本职能就是依据国家法律法规对市场微观主体的行为和经营结果进行规范调整，从而使国家的意志在社会经济活动中得到实现，把企业的经营活动纳入法治轨道，最终达到社会资源充分利用和优化配置的目标。最近几年，上市公司财务造假案不时爆发，会计师事务所作为审计机构，由于各种原因出现一些审计失败，导致行业名誉受损，不仅影响资本市场生态环境，还会减损市场经济基石作用的发挥。不可靠的财务报告导致错误的投资决策，损害股东对上市公司管理层的问责权利，危及人们的工作、储蓄和养老金，以及其他利益相关者的合法权益。会计师事务所应当认识到自身承担的责任和使命，推动注册会计师遵守职业准则，勤勉尽责，真正实现财务报告增信的目标，提高审计质量，降低审计失败，增加公众和监管部门对行业的信任度。

审计报告是一种信用产品，对财务报告起到增信作用。它是注册会计师在完成审计工作后向委托人提交的最终产品。注册会计师只有在依据中国注册会计师审计准则的规定执行审计工作的基础上，收集了充分、适当的审计证据后，才能出具审计报告，对财务报表发表意见，履行业务约定的责任。出具何种意见的审计报告，要求注册会计师实事求是，以客观事实为准绳，公正发表审计意见，有效缓解或解决处于劣势地位的公众投资者与上市公司之间存在的严重的信息不对称问题，从而更好地指导投资者进行决策，更好地维护证券市场的秩序。

客观公正的基本要求是：端正态度；依法办事；实事求是，不偏不倚；保持独立性。注册会计师应依法审计，敢于查真相、说真话、报实情，以超然独立的姿态，进行公平公正的判断和评价，践行社会主义核心价值观，塑造独立、客观、公正的执业形象，加强行业诚信建设，提高执业的独立性，把行业建成社会公众信得过的专业服务行业，为我国社会主义市场经济的有序发展提供优质服务。提高财务报表信息使用者对财务报表的信赖程度，在一定程度上能对被审计单位的财产、债权人和股东的权益及企业利害关系人的利益起到保护作用。

下篇
交易循环篇

9 第9章 销售与收款循环审计

【知识目标】

1. 了解销售与收款循环涉及的主要业务活动
2. 掌握销售交易的内部控制内容及控制测试方法
3. 掌握收款交易的内部控制内容及控制测试方法
4. 明确营业收入的审计目标，掌握营业收入审计的实质性程序
5. 明确应收账款的审计目标，掌握应收账款和坏账准备审计的实质性程序
6. 掌握销售与收款循环审计工作底稿的编制方法

【能力目标】

1. 能对销售交易和收款交易的内部控制进行控制测试
2. 能初步识别和评估销售与收款循环的重大错报风险
3. 能根据销售交易和收款交易的内部控制测试结果确定相关账户的实质性程序
4. 能根据确定的营业收入审计目标实施营业收入审计的实质性程序
5. 能根据确定的应收账款审计目标实施应收账款和坏账准备审计的实质性程序
6. 能编制销售与收款循环的主要实质性程序审计工作底稿

【素养目标】

1. 具有依法规范审计的意识，严格依照准则要求执业，切实履行勤勉尽责义务，确保对销售与收款循环审计执行恰当的审计程序，获取充分适当的审计证据，形成真实客观的审计结论，发表正确的审计意见

2. 具有职业怀疑态度和敏锐的观察力、逻辑分析能力，在风险识别与评估阶段准确识别和评估销售与收款循环中的重大错报风险，并采取恰当的进一步审计程序

3. 具有扎实过硬的专业胜任能力，并能持续升级、不断扩容，不断在实战中积累销售与收款循环审计经验，增强职业判断力，以适应快速变换的业务环境和技术发展

4. 具有良好的沟通能力，在销售与收款循环审计中能够与审计团队和管理层、股东及其他利益相关者进行协作

【本章知识架构】

章名	节名	一级标题
销售与收款循环审计	销售与收款循环控制测试	销售与收款循环涉及的主要业务活动
		销售交易的内部控制和控制测试
		收款交易的内部控制和控制测试
		评估重大错报风险

续表

章名	节名	一级标题
销售与收款循环审计	营业收入审计	营业收入的审计目标
		主营业务收入的常规实质性程序
		营业收入的“延伸检查”程序
	应收账款审计	应收账款的审计目标
		应收账款的实质性程序
		坏账准备的实质性程序
本章思政主题 **素养能力 专业胜任**		

【导读案例】

根据《企业会计准则第14号——收入》的规定，企业应当评估特定商品在转让给客户之前是否控制该商品，确定其自身在该交易中的身份是主要责任人还是代理人。控制该商品的，其身份为主要责任人，用总额法确认收入；不控制该商品的，其身份为代理人，用净额法确认收入。企业在判断其身份时通常可以参考如下三个迹象：企业承担向客户转让商品的主要责任；企业在转让商品之前或之后承担了该商品的存货风险；企业有权自主决定所交易商品的价格。然而自执行新收入准则以来，对于营业收入确认之总额法与净额法的问题，屡屡有上市公司未能准确判别公司在交易中的身份，错误地使用总额法确认收入，从而“扭曲夸大”了收入规模。因此收入确认是否合规，特别是上市公司是否存在以总额法代替净额法核算的情形，是三大证券交易所年报问询函中关注的十大重点会计问题之一。

沪市主板某公司20××年审计报告被出具带有强调事项段的无保留审计意见，主要系公司难以取得或拥有部分交易与相关交易商品控制权的直接依据，对此采用净额法确认营业收入，涉及的交易金额为336.95亿元，按照净额法确认的营业收入为5.77亿元。同时，公司披露20××年营业收入为402.69亿元，与前期业绩预告所称预计全年收入726.5亿元至734亿元差异较大。此外，公司同步披露差错更正公告，将前期披露的20××年一季报、中报、三季报营业收入分别从121.38亿元、270.53亿元、462.86亿元更正为70.54亿元、159.62亿元、252.44亿元。

据此，证券交易所要求该公司补充披露实际收入与预告值差异较大是否系因部分交易由总额法调整为净额法，更正后的财务数据是否仍然存在错用总额法、净额法的情形，并自查近三年是否存在其他未取得或拥有与相关交易商品控制权直接依据的交易。

9.1 销售与收款循环控制测试

销售与收款循环是企业向客户提供商品或劳务，直到收回货款的有关活动组成的业务循环。所处行业不同，企业具体的收入来源有所不同。收入的确定会影响到与之相关的成本、利润、资产（应收账款、坏账准备）等项目，在审计中应选取相对较低的重要性水平。

企业内部控制应用指引
第9号——销售业务

销售与收款循环涉及的资产负债表项目主要有：货币资金、应收票据、应收账款、长期应收款、预收款项、应交税费、应收款项融资、合同资产、合同负债；涉及的利润表项目主要有：营业收入、税金及附加、信用减值损失、资产减值损失等。

销售与收款循环涉及的主要凭证与会计记录有：客户订购单、销售单、出库单、销售发票、商品价目表、贷项通知单、可变对价会计记录、应收票据/应收账款/应收款项融资/合同资产信用损失计算表、应收票据/应收账款/应收款项融资/合同资产明细账、主营业务收入明细账、汇款通知书、库存现金日记账和银行存款日记账、坏账核销审批表、客户月末对账单、转账凭证、收款凭证。

注册会计师首先在审计计划阶段了解被审计单位销售与收款循环的主要业务活动及其相关内部控制，识别和评估销售交易、收款交易认定层次的重大错报风险，对相关内部控制的有效性作出初步判断，以便设计和实施应对重大错报风险的进一步审计程序。

在审计工作计划阶段，注册会计师通常通过实施下列程序，了解销售与收款循环的业务活动和相关内部控制：

➤ 询问参与销售与收款流程各业务活动的被审计单位人员，一般包括销售部门、仓储部门和财务部门的员工和管理人员。

➤ 获取并阅读企业的相关业务流程图或内部控制手册等资料。

➤ 观察销售与收款流程中特定控制的运用，例如观察仓储部门人员是否以及如何将装运的商品与销售单上的信息进行核对。

➤ 检查文件资料，例如，检查销售单、出库单、客户对账单等。

➤ 实施穿行测试，即追踪销售交易从发生到最终被反映在财务报表中的整个处理过程。例如，选取一笔已收款的销售交易，追踪该笔交易从接受客户订购单直至收回货款的整个过程。

下面我们以一般制造业企业为例分三部分介绍本节内容：销售与收款循环涉及的主要业务活动、相关的内部控制和控制测试、评估重大错报风险。（注：审计实务中评估重大错报风险应该在了解内部控制之后、控制测试之前进行）

9.1.1 销售与收款循环涉及的主要业务活动

1）接受客户订单

客户提出订货要求是整个销售与收款循环的起点，是购买某种货物或接受某种劳务的一种申请。

客户的订单只有在符合企业管理层的授权标准时，才能被接受。企业管理层一般都列出了已批准销售的客户名单。销售单管理部门在决定是否接受某客户的订单时，应追查该客户是否被列入这张名单。如果客户未被列入，则通常需要由销售单管理部门的主管来决定是否同意销售。

企业在批准了客户订单之后，通常应编制一式多联的销售单。销售单是证明管理层有关销售交易的“发生”认定的凭据之一，也是此笔销售的交易轨迹的起点。客户订购单是来自外部的触发销售交易的文件之一，也能为销售交易的“发生”认定提供证据。

2）批准赊销信用

对于赊销业务，赊销批准是由信用管理部门根据管理层的赊销政策在每个客户的已授权的信用额度内进行的。信用管理部门的职员在收到销售单管理部门的销售单后，应将销售单与该客户已被授权的赊销信用额度以及至今尚欠的账款余额加以比较。执行人工赊销信用检查时，应合理划分工作职责，以切实避免销售人员为扩大销售而使企业承受不适当的信用风险。

企业的信用管理部门应对每个新客户进行信用调查，包括获取信用评审机构对客户信用等级的评定报告。无论批准赊销与否，都要求被授权的信用管理部门人员在销售单上签署意见，然后再将签署意见后的销售单返回订单管理部门。

设计信用批准控制的目的是降低坏账风险，因此，这些控制与应收票据/应收账款/应收款项融资/合同资产账面余额的“准确性、计价和分摊”认定有关。

3）根据销售单编制出库单并发货

企业管理层通常要求商品仓库只有在收到经过批准的销售单时才能编制出库单并发货。设计这项控制程序的目的是防止仓库在未经授权的情况下擅自发货。因此，已批准销售单的一联通常应送达仓库，作为仓库按销售单供货和发货给装运部门的授权依据。

4）按出库单装运货物

产品配送人员在发货时清点货物，确认与出库单一致后在出库单上签字确认并进行货物运输。

5）向客户开具发票

向客户开具发票这一环节涉及的主要问题有：

（1）是否对所有发运的货物都开具了发票（“完整性”）；

（2）是否只对实际发运的货物开具发票，有无重复开具发票或虚开发票（“发生”）；

（3）是否按已授权批准的商品价目表所列价格开具发票（“准确性”）。

为了降低开具发票过程中出现遗漏、重复、错误计价或其他差错的风险，企业通常设立以下控制：

（1）在开具销售发票前，负责开票的员工检查是否存在出库单和相应的经批准的销售单；

（2）根据已授权批准的商品价目表开具销售发票；

（3）将出库单上的发货数量与销售发票上的产品数量进行核对。

上述控制与销售交易（即营业收入）的“发生”、“完整性”以及“准确性”认定相关。企业通常保留销售发票存根联。

6）记录销售

在手工会计系统中，记录销售的过程包括区分赊销、现销，按销售发票编制转账凭证或现金、银行存款收款凭证，再据以登记主营业务收入/其他业务收入明细账和应收票据/应收账款/应收款项融资/合同资产明细账或库存现金、银行存款日记账。

记录销售的控制程序包括以下内容：

（1）依据有效的出库单和销售单记录销售。这些出库单和销售单应能证明销货交易的发生及其发生的日期。

（2）使用事先连续编号的销售发票并对发票使用情况进行监控。

（3）独立检查已处理销售发票上的销售金额同会计记录金额的一致性。

（4）记录销售的职责应与处理销售交易的其他功能相分离。

（5）对记录过程中所涉及的有关记录的接触予以限制，以减少未经授权批准的记录发生。

（6）定期独立检查应收票据/应收账款/应收款项融资/合同资产明细账与总账的一致性。

（7）由不负责现金出纳和销售及应收票据/应收账款/应收款项融资/合同资产记账的人员定期向客户寄送对账单，对不符事项进行调查，必要时调整会计记录，编制对账情况汇总报告并交管理层审核。

上述控制与“发生”“完整性”“准确性、计价和分摊”认定相关。

7）办理和记录现金、银行存款收入

在办理和记录现金、银行存款收入时，企业最关心的是货币资金的安全。货币资金的失窃或被侵占可能发生在货币资金收入登记入账之前或入账之后。处理货币资金收入时最重要的是要保证全部货币资金都必须如数、及时地记入库存现金、银行存款日记账或应收票据/应收账款/应收款项融资/合同资产明细账，并如数、及时地存入银行。企业通过出纳与现金记账的职责分离、现金盘点、编制银行存款余额调节表、定期向客户寄送对账单等控制来实现上述目的。

8）确认和记录可变对价的估计和结算情况

如果合同中存在可变对价，企业需要对计入交易价格的可变对价进行估计，并在每一资产负债表日重新估计应计入交易价格的可变对价金额，以如实反映报告期末存在的情况以及报告期内发生的情况变化。

9）计提坏账准备/合同资产减值准备

企业一般定期对应收票据/应收款项融资/应收账款/合同资产的预期信用损失进行估计，根据估计结果确认信用减值损失/资产减值损失并计提坏账准备/合同资产减值准备，管理层对相关估计进行复核和批准。

10）核销坏账

如有证据表明某项货款已无法收回，企业应通过适当的审批程序注销该笔应收账款/应收款项融资。

9.1.2 销售交易的内部控制和控制测试

1）销售交易的内部控制

（1）适当的职责分离。

在销售与收款循环中，职责分离控制的基本要求有下列几项：

❶企业应当分别设立办理销售、发货、收款三项业务的部门（或岗位）。

❷企业在销售合同订立前，应当指定专门人员就销售价格、信用政策、发货及收款方式等具体事项与客户进行谈判。谈判人员至少应有两人以上，并与订立合同的人员相分离。

❸编制销售通知单的人员与开具销售发票的人员应相互分离。

❹销售人员应当避免接触销货现款。

❺企业应收票据的取得和贴现必须经由保管票据以外的主管人员的书面批准。

（2）恰当的授权审批。

注册会计师应当关注以下四个关键点上的审批程序：

❶在销售发生之前，赊销已经正确审批。

❷非经正当审批，不得发出货物。

❸销售价格、销售条件、运费、折扣等必须经过审批。

❹审批人应当根据销售与收款授权批准制度的规定，在授权范围内进行审批，不得超越审批权限。对于超过企业既定销售政策和信用政策规定范围的特殊销售业务，企业应当进行集体决策。

前两项控制的目的在于防止企业因向虚构的或无力支付货款的客户发货而蒙受损失。价格审批控制的目的在于保证销售交易按照企业定价政策规定的价格开票收款。对授权审批范围设定权限的目的在于防止因审批人决策失误而造成损失。

（3）充分的凭证和记录。

充分的凭证和记录有助于企业执行各项控制以实现控制目标。例如，企业在收到客户订单后，就立即编制一份预先编号的一式多联的销售单，分别用于批准赊销、审批发货、记录发货数量以及向客户开具发票等。在这种制度下，只要定期清点销售单和销售发票，就可以避免漏开发票或漏记销售的情况。又如，财务人员在记录销售交易之前，对相关的销售单、出库单和销售发票上的信息进行核对，以确保入账的营业收入是真实发生的、准确的。

（4）凭证的预先编号。

对凭证预先进行编号，旨在防止销售以后忘记向客户开具发票或登记入账，也可防止重复开具发票或重复记账。当然，如果对凭证的编号不作清点，预先编号就会失去其控制意义。定期检查全部凭证的编号，并调查凭证缺号或重号的原因，是实施这项控制的关键点。在目前信息技术得以广泛运用的环境下，凭证预先编号这一控制在很多情况下由系统执行，同时辅以人工的监控（例如对系统生成的例外报告进行复核）。

（5）按月寄送对账单。

由不负责现金出纳和销售及应收票据/应收账款/应收款项融资/合同资产记账的人员按月向客户寄送对账单，能促使客户在发现应付账款余额不正确后及时反馈有关信息。为了使这项控制更加有效，最好将账户余额中出现的所有核对不符的账项，指定一位不掌管货币资金也不记录主营业务收入和应收票据/应收账款/应收款项融资/合同资产账目的主管人员处理，然后由独立人员按月编制对账情况汇总报告并交管理层审阅。

（6）内部核查程序。

由内部审计人员或其他独立人员核查销货业务的处理和记录，是实现内部控制目标所不可缺少的一项控制措施。销售与收款内部核查的主要内容包括：

❶销售与收款交易相关岗位及人员的设置情况。重点检查是否存在销售与收款交易不相容职务混岗的现象。

❷销售与收款交易授权批准制度的执行情况。重点检查授权批准手续是否健全，是否存在越权审批行为。

❸销售的管理情况。重点检查信用政策、销售政策的执行是否符合规定。

❹收款的管理情况。重点检查销售收入是否及时入账，应收账款的催收是否有效，坏账核销和应收票据的管理是否符合规定。

❺销售退回的管理情况。重点检查销售退回手续是否齐全，退回货物是否及时入库。

2）销售交易的控制测试

（1）对于职责分离，注册会计师通常通过观察被审计单位有关人员的活动，以及与这些人员进行讨论，来实施职责分离的控制测试。

（2）对于授权审批，注册会计师通过检查凭证在“（2）恰当的授权审批”所述的四个关键点上是否经过审批，可以很容易地测试出授权审批内部控制的效果。

（3）对于充分的凭证和记录以及凭证的预先编号这两项控制，常用的控制测试程序是清点各种凭证。比如从主营业务收入明细账中选取样本，追查至相应的销售单、出库单、销售发票存根，看其编号是否连续，有无不正常的缺号发票和重号发票。这种测试程序可同时提供有关真实性和完整性目标的证据。

（4）对于按月寄送对账单这项控制，观察指定人员寄送对账单，并检查客户复函档案，是一项十分有效的控制测试。

（5）对于内部核查程序，注册会计师可以通过检查内部审计人员的报告，或检查其他独立人员在他们核查的内容上的签字等方法实施控制测试。

销售交易与财务报告相关的内部控制目标、关键内部控制和常用的控制测试见表9-1。

表9-1 销售交易与财务报告相关的内部控制目标、关键内部控制和常用的控制测试

内部控制目标	关键内部控制	常用的控制测试
登记入账的销售交易确系已经发货给真实的客户（涉及的认定：营业收入的发生；应收票据/应收账款/应收款项融资/合同资产的存在）	①销售交易是以经过审核的出库单及经过批准的客户订购单为依据登记入账的 ②在发货前，客户的赊购已经被授权批准 ③销售发票均经事先编号，并已恰当地登记入账 ④每月向客户寄送对账单，对客户提出的意见作专门追查	①检查销售发票副联是否附有出库单及销售单（或客户订购单） ②检查客户的赊购是否经授权批准 ③检查销售发票连续编号的完整性 ④观察是否寄发对账单，并检查客户回函档案
所有销售交易均已登记入账（涉及的认定：营业收入/应收票据/应收账款/应收款项融资/合同资产的完整性）	①销售发票均经事先编号，并已登记入账	①检查销售发票连续编号的完整性
登记入账的销售数量确系已发货的数量，已正确开具账单并登记入账（涉及的认定：营业收入的准确性；应收票据/应收账款/应收款项融资/合同资产的准确性、计价和分摊）	①销售价格、付款条件、运费和销售折扣的确定已经适当的授权批准 ②由独立人员对销售发票的编制作内部核查	①检查销售发票是否经适当的授权批准 ②检查有关凭证上的内部核查标记
销售交易的分类恰当（涉及的认定：营业收入的分类）	①采用适当的会计科目表 ②内部复核和核查	①检查会计科目表是否适当 ②检查有关凭证上内部复核和核查的标记

续表

内部控制目标	关键内部控制	常用的控制测试
销售交易的记录及时（涉及的认定：营业收入的截止）	①采用尽量能在销售发生时开具收款账单和登记入账的控制方法 ②每月末由独立人员对销售部门的销售记录、仓库部门的出库记录和财务部门的销售交易入账情况作内部核查	①检查尚未开具收款账单的发货和尚未登记入账的销售交易 ②检查有关凭证上内部核查的标记
销售交易已经正确地记入明细账，并经正确汇总（涉及的认定：营业收入的准确性、应收票据/应收账款/应收款项融资/合同资产的准确性、计价和分摊）	①每月定期给客户寄送对账单 ②由独立人员对应收票据/应收账款/应收款项融资/合同资产明细账作内部核查 ③将应收票据/应收账款/应收款项融资/合同资产明细账余额合计数与其总账余额进行比较	①观察对账单是否已经寄出 ②检查内部核查标记 ③检查将应收票据/应收账款/应收款项融资/合同资产明细账余额合计数与其总账余额进行比较的标记

9.1.3 收款交易的内部控制和控制测试

1）收款交易的内部控制

尽管由于每个企业的性质、所处行业、规模以及内部控制健全程度等不同，而使得其与收款交易相关的内部控制内容有所不同，但以下与收款交易相关的内部控制内容是通常应当共同遵循的：

（1）企业应当按照《中华人民共和国现金管理暂行条例》及《支付结算办法》等规定，及时办理销售收款业务。

（2）企业应将销售收入及时入账，不得账外设账，不得擅自坐支现金。销售人员应当避免接触销售现款。

（3）企业应当建立应收票据/应收账款/应收款项融资/合同资产信用风险分析制度和逾期催收制度。销售部门应当负责应收账款/应收款项融资的催收，财会部门应当督促销售部门加紧催收。对催收无效的逾期款项可通过法律程序予以解决。

（4）企业应当按客户设置应收票据/应收账款/应收款项融资/合同资产台账，及时登记每一客户应收票据/应收账款/应收款项融资/合同资产余额增减变动情况和信用额度使用情况。对长期往来客户应当建立起完善的客户资料，并对客户资料实行动态管理，及时更新。

（5）企业对于可能成为坏账的应收票据/应收账款/应收款项融资/合同资产应当报告有关决策机构，由其进行审查，确定是否确认为坏账。对企业发生的各项坏账，应查明原因，明确责任，并在履行规定的审批程序后作出会计处理。

（6）企业注销的坏账应当进行备查登记，做到账销案存。已注销的坏账又收回时应当及时入账，防止形成账外资金。

（7）企业应收票据的取得和贴现必须经由保管票据以外的主管人员的书面批准。应由专人保管应收票据，对于即将到期的应收票据，应及时向付款人提示付款；已贴现票据应在备查簿中登记，以便日后追踪管理；并应制定逾期票据的冲销管理程序和逾期票据追踪监控制度。

（8）企业应当定期与往来客户通过函证等方式核对应收票据/应收账款/应收款项融

资、合同负债等往来款项。如有不符，应查明原因，及时处理。

2）收款交易的控制测试

（1）测试应收票据/应收账款/应收款项融资/合同资产记录的收款与银行存款是否一致。测试程序有：检查核对每日收款汇总表和银行存款清单的核对记录和核对人签名；检查银行存款余额调节表和负责编制员工的签名。

（2）测试收款是否被记入不正确的应收票据/应收账款/应收款项融资/合同资产账户。测试程序有：检查对例外事项报告中的信息进行核对的记录以及无法核对事项的解决情况；检查客户质询信件并确定问题是否得到解决；检查管理层对应收票据/应收账款/应收款项融资/合同资产信用损失计算表的复核及跟进措施。

（3）测试登记入账的现金收入与企业已经实际收到的现金是否一致。测试程序有：实地观察收银台、销售点的收款过程，并检查这些地方是否有足够的物理监控；检查盘点记录、结算记录上负责计算现金和负责与销售汇总表相调节工作的员工签名；检查银行存款单和销售汇总表上的签名，证明已实施复核。

（4）测试坏账准备的计提是否充分与核销是否经审批。测试程序有：询问管理层如何复核坏账准备计提表的计算，检查是否有复核人员的签字；检查坏账核销是否经过管理层的恰当审批；检查应收票据/应收账款/应收款项融资/合同资产信用损失计算表的规则是否正确。

销售与收款循环控制测试审计工作底稿见附录（附表10），索引号XSC。

收款交易与财务报告相关的内部控制目标、关键内部控制和常用的控制测试见表9-2。

表9-2　**收款交易与财务报告相关的内部控制目标、关键内部控制和常用的控制测试**

内部控制目标	关键内部控制	常用控制测试
登记入账的现金收入确实为企业已经实际收到的现金（涉及的认定：营业收入的完整、发生、截止、准确性；货币资金的完整、存在）	①销售小票应交予客户确认金额一致 ②通过监视器监督收款台 ③每个收款台都打印每日现金销售汇总表 ④盘点每个收款台收到的现金，并与相关销售汇总表调节相符 ⑤独立检查所有收到的现金已存入银行 ⑥将每日现金销售汇总表与银行存款单相比较。定期取得银行对账单，独立编制银行存款余额调节表	①实地观察收银台、销售点的收款过程，并检查在这些地方是否有足够的物理监控 ②检查收款台打印销售小票和现金销售汇总表的程序设置和修改权限设置 ③检查盘点记录和结算记录上负责计算现金和与销售汇总表相调节工作的员工的签名 ④检查银行存款单和销售汇总表上的签名，证明已实施复核 ⑤检查银行存款余额调节表的编制和复核人员的审核记录
登记入账的应收票据/应收账款/应收款项融资/合同资产收款记录与银行存款一致（涉及的认定：应收票据/应收账款/应收款项融资/合同资产/货币资金的完整性、存在、权利和义务、准确性、计价和分摊）	①将每日收款汇总表、电子版收款清单和银行存款清单相比较 ②定期取得银行对账单，独立编制银行存款余额调节表 ③向客户发送月末对账单，对客户质询的差异应予以调查并解决	①检查核对每日收款汇总表、电子版收款清单和银行存款清单的核对记录和核对人签名 ②检查银行存款余额调节表和负责编制的员工的签名 ③检查客户质询信件并确定问题是否已被解决

续表

内部控制目标	关键内部控制	常用控制测试
收款已正确记入应收款项账户（涉及的认定：应收票据/应收账款/应收款项融资/合同资产的准确性、计价和分摊、存在）	①将生成的例外事项报告的项目进行手工核对，或调查产生的原因并解决 ②向客户发送月末对账单，对客户质询的差异应予以调查并解决 ③管理层每月复核按客户细分的应收票据/应收账款/应收款项融资/合同资产信用损失计算表，并调查长期余额或其他异常余额	①检查系统中的对应关系审核设置是否合理 ②检查对例外事项报告中的信息进行核对的记录以及无法核对事项的解决情况 ③检查客户质询信件并确定问题是否已被解决 ④检查管理层对应收票据/应收账款/应收款项融资/合同资产信用损失计算表的复核及跟进措施
坏账准备的计提充分（涉及的认定：应收票据/应收账款/应收款项融资/合同资产的准确性、计价和分摊）	①管理层对财务人员编制的应收票据/应收账款/应收款项融资/合同资产信用损失计算表进行复核。复核无误后需在坏账准备计提表上签字 ②管理层复核坏账核销的依据，并进行审批	①检查应收票据/应收账款/应收款项融资/合同资产信用损失计算表的规则是否正确 ②询问管理层如何复核坏账准备计提表的计算，检查是否有复核人员的签字 ③检查坏账核销是否经过管理层的恰当审批

案例窗 9-1　销售与收款循环内部控制的测试

注册会计师于2024年1月8日对华强股份有限公司销售与收款循环的内部控制进行了了解和测试，并在相关的审计工作底稿中作了记录，现摘录如下：

（1）销售部门指定专人就销售价格、信用政策、发货及收款方式等具体事项与客户进行谈判，并与客户签订销售合同。

（2）根据销售合同，销售部门编制预先连续编号的一式三联现销或赊销销售单。经销售部授权人员批准后，所有销售单的第一联直接送仓库作为按销售单发货的授权依据，第二联交开具发票部门，第三联由销售部留存。装运部门将从仓库提取的商品与销售单核对无误后装运，并编制一式四联预先连续编号的发运单，其中三联及时分送开具账单部门、仓库和顾客，一联留存装运部门。

（3）开具发票部门在收到出库单并与销售单核对无误后，编制预先连续编号的销售发票，并将其连同出库单和销售单及时送交会计部门。会计部门在核对无误后确认销售收入并登记应收账款账簿。会计部门定期向客户寄送对账单，并对顾客提出的异议进行专门追查。

（4）需经销售经理审批方可销售退回，销售退回的货物经仓库部门清点后入库并填制退货接收报告，财务部门根据退货接收报告和退货方出具的退货凭证审核并办理相应的退款事项。

（5）财务部门负责催收应收账款，妥善保存催收记录，并建立科学合理的清收奖励制度以及责任追究和处罚制度。

（6）公司的应收账款账龄分析由专门的应收账款账龄分析计算机系统完成，该系统由独立的信息部门负责维护管理。会计部门相关人员负责在系统中及时录入所有与应收账款交易相关的基础数据。为了便于及时更正录入的基础数据可能存在的差错，信息部门拥有修改基础数据的权限。

要求：指出华强股份有限公司在销售与收款循环内部控制中存在的缺陷，并提出改进建议。

9.1.4 评估重大错报风险

注册会计师应当考虑影响收入、收款交易的重大错报风险，并对被审计单位经营活动中可能发生的重大错报风险保持警觉。收入、收款交易和余额存在的重大错报风险可能包括：

其一，收入确认存在的舞弊风险。收入是利润的来源，直接关系到企业的财务状况和经营成果。有些企业往往为了达到粉饰财务报表的目的而采用虚增或隐瞒收入等方式实施舞弊。在财务报表舞弊案例中，涉及收入确认的舞弊占有很大比例，收入确认已成为注册会计师审计的高风险领域。中国注册会计师审计准则要求注册会计师基于收入确认存在舞弊风险的假定，评价哪些类型的收入、收款交易或认定导致舞弊风险。

其二，收入的复杂性可能导致的错误。例如，被审计单位可能针对一些特定的产品或者服务提供一些特殊的交易安排（如特殊的退货约定、特殊的服务期限安排等），但管理层可能对这些不同安排下所涉及的交易风险的判断缺少经验，收入确认就容易发生错误。

其三，发生的收入交易未能得到准确记录。

其四，期末收入交易和收款交易截止错误，包括销售退回交易的截止错误。

其五，收款未及时入账或记入不正确的账户，导致应收账款、应收票据、银行存款的错报。

其六，应收账款坏账准备/合同资产减值准备的计提不准确。

在收入确认方面，注册会计师值得关注的舞弊风险迹象有：

1）客户方面出现的舞弊风险迹象

（1）销售情况与客户所处行业状况不符，如客户所处行业景气度下降，但对该客户的销售却出现增长；又如，销售数量接近或超过客户所处行业的需求。

（2）与同一客户同时发生销售和采购交易，或者与同受一方控制的客户和供应商同时发生交易。

（3）交易标的对交易对方而言不具有合理用途。

（4）与新成立或之前缺乏从事相关业务经历的客户、与关联方或疑似关联方客户、与个体工商户发生大量或大额的异常交易。

（5）对应收款项账龄长、回款率低或缺乏还款能力的客户，仍放宽信用政策。

2）交易方面出现的舞弊风险迹象

（1）在临近期末时发生了大量或大额的交易。

（2）实际销售情况与订单不符，或者根据已取消的订单发货或重复发货。

（3）未经客户同意，在销售合同约定的发货期之前发送商品，或将商品运送到销售合同约定地点以外的其他地点。

（4）销售价格异常，如明显高于或低于被审计单位和其他客户之间的交易价格。

（5）已经销售的商品在期后有大量退回。

（6）交易之后长期不进行结算。

3）合同、单据方面出现的舞弊风险迹象

（1）销售合同未签字盖章，或者销售合同上加盖的公章并不属于合同所指定的客户。

（2）销售合同中重要条款（如交货地点、付款条件）缺失或含糊。

（3）销售合同中部分条款或条件不同于被审计单位的标准销售合同，或过于复杂。

（4）销售合同或出库单上的日期被更改。

（5）在实际发货之前开具销售发票，或实际未发货而开具销售发票。

4）回款方面出现的舞弊风险迹象

（1）应收款项收回时，付款单位与购买方不一致，存在较多代付款的情况。

（2）应收款项收回时，银行回单中的摘要与销售业务无关。

（3）对不同客户的应收款项从同一付款单位收回。

5）资金方面出现的舞弊风险迹象

（1）发生异常大量的现金交易，或被审计单位有非正常的资金流转及往来。

（2）在货币资金充足的情况下仍大额举债。

（3）工程实际付款进度明显快于合同约定付款进度。

（4）与关联方或疑似关联方客户发生大额资金往来。

6）其他方面出现的舞弊风险迹象

（1）采用异常于行业惯例的收入确认方法。

（2）与销售和收款相关的业务流程、内部控制发生异常变化，或者销售交易未按照内部控制制度的规定执行。

（3）被审计单位的账簿记录与询证函回函提供的信息之间存在重大或异常差异。

（4）在被审计单位业务或其他相关事项未发生重大变化的情况下，询证函回函相符比例明显异于以前年度。

在评估销售与收款循环的重大错报风险时，注册会计师应当落实到该风险所涉及的相关财务报表项目及认定，再基于销售与收款循环的重大错报风险评估结果，制订实施进一步审计程序的总体方案（包括综合性方案或实质性方案），继而实施控制测试和实质性程序。销售与收款循环的重大错报风险涉及收入的发生、完整性、准确性、截止和分类认定，涉及应收票据/应收账款/应收款项融资/合同资产的存在、权利和义务、完整性、准确性、计价和分摊认定。

销售与收款循环的重大错报风险和进一步审计程序总体方案见表9-3。

表9-3　销售与收款循环的重大错报风险和进一步审计程序总体方案

重大错报风险描述	相关财务报表项目及认定	风险程度	是否信赖控制	进一步审计程序的总体方案	拟从控制测试中获取的保证程度	拟从实质性程序中获取的保证程度
销售收入可能未真实发生	营业收入：发生 应收账款/合同资产：存在	特别	是	综合性方案	高	中
销售收入记录可能不完整	营业收入/应收账款/合同资产：完整性	一般	否	实质性方案	无	低
期末收入交易可能未计入正确的期间	营业收入：截止 应收账款/合同资产：存在/完整性	特别	否	实质性方案	无	高
发生的收入交易未能得到准确记录	营业收入：准确性 应收账款/合同资产：准确性、计价和分摊	一般	是	综合性方案	部分	低
应收账款坏账准备的计提不准确	应收账款/合同资产：准确性、计价和分摊	一般	否	实质性方案	无	中

9.2 营业收入审计

“营业收入”项目核算企业在销售商品、提供劳务等主营业务活动中所产生的收入，以及企业确认的除主营业务活动以外的其他经营活动实现的收入，包括出租固定资产、出租无形资产、出租包装物和商品、销售材料等实现的收入。本节仅阐述主营业务收入的实质性程序。

微课

收入舞弊迹象

9.2.1 营业收入的审计目标

营业收入的审计目标与认定的对应关系见表9-4。

表9-4 营业收入审计目标与认定对应关系表

审计目标	财务报表认定					
	发生	完整性	准确性	截止	分类	列报
A.确定利润表中记录的营业收入是否已发生，且与被审计单位相关	√					
B.确定所有应当记录的营业收入是否均已记录		√				
C.确定与营业收入有关的金额及其他数据是否已恰当记录，包括对销售退回、销售折扣与销售折让的处理是否适当			√			
D.确定营业收入是否已记录于正确的会计期间				√		
E.确定营业收入是否已记录于恰当的账户					√	
F.确定营业收入是否已被恰当地汇总或分解且表述清楚，按照企业会计准则的规定在财务报表中作出的相关披露是相关的、可理解的						√

9.2.2 主营业务收入的常规实质性程序

1）获取主营业务收入明细表

【审计程序与具体审计目标的对应关系】此程序可实现表9-4中的C审计目标。

（1）复核加计是否正确，并与总账数和明细账合计数核对是否相符；同时，结合“其他业务收入”科目数额，与报表数核对相符。

（2）检查以非记账本位币结算的主营业务收入的折算汇率及折算是否正确。

2）实施实质性分析程序

【审计程序与具体审计目标的对应关系】此程序可实现表9-4中的A、B、C审计目标。

（1）针对已识别需要运用分析程序的有关项目，并基于对被审计单位及其环境的了解，通过进行以下比较，同时考虑有关数据间关系的影响，以建立有关数据的期望值：

❶将账面销售收入、销售清单和销售增值税销项清单进行核对。

❷将本期销售收入金额与以前可比期间的对应数据或预算数进行比较。

❸分析月度或季度销售量、销售单价、销售收入金额、毛利率变动趋势。

❹将销售收入变动幅度与销售商品及提供劳务收到的现金、应收账款/合同资产、存

货、税金等项目的变动幅度进行比较。

❺将销售毛利率、应收账款/合同资产周转率、存货周转率等关键财务指标与可比期间数据、预算数或同行业其他企业数据进行比较。

❻分析销售收入等财务信息与投入产出率、劳动生产率、产能、水电能耗、运输数量等非财务信息之间的关系。

❼分析销售收入与销售费用之间的关系，包括销售人员的人均业绩指标、销售人员薪酬、广告费、差旅费，以及销售机构的设置、规模、数量、分布等。

(2) 确定可接受的差异额。

(3) 将实际的情况与期望值相比较，识别需要进一步调查的差异。

(4) 如果其差异超过可接受的差异额，调查并获取充分的解释和恰当的佐证审计证据。

(5) 评估实质性分析程序的结果。

如果发现异常或偏离预期的趋势或关系，注册会计师需要认真调查其原因，评价是否表明可能存在由于舞弊导致的重大错报风险。涉及临近期末收入和利润的异常关系尤其值得关注，例如在报告期的最后几周内记录了不寻常的大额收入或异常交易。注册会计师可能采取的调查方法举例如下：

❶如果发现被审计单位的毛利率变动较大或与所在行业的平均毛利率差异较大，注册会计师可以采用定性分析与定量分析相结合的方法，从行业及市场变化趋势、产品销售价格和产品成本要素等方面对毛利率变动的合理性进行调查。

❷如果发现应收账款/合同资产余额较大，或其增长幅度高于销售收入的增长幅度，注册会计师需要分析赊销政策和信用期限是否发生变化等具体原因，并在必要时采取恰当的措施，如扩大函证比例、增加截止测试和期后收款测试的比例、使用与前期不同的抽样方法、实地走访客户等。

❸如果发现被审计单位的收入增长幅度明显高于管理层的预期，可以询问管理层的适当人员，并考虑管理层的答复是否与其他审计证据一致。例如，如果管理层表示收入增长是由于销售量增加所致，注册会计师可以调查与市场需求相关的情况。

主营业务收入明细分析表审计工作底稿见附录（附表55），索引号SA2。

产品年度毛利率变化分析表审计工作底稿见附录（附表56），索引号SA3。

案例窗 9-2　　主营业务收入的实质性分析程序

甲公司是诚信会计师事务所的常年审计客户，主要从事肉制品的加工和销售。注册会计师王涛负责审计甲公司2023年度财务报表。2023年3月15日，甲公司某批次产品存在严重的食品安全问题被媒体曝光，王涛就此事项及相关影响与甲公司管理层进行了沟通。受食品安全事件影响，甲公司产品出现滞销。为恢复市场占有率，甲公司未因本年度成本大幅上涨而提高售价，销量逐渐回升。注册会计师王涛在审计工作底稿中记录了甲公司的财务数据，部分内容摘录见表9-5。

表 9-5　　甲公司财务数据摘录　　金额单位：万元

项目	未审数	已审数
	2023年	2022年
营业收入	7 200	7 500
营业成本	4 900	5 000

要求：假定不考虑其他条件，请指出甲公司财务数据中是否存在重大错报风险。如果有，简要说明理由，并说明该风险主要与哪些财务报表项目的哪些认定相关（不考虑税务影响）。

3）检查主营业务收入的确认方法是否符合企业会计准则的规定

【审计程序与具体审计目标的对应关系】此程序可实现表9-4中的A、B、C、D审计目标。

《企业会计准则第14号——收入》分别对“在某一时段内履行的履约义务”和“在某一时点履行的履约义务”的收入确认作出规定。因此，注册会计师需要基于对被审计单位商业模式和日常经营活动的了解，判断被审计单位的合同履约义务是在某一时段内履行还是某一时点履行，据以评估被审计单位确认收入的会计政策是否符合企业会计准则的规定，并测试被审计单位是否按照其既定的会计政策确认收入。

注册会计师通常对所选取的交易，检查销售合同及与履行合同相关的单据和文件记录，而对于某些特定的收入交易，注册会计师可能还需要根据被审计单位的具体情况和重大错报风险的评估结果，评价收入确认方法是否符合企业会计准则的规定。举例如下：

（1）对于附有销售退回条款的销售，评价对退回部分的估计是否合理，确定其是否按照因向客户转让商品而预期有权收取的对价金额（即不包含预期因销售退回将退还的金额）确认收入。

（2）对于附有质量保证条款的销售，评价该质量保证是否在向客户保证所销售商品符合既定标准之外提供了一项单独的服务，如果是额外的服务，是否作为单项履约义务进行会计处理。

（3）对于售后回购交易，评价回购安排是否属于远期安排，企业拥有回购选择权还是客户拥有回售选择权等因素，确定企业是否根据不同的安排进行了恰当的会计处理。

本章假定被审计单位在某一时点履行履约义务，在商品发运至客户并签收时确认收入（客户在该时点取得对商品的控制权）。

主营业务收入细节测试审计工作底稿见附录（附表57），索引号SA4。

案例窗9-3　收入确认舞弊的手段

以下列举上市公司收入舞弊的主要手段：

（1）虚构销售交易，具体包括：通过与其他方签订虚假购销合同，虚构存货，并通过伪造出库单、发运单、验收单等单据，以及虚开商品销售发票虚构收入；为了虚构销售收入，将商品从某一地点移送至另一地点，以出库单、发运单、验收单等为依据记录销售收入；根据其所处行业特点虚构销售交易，如游戏公司利用体外资金进行“刷单”，对其自有游戏进行充值以虚增收入等。

（2）在客户取得相关商品控制权前确认销售收入。例如，在委托代销安排下，在被审计单位向受托方转移商品时确认收入，而受托方并未获得对该商品的控制权。又如，通过伪造出库单、发运单、验收单等证明客户已取得相关商品控制权的单据，提前确认销售收入。

（3）通过隐瞒退货条款，在发货时全额确认销售收入。

（4）在被审计单位属于代理人的情况下，被审计单位按主要责任人确认收入。例如，被审计单位为代理商，在仅向购销双方提供帮助接洽、磋商等中介代理服务的情况下，按照相关购销交易的总额而非净额（佣金和代理费等）确认收入。

(5) 对于属于在某一时段内履约的销售，通过高估履约进度的方法实现当期多确认收入。

(6) 当存在多种可供选择的收入确认会计政策或会计估计方法时，随意变更所选择的会计政策或会计估计方法。

(7) 选择与销售模式不匹配的收入确认会计政策。

(8) 被审计单位在满足收入确认条件后，不确认收入，而将收到的货款作为负债挂账，或转入本单位以外的其他账户。

(9) 被审计单位采用以旧换新的方式销售商品时，以新旧商品的差价确认收入。

(10) 对于属于在某一时段内履约的销售，被审计单位未按履约进度确认收入，而推迟到履约义务完成时确认收入。

4) 检查交易价格

【审计程序与具体审计目标的对应关系】此程序可实现表9-4中的C审计目标。

交易价格，指企业因向客户转让商品而预期有权收取的对价金额。由于合同标价不一定代表交易价格，被审计单位需要根据合同条款，并结合以往的习惯做法等确定交易价格。注册会计师针对交易价格的实质性程序通常为：

(1) 询问管理层对交易价格的确定方法，在确定时管理层如何考虑可变对价、合同中存在的重大融资成分、非现金对价、应付客户对价等因素的影响。

(2) 选取和阅读部分合同，确定合同条款是否表明需要将交易价格分摊至各单项履约义务，以及合同中是否包含可变对价、非现金对价、应付客户对价以及重大融资成分等。

(3) 检查管理层的处理是否恰当，例如，测试管理层对非现金对价公允价值的估计。

5) 核对收入交易的原始凭证与会计记录

【审计程序与具体审计目标的对应关系】此程序可实现表9-4中的A、C、D、E审计目标。

以主营业务收入明细账中的会计分录为起点，检查相关原始凭证（如订购单、销售单、出库单和销售发票等），以评价已入账的营业收入是否真实发生。检查订购单和销售单，用以确认存在真实的客户购买要求，销售交易已经过适当的授权批准。销售发票存根上所列的单价，通常还要与经过批准的商品价目表进行比较核对，对其金额小计和合计数也要进行复算。发票中列出的商品的规格、数量和客户代码等，则应与出库单进行比较核对，尤其是由客户签收商品的一联，确定已按合同约定履行了履约义务，可以确认收入。同时，还要检查原始凭证中的交易日期（客户取得对商品的控制权的日期），以确认收入记入了正确的会计期间。

6) 从出库单中选取样本，追查至销售发票存根和主营业务收入明细账，以确定是否存在遗漏事项

【审计程序与具体审计目标的对应关系】此程序可实现表9-4中的B审计目标。

为使这一程序成为一项有意义的测试，注册会计师必须能够确信全部出库单均已归档，这点可以通过检查出库单的顺序编号查明。

7) 结合对应收账款/合同资产实施的函证程序，选择主要客户函证本期销售额

【审计程序与具体审计目标的对应关系】此程序可实现表9-4中的A、C审计目标。

8) 实施销售截止测试

【审计程序与具体审计目标的对应关系】此程序可实现表9-4中的D审计目标。

对销售实施截止测试，其目的主要在于确定被审计单位主营业务收入的会计记录归属期是否正确，应记入本期或下期的主营业务收入是否被推延至下期或提前至本期。截止测试包括以下程序：

（1）选取资产负债表日前后若干天一定金额以上的出库单，与应收账款/合同资产和收入明细账进行核对；同时，从应收账款/合同资产和收入明细账中选取在资产负债表日前后若干天一定金额以上的凭证，与出库单核对，以确定销售是否存在跨期现象。

（2）复核资产负债表日前后销售和发货水平，确定业务活动水平是否异常，并考虑是否有必要追加实施截止测试程序。

（3）取得资产负债表日后所有的销售退回记录，检查是否存在提前确认收入的情况。

（4）结合对资产负债表日应收账款/合同资产的函证程序，检查有无未取得客户认可的大额销售。

实施销售截止测试的前提是注册会计师充分了解被审计单位的收入确认会计实务，并能识别出证明某笔销售符合收入确认条件的关键单据。假定某制造企业在货物送达客户并由客户签收时确认收入，注册会计师可以考虑选择两条审计路径实施主营业务收入的截止测试：

一是以账簿记录为起点。从报表日前后若干天的账簿记录追查至记账凭证和客户签收的出库单，目的是证实已入账收入是否在同一期间已发货并由客户签收，有无多记收入。这种方法的优点是比较直观，容易追查至相关凭证记录，以确定是否应在本期确认收入，特别是在连续审计两个以上会计期间时，检查跨期收入十分便捷，可以提高审计效率。其缺点是缺乏全面性和连续性，只能查多记，无法查漏记，尤其是当本期漏记收入延至下期而审计时被审计单位尚未及时登账时，不易发现应记入而未记入报告期收入的情况。因此，使用这种方法主要是防止多记收入。

二是以出库单为起点。从报表日前后若干天的已经客户签收的出库单追查至账簿记录，确定主营业务收入是否已记入恰当的会计期间。

上述两条审计路径在实务中均被广泛采用，它们并不是孤立的，注册会计师可以考虑在同一主营业务收入项目审计中并用。

主营业务收入截止测试审计工作底稿见附录（附表58），索引号SA5。

9）检查销售退回

【审计程序与具体审计目标的对应关系】此程序可实现表9-4中的A、C审计目标。

如果被审计单位存在销售退回，注册会计师应检查相关手续是否符合规定；结合原始凭证检查其会计处理是否正确；结合存货项目审计检查其是否真实发生。

10）检查可变对价的会计处理

【审计程序与具体审计目标的对应关系】此程序可实现表9-4中的C审计目标。

（1）获取可变对价明细表，选取项目与相关合同条款进行核对，检查合同中是否确定存在可变对价；

（2）检查被审计单位对可变对价的估计是否恰当，如是否在整个合同期间内一致地采用同一种方法进行估计；

（3）检查计入交易价格的可变对价金额是否满足限制条件；

（4）检查资产负债表日被审计单位是否重新估计了应计入交易价格的可变对价金额。如果可变对价金额发生变动，是否按照《企业会计准则第14号——收入》的规定进行了恰当的会计处理。

11）检查主营业务收入在财务报表中的列报和披露是否符合企业会计准则的规定

【审计程序与具体审计目标的对应关系】此程序可实现表9-4中的F审计目标。

案例窗 9-4　　主营业务收入的细节测试

注册会计师赵东负责审计华强股份有限公司2023年度财务报表。赵东对营业收入的发生认定进行审计，编制了审计工作底稿，部分内容摘录见表9-6。

表 9-6　　审计工作底稿摘录

金额单位：万元

记账凭证日期	记账凭证编号	记账凭证金额	发票日期	出库单日期
2023年1月5日	转字1号	12	2023年1月8日	2023年1月8日
2023年2月28日	转字5号	7	2023年2月27日	2023年2月27日
2023年3月20日	转字10号	8	2023年3月19日	2023年3月19日
（略）				
2023年11月3日	转字44号	10	2023年11月2日	2023年11月2日
2023年11月15日	转字48号	200	2023年11月14日	2023年11月14日
2023年12月10日	转字50号	250	2023年12月10日	2023年12月10日
（略）				

审计说明：

（1）根据销售合同的约定，在客户收到货物、验收合格并签发收货通知单后，华强股份有限公司取得收取货款的权利。审计中已检查销售合同。

（2）已检查记账凭证日期、发票日期和出库单日期，未发现异常。发票和出库单中的其他信息与记账凭证一致。

（3）11月转字48号和12月转字50号记账凭证反映的销售额较高，财务经理解释系调整价格所致。注册会计师赵东认为解释合理，未实施进一步检查。

要求：针对审计说明（1）至（3）项，指出注册会计师赵东实施的审计程序中存在的不当之处，并简要说明理由。

9.2.3　营业收入的“延伸检查”程序

如果识别出被审计单位收入真实性存在重大异常情况，且通过常规审计程序无法获取充分、适当的审计证据，注册会计师需要考虑实施“延伸检查”程序，即对检查范围进行合理延伸，以应对识别出的舞弊风险。实务中，注册会计师可以实施的“延伸检查”程序举例如下：

（1）在获取被审计单位配合的前提下，对相关供应商、客户进行实地走访，针对相关采购、销售交易的真实性获取进一步的审计证据。在实施实地走访程序时，注册会计师通常需要关注以下事项：

❶被访谈对象的身份真实性和适当性；

❷相关供应商、客户是否与被审计单位存在关联方关系或“隐性”关联方关系；

❸观察相关供应商、客户的生产经营场地，判断其与被审计单位之间的交易规模是否和其生产经营规模匹配；

❹相关客户向被审计单位进行采购的商业理由；

❺相关客户采购被审计单位商品的用途和去向，是否存在销售给被审计单位指定单位

的情况；

❻相关客户从被审计单位采购的商品的库存情况，必要时进行实地察看；

❼是否存在“抽屉协议”，如退货条款、价格保护机制等；

❽相关供应商向被审计单位销售的产品是否来自被审计单位的指定单位；

❾相关供应商、客户与被审计单位是否存在除购销交易以外的资金往来，如有，了解资金往来的性质。

注册会计师应当充分考虑被审计单位与被访谈对象串通舞弊的可能性，根据实际情况仔细设计访谈计划和访谈提纲，并对在访谈过程中注意到的可疑迹象保持警觉。注册会计师在访谈前应注意对访谈提纲保密，必要时，选择两名或不同层级的被访谈人员访谈相同或类似问题，进行相互印证。

（2）利用企业信息查询工具，查询主要供应商和客户的股东至其最终控制人，以识别相关供应商和客户与被审计单位是否存在关联方关系。

（3）在采用经销模式的情况下，检查经销商的最终销售实现情况。

（4）当注意到存在关联方（例如，被审计单位控股股东、实际控制人、关键管理人员）配合被审计单位虚构收入的迹象时，获取并检查相关关联方的银行账户资金流水，关注是否存在与被审计单位相关供应商或客户的异常资金往来。

9.3 应收账款审计

应收账款是企业无条件收取合同对价的权利。合同资产是指企业已向客户转让商品而有权收取对价的权利，且该权利取决于时间流逝之外的因素。应收款项仅承担信用风险，而合同资产除信用风险外，还可能承担其他风险。本教材只讲解应收账款的实质性程序。

应收账款指企业因销售商品、提供劳务而形成的现时收款权利，即由于企业销售商品、提供劳务等原因，应向客户收取的款项。应收账款余额一般包括应收账款账面余额和相应的预期信用损失两部分。企业应当以预期信用损失为基础，合理预计各项应收款项可能发生的坏账，对应收账款进行减值会计处理并确认损失准备。应收账款的审计需要结合销售交易的审计来进行。收入的“发生”认定直接影响应收账款的“存在”认定，通过审计应收账款获取的审计证据也能够为收入提供审计证据。

9.3.1 应收账款的审计目标

应收账款的审计目标与认定的对应关系见表9-7。

表9-7 应收账款审计目标与认定对应关系表

审计目标	财务报表认定					
	存在	完整性	权利和义务	准确性、计价和分摊	分类	列报
A.确定资产负债表中记录的应收账款是否存在	√					
B.确定所有应当记录的应收账款是否均已记录		√				

续表

审计目标	财务报表认定					
	存在	完整性	权利和义务	准确性、计价和分摊	分类	列报
C.确定记录的应收账款是否由被审计单位拥有或控制			√			
D.确定应收账款是否可收回，预期信用损失的计提方法和金额是否恰当，计提是否充分				√		
E.确定应收账款及其预期信用损失是否已记录于恰当的账户					√	
F.确定应收账款是否已被恰当地汇总或分解且表述清楚，按照企业会计准则的规定在财务报表中作出的相关披露是相关的、可理解的						√

9.3.2 应收账款的实质性程序

1）获取应收账款明细表

【审计程序与具体审计目标的对应关系】此程序可实现表9-7中的D审计目标。

（1）复核加计正确，并与总账数和明细账合计数核对相符；结合“坏账准备”科目与报表数核对相符。

（2）检查非记账本位币应收账款的折算。对于用非记账本位币（通常为外币）结算的应收账款，注册会计师应检查被审计单位外币应收账款的增减变动是否按业务发生时的市场汇率或期初市场汇率折合为记账本位币金额，所选折合汇率前后各期是否一致；期末外币应收账款余额是否按期末市场汇率折合为记账本位币金额；折算差额的会计处理是否正确。

（3）分析有贷方余额的项目，查明原因，必要时，建议作重分类调整。

（4）结合其他应收款、预收账款等往来项目的明细余额，查明有无同一客户多处挂账、异常余额或与销售无关的其他款项（如代销账户、关联方或员工账户），如有，应作出记录，必要时提出调整建议。

应收账款明细表审计工作底稿见附录（附表22），索引号ZD2。

2）分析与应收账款相关的财务指标

【审计程序与具体审计目标的对应关系】此程序可实现表9-7中的A、B、D审计目标。

（1）复核应收账款借方累计发生额与主营业务收入是否配比，并将当期应收账款借方发生额占销售收入净额的百分比与管理层考核指标和被审计单位相关赊销政策比较，如存在差异，应查明原因。

（2）计算应收账款周转率、应收账款周转天数等指标，并与被审计单位相关赊销政策、被审计单位以前年度指标、同行业同期相关指标对比分析，检查是否存在重大异常。

3）对应收账款实施函证程序

【审计程序与具体审计目标的对应关系】此程序可实现表9-7中的A、C、D、E审计目标。

函证（外部函证），是指注册会计师直接从第三方（被询证者）获取书面答复作为审计证据的过程。书面答复可以采用纸质、电子或其他介质等形式。

注册会计师可以在考虑被审计单位的经营环境、内部控制的有效性、应收账款账户的性质、被询证者处理询证函的习惯做法及回函的可能性等基础上，确定应收账款函证的范围、对象、方式和时间。

（1）函证决策。

除非有充分证据表明应收账款对财务报表不重要，或函证很可能无效的，否则，注册会计师应当对应收账款实施函证。如果不对应收账款函证，注册会计师应当在审计工作底稿中说明理由。如果认为函证很可能无效，注册会计师应当实施替代审计程序，获取充分、适当的审计证据。

（2）函证的范围和对象。

函证的范围是由诸多因素决定的，主要有：

❶应收账款在全部资产中的重要性。若应收账款在全部资产中所占的比重较大，则函证的范围应相应大一些。

❷被审计单位内部控制的有效性。若相关内部控制有效，则可以相应减少函证范围；反之，则需要扩大函证范围。

❸以前期间的函证结果。若以前期间函证中发现过重大差异，或欠款纠纷较多，则函证范围应相应扩大一些。

一般情况下，注册会计师应选择以下项目作为函证对象：

❶金额较大的项目；

❷账龄较长的项目；

❸交易频繁但期末余额较小甚至余额为零的项目；

❹重大关联方交易；

❺与债务人发生纠纷的项目；

❻主要客户（包括关系密切的客户）项目；

❼新增客户项目；

❽可能产生重大错报或舞弊的非正常的项目。

（3）函证的方式。

注册会计师可采用积极的或消极的函证方式实施函证，也可将两种方式结合使用。例如，当应收账款的余额是由少量的大额应收账款和大量的小额应收账款构成时，注册会计师可以对所有的或抽取的大额应收账款样本项目采用积极式函证，而对抽取的小额应收账款样本项目采用消极式函证。如果应收账款存在高估风险，且与之相关的收入确认存在舞弊风险假定，那应当对应收账款采用积极的函证方式。

❶积极式函证，是指要求被询证者直接向注册会计师回复，表明是否同意询证函所列示的信息，或填列所要求的信息的一种询证方式。

积极式函证要求被询证者在所有情况下都必须回函，确认所列示的信息是否正确或填列询证函要求的信息。通常认为，对积极式询证函的回函能够提供可靠的审计证据，但存在被询证者对所列示信息根本不验证就予以回函确认的风险。为了降低这种风险，注册会计师可以采用另外一种形式的询证函，即在询证函中不列明账户余额（或其他信息），而是要求被询证者填列有关信息或提供进一步信息，但是，采用这种空白式询证函方式要求被询证者作出更多工作，可能导致回函率降低。

在采用积极式函证时，只有注册会计师收到回函，才能为财务报表认定提供审计证据。注册会计师没有收到回函，原因可能是：被询证者根本不存在；被询证者没有收到询证函；被询证者没有理会询证函。注册会计师没有收到回函时，无法证明所函证信息是否正确。在这种情况下，注册会计师应当考虑与被询证者联系，要求对方作出回应或再次寄发询证函。如果仍未能得到被询证者的回应，注册会计师应当实施替代审计程序。

积极式询证函的参考格式见表9-8和表9-9。

表9-8　　企业询证函（格式一）　　编号：

××（公司）：

本公司聘请的××会计师事务所正在对本公司××××年度财务报表进行审计，按照中国注册会计师审计准则的要求，应当询证本公司与贵公司的往来账项等事项。下列数据出自本公司账簿记录，如与贵公司记录相符，请在本函下端“信息证明无误”处签章证明；如有不符，请在“信息不符”处列明不符金额。回函请直接寄至××会计师事务所。

回函地址：

邮编：　　电话：　　传真：　　联系人：

1.本公司与贵公司的往来账项列示如下：　　单位：元

截止日期	贵公司欠	欠贵公司	备　注

2.其他事项。

本函仅为复核账目之用，并非催款结算。若款项在上述日期之后已经付清，仍请及时复函为盼。

（公司盖章）

年　月　日

结论：1.信息证明无误。

（公司盖章）

年　月　日

经办人：

2.信息不符，请列明不符的详细情况。

（公司盖章）

年　月　日

经办人：

表9-9　　企业询证函（格式二）　　编号：

××（公司）：

本公司聘请的××会计师事务所正在对本公司××××年度财务报表进行审计，按照中国注册会计师审计准则的要求，应当询证本公司与贵公司的往来账项等事项。请列示截至××××年×月×日贵公司与本公司往来款项余额。回函请直接寄至××会计师事务所。

回函地址：

邮编：　　电话：　　传真：　　联系人：

本函仅为复核账目之用，并非催款结算。若款项在上述日期之后已经付清，仍请及时复函为盼。

（公司盖章）

年　月　日

1.本公司与贵公司的往来账项列示如下：　单位：元

截止日期	贵公司欠	欠贵公司	备　注

2.其他事项。

（公司盖章）

年　月　日

经办人：

❷消极式函证，是指要求被询证者只有在不同意询证函所列示的信息时才直接向注册会计师回函的一种询证方式。

在采用消极式函证方式时，如果收到回函，能够为财务报表认定提供说服力强的审计证据。未收到回函则可能是因为被询证者已收到询证函且核对无误，也可能是因为被询证者根本就没有收到询证函。因此，积极式函证通常比消极式函证提供的审计证据可靠。因而在采用消极式函证时，注册会计师通常还需辅之以其他审计程序。

消极式询证函的参考格式见表9-10。

表 9-10　企业询证函　编号：

××（公司）：

本公司聘请的××会计师事务所正在对本公司××××年度财务报表进行审计，按照中国注册会计师审计准则的要求，应当询证本公司与贵公司的往来账项等事项。下列数据出自本公司账簿记录，如与贵公司记录相符，则无须回复；如有不符，请直接通知××会计师事务所，并在空白处列明贵公司认为正确的信息。回函请直接寄至××会计师事务所。

回函地址：

邮编：　电话：　传真：　联系人：

1.本公司与贵公司的往来账项列示如下：　单位：元

截止日期	贵公司欠	欠贵公司	备　注

2.其他事项。

本函仅为复核账目之用，并非催款结算。若款项在上述日期之后已经付清，仍请及时核对为盼。

（公司盖章）

年　月　日

经办人：

××会计师事务所：

上面的信息不正确，差异如下：

（公司盖章）

年　月　日

经办人：

（4）函证时间的选择。

注册会计师通常以资产负债表日为截止日，在资产负债表日后适当时间实施函证。如果重大错报风险评估为低水平，注册会计师可选择资产负债表日前适当日期为截止日实施函证，并对所函证项目自该截止日起至资产负债表日止发生的变动实施实质性程序。

（5）函证的控制。

微课

函证过程控制审核表的填写

注册会计师可以采取下列措施对函证实施过程进行控制：

❶将被询证者的姓名、单位名称和地址与被审计单位的有关记录核对；

❷将询证函中列示的账户余额或其他信息与被审计单位有关资料核对；

❸在询证函中指明直接向接受审计业务委托的会计师事务所回函；

❹询证函经被审计单位盖章后，由注册会计师直接发出；

❺将发出询证函的情况形成审计工作底稿；

❻将收到的回函形成审计工作底稿，并汇总统计函证结果。

这里需要注意的是，如果被询证者以传真、电子邮件等方式回函，注册会计师应当直接接收，并要求被询证者寄回询证函原件。

应收账款函证结果汇总表审计工作底稿见附录（附表24），索引号ZD4。

（6）对不符事项的处理。

不符事项，是指被询证者提供的信息与询证函要求确认的信息不一致，或与被审计单位记录的信息不一致。不符事项的原因可能是：

❶双方登记入账的时间不同。这主要表现在：一是询证函发出时，债务人已付款，而被审计单位尚未收到货款；二是询证函发出时，被审计单位的货物已经发出并已作销售记录，但货物仍在途中，债务人尚未收到货物；三是债务人由于某种原因将货物退回，而被审计单位尚未收到；四是债务人对收到的货物的数量、质量及价格等方面有异议而全部或部分拒付货款等。

❷一方或双方记账错误。

❸被审计单位的舞弊行为。

如果函证发现了不符事项，注册会计师应当考虑不符事项是否构成错报及其对财务报表可能产生的影响，并将结果形成审计工作底稿。如果不符事项构成错报，注册会计师应当重新考虑所实施审计程序的性质、时间安排和范围。

案例窗9-5　　函证不符事项的处理

注册会计师赵东负责审计华强股份有限公司2023年度财务报表。赵东取得华强股份有限公司2023年12月31日的应收账款明细表，并于2024年1月15日采用积极函证方式对华强股份有限公司所有重要客户寄发了询证函，并将与函证结果相关的重要异常情况汇总，见表9-11。

表9-11　　与函证结果相关的重要异常情况汇总表

异常事项	询证函编号	客户名称	询证金额（万元）	回函日期	回函内容
（1）	22	A	30	2024年1月22日	购买华强股份有限公司30万元货物属实，但款项已于2023年12月25日用支票支付

续表

异常事项	询证函编号	客户名称	询证金额（万元）	回函日期	回函内容
（2）	56	B	50	2024年1月19日	因产品质量不符合要求，根据购货合同，于2023年12月28日将货物退回
（3）	64	C	64	2024年1月19日	2023年12月10日收到华强股份有限公司委托本公司代销的货物64万元，尚未销售
（4）	134	D	60	因地址错误被邮局退回	—

要求：针对上述各种异常事项，指出注册会计师赵东应分别实施哪些重要审计程序。

（7）对未回函应收账款实施替代审计程序。

如果未收到被询证方的回函，注册会计师应当实施下列替代审计程序：

❶检查资产负债表日后收回的货款。值得注意的是，注册会计师不能仅查看应收账款的贷方发生额，而且还要查看相关的收款单据，以证实付款方为该客户且与资产负债表日的应收账款相关。

❷检查相关的销售合同、销售单、出库单等文件。注册会计师需要根据被审计单位的收入确认条件和时点，确定能够证明收入发生的凭证。

❸检查被审计单位与客户之间的往来邮件，如有关发货、对账、催款等事宜的邮件。

在某些情况下，注册会计师可能认为取得积极式函证回函是获取充分、适当的审计证据的必要程序，尤其是识别出有关收入确认的舞弊风险，导致注册会计师不能信赖从被审计单位取得的审计证据，那么替代程序不能提供注册会计师需要的审计证据。在这种情况下，如果未获取回函，注册会计师应当确定其对审计工作和审计意见的影响。

应收账款替代测试表审计工作底稿见附录（附表25），索引号ZD5。

（8）对函证结果的总结和评价。

❶重新考虑对内部控制的原有评价是否适当；控制测试的结果是否适当；分析程序的结果是否适当；相关的风险评估是否适当等。

❷如果函证结果表明没有审计差异，则可以合理地推论：全部应收账款总体是正确的。

❸如果函证结果表明存在审计差异，则应当估算应收账款总额中可能出现的累计差错是多少，估算未被选中进行函证的应收账款的累计差错是多少。为取得对应收账款累计差错更加准确的估计，也可以进一步扩大函证范围。

函证应收账款的目的在于证实“应收账款”账户余额的真实性、正确性，防止或发现被审计单位及其有关人员在销售交易中发生的错误或舞弊行为。通过函证应收账款，可以比较有效地证明被询证者（债务人）的存在和被审计单位记录的可靠性。

应收账款询证函审计工作底稿见附录（附表23），索引号ZD3。

（9）在函证过程中，注册会计师需要始终保持职业怀疑，对舞弊风险迹象保持警觉并采取应对措施。

❶注册会计师需要关注的舞弊风险迹象。

与函证程序有关的舞弊风险迹象的情形包括：

A.管理层不允许寄发询证函。

B.管理层试图拦截、篡改询证函或回函，如坚持以特定的方式发送询证函。

C.被询证者将回函寄至被审计单位，被审计单位将其转交注册会计师。

D.注册会计师跟进访问被询证者，发现回函信息与被询证者记录不一致。

E.从私人电子信箱发送的回函。

F.收到同一日期发回的、相同笔迹的多份回函。

G.位于不同地址的多家被询证者的回函邮戳显示的发函地址相同。

H.收到不同被询证者用快递寄回的回函，但快递的交寄人或发件人是同一个人或是被审计单位的员工。

I.回函邮戳显示的发函地址与被审计单位记录的被询证者的地址不一致。

J.不正常的回函率，例如，银行函证未回函；与以前年度相比，回函率异常偏高或回函率重大变动。

K.被询证者缺乏独立性。例如，被审计单位是被询证者唯一或重要的客户或供应商；被询证者既是被审计单位资产的保管人又是资产的管理者。

❷针对舞弊风险迹象注册会计师可以采取的应对措施。

针对舞弊风险迹象，注册会计师根据具体情况可以实施的审计程序的情形包括：

A.验证被询证者是否存在、是否与被审计单位之间缺乏独立性，其业务性质和规模是否与被询证者和被审计单位之间的交易记录相匹配。

B.将与从其他来源得到的被询证者的地址（如与被审计单位签订的合同上签署的地址、网络上查询到的地址）相比较，验证寄出方地址的有效性。

C.将被审计单位档案中有关被询证者的签名样本、公司公章与回函核对。

D.要求与被询证者相关人员直接沟通讨论询证事项，考虑是否有必要前往被询证者工作地点以验证其是否存在。

E.分别在中期和期末寄发询证函，并使用被审计单位账面记录和其他相关信息核对相关账户的期间变动。

F.考虑从金融机构获得被审计单位的信用记录，加盖该金融机构公章，并与被审计单位会计记录相核对，以证实是否存在被审计单位没有记录的贷款、担保、开立银行承兑汇票、信用证、保函等事项。根据金融机构的要求，注册会计师获取信用记录时可以考虑由被审计单位人员陪同前往。在该过程中，注册会计师需要注意确认该信用记录没有被篡改。

案例窗9-6　应收账款函证程序的运用

诚信会计师事务所注册会计师赵东负责审计华强股份有限公司2023年度财务报表。审计工作底稿中与应收账款函证相关的部分内容摘录如下：

（1）审计项目组评估认为应收账款的重大错报风险较低，对华强股份有限公司2023年11月30日的应收账款余额实施了函证程序，未发现差异。2023年12月31日的应收账款余额较11月30日无重大变动。审计项目组据此认为已对应收账款余额的存在认定获取了充分、适当的审计证据。

（2）审计项目组负责填写询证函信息，华强股份有限公司业务员负责填写询证函信封，审计项目组取得加盖公章的询证函及业务员填写的信封后，直接到邮局将询证函寄出。

（3）客户丙公司的回函并非询证函原件。华强股份有限公司财务人员解释，在催收回函时，丙公司财务人员表示未收到询证函，所以将其留存的询证函复印件送给了丙公司，并要求丙公司财务人员将回函直接寄回至诚信会计师事务所。审计项目组认为该解释合理，无须实施进一步审计程序。

要求：针对上述事项，逐项指出审计项目组的做法是否恰当。如不恰当，简要说明理由。

4）确定已收回的应收账款金额

【审计程序与具体审计目标的对应关系】此程序可实现表9-7中的D、E审计目标。

注册会计师应请被审计单位协助，在应收账款明细账上标出至审计时已收回的应收账款金额。对已收回金额较大的款项进行常规检查，如核对收款凭证、银行对账单、销售发票等，并注意凭证发生日期的合理性，分析收款时间是否与合同相关要素一致。

5）对应收账款余额实施函证以外的细节测试

【审计程序与具体审计目标的对应关系】此程序可实现表9-7中的A、C、D审计目标。

在未实施应收账款函证的情况下，注册会计师需要实施其他审计程序获取有关应收账款的审计证据。这种程序通常与上述未收到回函情况下实施的替代审计程序相似。

6）检查坏账的冲销和转回

【审计程序与具体审计目标的对应关系】此程序可实现表9-7中的D、E审计目标。

在检查坏账的确认时，注册会计师应检查有无债务人破产或者死亡的，以及破产或遗产清偿后仍无法收回的，或者债务人长期未履行清偿义务的应收账款；在检查坏账的处理时，注册会计师应检查被审计单位坏账的处理是否经授权批准，有关会计处理是否正确。

7）确定应收账款的列报是否恰当

【审计程序与具体审计目标的对应关系】此程序可实现表9-7中的F审计目标。

案例窗9-7　应收账款函证程序受到限制的应对措施

诚信会计师事务所注册会计师赵东负责审计华强股份有限公司2023年度财务报表，在对华强股份有限公司应收账款实施函证程序时，华强股份有限公司管理层拒绝审计项目组向客户丁寄发询证函。

要求：指出审计项目组应当采取的应对措施。

9.3.3　坏账准备的实质性程序

1）获取坏账准备明细表

【审计程序与具体审计目标的对应关系】此程序可实现表9-7中的D审计目标。

注册会计师应获取坏账准备明细表，复核加计正确，与坏账准备总账数、明细账合计数核对相符；将坏账准备本期计提数与信用减值损失相应明细科目的发生额核对相符。

2）检查坏账准备的计提

【审计程序与具体审计目标的对应关系】此程序可实现表9-7中的D、E审计目标。

注册会计师应当检查应收账款坏账准备计提和核销的批准程序，取得书面报告等证明文件，结合应收账款函证回函结果，评价计提坏账准备所依据的资料、假设及方法。企业应合理预计信用损失并计提坏账准备，不得多提或少提，否则应视为滥用会计估计，按照前期差错更正的方法进行会计处理。

实务中，有些企业通常会编制应收账款账龄分析报告，以监控货款回收情况、及时识别可能无法收回的应收账款，并以账龄组合为基础预计信用损失。在这种情况下，注册会计师可以通过测试应收账款账龄分析表来评估坏账准备的计提是否恰当。应收账款账龄分析表的格式见表9-12。

表9-12 应收账款账龄分析表

年 月 日 货币单位：

客户名称	期末余额	账龄			
		1年以内	1~2年	2~3年	3年以上
合计					

应收账款的账龄，是指资产负债表中的应收账款从销售实现、产生应收账款之日起，至资产负债表日止所经历的时间。企业编制应收账款账龄分析表时，可以选择重要的顾客及其余额列示，不重要的或余额较小的，可以汇总列示。

注册会计师在测试时，需要将应收账款账龄分析表中的合计数与应收账款总分类账余额相比较，并调查重大调节项目，以确定应收账款账龄分析表计算的准确性。还需要从账龄分析表中抽取一定数量的项目，追查至相关原始凭证，如销售发票、出库单等，测试账龄核算的准确性。

3）检查实际发生的坏账损失

【审计程序与具体审计目标的对应关系】此程序可实现表9-7中的D、E审计目标。

实际发生坏账损失的，注册会计师应当检查转销依据是否符合有关规定，会计处理是否正确。对于被审计单位在被审计期间内发生的坏账损失，注册会计师应检查其原因是否清楚，是否符合有关规定，有无授权批准，有无已作坏账处理又重新收回的应收账款，相应的会计处理是否正确。对有确凿证据表明确实无法收回的应收账款，如债务单位已撤销、破产、资不抵债、现金流量严重不足等，企业应根据管理权限，经股东会或董事会，或经理（厂长）办公会或类似机构批准作为坏账损失，冲销提取的坏账准备。

4）确定坏账准备的列报是否恰当

【审计程序与具体审计目标的对应关系】此程序可实现表9-7中的F审计目标。

企业应当在财务报表附注中清楚地说明坏账的确认标准、坏账准备的计提方法和计提比例。

应收账款审定表审计工作底稿见附录（附表21），索引号ZD1。

案例窗9-8　财务大洗澡？

FST公司（以下简称：FST）发布公告，转回3 290万元的坏账准备，增加20×6年度净利润3 290万元。坏账准备的提取是非常严谨的，而在大多数情况下，坏账准备的转回条件更是极其苛刻的。

在FST转回3 290万元的坏账准备之前，因客户YL公司及其关联方出现资金周转困难，资产负债率过高，发生债券到期未足额兑付的违约事项，FST判断应收YL公司及其关联方的款项产生坏账损失的风险较高，单独进行减值测试后，按90%的比例计提坏账准备64 882 240.97元。20×6年，客户YL公司与多家银行签署延期还款及下调借款利率的协议，短期偿债风险得到一定程度的缓解，随后，FST对YL公司及其关联方应收账款收回而转回未确认的坏账准备32 547 790.22元，相应冲减信用减值损失。

这不是FST第一次转回坏账，20×3年该公司信用减值损失数额为-9 292.4万元，主要由前期应收账款坏账准备转回造成。也正是由于这一笔坏账准备转回，让FST在20×3年净利润保持了18.52%的同比增长。

面对坏账准备比较多（相对于净利润）的公司，其年报附注里的应收账款是值得投资者仔细玩味的，尤其是连续多年长期躺在账面上的坏账准备，有虚构利润的嫌疑；若突然计提大额坏账准备，则存在着隐瞒利润的可能；在风调雨顺的年份计提大额坏账准备，再在捉襟见肘的时候转回，坏账准备就成了调节利润的工具。

根据企业会计准则，上市公司应当考虑在资产负债表日已经存在且能够获取的所有合理的信息，基于有关过去事项、当前状况以及未来经济状况预测对金融资产计提预期信用损失，上市公司在对应收款项进行减值测试时，应充分披露计提减值的原因及合理性，若原因披露不充分及业务内容披露不充分，会受到证券交易所问询，甚至被质疑相关业务的真实性和收入确认的合规性。

【本章思政主题】

素养能力　专业胜任

在证监会披露的2022年证监稽查20起典型违法案例中，有5起与财务造假相关。其中4起典型违法案例如下：

（1）TRT信息披露违法违规案。本案是一起上市公司系统性造假的典型案例。2016年至2019年，TRT股份有限公司通过子公司虚构销售及采购业务、虚增销售及管理费用、伪造银行回单等方式，累计虚增收入211.21亿元、利润28.16亿元。本案表明，上市公司财务造假严重破坏资本市场信息披露秩序，侵蚀市场诚信基础，监管部门必将予以严厉打击。

（2）YJGS信息披露违法违规案。本案是一起上市公司实际控制人指使造假的典型案例。2016年至2019年，YJGS股份有限公司实际控制人策划、指使公司通过虚构销售交易及股权转让交易等方式累计虚增利润1.5亿元，通过虚构采购业务等方式虚增资产18.56亿元。本案警示，上市公司实际控制人应当严守法律底线，不得滥用控制地位从事违法行为。

（3）JZD信息披露违法违规案。本案是一起上市公司虚构贸易造假的典型案例。2015年至2018年上半年，JZD股份有限公司通过虚构与供应商、客户之间的贸易业务，累计虚增收入230.73亿元、利润19.89亿元。本案警示，上市公司应当依法诚信经营，杜绝弄虚作假等违法行为，否则必将受到法律制裁。

（4）SLJM信息披露违法违规案。本案是一起上市公司重组标的财务造假的典型案例。2016年至2018年，SLJM股份有限公司收购标的Z公司，通过虚开主营产品销售发票、虚假销售原材料、未及时入账原材料等方式实施造假，导致SLJM累计虚增利润总额6.54亿元。本案表明，监管部门强化并购重组事中事后监管，严厉打击操控业绩、虚假披露等违法行为，为发挥资本市场并购重组“主渠道”作用提供法治保障。

此类财务造假案件主要呈现的特点是：

❶造假模式复杂，呈现出系统性、全链条造假。主要表现为虚构业务实施系统性财务造假、滥用会计处理粉饰业绩等。

❷造假手段隐蔽。传统方式与新型手法杂糅共生。除伪造合同、虚开发票、银行和物流单据造假等传统方式外，还利用新型或复杂金融工具、跨境业务等实施造假。

❸造假动机多样，并购重组领域造假相对突出。造假动机涵盖规避退市、掩盖资金占用、维持股价、应对业绩承诺等因素。

【思考与启示】

上市公司财务信息披露的真实、准确和完整是市场健康发展的基础，财务造假严重挑战信息披露制度的严肃性，严重毁坏市场诚信基础，严重破坏市场信心，严重损害投资者利益，是证券市场的“毒瘤”，始终是中国证监会监管执法的重点。近年来，证监会持续加大对财务造假等恶性违法案件的查处力度，有力落实新《证券法》各项要求，切实提升了资本市场违法违规成本，强化了监管执法的震慑力。

财务造假案件的复杂性对审计人员自身能力建设提出新要求。审计人员的专业素养和专业能力是提高审计执法水平的重要手段，是夯实审计事业长远发展的根基。“信念坚定、业务精通、作风务实、清正廉洁”是习近平总书记对高素质专业化审计队伍建设提出的明确要求。打铁还需自身硬，新时代新变化新特征，要求审计人员与时俱进，着力能力提升，胜任本职工作，担当社会责任。

审计人员应具备的从事审计工作所需要的基本素质主要有：

❶职业道德素质。高度的政治责任感，强烈的正义之心，依法廉洁从审，是对审计人员最基本的职业道德要求。审计过程中必然要揭露查处一些违纪问题，遇到各种阻力和压力是常事，审计人员必须要有敏锐的政治头脑和大局观念，敢于执法，敢于碰硬，要做国家资产和人民利益的忠诚卫士。

❷法规制度熟、专业技能精。审计人员不仅要熟悉会计制度和相关法律法规，具备审计专业技术知识，而且要有一定水平的理解能力、分析能力、判断能力。做到审计程序合法，违纪事实取证严谨充分，违纪项目定性准确，引用法规条文恰当，能对审计对象作出客观公正、实事求是的审计评价和处理处罚决定。

审计人员应具备从事审计工作所需要的特别素质主要有：

❶职业敏感性。面对给定的审计材料，能迅速找到切入点，能从蛛丝马迹中发现问题，个人对问题观察的敏锐程度要靠长时间知识和实践的积累。

❷职业洞察力。敏锐的洞察力可以帮助审计人员找到解决问题的着眼点，即从哪方面着手可以有效地取得对问题正确判断的依据。

❸高度的综合判断能力。判断能力既需要从微观层面进行甄别，更需要从问题的宏观层面进行剖析，分析问题的产生和发展脉络，对被审计单位所处的行业现状进行研究，把握审计所涉及的方方面面。在统筹分析基础上再对所掌握的材料进行高度的概括和总结，做到对问题准确地处理，提出有价值的意见和建议。

❹较强的谈话沟通交流能力。作为一名审计人员，要与不同的审计对象打交道，审计人员要掌握谈话沟通的艺术和技巧，积极营造融洽的对话环境和氛围，善于听取对方意见，智慧地沟通情况，理性地处理问题，使被审计单位能够端正态度，积极配合完成审计项目。

10 第10章 采购与付款循环审计

【知识目标】

1. 了解采购与付款循环涉及的主要业务活动
2. 掌握采购交易和付款交易的内部控制内容及控制测试方法
3. 掌握固定资产的内部控制内容及控制测试方法
4. 明确应付账款的审计目标，掌握应付账款审计的实质性程序
5. 明确固定资产的审计目标，掌握固定资产项目审计的实质性程序
6. 掌握采购与付款循环审计工作底稿的编制方法

【能力目标】

1. 能对采购交易和付款交易的内部控制进行控制测试
2. 能对固定资产的内部控制进行控制测试
3. 能初步识别和评估采购与付款循环的重大错报风险
4. 能根据采购交易和付款交易的内部控制测试结果确定相关账户的实质性程序
5. 能根据确定的应付账款审计目标实施应付账款审计的实质性程序
6. 能根据确定的固定资产审计目标实施固定资产项目审计的实质性程序
7. 能编制采购与付款循环的主要实质性程序审计工作底稿

【素养目标】

1. 具有依法规范审计的意识，严格依照准则要求执业，切实履行勤勉尽责义务，确保对采购与付款循环审计执行恰当的审计程序，获取充分适当的审计证据，形成真实客观的审计结论，发表正确的审计意见

2. 具有职业怀疑态度和敏锐的观察力、逻辑分析能力，在风险识别与评估阶段准确识别和评估采购与付款循环中的重大错报风险，并采取恰当的进一步审计程序

3. 具有扎实过硬的专业胜任能力，并能持续升级、不断扩容，不断在实战中积累采购与付款循环审计经验，增强职业判断力，以适应快速变化的业务环境和技术发展

4. 具有良好的沟通能力，在采购与付款循环审计中能够与审计团队和管理层、股东及其他利益相关者进行协作

【本章知识架构】

章名	节名	一级标题
采购与付款循环审计	采购与付款循环控制测试	采购与付款循环的主要业务活动
		采购、付款交易的内部控制和控制测试
		固定资产的内部控制和控制测试
		评估重大错报风险

续表

章名	节名	一级标题
采购与付款循环审计	应付账款审计	应付账款的审计目标
		应付账款的实质性程序
	固定资产审计	固定资产的审计目标
		固定资产——账面余额实质性程序
		累计折旧的实质性程序
		固定资产减值准备的实质性程序
	一般费用审计	一般费用的审计目标
		一般费用的实质性程序
本章思政主题 **尊崇制度 遵守制度**		

【导读案例】

FSTG公司（以下简称：FSTG）曾长期雄踞国内特钢行业前列，2000年12月顺利登陆上交所。财报显示，20××年FSTG实现营收58.48亿元，归属于上市公司股东的净利润为26.07亿元，实现扭亏为盈。但证监会调查发现，FSTG实现扭亏为盈的原因竟然是连续8年的财务数据存在虚假记载。以下列举其部分财务造假行为：

1. FSTG连续8年的年度报告中披露的期末存货余额和主营业务成本数据存在虚假记载。FSTG通过伪造、变造原始凭证及记账凭证，修改物料供应系统、财务系统数据等方式调整存货中“返回钢”数量及金额，将应计入当期成本的原材料计入存货。导致在上述报告期内，FSTG累计虚增存货19.89亿元，少结转主营业务成本19.89亿元。

2. FSTG在建工程余额方面存在虚假记载。FSTG通过伪造、变造原始凭证及记账凭证等方式虚假领用原材料，将以前年度虚增的存货转入在建工程，2年内虚增期末在建工程11.39亿元。

3. FSTG期末固定资产余额存在造假情况。FSTG通过伪造、变造记账凭证及原始凭证等方式将虚增的在建工程转入固定资产，虚增3年年报期末固定资产，累计虚增固定资产8.42亿元。

4. FSTG固定资产折旧数据存在虚假记载。FSTG对虚增后的固定资产计提折旧，4年内累计虚增固定资产折旧8 739.47万元。

5. FSTG利润总额数据存在造假情况。FSTG通过虚增存货、减少生产成本、将部分虚增存货转入在建工程和固定资产进行资本化等方式，8年内累计虚增利润总额19.02亿元。

FSTG公司上述一系列财务造假导致的直接结果是：累计虚增利润19.02亿元。若将FSTG连续6年的年报进行追溯调整，公司将由盈利转为亏损。

10.1 采购与付款循环控制测试

采购与付款循环是企业购买商品或接受劳务，直至支付相关款项的活动所组成的循环。采购业务是企业生产经营活动的起点，企业的支出从性质、数量和发生频率上是多种多样的。支出会影响到与之相关的成本、利润、资产等项目，在审计中应选取相对较低的重要性水平。

资源拓展

中华人民共和国招标投标法

采购与付款循环涉及的资产负债表项目主要有：存货、固定资产（包括固定资产清理）、在建工程（包括工程物资）、应付票据、应付账款、预付款项、长期应付款等。采购与付款循环涉及的利润表项目主要有销售费用、管理费用、研发费用、资产减值损失等。

采购与付款循环涉及的主要凭证与会计记录有：采购计划、供应商清单、请购单、订购单、验收单、入库单、卖方发票、付款凭单、应付账款明细账、库存现金日记账和银行存款日记账、供应商对账单、转账凭证、付款凭证。

注册会计师首先在审计计划阶段了解被审计单位采购与付款循环的主要业务活动及其相关内部控制，识别和评估采购交易、付款交易认定层次的重大错报风险，对相关内部控制的有效性作出初步判断，以便设计和实施应对重大错报风险的进一步审计程序。

下面我们以一般制造业企业为例分三部分介绍本节内容：采购与付款循环涉及的主要业务活动、相关的内部控制和控制测试、评估重大错报风险。（注：审计实务中评估重大错报风险应该在了解内部控制之后、控制测试之前进行）

10.1.1 采购与付款循环的主要业务活动

1）制订采购计划

基于企业的销售、生产经营计划，考虑供需关系及市场变化等因素，生产、仓库等部门定期编制采购计划，经部门负责人等适当的管理人员审批后提交采购部门，具体安排商品及服务采购。

2）供应商认证及信息维护

企业通常对于合作的供应商事先进行资质等审核，将通过审核的供应商信息录入系统，形成完整的供应商清单，并及时对其信息变更进行更新。采购部门只能向通过审核的供应商进行采购。

3）请购商品和劳务

生产部门、仓库部门负责对需要购买的已列入存货清单的原材料等项目填写请购单，其他资产使用部门也可以对所需要的未列入存货清单的商品项目填写请购单，大部分企业对正常经营所需要的物资的购买均作为一般授权，比如，仓库在现有库存达到再订购点时就可直接提出采购申请，其他部门也可为正常的工作需要直接申请采购有关物品。请购单可用手工或计算机由不同人员、部门填制。由于其不便于事先编号，为了加强控制，每张请购单必须经过对这类支出负预算责任的主管人员签字批准。请购单是证明有关采购交易的“发生”认定的凭据之一，也是采购交易轨迹的起点。

4）编制订购单

采购部门在收到请购单后，只能对经过批准的请购单发出订购单。对每张订购单，采购部门应确定最佳的供应来源。对一些大额的、重要的采购项目应采用竞价的方式确定供应商，以保证供货的质量、及时性和成本的低廉。订购单应正确填写所需要的商品品名、数量、价格、厂商名称和地址等，预先予以顺序编号并经过被授权的采购人员签名。其正联应送交供应商，副联则送至企业内部的验收部门、应付凭单部门和编制请购单的部门。随后，应独立检查订购单的处理，以确定是否确实收到商品并正确入账。这项检查与采购交易的“完整性”和“发生”认定有关。

5）验收商品

有效的订购单代表企业已授权验收部门接受供应商发运来的商品。验收部门首先应比较所收商品与订购单上的要求是否相符，如商品的品名、说明、数量、到货时间等，然后再盘点商品并检查商品有无损坏。验收后，验收部门应对已收货的每张订购单编制一式多联、预先编号的验收单，作为验收和检验商品的依据。验收人员将商品送交仓库或其他请购部门时，应取得经过签字的收据，或要求其在验收单的副联上签收，以确立他们对所采购的资产应负的保管责任。验收单应送交应付凭单、财会等有关部门。验收单是支持资产或费用以及与采购有关的负债的"存在或发生"、采购交易的"完整性"认定的依据。

6）储存已验收的商品

将已验收商品的保管与采购的其他职责相分离，可减少未经授权的采购和盗用商品的风险。存放商品的仓储区应相对独立，限制无关人员接近。这些控制与商品的"存在"认定有关。

7）编制付款凭单

记录采购交易之前，应付凭单部门应编制付款凭单。付款凭单是由采购方企业的应付凭单部门编制的，载明已收到的商品、资产或接受劳务的厂商、应付款金额和付款日期的凭证，是企业内部记录和支付负债的授权证明文件。付款凭单应预先编号，并经过适当批准。这项功能的控制包括：

（1）确定供应商发票的内容与相关的验收单、订购单的一致性。

（2）确定供应商发票计算的正确性。

（3）编制有预先编号的付款凭单，并附上支持性凭证（如订购单、验收单和供应商发票等）。这些支持性凭证的种类，因交易对象的不同而不同。

（4）独立检查付款凭单计算的正确性。

（5）在付款凭单上填入应借记的资产或费用账户名称。

（6）由被授权人员在凭单上签字，以示批准按照此凭单要求付款。所有未付凭单的副联应保存在未付凭单档案中，以待日后付款。经适当批准和有预先编号的凭单为记录采购交易提供了依据。这些控制与"存在""发生""完整性""权利与义务""准确性、计价和分摊"认定有关。

8）确认与记录采购交易与负债

正确确认已验收货物和已接受劳务的债务，要求准确、及时地记录负债。该记录对企业财务报表和实际现金支出具有重大影响。与应付账款确认和记录相关的部门一般有责任核查购置的财产，并在应付凭单登记簿或应付账款明细账中加以记录。在收到供应商发票时，应付凭单部门应将发票上所记载的品名、规格、价格、数量、条件及运费与订购单上的有关资料核对，如有可能，还应与验收单上的资料进行比较。

应付账款确认与记录的一项重要控制是要求记录现金支出的人员不得经手现金、有价证券和其他资产。

在手工系统下，应将已批准的未付款凭单送达会计部门，据以编制有关记账凭证和登记有关账簿。会计主管应监督为采购交易而编制的记账凭证中账户分类的适当性；通过定期核对编制记账凭证的日期与凭单副联的日期，监督入账的及时性。而独立检查会计人员则应核对所记录的凭单总数与应付凭单部门送来的每日凭单汇总表是否一致，并定期独立检查应付账款总账余额与应付凭单部门未付款凭单档案中的总金额是否一致。

9）付款

通常是由应付凭单部门负责确定未付凭单在到期日付款。企业有多种款项结算方式，以支票结算方式为例，编制和签署支票的有关控制包括：

（1）独立检查已签发支票的总额与所处理的付款凭单的总额的一致性。

（2）应由被授权的财务部门的人员负责签署支票。

（3）被授权签署支票的人员应确定每张支票都附有一张已经适当批准的未付款凭单，并确定支票收款人姓名和金额与凭单内容的一致性。

（4）支票一经签署就应在其凭单和支持性凭证上用加盖印戳或打洞等方式将其注销，以免重复付款。

（5）支票签署人不应签发无记名甚至空白的支票。

（6）支票应预先顺序编号，保证支票支出存根的完整性和作废支票处理的恰当性。

（7）应确保只有被授权的人员才能接近未经使用的空白支票。

10）记录现金、银行存款支出

仍以支票结算方式为例，在手工系统下，会计部门应根据已签发的支票编制付款记账凭证，并据以登记银行存款日记账及其他相关账簿。以记录银行存款支出为例，有关控制包括：

（1）会计主管应独立检查记入银行存款日记账和应付账款明细账的金额的一致性，以及与支票汇总记录的一致性。

（2）通过定期比较银行存款日记账记录的日期与支票副本的日期，独立检查入账的及时性。

（3）独立编制银行存款余额调节表。

11）与供应商定期对账

通过与供应商定期对账，就应付账款、预付款项等进行核对，能够及时发现双方存在的差异，对差异进行调查，如有必要作出相应调整。

10.1.2 采购、付款交易的内部控制和控制测试

1）采购与付款交易的内部控制

在内部控制的设置方面，采购与付款循环和销售与收款循环存在很多类似之处。以下仅就采购交易内部控制的特殊之处予以说明：

（1）适当的职责分离控制。

适当的职责分离有助于防止各种有意的或无意的错误。与销售与收款业务一样，采购与付款业务也需要适当的职责分离。企业应当建立采购与付款业务的岗位责任制，明确相关部门和岗位的职责、权限，确保办理采购与付款业务的不相容岗位相互分离、制约和监督。采购与付款交易不相容岗位至少包括：请购与审批；询价与确定供应商；采购合同的订立与审批；采购、验收与相关会计记录；付款的申请、审批与付款执行。这些都是对企业提出的有关采购与付款交易相关职责适当分离的基本要求，以确保办理采购与付款交易的不相容岗位相互分离、制约和监督。

（2）恰当的授权审批。

在采购计划、供应商确定、请购、订购、付款环节是否由被授权人签字审批，审批人员在审批前需检查相关支持性文件，并对其发现的例外事项进行跟进处理。

（3）凭证的预先编号及对例外报告的跟进处理。

通过对入库单的预先编号及对例外情况的汇总处理，被审计单位可以应对存货和负债记录方面的完整性风险。如果该控制是人工执行的，被审计单位可以安排入库单编制人员以外的独立复核人员定期检查已经会计处理的入库单记录，确认是否存在遗漏或重复记录的入库单，并对例外情况予以跟进。如果在IT环境下，则系统可以定期生成列明跳号或重号的入库单统计例外报告，由经授权的人员对例外报告进行复核和跟进，以确认所有入库单都进行了处理，且没有重复处理。

（4）定期与供应商核对往来款项。

企业财务部门应定期与供应商核对应付账款、应付票据等往来款项；如有不符，应及时查明原因并进行处理。

2）采购与付款交易的控制测试

（1）对于职责分离，注册会计师通常通过观察被审计单位有关人员的活动，以及与这些人员进行讨论，来实施职责分离的控制测试。

（2）对于授权审批，注册会计师应抽取请购单、订购单、付款凭单，检查这些凭证是否得到适当审批，验收单是否有相关人员的签字，可以很容易地测试出授权审批内部控制的效果。

（3）对于充分的凭证和记录以及凭证的预先编号，常用的控制测试程序是清点各种凭证。比如从存货明细账中选取样本，追查至相应的请购单、订购单、验收单、卖方发票、付款凭单，检查凭证之间内容是否一致、明细账与支持性文件是否相符。同时，注册会计师应抽取订购单、验收单、付款凭单，检查是否按顺序编号，有无缺号、重号现象。

（4）对付款的测试，注册会计师应抽取付款凭证，检查是否经由会计主管复核和审批，检查款项支付是否得到适当人员的复核和审批。

（5）对于按月寄送对账单这项控制，观察指定人员寄送对账单，并检查客户复函档案，是一项十分有效的控制测试。

采购与付款循环控制测试审计工作底稿见附录（附表7），索引号CGC。

10.1.3 固定资产的内部控制和控制测试

商品存货与固定资产同属一个交易循环，在内部控制和控制测试问题上有许多共性的地方，但固定资产还存在不少特殊性，有必要对其单独说明。

就许多从事制造业的被审计单位而言，固定资产在其资产总额中占有很大的比重，大额固定资产的购建会影响其现金流量，而固定资产的折旧、维修等费用则是影响其损益的重要因素。固定资产管理一旦失控，所造成的损失将远远超过一般的商品存货等流动资产。所以，被审计单位应当建立和健全固定资产的内部控制。

1）固定资产的内部控制

（1）预算控制。

预算制度是固定资产内部控制中最重要的部分。通常，大中型企业应编制旨在预测与控制固定资产增减和合理运用资金的年度预算；小企业即使没有正规的预算，对固定资产的购建也要事先加以计划。

（2）授权批准控制。

完善的授权批准制度包括：企业的资本性预算只有经过董事会等高层管理机构批准方可生效；所有固定资产的取得和处置均须经企业管理当局的书面认可。

（3）账簿记录控制。

除固定资产总账外，被审计单位还须设置固定资产明细分类账和登记卡，按固定资产类别、使用部门和每项固定资产进行明细分类核算。固定资产的增减变化均应有充分的原始凭证。一套设置完善的固定资产明细分类账和登记卡，将为注册会计师分析固定资产的取得和处置、复核折旧费用和修理支出的列支带来帮助。

（4）职责分工控制。

对固定资产的取得、记录、保管、使用、维修、处置等，均应明确划分责任，由专门部门和专人负责。

（5）资本性支出和收益性支出的区分。

企业应制定区分资本性支出和收益性支出的书面标准。通常须明确资本性支出的范围和最低金额，凡不属于资本性支出的范围、金额低于下限的任何支出，均应列作费用并抵减当期收益。

（6）处置控制。

固定资产的处置，包括投资转出、报废、出售等，均要有一定的申请报批程序。

（7）定期盘点控制。

对固定资产的定期盘点，是验证账面各项固定资产是否真实存在、了解固定资产放置地点和使用状况以及发现是否存在未入账固定资产的必要手段。

（8）维护保养控制。

固定资产应有严密的维护保养制度，以防止其因各种自然和人为的因素而遭受损失，并应建立日常维护和定期检修制度，以延长其使用寿命。

严格地讲，固定资产的保险不属于企业固定资产的内部控制范围，但它对企业非常重要。因此，注册会计师在检查、评价企业的内部控制时，应当了解企业对固定资产的保险情况。

2）固定资产的内部控制测试

结合前面固定资产内部控制的内容和顺序，注册会计师在对被审计单位的固定资产实施控制测试时应注意：

（1）对于固定资产的预算制度，注册会计师选取固定资产投资预算和投资可行性项目论证报告，检查是否编制预算并进行论证，以及是否经适当层次审批；对实际支出与预算之间的差异以及未列入预算的特殊事项，应检查其是否履行了特别的审批手续。如果固定资产增减均能处于良好的经批准的预算控制之下，注册会计师即可适当减少对固定资产增加、减少审计中的实质性程序样本量。

（2）对于固定资产的授权批准制度，注册会计师不仅应检查被审计单位固定资产授权批准制度本身是否完善，还应选取固定资产请购单及相关采购合同，检查是否得到适当的审批和签署，关注授权批准制度是否得到切实执行。

（3）对于固定资产的账簿记录制度，注册会计师应当认识到，一套设置完善的固定资产明细分类账和登记卡，将为注册会计师分析固定资产的取得和处置、复核折旧费用和修理支出的列支带来帮助。

（4）对于固定资产的职责分工制度，注册会计师应当认识到，明确的职责分工制度，有利于防止舞弊，降低注册会计师的审计风险。因此，注册会计师应通过对前面所讲关键环节有无明确职责划分进行测试，了解职责分工情况。

（5）对于资本性支出和收益性支出的区分制度，注册会计师应当检查该项制度是否遵循企业会计准则的要求，是否适应被审计单位的行业特点和经营规模，并抽查实际发生与固定资产相关的支出时是否按照该制度进行恰当的会计处理。

（6）对于固定资产的处置制度，注册会计师应当关注被审计单位是否设置了有关固定资产处置的分级申请报批程序；抽取固定资产盘点明细表，检查账实之间的差异是否经审批后及时处理；抽取固定资产报废单，检查报废是否经适当批准和处理；抽取固定资产内部调拨单，检查调入、调出是否已进行适当处理；抽取固定资产增减变动情况分析报告，检查是否经复核。

（7）对于固定资产的定期盘点制度，注册会计师应了解和评价企业固定资产盘点制度，并应注意查询盘盈、盘亏固定资产的处理情况。

（8）对于固定资产的保险情况，注册会计师应抽取固定资产保险单盘点表，检查是否已办理商业保险。

固定资产循环控制测试审计工作底稿见附录（附表12），索引号GZC。

采购与付款循环与财务报告相关的内部控制目标、关键内部控制和常用的控制测试见表10-1。

表10-1　采购与付款循环与财务报告相关的内部控制目标、关键内部控制和常用的控制测试

内部控制目标	关键内部控制	常用的控制测试
采购计划均经适当审批（涉及的认定：存货/应付账款的存在、其他费用的发生）	生产、仓储等部门根据生产计划制订需求计划，采购部门汇总需求，按采购类型制订采购计划，经复核人复核后执行	询问复核人复核采购计划的过程；检查采购计划是否经复核人恰当复核
新增供应商或供应商信息变更均经恰当的认证（涉及的认定：存货/应付账款的存在、其他费用的发生）	复核人复核并批准每一供应商数据的变更请求； 复核时，评估拟进行的供应商数据变更是否得到合适文件的支持； 复核完成后由复核人在系统中确认复核完成	询问复核人复核供应商数据变更请求的过程； 抽样检查变更需求是否有相关文件支持及有复核人的复核确认； 检查系统中采购订单的生成逻辑，确认是否存在供应商代码匹配的要求
录入系统的供应商数据均经恰当复核（涉及的认定：存货/应付账款的存在、其他费用的发生）	复核人员定期复核系统生成报告中的项目是否均经恰当授权，当复核工作完成或要求的修改得到满意解决后签字确认复核工作完成	检查系统报告的生成逻辑及完整性； 询问复核人对报告的检查过程，确认其是否签署
所记录的采购都确已收到商品或已接受劳务（涉及的认定：存货/应付账款的存在、准确性、计价和分摊；其他费用的发生、准确性）	请购单、订购单、验收单和卖方发票一应俱全，并附在付款凭单后； 采购经适当级别批准； 注销凭证以防止重复使用； 对卖方发票、验收单、订购单和请购单作内部核查	查验付款凭单后是否附有完整的相关单据； 检查批准采购的标记； 检查注销凭证的标记； 检查内部核查的标记
已发生的采购交易均已记录（涉及的认定：存货/应付账款/其他费用的完整性）	订购单均经事先连续编号并将已完成的采购登记入账； 验收单均经事先连续编号并已登记入账； 应付凭单均经事先连续编号并已登记入账	检查订购单连续编号的完整性； 检查验收单连续编号的完整性； 检查应付凭单连续编号的完整性

续表

内部控制目标	关键内部控制	常用的控制测试
所记录的采购交易估价正确（涉及的认定：存货/应付账款的准确性、计价和分摊；其他费用的准确性）	对计算的准确性进行内部核查； 采购价格和折扣的批准	检查内部核查的标记； 检查批准采购价格和折扣的标记
采购交易的分类正确（涉及的认定：存货/应付账款的准确性、计价和分摊、完整性、存在；费用/成本的准确性、完整性）	采用适当的会计科目表； 分类的内部核查	检查工作手册和会计科目表； 检查有关凭证上内部核查的标记
采购交易按正确的日期记录（涉及的认定：存货/应付账款的存在、完整性；其他费用的发生、完整性）	要求收到商品或接受劳务后及时记录采购交易； 内部核查	检查工作手册并观察有无未记录的卖方发票存在； 检查内部核查的标记
采购交易被正确记入应付账款和存货等明细账中，并正确汇总（涉及的认定：其他费用的准确性；存货/应付账款的准确性、计价和分摊）	应付账款明细账内容的内部核查	检查内部核查的标记

案例窗 10-1　　采购与付款循环内部控制的测试

注册会计师于2024年1月8日对华强股份有限公司采购与付款循环的内部控制进行了了解和测试，并在相关的审计工作底稿中作了记录，现摘录如下：

（1）对需要购买的已列入材料清单的采购项目由仓库负责填写请购单，对未列入存货清单的采购项目由相关需求部门填写请购单。每张请购单必须经过对这类支出负预算责任的主管人员签字批准。

（2）采购部收到经批准的请购单后，由其职员甲进行询价并确定供应商，再由其职员乙负责编制和发出预先连续编号的订购单。订购单一式四联，经被授权的采购人员签字后，分别送交供应商、负责验收的部门、提交请购单的部门和负责采购业务结算的应付凭单部门。

（3）采购人员乙根据请购单向公司的长期供应商AB公司发出订购单，采购人员乙长期以来一直负责向AB公司采购材料。

（4）根据仓库部门记录，AB公司虽然经常出现交货不及时、数量不符等问题，但由于从AB公司采购的材料价格相对较低，因此财务部门指定AB公司为华强股份有限公司的主要供应商。

（5）验收部门根据订购单上的要求对所采购的材料进行验收，完成验收后，将原材料交由仓库人员存入库房，并编制预先未连续编号的验收单交由仓库人员签字确认。验收单一式三联，其中，两联分送应付凭单部门和仓库，一联留存验收部门。

（6）应付凭单部门核对供应商发票、验收单和订购单，并编制预先连续编号的付款凭单。在付款凭单经被授权人员批准后，应付凭单部门将付款凭单连同供应商发票及时送交会计部门，并将未付款凭单副联保存在未付款凭单档案中。会计部门收到附供应商发票的付款凭单后即应及时编制有关的记账凭证，并登记原材料和应付账款账簿。

要求：请逐一判断华强股份有限公司在采购与付款循环内部控制中存在的缺陷，并提出改进建议。

10.1.4 评估重大错报风险

注册会计师应当考虑采购、付款交易的重大错报风险，并对被审计单位特殊的交易活动和可能影响财务报表真实反映的事项保持职业怀疑态度。影响采购与付款交易和余额的重大错报风险可能包括：

其一，管理层错报费用支出的偏好和动因。被审计单位管理层可能为完成预算、满足业绩考核要求、保证从银行获得资金、吸引潜在投资者、误导股东、影响公司股价等，通过操纵负债和费用的确认控制损益，例如，通过计提准备或少计负债和准备，把损益控制在被审计单位管理层希望的程度；利用特别目的实体把负债从资产负债表中剥离；管理层把私人费用计入企业费用，把企业资金作为私人资金运作。

其二，费用支出的复杂性。例如，被审计单位以复杂的交易安排购买一定期间的多种服务，管理层对涉及的服务收益与付款安排的复杂性缺乏足够的了解，可能导致费用支出分配和准备金计提的错误。

其三，低估负债和相关准备。在承受反映较高盈利水平和营运资本的压力下，被审计单位管理层可能试图低估应付账款和资产相关准备，包括低估对存货应计提的跌价准备。其重大错报风险具体体现在：

- 遗漏交易，如不计提已收取货物但尚未收到发票的采购相关的负债或不计提尚未付款的已经购买的服务支出等。
- 采用不正确的费用支出截止期，将本期采购并收到的商品计入下一会计期间；或者将下一会计期间采购的商品提前计入本期。
- 将应当及时确认损益的费用化支出资本化，然后通过资产的逐步摊销予以消化等。

其四，舞弊和盗窃的固有风险。如果被审计单位经营大型零售业务，由于所采购商品和固定资产的数量及支付的款项庞大，交易复杂，容易造成商品发运错误，员工和客户发生舞弊和盗窃的风险较高。如果那些负责付款的会计人员有权接触应付账款主文档，并能够通过在应付账款主文档中擅自添加新的账户来虚构采购交易，舞弊和盗窃的风险也会增加。

其五，存在未记录的权利和义务，这可能导致资产负债表分类错误以及财务报表附注不正确或披露不充分。

其六，存货的采购成本没有按照适当的计量属性确认，结果可能导致存货成本和销售成本的核算不正确。

在评估采购与付款循环的重大错报风险时，注册会计师应当落实到该风险所涉及的相关财务报表项目及认定，再基于采购与付款循环的重大错报风险评估结果，制订实施进一步审计程序的总体方案（包括综合性方案和实质性方案），继而实施控制测试和实质性程序。采购与付款循环的重大错报风险主要涉及费用支出和应付账款的低估。集中体现在遗漏交易、采用不正确的费用支出截止期，以及错误划分资本性支出和费用性支出。这些将对完整性、截止、发生、存在、准确性和分类认定产生影响。

采购与付款循环的重大错报风险及进一步审计程序总体方案见表10-2。

表 10-2　　采购与付款循环的重大错报风险及进一步审计程序总体方案

重大错报风险描述	相关财务报表项目及认定	风险程度	是否信赖控制	进一步审计程序的总体方案	拟从控制测试中获取的保证程度	拟从实质性程序中获取的保证程度
确认的负债及费用并未实际发生	应付账款/其他应付款：存在 销售费用/管理费用：发生	一般	是	综合性方案	高	低
不计提采购相关的负债或不计提尚未付款的已经购买的服务支出	应付账款/其他应付款：完整 销售费用/管理费用：完整	特别	是	综合性方案	高	中
采用不正确的费用支出截止期，例如将本期的支出延迟到下期确认	应付账款/其他应付款：存在/完整 销售费用/管理费用：截止	一般	否	实质性方案	无	高
发生的采购未能以正确的金额记录	应付账款/其他应付款：准确性、计价和分摊 销售费用/管理费用：准确性	一般	是	综合性方案	高	低

10.2　应付账款审计

应付账款是企业在正常经营过程中，因购买材料、商品和接受劳务供应等而应付给供应单位的款项。注册会计师应结合赊购交易进行应付账款的审计。对于一般以营利为导向的企业而言，是通过低估费用和应付账款，来达到高估利润、粉饰财务状况的目的。但也有某些企业在经营情况和预算完成情况较好的年度，高估费用和应付账款，以实现其平滑各年度利润的目的。

10.2.1　应付账款的审计目标

应付账款的审计目标与认定对应关系见表10-3。

表 10-3　　应付账款审计目标与认定对应关系表

审计目标	财务报表认定					
	存在	完整性	权利和义务	准确性、计价和分摊	分类	列报
A.确定资产负债表中记录的应付账款是否存在	√					
B.确定所有应当记录的应付账款是否均已记录		√				
C.确定资产负债表中记录的应付账款是否为被审计单位应当履行的偿还义务			√			
D.确定应付账款是否以恰当的金额包括在财务报表中				√		
E.确定应付账款是否已记录于恰当的账户					√	
F.确定应付账款是否已被恰当地汇总或分解且表述清楚，按照企业会计准则的规定在财务报表中作出的相关披露是相关的、可理解的						√

10.2.2　应付账款的实质性程序

1）获取应付账款明细表

【审计程序与具体审计目标的对应关系】此程序可实现表10-3中的D审计目标。

（1）复核加计是否正确，并与报表数、总账数和明细账合计数核对是否相符。

（2）检查非记账本位币应付账款的折算汇率及折算是否正确。

（3）分析出现借款余额的项目，查明原因，必要时，建议作重分类调整。

（4）结合预付账款、其他应付款等往来项目的明细余额，调查有无同时挂账的项目、异常余额或与购货无关的其他款项，如有，应作出记录，必要时建议作调整。

应付账款明细表审计工作底稿见附录（附表47），索引号FD2。

2）分析与应付账款相关的财务指标

【审计程序与具体审计目标的对应关系】此程序可实现表10-3中的A、B、D审计目标。

（1）将期末应付账款余额与上期期末余额进行比较，分析其波动原因。

（2）分析长期挂账的应付账款，要求被审计单位作出解释，判断被审计单位是否缺乏偿还能力或利用应付账款隐瞒利润，并注意其是否可能无须支付，对确实无须支付的应付账款，账务处理是否正确，依据是否充分。

（3）计算应付账款对存货的比率，应付账款对流动负债的比率，并与以前年度比率对比分析，评价应付账款整体的合理性。

（4）分析存货和营业成本等项目的增减变动，判断应付账款增减变动的合理性。

3）函证应付账款

【审计程序与具体审计目标的对应关系】此程序可实现表10-3中的A、C、D、E审计目标。

一般情况下，应付账款不需要函证，这是因为函证不能保证查出未记录的应付账款，况且注册会计师能够取得采购发票等外部凭证来证实应付账款的余额。但如果控制风险较高，某应付账款明细账户余额较大或被审计单位处于财务困难阶段，则应进行应付账款的函证。

进行函证时，注册会计师应获取供应商相关清单，询问该清单是否完整。一般选择较大金额的债权人，以及那些在资产负债表日金额不大、甚至为零，但为企业重要供货人的债权人，作为函证对象。函证最好采用积极形式，并具体说明应付金额。同应收账款的函证一样，注册会计师必须对函证过程进行控制，要求债权人直接回函，并根据回函情况编制与分析函证结果汇总表；对未回函的，应考虑是否再次函证。

如果存在未回函的重大项目，注册会计师应采用替代审计程序。比如，可以检查决算日后应付账款明细账及库存现金和银行存款日记账，核实其是否已支付，同时检查该笔债务的相关凭证资料，如合同、发票、验收单，核实应付账款的真实性。

应付账款替代测试表审计工作底稿见附录（附表48），索引号FD3。

案例窗10-2　对华强股份有限公司应付账款实施函证

注册会计师赵东对华强股份有限公司的应付账款进行审计。根据需要，赵东决定对表10-4所列的四个明细账中的两个进行函证。

表10-4　**华强股份有限公司应付账款明细账情况汇总表**　单位：元

单位名称	应付账款年末余额	本年度进货总额
A公司	32 650	56 100
B公司	—	1 880 000
C公司	75 000	85 000
D公司	189 000	2 032 000

要求：

（1）指出该注册会计师应选择哪两家公司进行函证，为什么？

（2）假定上述四家公司均为华强股份有限公司的采购人，表10-4中两栏分别是应收账款年末余额和本年度销货总额，指出注册会计师赵东应选择哪两家公司进行函证，为什么？

4）检查应付账款是否记入了正确的会计期间，是否存在未入账的应付账款

【审计程序与具体审计目标的对应关系】此程序可实现表10-3中的B审计目标。

（1）检查债务形成的相关原始凭证，如供应商发票、验收报告或入库单等，查找有无未及时入账的应付账款，确认应付账款期末余额的完整性。

（2）检查资产负债表日后应付账款明细账贷方发生额的相应凭证，关注其购货发票的日期，确认其入账时间是否合理。

（3）获取被审计单位与其供应商之间的对账单（应从非财务部门，如采购部门获取），并将对账单和被审计单位财务记录之间的差异进行调节（如在途款项、在途商品、付款折扣、未记录的负债等），查找有无未入账的应付账款，确定应付账款金额的准确性。

（4）针对资产负债表日后付款项目，检查银行对账单及有关付款凭证（如银行汇款通知、供应商收据等），询问被审计单位内部或外部知情人员，查找有无未及时入账的应付账款。

（5）结合存货监盘程序，检查被审计单位在资产负债表日前后的存货入库资料（验收报告或入库单），检查是否有大额料到单未到的情况，确认相关负债是否记入了正确的会计期间。

如果注册会计师通过这些审计程序发现某些未入账的应付账款，应将有关情况详细记入审计工作底稿，并根据其重要性确定是否需建议被审计单位进行相应的调整。

5）检查已偿付的应付账款

【审计程序与具体审计目标的对应关系】此程序可实现表10-3中的D、E审计目标。

针对已偿付的应付账款，追查至银行对账单、银行付款单据和其他原始凭证，检查其是否在资产负债表日前真实偿付。

6）检查异常或大额交易及重大调整事项

【审计程序与具体审计目标的对应关系】此程序可实现表10-3中的A、B审计目标。

针对异常或大额交易及重大调整事项（如大额的购货折扣或退回，会计处理异常的交易、未经授权的交易或缺乏支持性凭证的交易等），检查相关原始凭证和会计记录，以分析交易的真实性、合理性。

7）检查带有现金折扣的应付账款

【审计程序与具体审计目标的对应关系】此程序可实现表10-3中的D、E审计目标。

检查带有现金折扣的应付账款是否按发票上记载的全部应付金额入账，在实际获得现金折扣时再冲减财务费用。

8）检查应付账款是否已按照企业会计准则的规定在财务报表中作出恰当列报

【审计程序与具体审计目标的对应关系】此程序可实现表10-3中的F审计目标。

一般来说，“应付账款”项目应根据“应付账款”和“预付账款”科目所属明细科目的期末贷方余额的合计数填列。

应付账款审定表审计工作底稿见附录（附表46），索引号FD1。

案例窗10-3　　应付账款审计实质性程序的运用

注册会计师赵东在具体审计计划中列示了对华强股份有限公司应付账款项目的实质

性程序，摘录如下：

（1）选取应付余额较小的供应商寄发积极式询证函，要求供应商提供华强股份有限公司欠款信息。

（2）从采购部门获取供应商的年末对账单，调查供应商对账单与账务记录之间的差异。

（3）检查应付账款明细账中带有现金折扣的应付账款是否按发票上记载的全部应付金额入账，在实际获得现金折扣时再冲减财务费用。

（4）对资产负债表日前已偿付的应付账款追查至银行对账单、银行付款单和其他原始凭证，检查偿付是否真实。

（5）检查资产负债表日后的银行付款单，追查支持性凭证的日期和应付账款借方记录。

要求：指出上述实质性程序能否直接发现应付账款完整性认定的重大错报（是或否），如认为“是”，请简要描述具体情形；如认为“否”，请指出该程序能直接发现应付账款何种认定的错报。

10.3 固定资产审计

固定资产是指企业为生产商品、提供劳务、出租或经营管理而持有的，使用年限超过1年以及单位价值较高的有形资产。

固定资产审计的范围一方面包括固定资产的原价、累计折旧和固定资产减值准备项目的审计，另一方面还包括与固定资产增减和计提折旧有关项目的审计。

10.3.1 固定资产的审计目标

固定资产的审计目标与认定对应关系见表10-5。

表10-5 固定资产审计目标与认定对应关系表

审计目标	财务报表认定					
	存在	完整性	权利和义务	准确性、计价和分摊	分类	列报
A.确定资产负债表中记录的固定资产是否存在	√					
B.确定所有应当记录的固定资产是否均已记录		√				
C.确定资产负债表中记录的固定资产是否由被审计单位拥有或控制			√			
D.确定固定资产是否以恰当的金额包括在财务报表中，与之相关的计价或分摊已恰当记录				√		
E.确定固定资产、累计折旧和固定资产减值准备是否已记录于恰当的账户					√	
F.确定固定资产、累计折旧和固定资产减值准备是否已被恰当地汇总或分解且表述清楚，按照企业会计准则的规定在财务报表中作出的相关披露是相关的、可理解的						√

10.3.2 固定资产——账面余额实质性程序

1）获取固定资产、累计折旧及减值准备明细表

【审计程序与具体审计目标的对应关系】此程序可实现表10-5中的D审计目标。

获取固定资产、累计折旧及减值准备明细表，检查固定资产的分类是否正确，并与总账数和明细账合计数核对是否相符，结合累计折旧、减值准备科目与报表数核对是否相符。

固定资产、累计折旧及减值准备明细表审计工作底稿见附录（附表38），索引号ZO2。

2）对固定资产实施实质性分析程序

【审计程序与具体审计目标的对应关系】此程序可实现表10-5中的A、B、D审计目标。

（1）基于对被审计单位及其环境的了解，通过进行以下比较，并考虑有关数据间关系的影响，建立有关数据的期望值：

❶分类计算本期计提折旧额与固定资产原值的比率，并与上期比较。

❷计算固定资产修理及维护费用占固定资产原值的比率，并进行本期各月、本期与以前各期的比较。

（2）确定可接受的差异额。

（3）将实际情况与期望值比较，识别需要进一步调查的差异。

（4）如果其差额超过可接受的差异额，调查并获取充分的解释和恰当的佐证审计证据，如检查相关的凭证。

（5）评估实质性分析程序的测试结果。

3）实地检查重要固定资产

【审计程序与具体审计目标的对应关系】此程序可实现表10-5中的A、B审计目标。

实地检查重要固定资产，确定其是否存在，关注是否存在已报废但仍未核销的固定资产。

实施实地检查审计程序时，注册会计师可以以固定资产明细账为起点，进行实地追查，以证明明细账所列固定资产确实存在以及目前的使用状况；也可以以实地为起点，追查至固定资产明细账，以获取实际存在的固定资产均已入账的证据。重点检查的应是本期新增的重要固定资产，有时检查的范围也会扩展到以前增加的重要固定资产。检查范围可根据内部控制强弱、固定资产的重要性和注册会计师的经验来判断。如为初次审计，则应适当扩大检查范围。

实地检查固定资产是查明固定资产是否确实存在，是否完好、完整的有效方法。实地检查固定资产时要检查被审计单位固定资产盘点情况，然后编制固定资产盘点检查情况表，记录固定资产账面情况、被审计单位盘点情况以及注册会计师检查的情况。

固定资产盘点检查情况表审计工作底稿见附录（附表39），索引号ZO3。

4）检查固定资产的所有权或控制权

【审计程序与具体审计目标的对应关系】此程序可实现表10-5中的C审计目标。

对各类固定资产，注册会计师应获取、汇集不同的证据以确定其是否确归被审计单位所有；对外购的机器设备等固定资产，通常需经审核采购发票、采购合同等予以确定；对房地产类固定资产，还需查阅有关的合同、产权证明、财产税单、抵押借款的还款凭据、保险单等书面文件；对融资租入的固定资产，应验证有关融资租赁合同；对汽车等运输设备，应验证有关运营证件等；对受留置权限制的固定资产，通常还应审核被审计单位的有关负债项目予以证实。

5）检查本期固定资产的增加

【审计程序与具体审计目标的对应关系】此程序可实现表10-5中的A、B、C、D、E审计目标。

被审计单位如果不正确核算固定资产的增加，将对资产负债表和利润表产生长期的影响。因此，审计固定资产的增加是固定资产实质性程序中的重要内容。固定资产的增加有多种途径，审计中应注意：

（1）询问管理层当年固定资产的增加情况，并与获取的固定资产明细表进行核对。

（2）检查本年度增加固定资产的计价是否正确，手续是否齐备，会计处理是否正确：

❶对于外购的固定资产，通过核对采购合同、发票、保险单、发运凭证等文件，抽查测试其计价是否正确，授权批准手续是否齐备，会计处理是否正确。如果是房屋，还应检查契税的会计处理是否正确。

❷对于在建工程转入的固定资产，应检查固定资产确认时点是否符合企业会计准则的规定，入账价值与在建工程的相关记录是否核对相符，是否与竣工决算、验收和移交报告等一致；对已经达到预定可使用状态但尚未办理竣工决算的固定资产，检查其是否已按估计价值入账，并按规定计提折旧，竣工决算完成后，是否及时调整。

❸对于投资者投入的固定资产，检查投资者投入的固定资产是否按投资各方确认的价值入账，并检查确认价值是否公允，交接手续是否齐全；涉及国有资产的，检查是否有评估报告并经国有资产管理部门评审备案或核准确认。

❹对于更新改造增加的固定资产，检查通过更新改造而增加的固定资产，增加的原值是否符合资本化条件，是否真实，会计处理是否正确；重新确定的剩余折旧年限是否恰当。

❺对于融资租赁增加的固定资产，获取融资租入固定资产的相关证明文件，检查融资租赁合同的主要内容，检查相关的会计处理是否正确。

❻对于企业合并、债务重组和非货币性资产交换增加的固定资产，检查产权过户手续是否齐备，检查固定资产入账价值及确认的损益和负债是否符合规定。

❼对于因其他原因增加的，应检查相关的原始凭证，核对其计价及会计处理是否正确，法律手续是否齐全。

（3）检查固定资产是否存在弃置费用，如果存在弃置费用，检查弃置费用的估计方法和弃置费用现值的计算是否合理，会计处理是否正确。

固定资产增加检查情况表审计工作底稿见附录（附表40），索引号Z04。

6）检查固定资产的减少

【审计程序与具体审计目标的对应关系】此程序可实现表10-5中的A、B、D、E审计目标。

固定资产的减少主要包括出售、向其他单位投资转出、向债权人抵债转出、报废、毁损、盘亏等。有的被审计单位在全面清查固定资产时，常常会出现固定资产账存实亡的现象，这可能是由于固定资产管理或使用部门不了解报废固定资产与会计核算两者间的关系，擅自报废固定资产而未及时通知财务部门在会计账户上作相应的核算所致，这样势必造成财务报表反映失真。审计固定资产减少的主要目的就在于查明业已减少的固定资产是否已进行适当的会计处理。其审计要点如下：

（1）结合“固定资产清理”科目，抽查固定资产账面转销额是否正确。

（2）检查出售、转让、报废、毁损、盘亏等减少固定资产是否经授权批准，会计处理是否正确。

（3）检查因修理、更新改造而停止使用固定资产的会计处理是否正确。

（4）检查投资转出固定资产的会计处理是否正确。

（5）检查债务重组或非货币性资产交换转出固定资产的会计处理是否正确。

（6）检查其他减少固定资产的会计处理是否正确。

固定资产减少检查情况表审计工作底稿见附录（附表41），索引号ZO5。

7）检查固定资产的后续支出

【审计程序与具体审计目标的对应关系】此程序可实现表10-5中的D、E审计目标。

确定固定资产有关的后续支出是否满足资产确认条件；如不满足，该支出是否在该后续支出发生时计入当期损益。

8）检查暂时闲置固定资产

【审计程序与具体审计目标的对应关系】此程序可实现表10-5中的D、E审计目标。

获取暂时闲置固定资产的相关证明文件，并观察其实际状况，检查是否已按规定计提折旧，相关的会计处理是否正确。

9）检查已提足折旧固定资产

【审计程序与具体审计目标的对应关系】此程序可实现表10-5中的D、E审计目标。

获取已提足折旧继续使用固定资产的相关证明文件，并作相应记录。

10）检查固定资产的抵押、担保情况

【审计程序与具体审计目标的对应关系】此程序可实现表10-5中的C、F审计目标。

结合对银行借款等的检查，了解固定资产是否存在重大的抵押、担保情况。如存在，应取证、记录，并提请被审计单位作恰当披露。

11）确定固定资产是否已按照企业会计准则的规定在财务报表中作出恰当的列报

【审计程序与具体审计目标的对应关系】此程序可实现表10-5中的F审计目标。

财务报表附注通常应说明固定资产的标准、分类、计价方法和折旧方法；融资租入固定资产的计价方法；固定资产的预计使用年限和预计净残值；对固定资产所有权的限制及其金额；已承诺将为购买固定资产支付的金额；暂时闲置的固定资产账面价值；已提足折旧仍继续使用的固定资产账面价值；已报废和准备处置的固定资产账面价值。固定资产因使用磨损或其他原因而需报废时，企业应及时对其进行处置，如果其已处于处置状态而尚未转销时，企业应披露这些固定资产的账面价值。

固定资产审定表审计工作底稿见附录（附表37），索引号ZO1。

案例窗10-4　固定资产审计实质性程序的运用

注册会计师赵东负责审计华强股份有限公司2023年度的财务报表。根据对华强股份有限公司及其环境的了解，赵东确定的固定资产重要审计目标为：本年新增的固定资产是否存在，是否为华强股份有限公司所拥有，计价是否正确，并在审计工作底稿中记载了华强股份有限公司2023年度新增的固定资产，部分内容摘录如下：

（1）从甲公司购进一台A130机床。

（2）由乙建筑公司新建完工、交付使用的办公大楼。

（3）从丙投资公司融资租入的生产流水线。

（4）由丁公司投资转入的运输设备。

要求：

（1）指出为证实上述第（1）~（4）项固定资产是否存在，注册会计师应当实施的实质性程序。

(2) 指出为证实华强股份有限公司对上述第（1）~(4) 项固定资产拥有所有权，注册会计师应当分别实施何种具体的实质性程序。

(3) 指出为证实华强股份有限公司对上述第（2）~(4) 项固定资产入账价值是否正确，注册会计师应分别将何种文件与账簿记录核对。

10.3.3 累计折旧的实质性程序

【审计程序与具体审计目标的对应关系】此程序可实现表10-5中的D、E、F审计目标。

累计折旧的实质性程序通常包括：

其一，获取固定资产及累计折旧分类汇总表，复核加计正确，并与报表数、总账数和明细账合计数核对相符。

其二，检查被审计单位制定的折旧政策和方法是否符合企业会计准则的规定，确定其所采用的折旧方法能否在固定资产使用寿命内合理分摊其成本，前后期是否一致，预计使用寿命和预计净残值是否合理。

《企业会计准则第4号——固定资产》明确规定，企业应当根据固定资产有关的经济利益的预期实现方式，合理选择固定资产折旧方法。可选用的折旧方法包括年限平均法、工作量法、双倍余额递减法和年数总和法等；除非由于与固定资产有关的经济利益的预期实现方式有重大改变，应当相应改变固定资产折旧方法，否则，折旧方法一经选定，不得随意调整。企业至少应当于每年年度终了对固定资产的使用寿命、预计净残值和折旧方法进行复核，如果固定资产使用寿命预计数和净残值预计数与原先估计数有重大差异，则应当作相应调整。

其三，复核本期折旧费用的计提和分配。

➤ 了解被审计单位的折旧政策是否符合规定，计提折旧范围是否正确，确定的使用寿命、预计净残值和折旧方法是否合理；如采用加速折旧法，是否取得批准文件。

➤ 检查被审计单位折旧政策前后期是否一致。

➤ 复核本期折旧费用的计提是否正确。

如已计提减值准备的固定资产，计提的折旧是否正确；已全额计提减值准备的固定资产，是否已停止计提折旧；因更新改造而停止使用的固定资产是否已停止计提折旧；因大修理而停止使用的固定资产是否照提折旧；未使用、不需用和暂时闲置的固定资产是否按规定计提折旧等。

➤ 检查折旧费用的分配方法是否合理，是否与上期一致；分配计入各项目的金额占本期全部折旧计提额的比例与上期比较是否有重大差异。

➤ 注意固定资产增减变动时，有关折旧的会计处理是否符合规定，查明通过更新改造、接受捐赠或融资租入而增加的固定资产的折旧费用计算是否正确。

其四，将“累计折旧”账户贷方的本期计提折旧额与相应的成本费用中的折旧费用明细账户的借方相比较，以查明所计提折旧金额是否已全部摊入本期产品成本或费用。一旦发现差异，应及时追查原因，并考虑是否应建议作适当调整。

其五，检查累计折旧的减少是否合理、会计处理是否正确。

其六，确定累计折旧的列报是否恰当。

案例窗 10-5　累计折旧审计实质性程序的运用

华强股份有限公司2023年未发生购并、分立和重组行为，供销形式与上年相当。注册会计师赵东获取华强股份有限公司2023年固定资产和累计折旧项目附注资料，见表10-6，认为存在错报。

表 10-6　固定资产和累计折旧项目附注资料

金额单位：万元

类别	固定资产原价			
	年初数	本期增加	本期减少	年末数
房屋及建筑物	20 930	2 655	21	23 564
通用设备	8 612	1 158	62	9 708
专用设备	10 008	3 854	121	13 741
土地	472	—	—	472
⋮				
合计	42 092	8 277	789	49 580
房屋及建筑物累计折旧	3 490	328	31	3 787
通用设备累计折旧	863	865	34	1 694
专用设备累计折旧	3 080	1 041	20	4 101
土地	0	15	0	15

要求：请说出注册会计师赵东的分析判断理由。

10.3.4　固定资产减值准备的实质性程序

【审计程序与具体审计目标的对应关系】此程序可实现表10-5中的D、E、F审计目标。

固定资产减值准备的实质性程序一般包括：

➢ 获取固定资产减值准备明细表，复核加计正确，并与总账数和明细账合计数核对相符。

➢ 检查被审计单位计提固定资产减值准备的依据是否充分，会计处理是否正确。

➢ 检查资产组的认定是否恰当，计提固定资产减值准备的依据是否充分，会计处理是否正确。

➢ 实施实质性分析程序，计算期末固定资产减值准备占期末固定资产原值的比率，并与期初该比率比较，分析固定资产的质量状况。

➢ 检查被审计单位处置固定资产时原计提的减值准备是否同时结转，会计处理是否正确。

➢ 检查是否存在转回固定资产减值准备的情况。按照企业会计准则的规定，固定资产减值损失一经确认，在以后会计期间不得转回。

➢ 确定固定资产减值准备的列报是否恰当。

10.4　一般费用审计

一般折旧、摊销和人工费用分别包含在固定资产循环与人力资源和职工薪酬循环中，本节提及的一般费用是指除这些以外的费用。

10.4.1 一般费用的审计目标

一般费用审计目标与认定的对应关系见表10-7。

表10-7 审计目标与认定对应关系表

审计目标	财务报表认定					
	发生	完整性	准确性	截止	分类	列报
A.确定利润表中记录的一般费用是否发生	√					
B.确定所有应当记录的一般费用是否均已记录		√				
C.确定一般费用是否已以恰当的金额包括在财务报表中			√			
D.确定一般费用是否已计入恰当的会计期间				√		
E.确定一般费用是否已记录于恰当的账户					√	
F.确定一般费用是否已按照企业会计准则的规定在财务报表中作出恰当的列报和披露						√

10.4.2 一般费用的实质性程序

其一，获取一般费用明细表，复核其加计数是否正确，并与总账和明细账合计数核对是否正确。

【审计程序与具体审计目标的对应关系】此程序可实现表10-7中的C审计目标。

其二，实质性分析程序：

➢ 考虑可获取信息的来源、可比性、性质和相关性以及与信息编制相关的控制，评价在对记录的金额或比率作出预期时使用数据的可靠性。

➢ 将费用细化到适当层次，根据关键因素和相互关系（例如本期预算、费用类别与销售数量、职工人数的变化之间的关系等）设定预期值，评价预期值是否足够精确以识别重大错报。

➢ 确定已记录金额与预期值之间可接受的、无需作进一步调查的可接受的差异额。

➢ 将已记录金额与期望值进行比较，识别需要进一步调查的差异。

➢ 调查差异，询问管理层，针对管理层的答复获取适当的审计证据；根据具体情况在必要时实施其他审计程序。

【审计程序与具体审计目标的对应关系】此程序可实现表10-7中的A、B、C审计目标。

其三，从资产负债表日后的银行对账单或付款凭证中选取项目进行测试，检查支持性文件（如合同或发票），关注发票日期和支付日期，追踪已选取项目至相关费用明细表，检查费用所计入的会计期间，评价费用是否被记录于正确的会计期间。

【审计程序与具体审计目标的对应关系】此程序可实现表10-7中的B、C、D、E审计目标。

其四，对本期发生的费用选取样本，检查其支持性文件，确定原始凭证是否齐全，记账凭证与原始凭证是否相符以及账务处理是否正确。

【审计程序与具体审计目标的对应关系】此程序可实现表10-7中的A、C、D、E审计目标。

其五，抽取资产负债表日前后的凭证，实施截止测试，评价费用是否被记录于正确的会计期间。

【审计程序与具体审计目标的对应关系】此程序可实现表10-7中的D审计目标。

其六，检查一般费用是否已按照企业会计准则及其他相关规定在财务报表中作出恰当的列报和披露。

【审计程序与具体审计目标的对应关系】此程序可实现表10-7中的F审计目标。

【本章思政主题】

尊崇制度　遵守制度

某钢铁有限公司系一家新加坡上市公司，年收入达100亿元以上。随着公司经营规模的扩大，采购物料种类日益增多，除大宗原燃料外，公司采购的备件种类多达30 000多个规格、型号，采购金额巨大。以公司采购的电缆为例，规格、型号就多达上百种，金额多达几千万元，由于电缆进厂检验需要专门仪器，公司不具备检测条件，假冒伪劣风险较大，而且价格透明度较低。有效识别假冒伪劣产品和实施交易风险管控尤为重要，公司审计部为此对电缆采购业务开展了专项审计。

公司审计部确定的审计目标：针对存在的问题，全方位深入了解公司电缆采购业务、分析评估电缆的管理现状，发现采购流程中存在的管理漏洞，揭示系统性风险，及时提出整改建议，促进公司电缆采购业务整体管理水平的提高，最终达到增加组织价值的目标。

公司审计部确定的审计策略：从电缆供应商名单中筛选舞弊风险比较高的贸易商或者代理商，对贸易商或者代理商的授权委托书进行真伪鉴定；现场拍摄电缆商标、合格证、条形码等照片，发给原产地厂家进行真伪鉴别；截取部分电缆邮寄到厂家进行鉴定，同时送交当地市质检所进行检测；涉案金额达到假冒伪劣产品或者假冒注册商标罪立案标准后，请求公安局经侦大队立案，借助公安力量进行深挖。

采购环节的主要关注点有两个：价格和质量。审计人员在选取抽查样本环节，格外关注经常更换户名的供应商，从二十几家电缆供应商中选取了A、B、C三家，这三家公司先后与公司开展电缆业务，三家公司的业务员均为李某，其中两家为贸易商。经分析，其舞弊的可能性大。在提取这三家公司的全部采购清单后发现，这三家公司经销的电缆均为某集团公司的同一品牌电缆，公司供应部采购电缆主要业务经办人是五金机电科长田某。经查实，三家公司招投标时提交的资质文件中厂家出具的“授权委托书”是假的。三家公司采购的电缆大都为高温电缆，因为没有国家或行业质量标准，只有企业内部标准，审计人员便委托国内最权威的电缆鉴定单位，按照厂家提供的企业标准进行了产品质量鉴定，鉴定结果证明部分指标未达到标准。鉴于上述事实，根据刑法的相关规定，企业标准不能作为假冒伪劣产品认定标准，所以该案件只能以“假冒注册商标罪”起诉立案。

该案件经法院审判，判处业务员李某有期徒刑4年。尽管有种种迹象表明供应部五金机电科科长田某收受过李某的贿赂，但由于李某拒不交代与公司内部人员的勾结问题，最终没能把田某绳之以法，公司仅仅是将田某辞退。

【思考与启示】

此案件中某钢铁有限公司付出的代价是惨痛的，教训是深刻的，公司采购内部控制暴露出的主要漏洞有：（1）供应商纳入前未对其进行考察。三家公司都不是电缆制造企业，而是贸易公司，对贸易公司的代理资质没有与颁发单位进行核实，李某先后三次更换公司名称与公司进行业务往来，本身非常不正常。（2）公司未加强入库验收管理。公司采购的电缆根本没有进行验收检测，当时只要进行简单的电缆平方数的卡测便能发现问题，若能委托外单位进行鉴定更能发现问题。（3）采购申请审核流于形式。采购计划虽然经过分厂设备科、设备厂长、公司设备部主管设备工程师、设备部长、主管副总等层层审批，但审批流于形式，或者是李某与分厂采购计划员串通舞弊，公司采购的很多电缆存在很大的质量冗余和浪费，导致采购价格升高，但给李某带来很大的利润。

采购活动是企业生产经营的起点，也是最能直接降低企业产品成本主要费用的关键因素。如果缺乏有效的制约机制来规范企业采购行为，就会产生价格虚高，采购成本增加，产品质量难以保证，致使企业蒙受损失，降低效益，风气败坏。

习近平总书记在讲话中谈到，“要强化法规制度意识”；“形成尊崇制度、遵守制度、捍卫制度的良好氛围”；“要坚持用制度管权管事管人，抓紧形成不敢腐、不能腐、不想腐的有效机制”；“要坚持‘老虎’‘苍蝇’一起打，坚持有腐必反、有贪必肃，下最大气力解决腐败问题，努力营造风清气正的党风政风和社会风气”。党的二十大报告更是强调坚决打赢反腐败斗争攻坚战持久战。

对于采购方而言，要想从根本上铲除采购环节舞弊滋生的土壤，就必须加强内部控制制度建设，建立供应商管理制度、合同评审制度、采购预算制度、物资入库验收管理制度、采购岗位的轮换制度及不相容岗位制衡申请审批制度、财务付款管理制度、审计审查制度和廉政制度等关键点。梳理采购活动规范流程，从计划采购到请购定价、供应商选择、合同管理、付款结算、验收履行等，都要有规则，有标准，有流程。保证用制度管权、按制度办事、靠制度管人，发挥制度的优越性，才能切实遏制采购舞弊。

11 第11章 生产与存货循环审计

【知识目标】

1. 了解生产与存货循环涉及的主要业务活动
2. 掌握生产与存货循环的内部控制内容及控制测试方法
3. 明确存货的审计目标，掌握存货审计的实质性程序
4. 掌握存货监盘程序
5. 掌握存货计价测试方法

【能力目标】

1. 能对生产与存货循环的内部控制进行控制测试
2. 能初步识别和评估生产与存货循环的重大错报风险
3. 能根据生产与存货循环的内部控制测试结果确定存货审计的实质性程序
4. 能根据确定的存货审计目标实施存货审计的监盘程序、计价测试
5. 能编制生产与存货循环的主要实质性程序审计工作底稿

【素养目标】

1. 具有依法规范审计意识，严格依照准则要求执业，切实履行勤勉尽责义务，确保对生产与存货循环审计执行恰当的审计程序，获取充分适当的审计证据，形成真实客观的审计结论，发表正确的审计意见

2. 具有职业怀疑态度和敏锐的观察力、逻辑分析能力，在风险识别与评估阶段准确识别和评估生产与存货循环中的重大错报风险，并采取恰当的进一步审计程序

3. 具有扎实过硬的专业胜任能力，并能持续升级、不断扩容，不断在实战中积累生产与存货循环审计经验，增强职业判断力，以适应快速变化的业务环境和技术发展

4. 具有良好的沟通能力，在生产与存货循环审计中能够与审计团队和管理层、股东及其他利益相关者进行协作

【本章知识架构】

章名	节名	一级标题
生产与存货循环审计	生产与存货循环控制测试	生产与存货循环的主要业务活动
		生产与存货循环的内部控制和控制测试
		评估重大错报风险
	存货审计	存货的审计目标
		存货的一般审计程序
		存货监盘
		存货计价测试
		与存货相关的舞弊风险应采取的应对措施
本章思政主题 **奋楫笃行 业精于勤**		

【导读案例】

獐子岛集团股份有限公司于2006年9月在深交所上市，在最初上市的8年间，年报业绩基本均以亿元计数，曾有“海底银行”之称。然而在2014年及以后的年报中，净利润呈现“过山车式”剧烈变化。按照深交所的规定，中小板企业连续两年净利润为负将被警示，继续亏损会被暂停上市，若连续四年亏损将被终止上市。而2014年到2018年，獐子岛的归属净利润分别为−11.9亿元、−2.43亿元、7 959万元、−7.23亿元、3 211万元，连续亏损始终没有超过两年。连年亏损的獐子岛也不断利用制度漏洞在市场上“苟活”。

2019年11月11日晚间，上市公司獐子岛发出特别风险提示，根据公司2019年11月8日至9日已抽测点位的亩产数据汇总，已抽测区域2017年存量底播虾夷扇贝平均亩产不足2公斤；2018年存量底播虾夷扇贝平均亩产约3.5公斤，亩产水平大幅低于前10月平均亩产25.61公斤，公司初步判断已构成重大底播虾夷扇贝存货减值风险。就是说，正常情况下平均亩产20~30公斤的扇贝，突然就只剩下不到2公斤，亩产暴减超90%。

在獐子岛发布公告之后，深交所火速发关注函，要求獐子岛解释说明财报是否存在“隐瞒减值迹象”等情况。11月12日开盘，獐子岛股价一字跌停，资金疯狂出逃。

企业内部控制应用指引
第9号——销售业务

对于股民来说，即使没有买过獐子岛的股票，也对这家五年中扇贝就跑了四次的公司十分熟悉。在2014年和2017年，獐子岛就上演了两次业绩“大变脸”，原因都是“扇贝跑了”。2018年1月，獐子岛又说“扇贝跑了”。2019年一季报，獐子岛净亏损4 314万元，理由依然是“扇贝跑路”。2019年年底，这一次獐子岛的理由不是“扇贝跑了”，而是“扇贝死了”。

最后，证监会借助北斗卫星系统定位数据，对獐子岛公司27条采捕船只数百余万条海上航行定位数据进行分析；委托两家第三方专业机构运用计算机技术还原采捕船只的真实航行轨迹，复原了公司最近两年真实的采捕海域，进而确定了实际采捕面积，从而收集到了獐子岛存货财务造假的证据。

獐子岛公司存货财务造假终究被查了出来，但是查出财务造假的不是审计人员，而是北斗卫星系统。对审计人而言，农业类上市公司的财报审计难度较大，因为农业类上市公司在报表中存在生物资产项目，审计人员进行产品数量盘点最为困难，只能根据抽检和经验判断，所以对公司真实的资产情况难以核查，收集证据较困难，这为上市公司存货造假调节利润提供了可乘之机。

11.1 生产与存货循环控制测试

生产与存货循环是由原材料转化为产成品的有关活动组成的业务循环。该循环包括制订生产计划，控制、保持存货水平以及与制造过程有关的交易和事项，涉及领料、生产加工、销售产成品等主要环节。

生产与存货循环涉及的资产负债表项目主要有：存货。生产与存货循环涉及的利润表项目主要有：营业成本、资产减值损失、管理费用、营业外支出。

生产与存货循环涉及的主要凭证与会计记录有：生产通知单、领料单、产量和工时统计记录表、生产统计报告、验收单、入库单、出库单、材料费用分配表、人工费用分配汇总表、制造费用分配汇总表、成本计算单、存货明细账、盘点表单、可变现净值计算表等。

注册会计师首先在审计计划阶段了解被审计单位生产与存货循环的主要业务活动及其相关内部控制，识别和评估生产与存货交易认定层次的重大错报风险，对相关内部控制的有效性作出初步判断，以便设计和实施应对重大错报风险的进一步审计程序。

在审计工作计划阶段，注册会计师通常通过实施下列程序，了解生产与存货循环的业务活动和相关内部控制：

其一，询问参与生产与存货循环各业务活动的被审计单位人员，一般包括生产部门、仓储部门、人事部门和财务部门的员工和管理人员。

其二，获取并阅读企业的相关业务流程图或内部控制手册等资料。

其三，观察生产和存货循环中特定控制的运用，例如，观察生产部门将完工产品移送入库的流程及相关控制活动。

其四，检查文件资料，例如，检查原材料领料单、成本计算表、产成品出（入）库单等。

其五，实施穿行测试，即追踪一笔交易在财务报告信息系统中的处理过程。例如，选取某种产成品，追踪该产品制订生产计划、领料生产、成本核算、完工入库的整个过程。

下面我们以一般制造业企业为例分三部分介绍本节内容：生产与存货循环的主要业务活动、相关的内部控制和控制测试、评估重大错报风险。（注：审计实务中评估重大错报风险应该在了解内部控制之后、控制测试之前进行）

11.1.1 生产与存货循环的主要业务活动

1）计划和安排生产

生产计划部门根据顾客订单或者对销售预测和存货需求的分析来决定生产授权。如果决定授权生产，就签发预先编号的生产任务通知单。生产任务通知单是企业下达制造产品等生产任务的书面文件，是通知生产车间组织产品制造、供应部门组织材料发放、会计部门组织成本计算的依据。生产计划部门通常应将发出的所有生产任务通知单编号并进行记录。此外，还需要编制一份材料需求报告，列示所需要的材料和零件及其库存情况。

2）发出原材料

仓库部门根据从领料部门收到的领料单发出原材料。领料单上必须列示所需的材料数量和种类，以及领料部门的名称。领料单可以一料一单，也可以一单多料，通常需一式三联，仓库发料后，其中一联连同材料交还领料部门，一联留在仓库登记材料明细账（仓库联），一联交会计部门进行材料收发核算和成本核算（财务联）。

3）生产产品

生产部门在收到生产任务通知单及领取原材料后，便将生产任务分解到每一个生产工人，并将所领取的原材料交给生产工人，据以执行生产任务。生产工人在完成生产任务后，将完成的产品交生产部门查点，然后转交检验员验收并办理入库手续；或是将所完成的产品移交下一个部门，以进一步加工。生产部门应将生产情况进行记录，形成产量和工时记录。产量和工时记录是登记工人或生产班组在出勤期间内完成产品数量、质量和生产这些产品所耗费工时数量的原始记录。产量和工时记录的内容与格式是多种多样的。在不同的生产企业中，甚至在同一企业的不同生产车间中，由于生产类型不同而采用不同格式的产量和工时记录。常见的产量和工时记录主要有工作通知单、工序进程单、工作班产量报告、产量通知单、产量明细表、废品通知单等。

4）核算产品成本

为了正确地核算产品成本，对在产品进行有效控制，必须建立健全成本会计制度，将生产控制和成本核算有机结合在一起。一方面，生产过程中的各种记录、生产任务通知单、领料单、计工单、入库单等文件资料都要汇集到会计部门，由会计部门对其进行检查和核对，了解和控制生产过程中存货的实物流转。另一方面，会计部门要设置相应的会计账户，会同有关部门对生产过程中的成本进行核算和控制。成本会计制度可以非常简单，只是在期末记录存货余额；也可以是完善的标准成本制度，它持续地记录所有材料处理、在产品和产成品，并产生对成本差异的分析报告。完善的成本会计制度应该提供原材料转为在产品，在产品转为产成品，以及按成本中心、分批生产任务通知单或生产周期所消耗的材料、人工和间接费用的分配与归集的详细资料。主要资料有工资汇总表、人工费用分配表、材料费用分配表、制造费用分配汇总表、成本计算单、存货明细账等。

5）储存产成品

产成品入库，须由仓库部门先行点验和检查，然后签收。签收后填制产成品入库单。产成品入库单至少一式三联，一联交生产部门，一联交会计部门，一联仓库部门留存。仓库部门在检查、验收工作中应对验收部门的工作进行验证。除此之外，仓库部门还应根据产成品的品质特征分类存放，填制产成品标签，并定期进行盘点核对。

6）发出产成品

产成品的发出须由独立的发运部门进行。装运产成品时必须持有经有关部门核准的发运通知单，并据此编制出库单。产成品出库单至少一式四联，一联交仓库部门，一联发运部门留存，一联送交顾客，一联作为给顾客开发票的依据。

7）存货盘点

管理人员编制盘点指令，安排适当人员对存货实物（包括原材料、在产品和产成品等所有存货类别）进行定期盘点，将盘点结果与存货账面数量进行核对，调查差异并进行适当调整。

8）计提存货跌价准备

财务部门根据存货货龄分析表信息或相关部门提供的有关存货状况的其他信息，结合存货盘点过程中对存货状况的检查结果，对出现损毁、滞销、跌价等降低存货价值的情况进行分析计算，计提存货跌价准备。

11.1.2　生产与存货循环的内部控制和控制测试

1）对于计划和安排生产的内部控制要求及控制测试

此环节的内部控制要求：根据经审批的月度生产计划书，由生产计划经理签发预先按顺序编号的生产通知单。

注册会计师常用的控制测试程序：抽取生产通知单，检查是否与月度生产计划书内容一致。

2）对于发出原材料的内部控制要求及控制测试

此环节的内部控制要求：

（1）领料单应当经生产主管批准，仓库管理员凭经批准的领料单发料；领料单一式三联，分别作为生产部门存根联、仓库联和财务联。

（2）仓库管理员应把领料单编号、领用数量、规格等信息输入计算机系统，经仓储经理复核并以电子签名方式确认后，系统自动更新材料明细台账。

注册会计师常用的控制测试程序：抽取出库单及相关的领料单，检查是否正确输入并经适当层次复核。

3）对于生产产品和核算产品成本的内部控制要求及控制测试

此两个环节的内部控制要求：

（1）生产成本记账员应根据原材料领料单财务联，编制原材料领用日报表，与计算机系统自动生成的生产记录日报表核对材料耗用和流转信息；由会计主管审核无误后，生成记账凭证并过账至生产成本及原材料明细账和总分类账。

（2）生产部门记录生产各环节所耗用工时数，包括人工工时数和机器工时数，并将工时信息输入生产记录日报表。

（3）每月末，由生产车间与仓库核对原材料和产成品的转出和转入记录；如有差异，仓库管理员应编制差异分析报告，经仓储经理和生产经理签字确认后交会计部门进行调整。

（4）每月末，由计算机系统对生产成本中各项组成部分进行归集，按照预设的分摊公式和方法，自动将当月发生的生产成本在完工产品和在产品之间按比例分配；同时，将完工产品成本在各不同产品类别之间分配，由此生成产品成本计算表和生产成本分配表；由生产成本记账员编制成生产成本结转凭证，经会计主管审核批准后进行账务处理。

注册会计师常用的控制测试程序：

（1）抽取原材料领用凭证，检查是否与生产记录日报表一致，是否经适当审核，如有差异是否及时处理。

（2）抽取核对记录，检查差异是否已得到处理。

（3）抽取生产成本结转凭证，检查与支持性文件是否一致并经适当审核。

（4）预设的分摊公式和方法是否存在变更，变更是否经适当审批。必要时，可以考虑利用计算机专家的工作。

4）对于产成品入库和储存的内部控制要求及控制测试

此环节的内部控制要求：

（1）产成品入库时，质量检验员应检查并签发预先按顺序编号的产成品验收单，由生产小组将产成品送交仓库，仓库管理员应检查产成品验收单，并清点产成品数量，填写预先顺序编号的产成品入库单，经质检经理、生产经理和仓储经理签字确认后，由仓库管理员将产成品入库单信息输入计算机系统，计算机系统自动更新产成品明细台账。

（2）存货存放在安全的环境（如上锁、使用监控设备）中，只有经过授权的工作人员可以接触及处理。

注册会计师常用的控制测试程序：

（1）抽取产成品验收单、产成品入库单并检查输入信息是否准确。

（2）现场观察存货存放的环境，询问相关情况。

5）对于发出产成品的内部控制要求及控制测试

在销售与收款循环中也涉及了产成品出库这一环节，还有后续的结转销售成本环节。

此环节的内部控制要求：

(1) 产成品出库时，由仓库管理员填写预先顺序编号的出库单，并将产成品出库单信息输入计算机系统，经仓储经理复核并以电子签名方式确认后，计算机系统自动更新产成品明细台账并与发运通知单编号核对。

(2) 产成品装运发出前，由运输经理独立检查出库单、销售订购单和发运通知单，确定从仓库提取的商品附有经批准的销售订购单，并且，所提取商品的内容与销售订购单一致。

(3) 每月末，生产成本记账员根据计算机系统内状态为“已处理”的订购单数量，编制销售成本结转凭证，结转相应的销售成本，经会计主管审核批准后进行账务处理。

注册会计师常用的控制测试程序：

(1) 抽取发运通知单、出库单，并检查是否一致。

(2) 抽取发运单和相关销售订购单，检查内容是否一致。

(3) 抽取销售成本结转凭证，检查与支持性文件是否一致并适当复核。

6) 对于盘点存货的内部控制要求及控制测试

此环节的内部控制要求：

(1) 生产部门和仓储部门在盘点日前对所有存货进行清理和归整，便于盘点顺利进行。

(2) 每一组盘点人员中应包括仓储部门以外的其他部门人员，即不能由负责保管存货的人员单独负责盘点存货；安排不同的工作人员分别负责初盘和复盘。

(3) 盘点表和盘点标签事先连续编号，发放给盘点人员时登记领用人员；盘点结束后回收并清点所有已使用和未使用的盘点表和盘点标签。

(4) 为防止存货被遗漏或重复盘点，所有盘点过的存货贴盘点标签，注明存货品名、数量和盘点人员，完成盘点前检查现场，确认所有存货均已贴上盘点标签。

(5) 将不属于本单位的代其他方保管的存货单独堆放并作标识；将盘点期间需要领用的原材料或出库的产成品分开堆放并作标识。

(6) 汇总盘点结果，与存货账面数量进行比较，调查分析差异原因，并对认定的盘盈和盘亏提出账务调整建议，经仓储经理、生产经理、财务经理和总经理复核批准后入账。

注册会计师常用的控制测试程序：

(1) 抽取原材料盘点明细表并检查是否经适当层次复核，有关差异是否得到处理。

(2) 抽取产成品存货盘点报告并检查是否经适当层次复核，有关差异是否得到处理。

7) 对于计提存货跌价准备的内部控制要求及控制测试

此环节的内部控制要求：

(1) 定期编制存货货龄分析表，管理人员复核该分析表，确定是否有必要对滞销存货计提存货跌价准备，并计算存货可变现净值，据此计提存货跌价准备。

(2) 生产部门和仓储部门每月上报残冷背次存货明细，采购部门和销售部门每月上报原材料和产成品最新价格信息，财务部门据此分析存货跌价风险并计提跌价准备，由财务经理和总经理复核批准并入账。

注册会计师常用的控制测试程序：

(1) 询问财务经理识别减值风险并确定减值准备的过程。

(2) 检查总经理的复核批准记录。

生产与存货循环控制测试审计工作底稿见附录（附表9），索引号SCC。

生产与存货循环与财务报告相关的内部控制目标、关键内部控制和常用的控制测试见表11-1。

表 11-1　生产与存货循环与财务报告相关的内部控制目标、关键内部控制和常用的控制测试

内部控制目标	关键内部控制	常用的控制测试
生产业务是根据管理层一般或特定的授权进行的（涉及的认定：生产成本的发生）	对以下三个关键点，应履行恰当手续，经过特别审批或一般审批：（1）生产指令的授权批准；（2）领料单的授权批准；（3）工薪的授权批准	检查凭证中是否包括这三个关键点，并经恰当审批
记录的成本为实际发生的而非虚构的（涉及的认定：生产成本的发生）	成本的核算是以经过审核的生产通知单、领（发）料凭证、产量和工时记录、工薪费用分配表、材料费用分配表、制造费用分配表为依据的	检查有关成本的记账凭证是否附有生产通知单、领（发）料凭证、产量和工时记录、工薪费用分配表、材料费用分配表、制造费用分配表等，原始凭证的顺序编号是否完整
所有耗费和物化劳动均已反映在成本中（涉及的认定：生产成本的准确性、完整性）	生产通知单、领（发）料凭证、产量和工时记录、工薪费用分配表、材料费用分配表、制造费用分配表均事先编号并已经登记入账	检查生产通知单、领（发）料凭证、产量和工时记录、工薪费用分配表、材料费用分配表、制造费用分配表的顺序编号是否完整
成本以正确的金额，在恰当的会计期间及时记录于适当的账户（涉及的认定：存货的发生、完整性、准确性、计价和分摊；营业成本的准确性）	采用适当的成本核算方法，并且前后各期一致；采用适当的费用分配方法，并且前后各期一致；采用适当的成本核算流程和账务处理流程；内部核查	选取样本测试各种费用的归集和分配以及成本的计算；测试是否按照规定的成本核算流程和账务处理流程进行核算和账务处理
对存货实施保护措施，保管人员与记录人员、批准人员相互独立（涉及的认定：存货的存在、完整性）	存货保管人员与记录人员职务相分离	询问和观察存货与记录的接触控制以及相应的批准程序
账面存货与实际存货定期核对相符（涉及的认定：存货的存在、完整性）	定期进行存货盘点	询问和观察存货盘点程序
存货以恰当的金额在报表中予以披露（涉及的认定：存货的准确性、计价和分摊；资产减值损失的完整性）	财务部根据系统生成的存货货龄分析表，结合生产和仓储部门上报的存货损毁情况及存货盘点中对存货状况的检查结果，计提存货跌价准备，报总经理审核批准后入账	询问财务经理识别减值风险并确定跌价准备的过程，检查总经理的复核批准记录。

案例窗 11-1　生产与存货循环内部控制审计案例

注册会计师负责于2023年10月26日对华强股份有限公司的内部控制进行了解，并在审计工作底稿中记录了所了解的内部控制，部分内容摘录如下：

（1）会计部门职员甲根据收到的生产任务通知单、领料单、工时记录和产成品入库单等资料，编制材料费用、人工费用和制造费用分配表，以及完工产品与在产品成本分配表，经本部门的复核人员复核后，据以登记成本明细账和存货明细账。

（2）仓库职员根据收到的领料单发出原材料，将领料单的一联连同原材料交生产部门，并在登记原材料明细账后将另外两联传递给会计部门进行实物流转记录和成本会计核算。

（3）华强股份有限公司要求每半年进行一次全面的存货盘点，并编制盘点表。会计部门与仓库部门核对结存数量后，向管理层报告差异情况及形成原因，经批准后进行处理。

（4）仓库部门职员在发现存货毁损、变质或过期的情况后，直接向部门主管报告，由仓储经理负责处置，并报财务部门进行账务处理。

（5）仓库引进先进的远红外监控系统，实行24小时不间断的全自动无人监控，以避免监守自盗。保安人员每天上班后调阅前一天的监控录像，以确定是否发生异常。

要求：假定不考虑其他条件，请逐项判断华强股份有限公司上述内部控制程序在设计上是否存在缺陷，并简要说明理由，提出改进建议。

11.1.3 评估重大错报风险

前面有关采购与付款交易的重大错报风险的讨论，对生产与存货交易基本上是适用的，不再赘述。当然，生产与存货交易也有其自身的特点，以制造类企业为例，影响生产与存货交易和余额的重大错报风险因素可能包括：

1）交易的数量和复杂性

制造业企业交易的数量庞大，业务复杂，这就增加了错误和舞弊的风险。

2）成本基础的复杂性

制造类企业的成本基础是复杂的。虽然原材料和直接人工等直接费用的分配比较简单，但间接费用的分配就可能较为复杂，并且，同一行业中的不同企业也可能采用不同的认定和计量基础。

3）产品的多元化

产品的多元化可能要聘请专家来验证其质量、状况或价值。另外，计算库存存货数量的方法也可能是不同的。例如，计量煤堆、筒仓里的谷物、钻石或者其他化工品和药剂产品的存储量的方法都可能不一样。这并不是要求注册会计师每次清点存货都需要专家配合；如果存货容易辨认、存货数量容易清点，就无须专家帮助。

4）某些存货项目的可变现净值难以确定

如价格受全球经济供求关系影响的存货，由于其可变现净值难以确定，会影响存货采购价格和销售价格的确定，并将影响注册会计师对与存货的计价认定有关的风险进行评估。

5）将存货存放在很多地点

大型企业可能将存货存放在很多地点，并且可以在不同的地点之间配送存货，这将增加商品途中毁损或遗失的风险，或者导致存货在两个地点被重复列示，也可能产生转移定价的错误或舞弊。

6）寄存的存货

有时候存货虽然还存放在企业，但可能已经不归企业所有。反之，企业的存货也可能被寄存在其他企业。

在评估生产与存货循环的重大错报风险时，注册会计师应当落实到该风险所涉及的相关财务报表项目及认定，再基于生产与存货循环的重大错报风险评估结果，制订实施进一步审计程序的总体方案（包括综合性方案或实质性方案），继而实施控制测试和实质性程序。生产与存货循环的重大错报风险涉及存货的存在、完整性、权利和义务、计价和分摊认定。

以上风险因素的存在，可能导致一般制造类企业的存货存在以下重大错报风险：存货实物可能不存在；属于被审计单位的存货可能未在账面反映；存货的所有权可能不属于被审计单位；存货的单位成本可能存在计算错误；存货的账面价值可能无法实现，即跌价准备的计提可能不充分。

生产与存货循环的重大错报风险和进一步审计程序总体方案见表11-2。

表11-2　　生产与存货循环的重大错报风险和进一步审计程序总体方案

重大错报风险描述	相关财务报表项目及认定	风险程度	是否信赖控制	进一步审计程序的总体方案	拟从控制测试中获取的保证程度	拟从实质性程序中获取的保证程度
存货实物可能不存在	存货：存在	特别	是	综合性方案	中	高
存货的单位成本可能存在计算错误	存货：准确性、计价和分摊 营业成本：准确性	一般	是	综合性方案	中	低
已销售产品的成本可能没有准确结转至营业成本	存货：准确性、计价和分摊 营业成本：准确性	一般	是	综合性方案	中	低
存货的账面价值可能无法实现	存货：准确性、计价和分摊	特别	否	实质性方案	无	高

11.2　存货审计

一般制造业企业的存货包括原材料、低值易耗品、生产的半成品和产成品等。通常，存货对企业经营特点的反映能力强于其他资产项目。存货的重大错报对于流动资产、营运资本、总资产、销售成本、毛利以及净利润都会产生直接的影响。存货的重大错报对于利润分配和所得税，也具有间接的影响。审计中许多复杂和重大的问题都与存货有关，要求注册会计师对存货项目的审计予以特别的关注，在存货、产品生产和销售成本审计中要花费较多的审计工时，运用多种有针对性的审计程序收集审计证据。

注册会计师存货审计涉及数量和单价两个方面。针对存货数量的实质性程序主要是存货监盘。此外，还包括对第三方保管的存货实施函证等程序，对在途存货检查相关凭证和期后入库记录等。针对存货单价的实质性程序包括对购买和生产成本的审计程序及对存货可变现净值的审计程序。其中，原材料成本的计量较为简单，通常通过对采购成本的审计进行测试；在产品和产成品的成本较为复杂，包括测试原材料成本、人工成本和制造费用的归集和分摊。

11.2.1　存货的审计目标

存货的审计目标与认定对应关系见表11-3。

表11-3　　存货审计目标与认定对应关系表

审计目标	财务报表认定					
	存在	完整性	权利和义务	准确性、计价和分摊	分类	列报
A.确定资产负债表中记录的存货是否存在	√					
B.确定所有属于被审计单位的存货是否均已记录		√				
C.确定记录的存货是否属于被审计单位			√			

续表

审计目标	财务报表认定					
	存在	完整性	权利和义务	准确性、计价和分摊	分类	列报
D.确定存货单位成本的计量是否准确，账面价值是否以恰当的金额包括在财务报表中				√		
E.确定存货及其跌价准备是否已记录于恰当的账户					√	
F.确定存货是否已被恰当地汇总或分解且表述清楚，按照企业会计准则的规定在财务报表中作出的相关披露是相关的、可理解的						√

11.2.2 存货的一般审计程序

1）获取年末存货余额明细表

【审计程序与具体审计目标的对应关系】此程序可实现表11-3中的D审计目标。

（1）复核单项存货金额的计算（单位成本×数量）和明细表的加总计算是否准确。

（2）将本年末存货余额与上年末存货余额进行比较，总体分析变动原因。

2）实施实质性分析程序

【审计程序与具体审计目标的对应关系】此程序可实现表11-3中的A、B、D审计目标。

存货的实质性分析程序中较常见的是对存货周转天数的实质性分析程序，过程如下：

（1）根据对被审计单位的经营活动、供应商、贸易条件、行业惯例和行业现状的了解，确定存货周转天数的预期值。

（2）根据对本期存货余额组成、实际经营情况、市场情况、存货采购情况等的了解，确定可接受的重大差异额。

（3）计算实际存货周转天数和预期周转天数之间的差异。

（4）通过询问管理层和相关员工，调查存在重大差异的原因，并评估差异是否表明存在重大错报风险，是否需要设计恰当的细节测试程序以识别和应对重大错报风险。

11.2.3 存货监盘

【审计程序与具体审计目标的对应关系】此程序可实现表11-3中的A、B、C、D、E审计目标。

1）存货监盘的作用

如果存货对财务报表是重要的，注册会计师应当实施下列审计程序，对存货的存在和状况获取充分、适当的审计证据：

（1）在存货盘点现场实施监盘；

（2）对期末存货记录实施审计程序，以确定其是否准确反映实际的存货盘点结果。

具体来说，存货监盘涉及：

（1）检查存货以确定其是否存在，评价存货状况，并对存货盘点结果进行测试；

（2）观察管理层指令的遵守情况，以及用于记录和控制存货盘点结果的程序的实施情况；

（3）获取有关管理层存货盘点程序可靠性的审计证据。

这些程序是用作控制测试还是实质性程序，取决于注册会计师的风险评估结果、审计方案和实施的特定程序。

实施存货监盘，获取有关期末存货数量和状况的充分、适当的审计证据是注册会计师的责任，但这并不能取代被审计单位管理层定期盘点存货、合理确定存货的数量和状况的责任。被审计单位管理层通常对存货每年至少进行一次实物盘点，以作为编制财务报表的基础，并用以确定被审计单位永续盘存制的可靠性。

存货监盘针对的主要是存货的“存在”“完整性”“权利和义务”认定，注册会计师存货监盘的目的在于获取有关存货数量和状况的审计证据，以确证被审计单位记录的所有存货确实存在，已经反映了被审计单位拥有的全部存货，并且存货是属于被审计单位的合法财产。

按照本章风险评估确定的范围，注册会计师需对存货进行实质性程序，并确定存货的审计后金额。

存货审定表审计工作底稿见附录（附表26），索引号ZI1。

2）存货监盘计划

（1）制订存货监盘计划的基本要求。

注册会计师应当根据被审计单位存货的特点、盘存制度和存货内部控制的有效性等情况，在评价被审计单位制定的存货盘点程序的基础上，编制存货监盘计划，对存货监盘作出合理安排。

（2）制订存货监盘计划应考虑的相关事项。

❶与存货相关的重大错报风险。

存货通常具有较高水平的重大错报风险，影响重大错报风险的因素包括：存货的数量和种类；成本归集的难易程度；陈旧过时的速度或易损坏程度；遭受失窃的难易程度。由于制造过程和成本归集制度的差异，制造企业的存货与其他企业（如批发企业）的存货相比，往往具有更高的重大错报风险，对于注册会计师的审计工作而言则更具复杂性。此外，外部因素也会对存货的重大错报风险产生影响。例如，技术上的进步可能导致某些产品过时，从而导致存货价值更容易发生高估。以下类别的存货就可能增加审计的复杂性与风险：

A. 制造过程漫长的存货。对制造过程漫长的企业（如飞机制造和酒类产品酿造企业）存货进行审计时，应当重点关注递延成本、预期发生成本以及未来市场波动可能对当期损益的影响等事项。

B. 鲜活、易腐商品存货。因为物质特性和保质期短暂，此类存货变质的风险很高。

C. 具有高科技含量的存货。由于技术进步，此类存货易于过时。

D. 单位价值高、容易被盗窃的存货。例如，珠宝存货的错报风险通常高于铁制纽扣之类存货的错报风险。

❷与存货相关的内部控制的性质。

注册会计师应当了解与存货相关的内部控制，并根据内部控制的完善程度确定进一步审计程序的性质、时间和范围。存货的内部控制涉及被审计单位供、产、销各个环节，包括采购、验收、仓储、领用、加工、装运出库等方面。

与采购相关的内部控制的总体目标是所有交易都已获得适当的授权与批准。使用预先连续编号的购货订购单是一项基本的内部控制措施。与存货验收相关的内部控制的总体目标是所有收到的商品都已得到记录。使用由独立的部门负责验收商品并编制验收报告是一项基本的内部控制措施。与仓储相关的内部控制的总体目标是确保与存货实物的接触必须得到管理层的指示和批准。与领用相关的内部控制的总体目标是所有存货的领用均应得到批准和记录。使用存货领用单是一项基本的内部控制措施。与加工（生产）相关的内部控制的总体目标是对所有的生产过程作出适当的记录。使用对产品质量缺陷和零部件使用及报废等情况及时作出说明的生产报告是一项基本的内部控制措施。与装运出库相关的内部控制的总体目标是所有的装运都得到了记录。使用预先编号的出库单是一项基本的内部控制措施。

被审计单位与存货实地盘点相关的内部控制通常包括：制订合理的存货盘点计划，确定合理的存货盘点程序，配备相应的监督人员，对存货进行独立的内部验证，将盘点结果与永续存货记录进行独立的调节，对盘点表和盘点标签进行充分控制。

❸对存货盘点是否制定了适当的程序，并下达了正确的指令。

注册会计师在复核或与管理层讨论其存货盘点程序时，应当考虑下列主要因素，以评价其能否合理地确定存货的数量和状况：盘点的时间安排；存货盘点范围和场所的确定；盘点人员的分工及胜任能力；盘点前的会议及任务布置；存货的整理和排列，对毁损、陈旧、过时、残次及所有权不属于被审计单位的存货的区分；存货的计量工具和计量方法；在产品完工程度的确定方法；存放在外单位的存货的盘点安排；存货收发截止的控制；盘点期间存货移动的控制；盘点表单的设计、使用与控制；盘点结果的汇总以及盘盈或盘亏的分析、调查与处理。

注册会计师如果认为被审计单位的存货盘点程序存在缺陷，应当提请被审计单位调整。

❹存货盘点的时间安排。

如果存货盘点在财务报表日以外的其他日期进行，注册会计师除实施存货监盘的相关审计程序外，还应当实施其他审计程序，以获取审计证据，确定存货盘点日与财务报表日之间的存货变动是否已得到恰当的记录。

❺被审计单位是否一贯采用永续盘存制。

存货盘存制度不同，注册会计师需要作出的存货监盘安排也不同。如果被审计单位通过实地盘存制确定存货数量，则注册会计师要参加此种盘点。如果被审计单位采用永续盘存制，注册会计师应在年度中一次或多次参加盘点。

❻存货的存放地点（包括不同存放地点的存货的重要性和重大错报风险），以确定适当的监盘地点。

注册会计师应了解所有的存货存放地点，既可以防止被审计单位或自己发生任何遗漏，也有助于恰当地分配审计资源。注册会计师通常应当重点考虑被审计单位的重要存货存放地点，特别是金额较大或可能存在重大错报风险的存货存放地点，将这些存货列入监盘范围。对于无法实施现场监盘的存货，注册会计师应当实施替代审计程序，以获取有关存货的存在和状况的充分、适当的审计证据。

❼是否需要专家协助。

注册会计师可能不具备其他专业领域的专长与技能。在确定资产数量或资产实物状况时（如矿石堆），或在收集特殊类别存货（如艺术品、稀有玉石、房地产、电子器件等）的审计证据时，注册会计师可以考虑利用专家的工作。

当在产品存货金额重大时，注册会计师可能面临如何评估完工程度的问题。注册会计师可以了解被审计单位的盘点程序，如果有关在产品的完工程度未被明确列出，注册会计师应当考虑采用其他有助于确定完工程度的措施，如获取零部件明细清单、标准成本表以及作业成本表，与工厂的有关人员进行讨论等，并运用职业判断。注册会计师也可根据存货生产过程的复杂程度考虑利用专家的工作。

存货监盘程序表审计工作底稿见附录（附表33），索引号ZI9。

（3）存货监盘计划的主要内容。

❶存货监盘的目标、范围及时间安排。

存货监盘的主要目标包括获取被审计单位资产负债表日有关存货数量和状况以及管理层存货盘点程序可靠性的审计证据，检查存货的数量是否完整，是否归被审计单位所有，存货有无毁损、陈旧和短缺等状况。

存货监盘的范围大小取决于存货的内容、性质以及与存货相关的内部控制的完善程度和重大错报风险的评估结果。对存放于外单位的存货，应当考虑实施适当的替代程序，以获取充分、适当的审计证据。

存货监盘的时间，包括实地察看盘点现场的时间、观察存货盘点的时间和对已盘点存货实施检查的时间等，应当与被审计单位实施存货盘点的时间相协调。

❷存货监盘的要点及关注事项。

存货监盘的要点包括注册会计师实施存货监盘程序的方法、步骤，各个环节应注意的问题以及所要解决的问题。注册会计师需要重点关注的事项包括盘点期间的存货移动、存货的状况、存货的截止确认、存货的各个存放地点及金额。

❸参加存货监盘人员的分工。

注册会计师应当根据对被审计单位存货盘点人员分工、分组情况，以及存货监盘工作量的大小和人员素质情况，确定参加存货监盘的人员组成、各组成人员的职责和具体的分工情况，并加强督导。

❹检查存货的范围。

注册会计师应当根据对被审计单位存货盘点和对被审计单位内部控制的评价结果确定检查存货的范围。注册会计师在实施观察程序后，如果认为被审计单位内部控制设计良好且得到有效实施、存货盘点组织良好，可以相应缩小实施检查程序的范围。

存货监盘计划审计工作底稿见附录（附表34），索引号ZI9-1。

3）存货监盘程序

（1）评价管理层用以记录和控制存货盘点结果的指令和程序。

注册会计师需要考虑这些指令和程序是否包括：

❶适当控制活动的运用，例如，收集已使用的存货盘点记录，清点未使用的存货盘点表单，实施盘点和复核程序；

❷准确认定在产品的完工程度，流动缓慢、过时或毁损的存货项目，以及第三方拥有的存货；

❸对存货在不同存放地点之间的移动以及截止日前后期间出入库的控制。

（2）观察管理层制定的盘点程序的执行情况。

尽管盘点存货时最好能保持存货不发生移动，但在某些情况下，存货的移动是难以避免的。如果在盘点过程中被审计单位的生产经营仍将继续进行，注册会计师应通过实施必要的检查程序，确定被审计单位是否已经对此设置了相应的控制程序，确保在适当的期间内对存货作出了准确记录。

注册会计师一般应当获取盘点日前后的存货收发及移动的凭证，检查库存记录与会计记录期末截止是否正确。存货正确截止的关键在于存货实物纳入盘点范围的时间是否与存货引起的借贷双方会计科目的入账时间都处于同一会计期间；检查在途存货和被审计单位直接向顾客发运的存货是否均已得到了适当的会计处理。

在存货监盘过程中，注册会计师应当获取存货验收入库、装运出库以及内部转移截止等信息，以便将来追查至被审计单位的会计记录。

注册会计师通常可以观察存货的验收入库地点和装运出库地点以执行截止测试。在存货入库和装运过程中采用连续编号的凭证时，注册会计师应当关注截止日期前的最后编号。

（3）检查存货。

在存货监盘过程中检查存货，有助于确定存货的存在，以及识别过时、毁损或陈旧的存货。

（4）执行抽盘。

注册会计师应当对已盘点的存货进行适当检查，将检查结果与被审计单位盘点记录相核对，并形成相应记录。

❶抽查的目的。抽查的目的既可以是确证被审计单位的盘点计划得到适当的执行，也可以是证实被审计单位的存货实物总额。如果观察程序能够表明被审计单位的组织管理得当，并存在充分有效的盘点、监督以及复核程序，那么注册会计师可决定减少所需抽查的存货项目。

❷抽查范围。抽查的范围通常包括所有盘点工作小组的盘点内容以及难以盘点或隐蔽性较强的存货。需要特别说明的是，注册会计师应尽可能地避免被审计单位了解自己将抽取测试的存货项目。

❸抽查方向。抽查时，注册会计师应当从存货盘点记录中选取项目追查至存货实物以测试盘点记录的准确性；注册会计师还应当从存货实物中选取项目追查至存货盘点记录，以测试存货盘点记录的完整性。

❹抽查中发现问题的处理方式。如果注册会计师在实施抽查程序中发现了差异，很可能表明被审计单位的存货盘点记录在准确性或完整性方面存在错误。由于抽查的内容通常仅仅是存货盘点中的一小部分，所以在抽查中发现的错误很可能意味着在被审计单位的存货盘点中还存在着其他错误。一方面，注册会计师应当查明原因，并及时提请被审计单位更正；另一方面，注册会计师应当考虑错误的潜在范围和重大程度，在可能的情况下，扩大抽查的范围以减少错误的发生。注册会计师还可要求被审计单位重新进行盘点。重新盘点的范围可限制在某一特殊领域或特定盘点小组的存货。

（5）需要特别关注的情况。

❶存货盘点范围。被审计单位盘点存货前，注册会计师应当观察盘点现场，确定应纳入盘点范围的存货是否已经适当整理和排列，并附有盘点标识，防止遗漏或重复盘点。对

未纳入盘点范围的存货，注册会计师应当查明未纳入的原因。

❷对特殊类型存货的监盘。对某些特殊类型的存货，被审计单位通常使用的盘点方法和控制程序并不完全适用。这些存货通常没有盘点标签或者其数量或质量难以确定，注册会计师需要运用职业判断，根据存货的实际情况，设计恰当的审计程序，对存货的数量和状况获取审计证据。

表11-4列举了被审计单位特殊存货类型、通常采用的盘点方法与潜在问题，以及可供注册会计师实施的审计程序。

表11-4 特殊类型存货的监盘程序

存货类型	盘点方法与潜在问题	可供实施的审计程序
木材、钢筋盘条、管子	通常无标签，但在盘点时会做上标记或用粉笔标识； 难以确定存货的数量或等级	检查标记或标识； 利用专家或被审计单位内部有经验人员的工作
堆积型存货（如糖、煤、钢废料）	通常既无标签也不做标记； 在估计存货数量时存在困难	运用工程估测、几何计算、高空勘测，并依赖详细的存货记录
使用磅秤测量的存货	在估计存货数量时存在困难	在监盘前和监盘过程中均应检验磅秤的精准度，并留意磅秤的位置移动与重新调校程序； 将检查和重新称量程序相结合； 检查称量尺度的换算问题
散装物品（如贮窖存货，使用桶、箱、罐、槽等容器储存的液体、气体、谷类粮食、流体存货等）	在盘点时通常难以识别和确定； 在估计存货数量时存在困难； 在估计存货质量时存在困难	使用容器进行监盘或通过预先编号的清单列表加以确定； 使用浸蘸、测量棒、工程报告以及依赖永续存货记录； 选择样品进行化验与分析，或利用专家的工作
贵金属、石器、艺术品与收藏品	在存货辨认与质量确定方面存在困难	选择样品进行化验与分析，或利用专家的工作
生产纸浆用木材、牲畜	在存货辨认与数量确定方面存在困难； 可能无法对此类存货的移动实施控制	通过高空摄影以确定其存在，对不同时点的数量进行比较，并依赖永续存货记录

（6）存货监盘结束时的工作。

在被审计单位存货盘点结束前，注册会计师应当实施下列审计程序：

❶再次观察盘点现场，以确定所有应纳入盘点范围的存货是否均已盘点。

❷取得并检查已填用、作废及未使用盘点表单的号码记录，确定其是否连续编号，查明已发放的表单是否均已收回，并与存货盘点的汇总记录进行核对。

注册会计师应当复核盘点结果汇总记录，评估其是否正确地反映了实际盘点结果。

如果存货盘点日不是资产负债表日，注册会计师应当实施适当的审计程序，确定对盘点日与资产负债表日之间存货的变动是否已作出正确的记录。

注册会计师可以结合盘点日至财务报表日之间间隔期的长短，以及相关内部控制的有效性等因素进行风险评估，设计和执行适当的实质性程序，以确定盘点日至财务报表日之间存货变动的真实性、可靠性、完整性。实质性程序包括：

❶比较盘点日和财务报表日之间的存货信息以识别异常项目，并对其执行实地查看等适当的审计程序。

❷对存货周转率或存货销售周转天数等实施实质性分析程序。

❸对盘点日至财务报表日之间的存货采购和存货销售分别实施双向检查。对存货采购，从入库单查至其相应的永续盘存记录，从永续盘存记录查至其相应的入库单等支持性文件。对存货销售，从货运单据查至其相应的永续盘存记录，从永续盘存记录查至其相应的货运单据等支持性文件。

❹测试存货销售和存货采购在盘点日和财务报表日的截止是否正确。

存货监盘报告审计工作底稿见附录（附表35），索引号ZI9-2。

4）特殊情况的处理

（1）在存货盘点现场实施存货监盘不可行。

在某些情况下，实施存货监盘可能是不可行的（如由于被审计单位存货的性质或位置等原因导致无法实施存货监盘）。注册会计师应当考虑能否实施替代审计程序（如检查盘点日后出售盘点日之前取得或购买的特定存货的文件记录），以获取有关存货存在和状况的充分、适当的审计证据。如果不能实施替代审计程序，或者实施替代审计程序可能无法获取有关存货的存在和状况的充分、适当的审计证据，注册会计师需要按照审计准则的规定发表非无保留意见。然而，对注册会计师带来不便的一般因素不足以支持注册会计师作出实施存货监盘不可行的决定。审计中的困难、时间或成本等事项本身，不能作为注册会计师省略不可替代的审计程序或满足于说服力不足的审计证据的正当理由。

（2）因不可预见的因素导致无法在存货盘点现场实施监盘。

如果因不可预见的因素导致无法在预定日期实施存货监盘，注册会计师应当另择日期实施监盘，并对间隔期内发生的交易实施审计程序。两种比较典型的情况包括：一是注册会计师无法亲临现场，即由于不可抗力导致其无法到达存货存放地实施存货监盘；二是气候因素，即由于恶劣的天气导致注册会计师无法实施存货监盘程序，或由于恶劣的天气无法观察存货，如木材被积雪覆盖。

（3）委托其他单位保管或控制的存货。

如果被审计单位委托其他单位保管或控制的存货对财务报表是重要的，注册会计师应当实施下列审计程序，以获取有关该存货存在和状况的充分、适当的审计证据：

❶向保管或控制存货的单位函证。

❷实施检查或其他适合具体情况的审计程序。如果获取的信息使注册会计师对保管或控制存货的单位产生怀疑，注册会计师可以认为实施其他审计程序是适当的。其他审计程序可以作为函证的替代程序，也可以作为追加的审计程序。

其他审计程序的示例包括：

A.实施或安排其他注册会计师实施对第三方的存货监盘（如可行）；

B.获取其他注册会计师或服务机构注册会计师针对用以保证存货得到恰当盘点和保管的内部控制的适当性而出具的报告；

C.检查与第三方持有的存货相关的文件记录，如仓储单；

D.当存货被作为抵押品时，要求其他机构或人员进行确认。

如果第三方仅在特定时点执行存货盘点工作，实务中注册会计师应当考虑实施函证的可行性。如果预期不能通过函证获取相关审计证据，可以事先计划和安排存货监盘等工作。

此外，注册会计师可以考虑由第三方保管存货的商业理由的合理性，以进行存货相关风险（包括舞弊风险）的评估，并计划和实施适当的审计程序，例如，检查被审计单位和第三方所签署的存货保管协议的相关条款、复核被审计单位调查及评价第三方工作的程序等。

案例窗 11-2　　存货监盘审计案例

注册会计师对华强股份有限公司存货实施监盘时，发现如下事项：

（1）了解到原材料A为辐射性化学物品。

（2）了解到产品B存放在全国38个城市的零售连锁商店。

（3）了解到华强股份有限公司对废品与毁损品不进行盘点，以财务部门和仓库部门的账面记录为准。

（4）注册会计师抽点C仓库，发现华强股份有限公司盘点严重有误。

（5）华强股份有限公司的存货储存在Y公司的仓库，并已经被质押。

（6）了解到存货为贵金属。

要求：根据以上事项，请逐项指出注册会计师应如何进行处理。

11.2.4 存货计价测试

【审计程序与具体审计目标的对应关系】此程序可实现表11-3中的D、E审计目标。

存货监盘程序主要是对存货的数量进行测试。为验证财务报表上存货余额的真实性，还应当对存货的计价进行审计。存货计价测试包括两个方面：一是被审计单位所使用的存货单位成本是否正确；二是是否恰当计提了存货跌价准备。

在对存货的计价实施细节测试之前，通常要先了解被审计单位本年度的存货计价方法与以前年度是否保持一致。如果发生变化，变化的理由是否合理，是否经过适当的审批。

生产成本构成分析表审计工作底稿见附录（附表32），索引号Z17；存货明细账与盘点报告（记录）核对表审计工作底稿见附录（附表36），索引号Z19-3。

1）存货单位成本测试

针对原材料的单位成本，通常需要基于企业的原材料计价方法（如先进先出法，加权平均法等），结合原材料的历史购买成本，测试其账面成本是否准确，测试程序包括：核对原材料采购的相关凭证（主要是与价格相关的凭证，如合同、采购订单、发票等），验证原材料计价方法的运用是否正确。

原材料购进测试审计工作底稿见附录（附表27），索引号ZI2；原材料入库截止测试审计工作底稿见附录（附表28），索引号ZI3。

针对产成品和在产品的单位成本，需要对成本核算过程实施测试，包括四项测试内容：直接材料成本测试、直接人工成本测试、制造费用测试和生产成本在当期完工产品与在产品之间分配的测试。具体如下：

（1）直接材料成本测试。

❶对采用定额单耗的企业，可选择某一成本报告期若干种具有代表性的产品的成本计算单，获取样本的生产指令或产量统计记录及其直接材料单位消耗定额。检查下列事项：根据材料明细账中各该直接材料的单位实际成本，计算直接材料的总消耗量和总成本，与该样本成本计算单中的直接材料成本核对。

❷对未采用定额单耗的企业，可获取材料费用分配汇总表、材料发出汇总表（或领料单）、材料明细账中各该直接材料的单位成本。检查下列事项：成本计算单中直接材料成本与材料费用分配汇总表中该产品负担的直接材料费用是否相符，分配标准是否合理；将抽取的材料发出汇总表或领料单中若干种直接材料的发出总量和各该种材料的实际单位成本之积，与材料费用分配汇总表中各该种材料费用进行比较。

（2）直接人工成本测试。

❶对采用计时工资制的企业，可获取样本的实际工时统计记录、员工分类表和员工工薪手册（工资率）及人工费用分配汇总表。检查下列事项：成本计算单中直接人工成本与人工费用分配汇总表中该样本的直接人工费用核对是否相符；样本的实际工时统计记录与人工费用分配汇总表中该样本的实际工时核对是否相符；抽取生产部门若干天的工时台账与实际工时统计记录核对是否相符；当没有实际工时统计记录时，则可根据员工分类表及员工工薪手册中的工资率，计算复核人工费用分配汇总表中该样本的直接人工费用是否合理。

❷对采用计件工资制的企业，可获取样本的产量统计报告、个人（小组）产量记录和经批准的单位工薪标准或计件工资制度。检查下列事项：根据样本的统计产量和单位工薪标准计算的人工费用与成本计算单中直接人工成本核对是否相符；抽取若干个直接人工（小组）的产量记录，检查是否被汇总计入产量统计报告。

（3）制造费用测试。

可获取样本的制造费用分配汇总表、按项目分列的制造费用明细账、与制造费用分配标准有关的统计报告及其相关原始记录。检查下列事项：制造费用分配汇总表中，样本分担的制造费用与成本计算单中的制造费用核对是否相符；制造费用分配汇总表中的合计数与样本所属成本报告期的制造费用明细账总计数核对是否相符；制造费用分配汇总表选择的分配标准（机器工时数、直接人工工资、直接人工工时数等）与相关的统计报告或原始记录核对是否相符，并对费用分配标准的合理性作出评估。

（4）生产成本在当期完工产品与在产品之间分配的测试。

检查下列事项：成本计算单中在产品数量与生产统计报告或在产品盘存表中的数量是否一致；在产品约当产量计算或其他分配标准是否合理；计算复核样本的总成本和单位成本。

2）存货跌价准备的测试

需要从以下两个方面进行审计：

（1）识别需要计提跌价准备的存货项目。

通过询问管理层和相关部门（生产、仓储、财务、销售等）员工，了解被审计单位如何收集有关滞销、过时、陈旧、毁损、残次存货的信息并为之计提必要的跌价准备。此外，可以结合存货监盘过程中检查存货状况而获取的信息，以判断被审计单位的存货跌价准备计算表是否有遗漏。

（2）检查可变现净值的计量是否合理。

由于被审计单位对期末存货采用成本与可变现净值孰低的方法计价，所以应充分关注被审计单位对存货可变现净值的确定及存货跌价准备的计提。

企业确定存货的可变现净值，应当以取得的确凿证据为基础，并且考虑持有存货的目的以及资产负债表日后事项的影响等因素。存货计价测试时，应抽样检查可变现净值确定的依据，相关计算是否正确。

11.2.5 与存货相关的舞弊风险应采取的应对措施

如果识别出与存货相关的舞弊风险，注册会计师可以特别关注或考虑实施以下程序：

1）针对虚构存货相关舞弊风险

（1）根据存货的特点、盘存制度和存货内部控制，设计和执行存货监盘程序；

（2）关注是否存在金额较大且占比较高、库龄较长、周转率低于同行业可比公司等情形的存货，分析评价其合理性；

（3）严格实施分析程序，检查存货结构波动情况，分析其与收入结构变动的匹配性，评价产成品存货与收入、成本之间变动的匹配性；

（4）对异地存放或由第三方保管或控制的存货，严格实施函证或异地监盘等程序。

2）针对账外存货相关舞弊风险

（1）在其他资产审计中，关注是否有转移资产形成账外存货的情况；

（2）关注存货盘亏、报废的内部控制程序，关注是否有异常大额存货盘亏、报废的情况；

（3）存货监盘中，关注存货的所有权及完整性；

（4）关注是否存在通过多结转成本、多报耗用数量、少报产成品入库等方式，形成账外存货。

案例窗 11-3　　存货计价审计案例

注册会计师审查华强股份有限公司在产品成本时，收集到有关资料如下：该公司采用约当产量法计算在产品成本，甲产品本月完工180件，月末在产品90件；甲在产品的投料率为80%，完工率为50%。生产成本明细账见表11-5。

表 11-5　　生产成本明细账

产品名称：甲产品　　单位：元

2023年 月	2023年 日	摘要	直接材料	直接人工	制造费用	合计
3	1	月初在产品成本	18 000	4 500	6 750	29 250
	31	本月生产费用	82 800	11 250	29 250	123 300
	31	生产费用合计	100 800	15 750	36 000	152 550
	31	结转完工产品成本	57 000	10 500	25 800	93 300
	31	月末在产品成本	43 800	5 250	10 200	59 250

要求：根据上述资料，指出该公司存在的问题并提出改进建议。

【本章思政主题】

奋楫笃行　业精于勤

蓝田股份是一家以养殖、旅游和饮料为主的农业上市公司，一亮相就颠覆了行业规律和市场法则，1996年上市以后，在财务数字上一直保持着神奇的增长速度，5年间股本扩张了360%，创造了中国农业企业罕见的“蓝田神话”。2001年10月，北京某财经大学的一位研究员在一份内部刊物上发表600字短文，文章在对蓝田股份的资产结构、现金流向和偿债能力作了详尽分析后，得出结论，蓝田股份业绩有虚假成分，业绩神话完全依靠银行贷款，20亿元的贷款蓝田股份根本无力偿还，呼吁“应立即停止对蓝田股份发放贷款”，引起银行高层的关注。不久，国家相关银行立即停止对蓝田股份发放新的贷款。之后，蓝田股份被强制停牌。

蓝田股份业绩神话的造假手段之一是虚增存货价值。在蓝田股份的财务报表中，5年间存货价值从2.6亿元增加至4.4亿元，除去饮料这一可明确计量部分，该公司另一重要产品——水产养殖，由于在鱼塘里，无法获知其实际的品种、数量和重量，20万亩水面到底装了多少鱼和其他水产品？没有人能说清楚，无法确定这一部分存货的价值，审计人员也无法对其实施监盘。负责对蓝田公司1998—2000年年报进行审计的沈阳某会计师事务所出具的一直是无保留意见的审计报告。武汉某会计师事务所对蓝田公司2001年年报审计出具的是无法表示意见的审计报告、对蓝田公司2002年（中期）财务报表审计出具的是否定意见的审计报告。沈阳某会计师事务所因未按执业准则执业、未保持职业谨慎态度、发表不恰当审计意见，最后被法院判决对蓝田公司财务造假案中原告的经济损失承担连带赔偿责任。

如果注册会计师认真执行分析性程序，是可以发现蓝田股份存货价值造假问题的。2000年蓝田股份财报中，蓝田股份的流动资产占资产百分比约是同业平均值的1/3；而存货占流动资产的百分比约高于同业平均值3倍；在产品占存货的百分比高于同业平均值1倍，达到82%。蓝田股份的在产品占存货的百分比异常高于同业平均水平，蓝田股份的在产品的数据是虚假的。但是，注册会计师却没有查出任何问题。事后还发现，蓝田股份的会计账目非常混乱，按理说注册会计师是不能表示意见的，但是，对蓝田股份进行年报审计的沈阳某会计师事务所注册会计师却发表了不恰当的审计意见，其执业能力和责任意识令人叹息！由于未能及时发现蓝田股份的造假行为，致使许多对其进行贷款的银行受到牵连，国家资财遭受重大损失。

【思考与启示】

农业上市公司与其他上市公司相比具有很大的独特性，表现在其生物资产占比往往很大，而生物资产又区别于其他普通存货，具有数量难以确定、自身价值难以衡量和受环境影响较大等特点，这些无疑给农业上市公司财务造假提供了便利，给注册会计师审计增加了难度，无法按传统的审计监盘方法对存货项目进行审计，同时，注册会计师缺乏生物资产相关专业知识，致使生物资产审计一直以来都是农业上市公司审计的重点和难点。

无独有偶，獐子岛集团股份有限公司在最初上市的8年间，年报业绩基本均以亿元计数，然而在2014年后年报净利润呈现“过山车式”剧烈变化。在2014年和2017年，獐子岛就上演了两次业绩“大变脸”，原因都是存货“扇贝跑了”。2018年1月，獐子岛又解释说“扇贝跑了”。2019年年底，獐子岛的理由是“扇贝死了”。獐子岛无法解释说明财报是否存在“隐瞒减值迹象”等情况，审计人员无法确定存货扇贝的价值，最后，证监会借助北斗卫星系统定位数据，收集到了獐子岛财务造假的证据。

审计人员具备现代化的审计业务能力是规避审计失败的基本前提。习近平总书记在中央审计委员会第一次会议上强调，审计人员要强化能力建设。既要具备过硬的专业能力和专业精神，又要一专多能，掌握相关知识，善于透过现象看本质。要坚持终身学习，把理论学习同实践锻炼结合起来。审计人员应做到自觉适应新形势，努力开拓、创新、发展，着力提升自我专业技能和攻坚突破能力，以能力提升推动审计事业发展，为促进全面深化改革、服务经济社会发展助力护航。

审计的执业环境是不断发展变化的，审计项目要求审计人员应具备的专业胜任能力和应具备的执业水平也是不断提升的。审计人员必须刻苦钻研业务，时刻保持本领“恐慌”，不断提升知识的“广度”、不断拓展专业视野和知识领域，不断掌握和运用新知识、新技能和新法规，提升对审计业务的综合把握能力，才能从容应对各项工作任务的需求，保证执业质量。同时，审计人员应坚持科技强审理念，探索依靠运用“总体分析、发现疑点、分散核实、系统研究”的数字化审计模式，加大相关数据的综合比对和关联分析力度，注重提升审计信息化能力，提高运用大数据查核问题、评价判断、宏观分析的能力；坚持风险导向审计理念，对被审计单位经营风险、内部控制风险深入评估分析，以准确发现疑点，精准揭示问题，增强审计监督的时效性和穿透力。这是新时代审计人员提高审计工作能力、质量和效率的方向。

12 第12章 货币资金审计

【知识目标】

1.理解货币资金审计与业务循环审计的关系

2.了解货币资金的主要业务活动

3.掌握货币资金的内部控制内容及控制测试方法

4.明确货币资金的审计目标，掌握库存现金、银行存款和其他货币资金审计的实质性程序

【能力目标】

1.能对货币资金的内部控制进行控制测试

2.能初步识别和评估货币资金的重大错报风险

3.能根据货币资金的内部控制测试结果确定货币资金的实质性程序

4.能根据确定的货币资金审计目标实施库存现金、银行存款和其他货币资金审计的实质性程序

5.能编制货币资金的主要实质性程序审计工作底稿

【素养目标】

1.具有依法规范审计的意识，严格依照准则要求执业，切实履行勤勉尽责义务，确保对货币资金审计执行恰当的审计程序，获取充分适当的审计证据，形成真实客观的审计结论，发表正确的审计意见

2.具有职业怀疑态度和敏锐的观察力、逻辑分析能力，在风险识别与评估阶段准确识别和评估货币资金中的重大错报风险，并采取恰当的进一步审计程序

3.具有扎实过硬的专业胜任能力，并能持续升级、不断扩容，不断在实战中积累货币资金审计经验，增强职业判断力，以适应快速变化的业务环境和技术发展

4.具有良好的沟通能力，在货币资金审计中能够与审计团队和管理层、股东及其他利益相关者进行协作

【本章知识架构】

<table>
<tr><th>章名</th><th>节名</th><th>一级标题</th></tr>
<tr><td rowspan="11">货币资金审计</td><td rowspan="6">货币资金控制测试</td><td>货币资金与业务循环</td></tr>
<tr><td>货币资金的主要业务活动</td></tr>
<tr><td>货币资金内部控制</td></tr>
<tr><td>评估重大错报风险</td></tr>
<tr><td>库存现金的控制测试</td></tr>
<tr><td>银行存款的控制测试</td></tr>
<tr><td rowspan="5">货币资金项目审计</td><td>货币资金的审计目标</td></tr>
<tr><td>库存现金的实质性程序</td></tr>
<tr><td>银行存款的实质性程序</td></tr>
<tr><td>其他货币资金的实质性程序</td></tr>
<tr><td>与货币资金相关的舞弊风险应采取的应对措施</td></tr>
<tr><td colspan="3">本章思政主题 **心存敬畏 廉洁自律**</td></tr>
</table>

【导读案例】

ZXC会计师事务所（以下简称：ZXC）为BBL公司（以下简称：BBL）20××年的年度审计机构，对BBL20××年度财务报告出具了标准无保留意见的审计报告。但是经证监会查明，ZXC在20××年对货币资金的审计中，违反审计准则的规定，未勤勉尽责，未能发现BBL虚增基本户银行存款的舞弊行为。具体情况如下：

1.ZXC将货币资金存在性认定的固有风险评估为高风险，计划重点审计，基本户为关键银行账户，ZXC深圳分所（以下简称：深圳分所）提示了银行基本户审计方面的风险。

2.在对货币资金循环的内部控制审计中，ZXC未保持应有的职业怀疑，未关注到职责不分离的内控缺陷。

3.在深圳分所项目组遇到BBL不配合打印对账单等审计范围受限情形下，ZXC未能消除审计受限的影响，未采取有效的替代审计程序，未评价审计受限可能对审计意见的影响。

（1）控制测试和实质性程序中，ZXC未关注到BBL所提供的对账单存在异常情况，未采取有效的进一步审计程序。

（2）实质性程序中，因BBL不配合，ZXC自助打印基本户银行对账单的审计工作受到限制。

BBL基本户属于该公司主要账户，在深圳分所项目组执行实质性审计程序中，深圳分所项目组曾多次前往某农业银行支行，多次要求BBL配合在该银行网点自助柜员机打印基本户对账单，都未能打印。相关情况已在深圳分所提交的《现场情况说明》中详细阐述，且ZXC总部项目组已阅知该情况说明，但总部项目组承接后，BBL仍然不配合在自助机器上打印基本户对账单，总部项目组没能从银行独立获取到基本户的对账单。

4.在深圳分所已充分提示审计风险的情况下，ZXC未恰当评价深圳分所项目组所获BBL基本户询证函的可靠性，未按照审计计划实施函证程序，未获取充分、适当的审计证据。ZXC的审计结论所依据的银行函证，是深圳分所函证执行人未对函证保持应有的职业怀疑和有效的过程控制情况下获取的虚假回函。

针对ZXC在对BBL货币资金的审计中未勤勉尽责的情况，证监会根据当事人违法行为的事实、性质、情节与社会危害程度，依据《证券法》第二百一十三条第三款的规定对ZXC、签字注册会计师予以行政处罚。

12.1 货币资金控制测试

货币资金是企业资产的重要组成部分，是企业资产中流动性最强的一种资产。持有一定数额的货币资金是企业生产经营活动的基本条件。货币资金按存放的地点和用途不同，可分为库存现金、银行存款和其他货币资金。

货币资金审计涉及的单据和会计记录主要有：现金盘点表、银行对账单、银行存款余额调节表、有关科目的记账凭证、有关会计账簿等。

在审计工作计划阶段，注册会计师通常实施以下程序，以了解与货币资金相关的内部控制：

➢ 询问参与货币资金业务活动的被审计单位人员，如销售部门、采购部门和财务部的员工和管理人员。

➢ 观察货币资金业务流程中特定控制的执行，例如，观察被审计单位的出纳人员如何进行现金盘点。

➢ 检查相关文件和报告，例如，检查银行余额调节表是否恰当编制以及其中的调节项是否经会计主管的恰当复核等。

➢ 实施穿行测试，即追踪货币资金业务在财务报告信息系统中的处理过程。通过实施穿行测试，注册会计师通常能获取充分的信息以评价控制的设计和执行。例如，选取一笔已收款的银行借款，追踪该笔交易从借款预算审批直至收到银行借款的整个过程。

下面我们分六部分介绍本节内容：货币资金与业务循环、货币资金的主要业务活动、货币资金内部控制、评估重大错报风险、库存现金的控制测试、银行存款的控制测试。（注：审计实务中评估重大错报风险应该在了解内部控制之后、控制测试之前进行）

12.1.1 货币资金与业务循环

货币资金与业务循环中的业务活动存在着密切的关系：

➢ 在销售与收款循环中，企业产品的销售、劳务的提供会导致货币资金的增加。

➢ 在采购与付款循环中，企业购买固定资产、无形资产和存货等会导致货币资金的减少。

➢ 在生产与存货循环中，企业支付各种费用会导致货币资金的减少。

➢ 在人力资源与工薪循环中，企业支付各种人工费用会导致货币资金的减少。

➢ 在筹资循环中，企业发行股票或债券及向银行或其他金融机构借款时会导致货币资金的增加；而还本付息、支付股利时则会导致货币资金的减少。

➢ 在投资循环中，企业购买股票、债券时，会导致货币资金的减少；而收回投资、收取股利或利息时，则会导致货币资金的增加。

12.1.2 货币资金的主要业务活动

实务中，由于每个企业的货币资金管理方式或内部控制不同，导致货币资金的业务活动可能会有所不同，以下内容仅为货币资金业务活动的要点。

1）现金管理

出纳员每日对库存现金自行盘点，编制现金报表，计算当日现金收入、支出及结余额，并将结余额与实际库存额进行核对，如有差异及时查明原因。会计主管不定期检查现金日报表。

每月末，会计主管指定出纳员以外的人员对现金进行盘点，编制库存现金盘点表，将盘点金额与库存现金日记账余额进行核对。对冲抵库存现金的借条、未提现支票、未做报销的原始票证，在库存现金盘点报告表中予以注明。会计主管复核库存现金盘点表，如果盘点金额与库存现金日记账余额存在差异，需查明原因并报经财务经理批准后进行财务处理。

2）银行存款管理

（1）银行账户管理。企业的银行账户的开立、变更或注销须经财务经理审核，报总经理审批。

（2）编制银行存款余额调节表。每月末，会计主管指定出纳员以外的人员核对银行存款日记账和银行对账单，编制银行存款余额调节表，使银行存款账面余额与银行对账单调节相符。如调节不符，应查明原因。会计主管复核银行存款余额调节表，对需要进行调整的调节项目及时进行处理。

（3）票据管理。财务部门设置银行票据登记簿，防止票据遗失或盗用。出纳员登记银行票据的购买、领用、背书转让及注销等事项。空白票据存放在保险柜中。每月末，会计主管指定出纳员以外的人员对空白票据、未办理收款和承兑的票据进行盘点，编制银行票据盘点表，并与银行票据登记簿进行核对。会计主管复核库存银行票据盘点表，如果存在差异，需查明原因。

（4）印章管理。企业的财务专用章由财务经理保管，办理相关业务中使用的个人名章由出纳员保管。

12.1.3 货币资金内部控制

为了确保货币资金的安全完整，保证货币资金的收付符合国家的有关规定，保证货币资金的会计记录正确、可靠，被审计单位应当根据国家有关法律法规的规定，结合本部门或系统有关货币资金内部控制的规定，建立适合本单位业务特点和管理要求的货币资金内部控制，并组织实施。

资源拓展

中华人民共和国审计法

货币资金的内部控制一般包括以下内容：

1）岗位分工及授权批准

（1）企业应当建立货币资金业务的岗位责任制，明确相关部门和岗位的职责权限，确保办理货币资金业务的不相容岗位相互分离、制约和监督。出纳人员不得兼任稽核、会计档案保管和收入、支出、费用、债权债务账目的登记工作。企业不得由一人办理货币资金业务的全过程。

（2）企业应当对货币资金业务建立严格的授权批准制度，明确审批人对货币资金业务的授权批准方式、权限、程序、责任和相关控制措施，规定经办人办理货币资金业务的职责范围和工作要求。审批人应当根据货币资金授权批准制度的规定，在授权范围内进行审批，不得超越审批权限。经办人应当在职责范围内，按照审批人的批准意见办理货币资金业务。对于审批人超越授权范围审批的货币资金业务，经办人员有权拒绝办理，并及时向审批人的上级授权部门报告。

（3）企业应当按照规定的程序办理货币资金支付业务：

❶支付申请。企业有关部门或个人用款时，应当提前向审批人提交货币资金支付申请，注明款项的用途、金额、预算、支付方式等内容，并附有效经济合同或相关证明。

❷支付审批。审批人根据其职责、权限和相应程序对支付申请进行审批，审核付款业务的真实性、付款金额的准确性，以及申请人提交票据或者证明的合法性，严格监督资金支付。对不符合规定的货币资金支付申请，审批人应当拒绝批准。

❸支付复核。财务部门收到经审批人审批签字的相关凭证或证明后，应再次复核业务的真实性、金额的准确性，以及相关票据的齐备性，相关手续的合法性和完整性，并签字认可。复核无误后，交由出纳人员办理支付手续。

❹办理支付。出纳人员应当根据复核无误的支付申请，按规定办理货币资金支付手续，及时登记库存现金和银行存款日记账。

（4）企业对于重要货币资金支付业务，应当实行集体决策和审批，并建立责任追究制度，防范贪污、侵占、挪用货币资金等行为。

（5）严禁未经授权的机构或人员办理货币资金业务或直接接触货币资金。

2）现金和银行存款的管理

（1）企业应当加强现金库存限额的管理，超过库存限额的现金应及时存入银行。

（2）企业必须根据《中华人民共和国现金管理暂行条例》的规定，结合本企业的实际情况，确定本企业现金的开支范围。不属于现金开支范围的业务应当通过银行办理转账结算。

（3）企业现金收入应当及时存入银行，不得从企业的现金收入中直接支付（即坐支）。因特殊情况需坐支现金的，应事先报经开户银行审查批准，由开户银行核定坐支范围和限额。

企业借出款项必须执行严格的授权批准程序，严禁擅自挪用、借出货币资金。

（4）企业取得的货币资金收入必须及时入账，不得私设“小金库”，不得账外设账，严禁收款不入账。

（5）企业应当严格按照《支付结算办法》等国家有关规定，加强银行账户的管理，严格按照规定开立账户，办理存款、取款和结算。银行账户的开立应当符合企业经营管理实际需要，不得随意开立多个账户，禁止企业内设管理部门自行开立银行账户。

企业应当定期检查、清理银行账户的开立及使用情况，发现问题应及时处理。企业应当加强对银行结算凭证的填制、传递及保管等环节的管理与控制。

（6）企业应当严格遵守银行结算纪律，不准签发没有资金保证的票据或远期支票，套取银行信用；不准签发、取得和转让没有真实交易和债权债务的票据，套取银行和他人资金；不准违反规定开立和使用银行账户。

（7）企业应当指定专人定期核对银行账户，每月至少核对一次，编制银行存款余额调节表，使银行存款账面余额与银行对账单调节相符。如调节不符，应查明原因，及时处理。

出纳人员一般不得同时从事银行对账单的获取、银行存款余额调节表的编制工作。确需出纳人员办理上述工作的，应当指定其他人员定期进行审核、监督。

实行网上交易、电子支付等方式办理资金支付业务的企业，应当与承办银行签订网上银行操作协议，明确双方在资金安全方面的责任和义务、交易范围等。操作人员应当根据操作授权和密码进行规范操作。使用网上交易、电子支付方式的企业办理资金支付业务，不应因支付方式的改变而随意简化、变更所必需的授权审批程序。企业在严格实行网上交易、电子支付操作人员不相容岗位相互分离控制的同时，应当配备专人加强对交易和支付行为的审核。

（8）企业应当定期和不定期地进行现金盘点，确保现金账面余额与实际库存相符。发现不符，应及时查明原因，作出处理。

3）票据及有关印章的管理

（1）企业应当加强与货币资金相关的票据的管理，明确各种票据的购买、保管、领用、背书转让、注销等环节的职责权限和程序，并专设登记簿进行记录，防止空白票据的遗失和被盗用。

（2）企业应当加强银行预留印鉴管理。财务专用章应由专人保管，个人名章必须由本人或其授权人员保管。严禁一人保管支付款项所需的全部印章。

按规定需要有关负责人签字或盖章的经济业务，必须严格履行签字或盖章手续。

4）监督检查

（1）企业应当建立对货币资金业务的监督检查制度，明确监督检查机构或人员的职责权限，定期和不定期地进行检查。

（2）货币资金监督检查的内容主要包括：

❶货币资金业务相关岗位及人员的设置情况。重点检查是否存在货币资金业务不相容职责未分离的现象。

❷货币资金授权批准制度的执行情况。重点检查货币资金支出的授权批准手续是否健全，是否存在越权审批行为。

❸支付款项印章的保管情况。重点检查是否存在办理付款业务所需的全部印章交由一人保管的现象。

❹票据的保管情况。重点检查票据的购买、领用、保管手续是否健全，票据保管是否存在漏洞。

（3）对监督检查过程中发现的货币资金内部控制的薄弱环节，应当及时采取措施，加以纠正和完善。

12.1.4 评估重大错报风险

货币资金是企业日常活动的起点和终点，其增减变动与被审计单位的日常经营活动密切相关。较多舞弊案件都与货币资金相关。货币资金业务交易、账户余额和列报的认定层次的重大错报风险可能包括：

其一，被审计单位可能存在虚假的货币资金余额或交易，导致银行存款余额的存在性或交易的发生存在重大错报风险。

其二，被审计单位可能存在大额的外币交易或余额未被准确记录的风险。例如，有外币现金或外币银行存款的被审计单位，有关外币交易的增减变动或年底余额可能因未采用正确的折算汇率而导致计价错误。

其三，银行存款的期末收支可能存在大额的截止性错误。例如，被审计单位期末存在金额重大且异常的银付企未付、企收银未收事项。

其四，被审计单位可能存在未能按照企业会计准则的规定对货币资金作出恰当披露的风险。例如，被审计单位在编制财务报表时未在财务报表附注中对期末持有使用受限制的大额银行存款进行披露。

货币资金是财务舞弊的高发领域。在实施货币资金的审计过程中，如果被审计单位存在以下事项或情形，注册会计师需要保持警觉：

- 被审计单位的现金交易比例较高，并与其所在行业常用的结算模式不同；
- 库存现金规模明显超过业务周转所需资金；
- 银行账户开立数量与企业实际的业务规模不匹配；
- 在没有经营业务的地区开立银行账户；
- 企业资金存放于管理层或员工个人账户；
- 货币资金收支金额与现金流量表不匹配；
- 不能提供银行对账单或银行存款余额调节表；

- 存在长期或大量银行未达账项；
- 银行存款日记账存在非正常转账的“一借一贷”；
- 违反货币资金存放和使用规定，如上市公司将募集资金违规用于质押；
- 存在大量外币收付记录，而被审计单位并不涉足外贸业务；
- 被审计单位以各种理由不配合注册会计师实施银行函证。

12.1.5　库存现金的控制测试

以下举例说明几种常见的库存现金内部控制以及注册会计师相应可能实施的内部控制测试程序：

1）现金付款的审批与复核

例如，被审计单位针对现金付款审批作出以下内部控制要求：部门经理审批本部门的付款申请，审核付款业务是否真实发生，付款金额是否准确，以及后附票据是否齐备，并在复核无误后签字认可。财务部门在安排付款前，财务经理再次复核经审批的付款申请及后附相关凭据或证明，如核对一致，进行签字认可并安排付款。

针对上述内部控制，注册会计师可以在选取适当样本的基础上实施以下控制测试程序：

（1）询问相关业务部门的经理和财务经理其在日常现金付款业务中执行的内部控制，以确定是否与被审计单位内部控制政策要求保持一致。

（2）观察财务经理复核付款申请的过程，是否核对了付款申请的用途、金额及后附相关凭据，以及在核对无误后是否进行了签字确认。

（3）重新核对经审批及复核的付款申请及其相关凭据，并检查是否经签字确认。

2）现金盘点

例如，被审计单位针对现金盘点作出了以下内部控制的要求：会计主管指定应付账款会计每月末的最后一天对库存现金进行盘点，根据盘点结果编制库存现金盘点表，将盘点余额与库存现金日记账余额进行核对，并对差异调节项目进行说明。会计主管复核库存现金盘点表，如盘点金额与库存现金日记账余额存在差异且差异金额超过2万元，需查明原因并报财务经理批准后进行财务处理。

针对上述内部控制，注册会计师可以在选取适当样本的基础上实施以下控制测试程序：

（1）在月末最后一天参与被审计单位的现金盘点，检查是否由应付账款会计进行现金盘点。

（2）观察现金盘点程序是否按照盘点计划的指令和程序执行，是否编制了库存现金盘点表并根据内部控制要求经财务部相关人员签字复核。

（3）检查库存现金盘点表中记录的现金盘点余额是否与实际盘点金额保持一致、库存现金盘点表中记录的库存现金日记账余额是否与被审计单位库存现金日记账的余额保持一致。

（4）针对调节差异金额超过2万元的调节项，检查是否经财务经理批准后进行财务处理。

12.1.6　银行存款的控制测试

以下举例说明几种常见的银行存款内部控制以及注册会计师相应可能实施的内部控制测试程序：

1）银行账户的开立、变更和注销

例如，被审计单位针对银行账户的开立、变更和注销作出了以下内部控制的要求：会计主管根据被审计单位的实际业务需要就银行账户的开立、变更和注销提出申请，经财务经理审核后报总经理审批。

针对上述内部控制，注册会计师可以实施以下控制测试程序：

（1）询问会计主管被审计单位本年开户、变更、撤销的整体情况。

（2）取得本年度账户开立、变更、撤销申请项目清单，检查清单的完整性，并在选取适当样本的基础上检查账户的开立、变更、撤销项目是否已经财务经理和总经理审批。

2）银行存款的审批和复核

例如，被审计单位针对银行存款审批作出以下内部控制的要求：部门经理审批本部门的付款申请，审核付款业务是否真实发生，付款金额是否准确，以及后附票据是否齐备，并在复核无误后签字认可。财务部门在安排付款前，财务经理再次复核经审批的付款申请及后附相关凭据或证明，如核对一致，进行签字认可并安排付款。

针对上述内部控制，注册会计师可以在选取适当样本的基础上实施以下控制测试程序：

（1）询问相关业务部门的部门经理和财务经理在日常银行付款业务中执行的内部控制，以确定其是否与被审计单位内部控制政策要求保持一致。

（2）观察财务经理复核付款申请的过程，是否核对了付款申请的用途、金额及后附相关凭据，以及在核对无误后是否进行了签字确认。

（3）重新核对经审批及复核的付款申请及其相关凭据，并检查是否经签字确认。

3）编制银行存款余额调节表

例如，被审计单位为保证银行存款余额的存在性、完整性和准确性作出了以下内部控制的要求：每月末，会计主管指定应收账款会计核对银行存款日记账和银行对账单，编制银行存款余额调节表，使银行存款账面余额与银行对账单调节相符。如存在差异项，查明原因并进行差异调节说明。会计主管复核银行存款余额调节表，对需要进行调整的调节项目及时进行处理，并签字认可。

针对上述内部控制，注册会计师可以实施以下控制测试程序：

（1）询问应收账款会计和会计主管，以确定其执行的内部控制是否与被审计单位内部控制政策要求保持一致，特别是针对未达账项的编制及审批流程。

（2）针对选取的样本，检查银行存款余额调节表，查看调节表中记录的企业银行存款日记账余额是否与被审计单位提供的银行存款日记账的余额保持一致，调节表中记录的银行对账单余额是否与被审计单位提供的银行对账单中的余额保持一致。

（3）针对调节项目，检查是否经会计主管的签字复核。

（4）针对大额未达账项进行期后收付款的检查。

>>案例窗 12-1　货币资金内部控制的测试

注册会计师赵东对华强股份有限公司2023年度财务报表实施审计，审计中对华强股份有限公司的货币资金内部控制进行了了解和测试，发现以下情况：

（1）出纳员负责现金收付、存取、保管和开具银行支票，并保管所有支票印章，登记库存现金和银行存款日记账，不定期盘点库存现金，每年编制一次银行存款余额调节表（不论收到几张对账单），3天去一次银行存取现金，并收取银行账单。

（2）副总经理以上领导及批准的特殊人员，可以根据需要到出纳处开取印章齐全的空白支票，供用款之需。

（3）因公出差人员出差回来后填写差旅费报销单报销差旅费，经主管财务的副总经理批准后，出纳方可付款。

要求：指出华强股份有限公司上述内部控制存在的问题，说明理由，并提出相应的改进建议。

12.2 货币资金项目审计

货币资金是企业资产的重要组成部分，是企业资产中流动性最强的资产。根据货币资金存放地点及用途的不同，货币资金分为库存现金、银行存款和其他货币资金。库存现金包括企业的人民币现金和外币现金。库存现金尽管在企业资产总额中的比重不大，但企业发生的舞弊大多与库存现金有关。银行存款是指企业存放在银行或其他金融机构的各种款项。按照国家有关规定，凡是独立核算的企业都必须在当地银行开设账户。企业在银行开设账户以后，除按核定的限额保留库存现金外，超过限额的现金必须存入银行；除了在规定的范围内可以用现金支付款项外，在经营过程中所发生的一切货币收支业务，都必须通过“银行存款”账户进行结算。其他货币资金是指企业除库存现金、银行存款以外的其他各种货币资金，主要包括银行汇票存款、银行本票存款、信用卡存款、信用证保证金存款、存出投资款和外埠存款等。其他货币资金的存放地点分散、用途多样，存放、使用的手续制度要求各有不同，受经营业务活动性质影响，其安全管理难度大。针对货币资金的特点，注册会计师应当特别重视货币资金的审计。

12.2.1 货币资金的审计目标

货币资金的审计目标与认定对应关系见表12-1。

表12-1 货币资金审计目标与认定对应关系表

审计目标	财务报表认定					
	存在	完整性	权利和义务	准确性、计价和分摊	分类	列报
A.确定资产负债表中记录的货币资金是否存在	√					
B.确定所有应当记录的货币资金是否均已记录		√				
C.确定记录的货币资金是否归属于被审计单位			√			
D.确定货币资金是否以恰当的金额包括在财务报表中				√		
E.确定货币资金是否已记录于恰当的账户					√	
F.确定货币资金是否已被恰当地汇总或分解且表述清楚，按照企业会计准则的规定在财务报表中作出的相关披露是相关的、可理解的						√

12.2.2 库存现金的实质性程序

1）核对库存现金日记账与总账的金额是否相符，检查非记账本位币库存现金的折算汇率及折算金额是否正确；如不相符，应查明原因，必要时应建议作出适当调整

【审计程序与具体审计目标的对应关系】此程序可实现表12-1中的D审计目标。

2）监盘库存现金

【审计程序与具体审计目标的对应关系】此程序可实现表12-1中的A、B、C、D、E审计目标。

监盘库存现金就是审计人员现场监督被审计单位出纳员盘点库存现金，并进行全面复查的审计程序。监盘库存现金是证实资产负债表中“货币资金”项目下所列库存现金是否存在的一项重要审计程序。

企业盘点库存现金，通常包括对已收到但未存入银行的现金、零用金、找换金等的盘点。盘点库存现金的时间和人员应视被审计单位的具体情况而定，但必须有出纳员和被审计单位会计主管人员参加，并由注册会计师进行监盘。监盘库存现金的步骤和方法主要有：

（1）查看被审计单位制订的盘点计划，以确定监盘时间。对库存现金最好实施突击性的检查，时间最好选择在上午上班前或下午下班时，监盘范围一般包括被审计单位各部门经管的所有现金。如企业现金存放部门有两处或两处以上的，应同时进行监盘。

（2）查阅库存现金日记账并同时与现金收付凭证相核对：一方面检查库存现金日记账的记录与凭证的内容和金额是否相符；另一方面了解凭证日期与库存现金日记账日期是否相符或接近。

（3）检查被审计单位现金实存数，并将该监盘金额与库存现金日记账余额进行核对，如有差异，应要求被审计单位查明原因，必要时应提请被审计单位作出调整；如无法查明原因，应要求被审计单位按管理权限批准后作出调整。若有冲抵库存现金的借条、未提现支票、未作报销的原始凭证，应在“库存现金监盘表”中注明，必要时应提请被审计单位作出调整。

（4）在非资产负债表日进行监盘时，应将监盘金额调整至资产负债表日的金额，并对变动情况实施审计程序。

库存现金监盘表审计工作底稿见附录（附表14），索引号ZA2。

3）抽查大额库存现金收支

【审计程序与具体审计目标的对应关系】此程序可实现表12-1中的A、C、D、E审计目标。

注册会计师应检查大额现金收支的原始凭证是否齐全、原始凭证内容是否完整、有无授权批准、记账凭证与原始凭证是否相符、账务处理是否正确、是否记录于恰当的会计期间等项内容。

4）检查库存现金是否在资产负债表中作出恰当列报

【审计程序与具体审计目标的对应关系】此程序可实现表12-1中的F审计目标。

根据有关规定，企业的库存现金在资产负债表的“货币资金”项目中反映，所以，注册会计师应在实施上述审计程序后，确定“库存现金”账户的期末余额是否恰当，进而确定库存现金是否在资产负债表中恰当披露。

货币资金审定表审计工作底稿见附录（附表13），索引号ZA1。

案例窗12-2　对库存现金实施监盘

诚信会计师事务所对华强股份有限公司2023年度财务报表实施审计，注册会计师李军和王慧负责审计货币资金项目。华强股份有限公司在总部和营业部门均设有出纳部门。为顺利监盘库存现金，李军在监盘前一天通知华强股份有限公司会计主管人员做好监盘准备。考虑到出纳日常工作安排，对总部和营业部库存现金的监盘时间分别定在上午10点30分和下午3点。监盘时，出纳把库存现金放入保险柜，并将已办妥库存现金收付手续的交易登入库存现金日记账，结出库存现金日记账余额。然后，李军当场盘点库存现金，在与库存现金日记账核对后填写“库存现金盘点表”，并在签字后形成工作底稿。

要求：指出上述库存现金监盘工作中有哪些不当之处，并提出改进建议。

12.2.3 银行存款的实质性程序

1）获取银行存款明细表

微课

货币资金明细表的填写

【审计程序与具体审计目标的对应关系】此程序可实现表12-1中的D审计目标。

注册会计师应获取银行存款明细表，复核加计是否正确，并与总账数和日记账合计数核对是否相符；检查非记账本位币银行存款的折算汇率及折算金额是否正确。如果不相符，应查明原因，必要时应建议作出适当调整。

如果对被审计单位银行账户的完整性存有疑虑，例如，被审计单位可能存在账外账或资金体外循环，注册会计师可以考虑额外实施以下实质性程序：

（1）注册会计师在企业人员陪同下到中国人民银行或基本存款账户开户行查询并打印《已开立银行结算账户清单》，观察银行办事人员的查询、打印过程，并检查被审计单位账面记录的银行人民币结算账户是否完整。

（2）结合其他相关细节测试，关注交易相关单据中被审计单位的收（付）款银行账户是否均包含在注册会计师已获取的开立银行账户清单内。

银行存款明细表审计工作底稿见附录（附表15），索引号ZA3。

2）实施实质性分析程序

【审计程序与具体审计目标的对应关系】此程序可实现表12-1中的D审计目标。

计算银行存款累计余额应收利息收入，分析比较被审计单位银行存款应收利息收入与实际利息收入的差异是否恰当，评估利息收入的合理性，检查是否存在高息资金拆借，确认银行存款余额是否存在，利息收入是否已经完整记录。

3）检查银行存款账户发生额

【审计程序与具体审计目标的对应关系】此程序可实现表12-1中的A、B、C、D、E审计目标。

对银行存款账户的发生额进行审计，通常能够有效应对被审计单位编制虚假财务报表、管理层或员工非法侵占货币资金等舞弊风险。除实施其他审计程序外，注册会计师还应对银行存款账户的发生额实施以下程序：

（1）分析不同账户发生银行存款日记账漏记银行交易的可能性，获取相关账户相关期间的全部银行对账单。

（2）利用大数据分析等技术，对比银行对账单上的收付款流水与被审计单位银行存款日记账的收付款信息，核对是否一致，对银行对账单及企业银行存款日记账记录进行双向核对。

注册会计师可以考虑选择以下银行账户进行核对：基本户，余额较大的银行账户，发生额较大且收付频繁的银行账户，发生额较大但余额较小、零余额或当期注销的银行账户，募集资金账户等。

注册会计师针对同一银行账户可以实施下列审计程序：

❶选定同一期间（月度、年度）的银行存款日记账、银行对账单的发生额合计数（借方及贷方）进行总体核对。

❷对银行对账单及被审计单位银行存款日记账记录进行双向核对。从银行对账单中选取交易的样本与被审计单位银行存款日记账记录进行核对；从被审计单位银行存款日记账中选取样本，核对至银行对账单。核对内容包括：日期、金额、借贷方向、收付款单位、摘要等。

对相同金额的一收一付、相同金额的多次转入转出等大额异常货币资金发生额，检查银行存款日记账和相应交易及资金划转的文件资料，关注相关交易及相应资金流转安排是否具有合理的商业理由。

（3）浏览资产负债表日前后的银行对账单和被审计单位银行存款账簿记录，关注是否存在大额、异常资金变动以及大量大额红字冲销或调整记录，如存在，需要实施进一步审计程序。

4）取得并检查银行对账单和银行存款余额调节表

【审计程序与具体审计目标的对应关系】此程序可实现表12-1中的A、B、C、D、E审计目标。

检查银行对账单和银行存款余额调节表是证实资产负债表中所列银行存款是否存在的重要程序。

（1）取得并检查银行对账单。

❶取得被审计单位加盖银行印章的银行对账单，必要时亲自到银行获取对账单，并对获取过程保持控制。

❷将获取的银行对账单余额与银行存款日记账余额进行核对，如存在差异，获取银行存款余额调节表。

❸将被审计单位资产负债表日的银行对账单与银行询证函核对，确认是否一致。

（2）取得并检查银行存款余额调节表。

❶检查调节表中加计数是否正确，调节后银行存款日记账余额与银行对账单余额是否一致。

❷检查调节事项。对于企业已收付、银行尚未入账的事项，检查相关收付款凭证，并取得期后银行对账单，确认未达账项是否存在，银行是否已于期后入账；对于银行已收付、企业尚未入账的事项，检查期后企业入账的收付款凭证，确认未达账项是否存在，必要时，提请被审计单位进行调整。

❸关注长期未达账项，查看是否存在挪用资金等事项。

❹特别关注银付企未付、企付银未付中支付异常的领款事项，包括没有载明收款人、签字不全等支付事项，确认是否存在舞弊。

对银行存款余额调节表的检查审计工作底稿见附录（附表16），索引号ZA4。

5）函证银行存款余额，检查银行回函，编制银行函证结果汇总表

【审计程序与具体审计目标的对应关系】此程序可实现表12-1中的A、B、C、D、E审计目标。

函证银行存款余额是证实银行存款是否存在的重要程序。《中国注册会计师审计准则第1312号——函证》第十二条规定，注册会计师应当对银行存款（包括零余额账户和在本期内注销的账户）、借款及与金融机构往来的其他重要信息实施函证程序，除非有充分证据表明某一银行存款、借款及与金融机构往来的其他重要信息对财务报表不重要且与之相关的重大错报风险很低。

通过向往来银行函证，注册会计师不仅可以了解被审计单位资产的存在情况，而且还可以了解企业所欠银行债务的情况，并有助于发现企业未入账的银行借款和未披露的或有负债。

虽然注册会计师可以从被审计单位内部获取银行对账单，了解其银行存款的实有数额，但一般而言，要确定某一特定日期银行存款的金额，注册会计师仍需向被审计单位的开户银行进行函证。对于零余额账户和在本期内注销的账户，注册会计师也应当实施函证，以防止被审计单位隐瞒银行存款或借款。

在实施银行函证时，注册会计师需要以被审计单位的名义向银行发函询证，以验证被审计单位的银行存款是否真实、合法和完整。根据《关于进一步规范银行函证及回函工作的通知》（财会〔2016〕13号），各银行应对询证函列示的全部项目作出回应，并在收到询证函之日起10个工作日内，将回函直接寄往会计师事务所。

资源拓展

银行询证函模板（2022版）

银行询证函审计工作底稿见附录（附表17），索引号ZA5。

银行存款函证结果汇总表审计工作底稿见附录（附表18），索引号ZA6。

6）检查银行存款账户存款人是否为被审计单位

【审计程序与具体审计目标的对应关系】此程序可实现表12-1中的C审计目标。

若存款人不是被审计单位，应获取该账户户主和被审计单位的书面声明，确认资产负债表日是否需要提请被审计单位进行调整。

7）关注是否存在质押、冻结等对变现有限制或存放在境外的款项

【审计程序与具体审计目标的对应关系】此程序可实现表12-1中的C、F审计目标。

如果存在，应提请被审计单位作必要的调整和披露。

8）列明不符合现金及现金等价物条件的银行存款

【审计程序与具体审计目标的对应关系】此程序可实现表12-1中的F审计目标。

对不符合现金及现金等价物条件的银行存款在审计工作底稿中予以列明，以考虑对现金流量表的影响。

微课

大额银行收支检查表（双向测试）的填写

9）抽查大额银行存款收支的原始凭证

【审计程序与具体审计目标的对应关系】此程序可实现表12-1中的A、C、D、E审计目标。

检查原始凭证是否齐全、记账凭证与原始凭证是否相符、账务处理是否正确、是否记录于恰当的会计期间等项内容。检查是否存在非营业目的的大额货币资金转移，并核对相关账户的进账情况；如有与被审计单位生产经营无关的收支事项，应查明原因并作相应的记录。

货币资金收支检查情况表审计工作底稿见附录（附表19），索引号ZA7。

10）检查银行存款收支的截止是否正确

【审计程序与具体审计目标的对应关系】此程序可实现表12-1中的A、B、D、E审计目标。

微课

银行存款收支截止测试表的填写

选取资产负债表日前后若干张、一定金额以上的凭证实施截止测试，关注业务内容及对应项目，如有跨期收支事项，应考虑是否提请被审计单位进行调整。

对银行存款收支实施截止测试，其目的主要在于确定被审计单位银行存款收支的会计记录归属期是否正确，应记入本期或下期的银行存款收支是否被推延至下期或提前至本期。

银行存款收支截止测试表审计工作底稿见附录（附表20），索引号ZA8。

11）检查银行存款是否在资产负债表中作出恰当列报

【审计程序与具体审计目标的对应关系】此程序可实现表12-1中的F审计目标。

根据有关规定，企业的银行存款在资产负债表的“货币资金”项目中反映，所以，注册会计师应在实施上述审计程序后，确定银行存款账户的期末余额是否恰当，进而确定银行存款是否在资产负债表中恰当披露。此外，如果企业的银行存款存在抵押、冻结等使用限制情况或者潜在回收风险，注册会计师应关注企业是否已经恰当披露有关情况。

货币资金审定表审计工作底稿见附录（附表13），索引号ZA1。

案例窗12-3　银行存款的函证程序

在华强股份有限公司2023年度财务报表的审计项目中，注册会计师赵东负责货币资金审计，向往来银行实施了银行存款函证。审计工作底稿的部分内容摘录如下：

（1）华强股份有限公司收到A银行的银行对账单上显示华强股份有限公司银行存款账户余额为1 585 000元，华强股份有限公司记录的A银行的银行存款日记账余额为1 665 000元。注册会计师赵东将1 665 000元填列在银行询证函的银行存款余额处。

（2）注册会计师执行银行存款函证实质性程序，在银行询证函中，除了银行存款及银行借款的相关信息，无其他内容需要函询。

（3）注册会计师赵东收到B银行询证函回函，回函中标注“本信息是从电子数据库中取得，可能不包括被询证方所拥有的全部信息。”审计项目组致电B银行，该银行人员表示，这是标准条款，审计项目组据此认为回函可靠，并在审计工作底稿中记录了与银行电话沟通的内容。

要求：针对上述第（1）至（3）项，逐项指出是否恰当。如不恰当，简要说明理由。

12.2.4　其他货币资金的实质性程序

注册会计师在对其他货币资金实施审计程序时，通常可能需要特别关注以下事项：

1）保证金存款的检查，检查开立银行承兑汇票的协议或银行授信审批文件

注册会计师可以将保证金账户对账单与相应的交易进行核对，根据被审计单位应付票据的规模合理推断保证金数额。检查信用证的开立协议与保证金是否相符，检查保证金与相关债务的比例是否与合同约定一致，特别关注是否存在有保证金发生而被审计单位无对应保证事项的情形。

2）对于存出投资款，跟踪资金流向，并获取董事会决议等批准文件、开户资料、授权操作资料等

如果资金投资于证券交易业务，通常结合相应金融资产项目审计，核对证券账户户名是否与被审计单位相符，获取证券公司证券交易结算资金账户的交易流水，抽查大额的资金收支，关注资金收支的账面记录与资金流水是否相符。

3）检查因互联网支付留存于第三方支付平台的资金

注册会计师需要了解是否开立支付宝、微信等第三方支付账户，如是，获取相关开户信息资料，了解其用途和使用情况，获取与第三方支付平台签订的协议，了解第三方平台使用流程等内部控制，比照验证银行存款或银行交易的方式对第三方平台支付账户函证交易发生额和余额（如可行）。获取第三方支付平台发生额及余额明细，在验证这些明细信息可靠性的基础上（如观察被审计单位人员登录并操作相关支付平台导出信息的过程，核对界面的真实性，核对平台界面显示或下载的信息与提供给注册会计师的明细信息的一致性等），将其与账面记录进行核对，对大额交易考虑实施进一步的检查程序。

12.2.5 与货币资金相关的舞弊风险应采取的应对措施

如果识别出与货币资金相关的舞弊风险，注册会计师可以特别关注或考虑实施以下程序：

1）针对虚构货币资金相关舞弊风险

（1）严格实施银行函证程序，保持对函证全过程的控制，恰当评价回函可靠性，深入调查不符事项或函证程序中发现的异常情况；

（2）关注货币资金的真实性和巨额货币资金余额以及大额定期存单的合理性；

（3）了解企业开立银行账户的数量及分布，是否与企业实际经营需要相匹配且具有合理性，检查银行账户的完整性和银行对账单的真实性；

（4）分析利息收入和财务费用的合理性，关注存款规模与利息收入是否匹配，是否存在“存贷双高”现象；

（5）关注是否存在大额境外资金，是否存在缺少具体业务支持或与交易金额不相匹配的大额资金或汇票往来等异常情况。

2）针对大股东侵占货币资金相关舞弊风险

（1）识别企业银行对账单中与实际控制人、控股股东或高级管理人员的大额资金往来交易，关注是否存在异常的大额资金流动，关注资金往来是否以真实、合理的交易为基础，关注利用无商业实质的购销业务进行资金占用的情况；

（2）分析企业的交易信息，识别交易异常的疑似关联方，检查企业银行对账单中与疑似关联方的大额资金往来交易，关注资金或商业汇票往来是否以真实、合理的交易为基础；

（3）关注期后货币资金重要账户的划转情况以及资金受限情况；

（4）通过公开信息等可获取的信息渠道了解实际控制人、控股股东财务状况，关注其是否存在资金紧张或长期占用企业资金等情况，检查大股东有无高比例股权质押的情况。

3）针对虚构现金交易相关舞弊风险

（1）结合企业所在行业的特征恰当评价现金交易的合理性，检查相关的内部控制是否健全、运行是否有效，是否保留了充分的资料和证据；

（2）计算月现金销售收款、现金购付款的占比，关注现金收、付款比例是否与企业业务性质相匹配，识别现金收、付款比例是否存在异常波动，并追查波动原因；

（3）了解现金交易对方的情况，关注使用现金结算的合理性和交易的真实性；

（4）检查大额现金收支，追踪来源和去向，核对至交易的原始单据，关注收付款方、收付款金额与合同、订单、出入库单相关信息是否一致；

（5）检查交易对象的相关外部证据，验证其交易真实性；

（6）检查是否存在洗钱等违法违规行为。

【本章思政主题】

心存敬畏 廉洁自律

2016年10月冉某大学毕业回到家乡，担任重庆某医药公司会计，主要负责公司各项费用的审核、应收应付款项的核算审核、编制报表等。

冉某在生活方式上逐渐开始喜欢提前消费，每个月的工资都用于偿还信用卡。为了满足与自己实际承受能力不符的消费欲望，冉某常常利用信用卡套取现金或是在支付宝上利用借呗、花呗套现，拆东墙补西墙。

2018年下半年，公司人员变动，冉某在负责会计业务的同时，兼任出纳的工作职责，负责现金收支保管、各种费用款项的支付录入、银行账务核对等。面对空荡荡的钱包，加之发现公司内部并未建立有效的财务监管机制，冉某打起了公司销售现金返利的主意。从100元、300元开始，冉某偷偷将未按规定存入公司账户的销售现金返利据为己有，并通过做平账面掩人耳目。在多次相同操作未被发现之后，冉某的“胃口”渐渐变大。走上“另类致富”之路的冉某又开始沉溺于网络游戏，花费上万元购买最新电脑设备，花钱请陪玩、陪练……在游戏世界里，冉某享受着畅快淋漓的奢华人生。几个月后，冉某在核算对比电子返利台账时发现自己私下动用的销售现金返利已经有好几万元，而他自己根本无力偿还。

之后，冉某试图通过网络赌博来盈利，结果是血本无归。2020年7月，走投无路的冉某打起了挪用公司银行账户资金的算盘。前后不到四个月的时间，冉某利用公司财务管理制度和内部监管上的漏洞，先后40次以网银转账方式挪用公司银行账户资金至个人账户。

截至2020年11月，冉某共利用支付审核和现金管理等职务便利，擅自挪用该公司银行账户资金和销售现金返利共计170余万元，这些钱主要被他用于网络游戏充值。

2020年12月初，集团公司成立内部审计组，对冉某所在公司的销售现金返利情况进行专项审计，通过电子返利台账发现有20.9万元销售现金返利没有入账。冉某虽经多方求助，但无法通过借款筹集资金把挪用的资金还回公司。2020年12月21日，冉某在家人的陪同下主动投案自首。

2021年3月19日，法院以挪用资金罪判处冉某有期徒刑二年六个月。

【思考与启示】

究冉某挪用资金缘由，一方面，所在单位、部门会计制度、内部控制制度不完善、工作程序不规范、制约机制落实差、日常监管长期缺失等漏洞，是身处财务、出纳等权力集中、资金密集的部门和岗位的冉某，抱着侥幸和投机心理“钻漏洞”，利用职务之便实施犯罪的根源。另一方面，与冉某放松对自我的要求、对法纪毫无敬畏之心有关，加之其受到享乐主义、急功近利等不良风气的影响，意志力薄弱，对各种诱惑缺乏免疫力，在权力漩涡中迷失了自我。

习近平总书记在中央党校中青年干部培训班开班式上发表重要讲话时强调，年轻干部要讲规矩、守底线。心有所畏，方能言有所戒、行有所止。干部一定要知敬畏、存戒惧、守底线，敬畏党、敬畏人民、敬畏法纪。严以修身，才能严于律己。只有把世界观、人生观、价值观的总开关拧紧了，把思想觉悟、精神境界提高了，才能从不敢腐到不想腐。要为的是大公、守的是大义、求的是大我，更要正心明道、怀德自重，始终把党和人民放在心中最高位置，做一个一心为公、一身正气、一尘不染的人。

习近平总书记在党的二十大报告中寄语青年：青年强，则国家强。当代中国青年生逢其时，施展才干的舞台无比广阔，实现梦想的前景无比光明。广大青年要坚定不移听党话、跟党走，怀抱梦想又脚踏实地，敢想敢为又善作善成，立志做有理想、敢担当、能吃苦、肯奋斗的新时代好青年。年轻财务干部生逢伟大时代，应当充分认知到自己所承担的社会责任和历史担当，做到信念坚定、对党忠诚，实事求是，勇于担当、善于作为，坚持原则、敢于斗争，严守规矩、不逾底线，勤学苦练、增强本领，诚实守信、廉洁自律、服务社会，努力成为可堪大用、能担重任的栋梁之材，不辜负党的期望、人民期待、民族重托。

附录
审计工作底稿篇

附表1

业务保持评价表

被审计单位：	神州有限责任公司	索引号：	AA
项　　目：	业务保持评价	财务报表截止日/期间：	2023年12月31日
编　　制：	Ma	复　　核：	Li
日　　期：	2023年11月1日	日　　期：	2024年1月3日

一、客户情况评估

（一）审计范围和执行审计工作的时间安排

2023年度审计工作范围较2022年度相比无变化，审计工作时间安排为2023年11月进行预审，2024年1月6日正式进行年度审计，具体情况详见总体审计策略（BE）

（二）客户的诚信

该公司是本所常年客户，历年审计都由本所进行。历年审计均未发现该客户不诚信的现象，本年客户的所有者及关键管理人员未发生重大变动，也没有迹象表明管理层不够诚信；无外部证据表明客户存在舞弊或违法行为；本次审计范围未受到任何限制。我们认为，该客户是诚信的

（三）经营风险

该客户本期业务性质无重大变化，具有持续经营能力。关于经营风险的分析详见了解被审计单位及其环境（BA）

（四）财务状况

根据我们对该客户经营状况的了解以及内部控制的了解与测试，我们认为该客户的经营状况未发生重大变化；不存在未披露的重大关联方交易；未发现内部控制的重大缺陷；未发现不可靠的会计记录；客户采用的会计政策和税收政策符合国家相关法律法规的规定，较为稳妥；无未解决的重大会计分歧。具体的财务状况了解与分析见了解被审计单位及其环境（BA）

根据以前年度审计情况和对客户及其环境所发生变化的了解，重点考虑了上述情况后，我们将该客户的风险级别评为（中）。

二、本所情况评估

（一）项目组的时间和资源

该客户的审计一直由业务三部负责，该部门现有专业人员16名，其中，高级经理2名、项目经理7名、审计助理7名，完全有能力组建项目组。从时间安排来看，中期的预审结合年度审计，该项目组能够在合同约定的期限内完成业务、提交报告。项目组人员安排与时间预算详见总体审计策略（BE）

（二）项目组的专业胜任能力

项目组的关键人员——Li（高级经理）对该客户的审计持续了6年，熟悉该客户的业务并对行业状况有着深入的了解，完全有经验、有能力完成审计工作。本所具备符合标准和资格要求的项目质量控制复核人员

（三）独立性

本所与该客户之间不存在专业服务收费以外的直接经济利益或重大的间接经济利益，与客户不存在密切的经营关系或雇佣关系、不存在与该项审计业务有关的或有收费，本所及项目组成员不存在经济利益对独立性的损害 项目组成员中无曾是客户的董事、经理、其他关键管理人员或能够对本业务产生直接重大影响的员工，本所未向该客户提供直接影响财务报表的其他服务，也未代客户编制用于生成财务报表的原始资料或其他记录，本所及项目组成员不存在自我评价对独立性的损害 与项目组成员关系密切的家庭成员中无客户的董事、经理、其他关键管理人员或能够对本业务产生直接重大影响的员工 客户的董事、经理、其他关键管理人员或能够对本业务产生直接重大影响的员工中无本所的前高级管理人员 本所的高级管理人员及签字注册会计师与客户的交往仅限于业务往来、未接受过客户或其他董事、经理、其他关键管理人员或能够对本业务产生直接重大影响的员工的贵重礼品或超出社会礼仪的款待，本所及项目组成员不存在关联关系对独立性的损害 本所与该客户在重大会计、审计等问题上不存在意见分歧、审计业务未受到有关单位或个人的不恰当干预、工作范围较以前年度没有缩减，本所及项目组成员不存在外界压力对独立性的损害

根据本所目前的情况，综合考虑上述事项，我们认为本所及项目组成员具有独立性和审计该客户的必要素质、专业胜任能力及时间和资源。

（四）预计收取的费用及可回收比率

预计审计收费：16万元人民币 预计成本：11万元人民币 可回收比率：根据以前年度审计情况，客户不存在拖欠审计费用的情况，本年度能够足额收回审计费用

三、其他方面的意见

项目负责合伙人：

基于上述方面，我们________（接受或不接受）此项业务。

签名：____________________

日期：____________________

风险管理负责人（必要时）：

基于上述方面，我们________（接受或不接受）此项业务。

签名：____________________

日期：____________________

最终结论：

附表2

审计业务约定书

索引号：AB

甲方：神州有限责任公司

乙方：润元会计师事务所

兹由甲方委托乙方对2023年度财务报表进行审计，经双方协商，达成以下约定：

（一）审计的目标和范围

1.乙方接受甲方委托，对甲方按照企业会计准则编制的2023年12月31日的资产负债表，2023年度的利润表、现金流量表、所有者权益（或股东权益）变动表以及财务报表附注（以下统称财务报表）进行审计。

2.乙方审计工作的目标是对财务报表整体是否不存在由于舞弊或错误导致的重大错报获取合理保证，并出具包含审计意见的审计报告。合理保证是高水平的保证，但并不能保证按照审计准则执行的审计在某一重大错报存在时总能发现。错报可能由于舞弊或错误导致，如果合理预期错报单独或汇总起来可能影响财务报表使用者依据财务报表作出的经济决策，则通常认为错报是重大的。

3.乙方通过执行审计工作，对财务报表的下列方面发表审计意见：（1）财务报表是否在所有重大方面按照企业会计准则规定编制；（2）财务报表是否在所有重大方面公允反映了甲方2023年12月31日的财务状况以及2023年度的经营成果和现金流量。

（二）甲方的责任

1.根据《中华人民共和国会计法》及《企业财务会计报告条例》，甲方及甲方负责人有责任保证会计资料的真实性和完整性。因此，甲方管理层有责任妥善保存和提供会计记录（包括但不限于会计凭证、会计账簿及其他会计资料），这些记录必须真实、完整地反映甲方的财务状况、经营成果和现金流量。

2.按照企业会计准则的规定编制和公允列报财务报表是甲方管理层的责任，这种责任包括：（1）按照企业会计准则的规定编制财务报表，并使其实现公允反映；（2）设计、执行和维护必要的内部控制，以使财务报表不存在由于舞弊或错误而导致的重大错报。

3.在编制财务报表时，甲方管理层负责评估甲方的持续经营能力，必须时披露与持续经营相关的事项，并运用持续经营假设，除非管理层计划清算、终止运营或别无其他现实的选择。甲方治理层负责监督甲方的财务报告过程。

4.及时为乙方的审计工作提供与审计有关的所有记录、文件和所需的其他信息（在2024年1月11日之前提供审计所需的全部资料，如果在审计过程中需要补充资料，亦应及时提供），并保证所提供资料的真实性和完整性。

5.确保乙方不受限制地接触其认为必要的甲方内部人员和其他相关人员。

6.甲方管理层对其作出的与审计有关的声明予以书面确认。

7.为乙方派出的有关工作人员提供必要的工作条件及协助，乙方将于外勤工作开始前提供主要事项清单。

8.按照本约定书的约定及时足额支付审计费用以及乙方人员在审计期间的交通、食宿和其他相关费用。

9.乙方的审计不能减轻甲方及甲方管理层的责任。

（三）乙方的责任

1.乙方按照中国注册会计师审计准则（以下简称审计准则）的规定执行审计工作。审计准则要求注册会计师遵守中国注册会计师职业道德守则，在执行审计的过程中，乙方需要运用职业判断，保持职业怀疑。

2.乙方识别和评估由于舞弊或错误导致的财务报表重大错报风险，设计和实施审计程序以应对这些风险，并获取充分、适当的审计证据，作为发表审计意见的基础。由于舞弊可能涉及串通、伪造、故意遗漏、虚假陈述或凌驾于内部控制之上，未能发现由于舞弊导致的重大错报的风险高于未能发现由于错误导致的重大错报的风险。

3.乙方了解与审计相关的内部控制，以设计恰当的审计程序，但目的并非对内部控制的有效性发表意见。(如果注册会计师结合财务报表审计对内部控制的有效性发表意见，应当删除“但目的并非对内部控制的有效性发表意见”的措辞)

4.乙方评价管理层选用会计政策的恰当性和作出会计估计及相关披露的合理性。

5.乙方对甲方管理层使用持续经营假设的恰当性得出结论。同时，根据获取的审计证据，就可能导致对甲方持续经营能力产生重大疑虑的事项或情况是否存在重大不确定性得出结论。如果乙方得出结论认为存在重大不确定性，应当在审计报告中提请报表使用者注意财务报表中的相关披露；如果披露不充分，乙方应当发表非无保留意见。乙方的结论基于截至审计报告日可获得的信息。然而，未来的事项或情况可能导致甲方不能持续经营。

6.乙方评价财务报表的总体列报、结构和内容（包括披露），并评价财务报表是否公允反映相关交易和事项。

7.乙方从与甲方治理层沟通过的事项中，确定对本期财务报表审计最为重要的事项（关键审计事项），并在审计报告中描述这些事项（如适用）。这些事项的应对以对财务报表整体进行审计并形成审计意见为背景，乙方不对这些事项单独发表意见。

8.在审计过程中，乙方若发现甲方存在乙方认为值得关注的内部控制缺陷，应以书面形式向甲方治理层或管理层通报。但乙方通报的各种事项，并不代表已全面说明甲方所有可能存在的缺陷或乙方已提出所有可行的改进建议。甲方在实施乙方提出的改进建议前应全面评估其影响。未经乙方书面许可，甲方不得向任何第三方提供乙方出具的沟通文件，除非法律法规另有要求。

9.由于审计和内部控制的固有限制，即使乙方已按照审计准则的规定适当地计划和执行审计工作，仍然不可避免地存在甲方财务报表的某些重大错报未被乙方发现的风险。

10.按照约定时间完成审计工作，出具审计报告。乙方应于2024年×月×日前出具审计报告。

11.除下列情况外，乙方应当对执行业务过程中知悉的甲方信息予以保密：(1) 法律法规允许披露，并取得甲方的授权；(2) 根据法律法规的要求，为法律诉讼、仲裁准备文件或提供证据，以及向监管机构报告发现的违法行为；(3) 在法律法规允许的情况下，在法律诉讼、仲裁中维护自己的合法权益；(4) 接受注册会计师协会或监管机构的执业质量检查，答复其询问和调查；(5) 法律法规、执业准则和职业道德规范规定的其他情形。

（四）审计收费

1.本次审计服务的收费是以乙方各级别工作人员在本次工作中所耗费的时间为基础计算的。乙方预计本次审计服务的费用总额为人民币××万元。

2.甲方应于本约定书签署之日起××日内支付×%的审计费用，其余款项于［审计报告草稿完成日］结清。

3.如果由于无法预见的原因，致使乙方从事本约定书所涉及的审计服务实际时间较本约定书签订时预计的时间有明显的增加或减少时，甲乙双方应通过协商，相应调整本部分第1段所述的审计费用。

4.如果由于无法预见的原因，致使乙方人员抵达甲方的工作现场后，本约定书所涉及的审计服务中止，甲方不得要求退还预付的审计费用；如上述情况发生于乙方人员完成现场审计工作，并离开甲方的工作现场之后，甲方应另行向乙方支付人民币××元的补偿费，该补偿费应于甲方收到乙方的收款通知之日起××日内支付。

5.与本次审计有关的其他费用（包括交通费、食宿费等）由甲方承担。

（五）审计报告和审计报告的使用

1.乙方按照中国注册会计师审计准则规定的格式和类型出具审计报告。

2.乙方向甲方致送审计报告一式×份。

3.甲方在提交或对外公布乙方出具的审计报告及其后附的已审计财务报表时，不得对其进行修改。当甲方认为有必要修改会计数据、报表附注和所作的说明时，应当事先通知乙方，乙方将考虑有关的修改对审计报告的影响，必要时，将重新出具审计报告。

（六）本约定书的有效期间

本约定书自签署之日起生效，并在双方履行完毕约定书约定的所有义务后终止。但其中第三项第11条、第四、第五、第七、第八、第九、第十项并不因本约定书终止而失效。

（七）约定事项的变更

如果出现不可预见的情况，影响审计工作如期完成，或需要提前出具审计报告，甲、乙双方均可要求变更约定事项，但应及时通知对方，并由双方协商解决。

（八）终止条款

1.如果根据乙方的职业道德及其他专业职责、适用的法律法规或其他任何法定的要求，乙方认为已不适宜继续为甲方提供本约定书约定的审计服务，乙方可以采取向甲方提出合理通知的方式终止履行本约定书。

2.在本约定书终止的情况下，乙方有权就其于终止之日前对约定的审计服务项目所做的工作收取合理的费用。

（九）违约责任

甲、乙双方按照《中华人民共和国民法典》的规定承担违约责任。

（十）适用法律和争议解决

本约定书的所有方面均应适用中华人民共和国法律进行解释并受其约束。本约定书履行地为乙方出具审计报告所在地，因本约定书所引起的或与本约定书有关的任何纠纷或争议（包括关于本约定书条款的存在、效力或终止，或无效之后果），双方协商确定采取以下第____种方式予以解决：

（1）向有管辖权的人民法院提起诉讼；

（2）提交××仲裁委员会仲裁。

（十一）双方对其他事项的约定

本约定书一式两份，甲、乙双方各执一份，具有同等法律效力。

甲方：神州有限责任公司（盖章）

授权代表（签名并盖章）

二〇二四年一月四日

乙方：润元会计师事务所（盖章）

授权代表（签名并盖章）

二〇二四年一月四日

附表 3

了解被审计单位及其环境（不包括内部控制）

被审计单位：	神州有限责任公司	索引号：	BA
项　　目：	了解被审计单位及其环境（不包括内部控制）	财务报表截止日/期间：	2023 年 12 月 31 日
编　　制：	Li	复　　核：	Ma
日　　期：	2023 年 11 月 6 日	日　　期：	2023 年 11 月 7 日

一、审计目标

注册会计师应当从下列方面了解被审计单位及其环境，并评估相应重大错报风险：

（1）行业状况、法律环境与监管环境以及其他外部因素；

（2）被审计单位的性质；

（3）被审计单位对会计政策的选择和运用；

（4）被审计单位的目标、战略以及相关经营风险；

（5）被审计单位财务业绩的衡量和评价。

二、行业状况、法律环境与监管环境以及其他外部因素

（一）行业状况

1.所在行业的市场供求与竞争

主要了解并记录被审计单位的主要产品是什么，所处什么行业，行业的总体发展趋势是什么，产品的市场需求、市场容量和价格如何等情况

2.生产经营的季节性和周期性

主要了解并记录被审计单位的行业是否受经济周期波动影响，以及采取了哪些措施使波动的影响最小化，行业生产经营和销售是否受季节影响

3.产品生产技术的变化

主要了解并记录本行业的核心技术是什么，行业是否开发了新技术，被审计单位在技术方面是否具有领先地位

4.能源供应与成本

主要了解并记录能源消耗在成本中所占比重，能源价格变化对成本的影响

5.行业的关键指标和统计数据

主要了解并记录行业产品平均价格、产量是多少，被审计单位业务的增长率和财务业绩与行业的平均水平及主要竞争者相比如何，存在重大差异的原因是什么

（二）法律环境及监管环境

1.适用的会计准则、会计制度和行业特定惯例

主要了解并记录被审计单位是外商投资企业还是其他企业，适用的会计准则或会计制度是什么

2.对经营活动产生重大影响的法律法规及监管活动

主要了解并记录国家对行业是否有特殊监管要求

3.对开展业务产生重大影响的政府政策，包括货币、财政、税收和贸易等政策

主要了解并记录现行货币政策、财政政策、关税和税法对被审计单位经营活动产生怎样的影响

4.与被审计单位所处行业和所从事经营活动相关的环保要求

主要了解并记录是否存在新出台的法律法规，对被审计单位有何影响

（三）其他外部因素（略）

三、被审计单位的性质

（1）所有权结构

主要了解并记录所有权性质、所处地区、规模等，与被审计单位之间的关系

（2）治理结构

主要了解并记录董事会的构成和运作情况

（3）组织结构

主要了解并记录组织结构是否复杂，是否可能导致重大错报风险

（4）经营活动

主要了解并记录主营业务的性质、与生产产品或提供劳务相关的市场信息、关键客户、重要供货商及劳动用工情况

（5）投资活动

主要了解并记录证券投资、委托贷款的发生与处置、资本性投资活动等情况

（6）筹资活动

主要了解并记录债务结构和相关条款，包括担保情况及表外融资等情况

四、被审计单位对会计政策的选择和运用

主要了解被审计单位选择和运用的重要会计政策及披露等情况，并评价可能存在的重大错报风险

五、被审计单位的目标、战略以及相关经营风险

主要了解被审计单位目标、战略、相关经营风险及拟采用的对策等情况，并评价可能存在的重大错报风险

六、被审计单位财务业绩的衡量和评价

主要了解被审计单位关键业绩指标、业绩趋势、管理层和员工业绩考核与激励性报酬政策等情况，并评价可能存在的重大错报风险

附表 4

在被审计单位整体层面了解和评价内部控制

被审计单位：	神州有限责任公司	索引号：	BB-1
项　目：	了解和评价整体层面内部控制	财务报表截止日/期间：	2023年12月31日
编　制：	Li	复　核：	Ma
日　期：	2023年11月7日	日　期：	2023年11月8日

1.整体层面内部控制要素

整体层面内部控制要素	是否进行了解
内部环境	是
被审计单位的风险评估	是
与财务报告相关的信息与沟通	是
内部监督	是

2.了解整体层面内部控制

根据对整体层面内部控制的了解，记录如下：

（1）是否委托其他服务机构执行主要业务活动？如果被审计单位使用其他服务机构，将对审计计划产生哪些影响？

否

（2）是否制定了相关的政策和程序以保持适当的职责分工？这些政策和程序是否合理？

是，较为合理

（3）自前次审计后，被审计单位的整体层面内部控制是否发生了重大变化？如果已发生变化，将对审计计划产生哪些影响？

未发生重大变化

（4）在了解整体层面内部控制过程中是否进一步识别出其他风险？如果已识别出其他风险，将对审计计划产生哪些影响？

否

3.信息技术一般控制采用的系统

（1）使用的信息技术系统。

略

（2）拟于将来实施的重大修改、开发与维护计划。

略

（3）本年度对信息系统进行的重大修改、开发与维护及其影响。

略

（4）在整体层面了解内部控制的结论。

控制要素	识别的缺陷	是否属于重大缺陷	索引号	列入与管理层沟通事项	列入与治理层沟通事项
略					

附表5　在被审计单位业务流程层面了解和评价内部控制（以销售与收款循环为例）

被审计单位：	神州有限责任公司	索引号：	XSL
项　　目：	了解内部控制汇总表	财务报表截止日/期间：	2023年12月31日
编　　制：	Li	复　　核：	Ma
日　　期：	2023年11月8日	日　　期：	2023年11月9日

1.受本循环影响的主要交易和账户余额

应收账款、营业收入、应交税费

2.主要业务活动

主要业务活动	是否在本循环中进行了解
销售	是
记录应收账款	是
记录税金	是
收款或收到票据	是
维护顾客档案	是

3.了解交易流程

根据对交易流程的了解，记录如下：

（1）是否委托其他服务机构执行主要业务活动？如果被审计单位使用其他服务机构，将对审计计划产生哪些影响？

否

（2）是否制定了相关的政策和程序以保持适当的职责分工？这些政策和程序是否合理？

是，已经制定了合理的政策和程序以保持适当的职责分工

（3）自前次审计后，被审计单位的业务流程和控制活动是否发生了重大变化？如果发生重大变化，将对审计计划产生哪些影响？

未发生重大变化

（4）是否识别出本期交易过程中发生的控制偏差？如果已识别出控制偏差，产生偏差的原因是什么？将对审计计划产生哪些影响？

否

（5）是否进一步识别出其他风险？如果已识别出其他风险，将对审计计划产生哪些影响？

否

4.信息系统

（1）应用软件：

信息系统名称	计算机运作环境	来源	初次安装日期
用友软件	略	购买	略

（2）初次安装后对信息系统进行的任何重大修改、开发与维护：

信息系统名称	重大修改、开发与维护	更新日期
用友软件	略	略

（3）拟于将来实施的重大修改、开发与维护计划：

无

（4）本年度对信息系统进行的重大修改、开发与维护及其影响：

无

5.初步结论

控制设计合理，并得到执行

6.沟通事项

是否需要就已识别出的内部控制设计和执行方面的重大缺陷，与适当层次的管理层或治理层进行沟通？

没有需要沟通事项

附表6

总体审计策略

被审计单位：	神州有限责任公司	索引号：	BE
项　　目：	总体审计策略	财务报表截止日/期间：	2023年12月31日
编　　制：	Ma	复　　核：	Li
日　　期：	2023年11月10日	日　　期：	2023年11月11日

一、审计范围

报告要求	年度审计报告
适用的会计准则和相关会计制度	新企业会计准则
适用的审计准则	新审计准则
与财务报告相关的行业特别规定	无
需审计的集团内组成部分的数量及所在地点	无
需要阅读的含有已审计财务报表的文件中的其他信息	无
制定审计策略需考虑的其他事项	无

二、审计业务时间安排

（一）对外报告时间安排：2024年1月31日

（二）执行审计时间安排

执行审计时间安排	时　　间
1.期中审计	
（1）执行风险评估程序	2023年11月
（2）制定总体审计策略	2023年11月
（3）制订具体审计计划	2023年11月
（4）控制测试	2023年11月
（5）实质性程序	2023年11月
2.期末审计	
（1）存货监盘	2023年12月31日
（2）实质性程序	2024年1月

（三）沟通的时间安排

所需沟通	时　间
与管理层及治理层的沟通	进场前一次，外勤结束后一次，如有必要出具报告前一次
项目组会议（包括预备会和总结会）	根据进度提前通知

三、影响审计业务的重要因素

（一）重要性

确定的重要性水平	索引号
财务报表整体的重要性：305万元，按年度净利润的5%计算	
实际执行的重要性：210万元，按整体重要性的70%计算	

（二）可能存在较高重大错报风险的领域

可能存在较高重大错报风险的领域	索引号
实施新企业会计准则相关变化的内容	
销售收入及销售成本	
期间费用	
所得税费用	
存货	

（三）重要的组成部分和账户余额

重要的组成部分和账户余额	索引号
1.重要的组成部分	
神州有限责任公司是一个单体公司，没有分公司、子公司	
2.重要的账户余额	
存货、在建工程、应付账款	
所得税费用、应交税费	
主营业务收入、主营业务成本	

四、人员安排

（一）项目组主要成员的职责

职位	姓名	主要职责
主任会计师	Wu	项目质量控制复核人
副主任会计师	Ma	项目总负责人
高级经理	Li	复核销售与收款循环、生产与存货循环、人力资源与工薪循环、货币资金
高级经理	Zhao	复核采购与付款循环、投资与筹资循环
项目经理	Hu	销售与收款循环
项目经理	Liu	生产与存货循环
项目经理	Cheng	采购与付款循环、投资与筹资循环
项目经理	Chen	人力资源与工薪循环
项目经理	Wang	货币资金审计

（二）与项目质量控制复核人员的沟通

复核的范围：在审计过程中识别的认定层次的重大错报风险及设计和实施的进一步审计程序；审计中识别的已更正的错报的重要程度及处理情况；拟出具的审计报告类型。

沟通内容	负责沟通的项目组成员	计划沟通时间
风险评估、对审计计划的讨论	Ma	2023年11月6日
审计调整事项	Ma	2024年1月28日
审计意见类型	Ma	2024年1月30日

五、对专家的利用

根据我们对神州有限公司人力资源与工薪循环内部控制的了解，我们将在以下两方面利用计算机专家的工作进行控制测试：

（一）与工资计算有关的控制活动

（二）与工薪数据维护权限设置相关的控制活动

内控测试审计工作底稿

附表 7

采购与付款循环控制测试

被审计单位：	神州有限责任公司	索引号：	CGC
项 目：	采购与付款循环控制测试	财务报表截止日/期间：	2023年12月31日
编 制：	Cheng	复 核：	Zhao
日 期：	2023年11月17日	日 期：	2023年11月19日

1.控制测试——材料采购

（1）询问程序

通过实施询问程序，神州有限责任公司已确定下列事项：

①本年度未发现任何特殊情况、错报和异常项目；

②财务或采购部门的人员在未得到授权的情况下无法访问或修改系统内数据；

③本年度未发现下列控制活动未得到执行；

④本年度未发现下列控制活动发生变化。

（2）其他测试程序

控制目标	神州有限责任公司的控制活动	控制测试程序	执行控制的频率	所测试的项目数量	索引号
只有经过核准的采购订单才能发给供应商	①材料采购由经营部编制采购计划，经部长确认，公司领导审批，才能对外签约。 ②金额为10万元以下的请购单由采购部部长审批；金额为10万元至100万元的请购单由主管副总经理审批；金额为100万元以上的请购单由总经理张某审批	抽取请购单并检查是否得到适当审批	每周1次	5	略
已记录的采购订单内容准确	①采购管理员根据有关采购信息编制连续编号的采购订单。 ②每周末财务部门应付账款记账员汇总本周内生成的所有采购订单并与请购单核对，编制采购报告。如采购订单与请购单相符，记账员在报告上签字；如不符，通知采购员并调查该事项	检查应付账款记账员是否已核对采购订单和复核采购报告	每周1次	5	略
采购订单均已得到处理	采购订单为连续编号。每周应付账款记账员在编制采购报告时，采购管理员亦会核对这些采购订单，对任何不符合连续编号的情况进行调查，检查销售合同与台账是否一致	检查应付账款记账员是否已复核采购报告。同时，检查报告单上的采购订单是否按顺序编号以及有无出现任何不符合连续编号的情况	每周1次	5	略

2.控制测试——记录应付账款

（1）询问程序

通过实施询问程序，神州有限责任公司已确定下列事项：

①本年度未发现任何特殊情况、错报和异常项目；

②财务或采购部门的人员在未得到授权的情况下无法访问或修改系统内数据；

③本年度未发现下列控制活动未得到执行；

④本年度未发现下列控制活动发生变化。

（2）其他测试程序

控制目标	神州有限责任公司的控制活动	控制测试程序	执行控制的频率	所测试的项目数量	索引号
已记录的采购均确已收到物品	收到采购发票后，由采购部门经理签字确认并交至财务人员。应付账款记账员将发票所载信息和验收单、采购订单进行核对。如相符，应付账款记账员在发票上加盖“相符”印戳，并将信息输入系统，由系统自动生成记账凭证，过至明细账和总账；如不符，通知经营部，以实施经营部调查	抽取采购订单、验收单和采购发票检查所载内容是否核对一致，检查发票上是否盖有“相符”印戳	每周1次	5	略
已记录的采购均已接受劳务	①发生销售（管理）费用的部门收到费用发票后，由其部门经理签字确认并交至应付账款记账员。 ②应付账款记账员对收到的费用发票、费用申请单和其他单据进行核对，如所有单据核对一致，应付账款记账员在发票上加盖“相符”印戳，并将信息输入系统，此时系统自动生成记账凭证过至明细账和总账	抽取费用发票，检查发票是否得到适当审批，并加盖“相符”印戳	每周1次	5	略
已记录的采购计价正确	每月末，应付账款主管编制应付账款账龄分析报告，其内容还应包括应付账款总额与应付账款明细账合计数，以及应付账款明细账与供应商对账单核对情况。如有差异，应付账款主管立即调查，编制应付账款调节表，将调节表和分析报告交会计主管复核，财务部长批准后作出处理	抽取应付账款调节表，检查调节项目与有效的支持性凭证是否相符，以及是否与应付账款明细账相符	每月1次	3	略

续表

控制目标	神州有限责任公司的控制活动	控制测试程序	执行控制的频率	所测试的项目数量	索引号
所有与采购物品相关的义务均已确认并记录至应付账款	每月末，应付账款主管编制应付账款账龄分析报告，其内容还应包括应付账款总额与应付账款明细账，以及应付账款明细账与供应商对账单核对情况。如有差异，应付账款主管立即调查，编制应付账款调节表，将调节表和分析报告交会计主管复核，财务部长批准后作出处理	抽取应付账款调节表，检查调节项目与有效的支持性凭证是否相符，以及是否与应付账款明细账相符	每月1次	3	略
所有采购物品交易均于适当期间进行确认并记录	每月末，应付账款主管编制应付账款账龄分析报告，其内容还应包括应付账款总额与应付账款明细账以及应付账款明细账与供应商对账单核对情况。如有差异，应付账款主管立即调查，编制应付账款调节表，将调节表和分析报告交会计主管复核，财务部长批准后作出处理	抽取应付账款调节表，检查调节项目与有效的支持性凭证是否相符，以及是否与应付账款明细账相符	每月1次	3	略

3.控制测试——付款

（1）询问程序

通过实施询问程序，神州有限责任公司已确定下列事项：

①本年度未发现任何特殊情况、错报和异常项目；

②财务或采购部门的人员在未得到授权的情况下无法访问或修改系统内数据；

③本年度未发现下列控制活动未得到执行；

④本年度未发现下列控制活动发生变化。

（2）其他测试程序

控制目标	神州有限责任公司的控制活动	控制测试程序	执行控制的频率	所测试的项目数量	索引号
仅对已记录的应付账款办理支付	①应付账款记账员编制付款凭证，并附相关单证，如费用申请单、费用发票及付款申请单等，提交会计处主任审批。 ②在完成对付款凭证及相关单证的复核后，会计处主任在付款凭证上签字，作为复核证据，在所有单证上加盖“核销”印戳	抽取付款凭证，检查其是否经由会计主管复核和审批；同时检查有关支票和信用证授权表是否得到适当人员复核和审批	每周1次	5	略
准确记录付款	①应付账款记账员编制付款凭证，并附相关单证，如费用申请单、费用发票及付款申请单等，提交会计处主任审批。 ②在完成对付款凭证及相关单证的复核后，会计处主任在付款凭证上签字，作为复核证据，在所有单证上加盖“核销”印戳	抽取付款凭证，检查其是否经由会计主管复核和审批；同时检查有关支票和信用证授权表是否得到适当人员复核和审批	每周1次	5	略

附表 8

人力资源与工薪循环控制测试

被审计单位：	神州有限责任公司	索引号：	GXC
项　　目：	人力资源与工薪循环控制测试	财务报表截止日/期间：	2023年12月31日
编　　制：	Chen	复　　核：	Li
日　　期：	2023年11月15日	日　　期：	2023年11月16日

1.控制测试——员工聘用与离职

（1）询问程序

通过实施询问程序，神州有限责任公司已确定下列事项：

①本年度未发现任何特殊情况、错报和异常项目；

②财务或人力资源部门的人员在未得到授权的情况下无法访问或修改系统内数据；

③本年度未发现下列控制活动未得到执行；

④本年度未发现下列控制活动发生变化。

（2）其他测试程序

控制目标	神州有限责任公司的控制活动	控制测试程序	执行控制的频率	所测试的项目数量	索引号
员工名册新增项目均为真实有效的	人力资源管理部管理员将新员工的信息输入系统的员工档案，系统自动生成连续编号的新入职人员通知单，由用人部门复核后交财务部，作为发放员工工资的依据	抽取公司员工聘用资料，检查员工信息变更是否真实	不定期	3	略
新增员工均已记入员工名册	人力资源管理部管理员将新员工的信息输入系统的员工档案，系统自动生成连续编号的新入职人员通知单，由用人部门复核后交财务部，作为发放员工工资的依据	抽取公司员工聘用资料，检查员工信息是否已被记录	不定期	3	略
离职员工均确已从员工名册中删除	人力资源管理部管理员根据经适当审批的解除、终止劳动合同审批表，将离职员工的信息输入系统的员工档案，并生成连续编号的离职人员通知单，由用人部门复核后交财务部，作为停止发放工资的依据	抽取公司员工离职资料，检查员工信息是否已删除，删除记录是否真实有效	不定期	3	略

2.控制测试——工作时间记录

（1）询问程序

通过实施询问程序，神州有限责任公司已确定下列事项：

①本年度未发现任何特殊情况、错报和异常项目；

②财务或人力资源部门的人员在未得到授权的情况下无法访问或修改系统内数据；

③本年度未发现下列控制活动未得到执行；

④本年度未发现下列控制活动发生变化。

（2）其他测试程序

控制目标	神州有限责任公司的控制活动	控制测试程序	执行控制的频率	所测试的项目数量	索引号
用以计算工资的工作时间数据均为实际工时	生产工人每天进出厂区时必须将自己的考勤卡插入打卡机以便记录工作时间。人力资源管理部管理员将打卡机每天记载的每个工人的工时按照标准工时和加班工时记录在工时记录单上，月末交给生产经理复核批准后输入系统，生成“工时统计表”	抽取生产工人考勤卡检查其工时是否已记入“工时统计表”内	每日多次	20	略
员工工作时间均确已完整记录和输入	系统自动将已录入当月工作时间的员工名单和系统内员工档案名册自动核对。如有遗漏或不符，系统将进行提示。人力资源管理部管理员将解决该问题	抽取生产工人和管理人员，检查是否在系统内员工档案名册中	每月1次	2	略

续表

控制目标	神州有限责任公司的控制活动	控制测试程序	执行控制的频率	所测试的项目数量	索引号
用以计算工资的工作时间数据均为实际工时	管理人员每月填写当月工作时间表（包括出勤、休假等具体情况），由所在部门经理审批签字后，在次月第7个工作日结束之前交给人力资源管理部管理员。如果当月管理人员加班，需填写加班申请表并由部门经理审核批准，与当月的工作时间表一并交给人力资源管理部管理员。由其负责输入系统，生成“出勤统计表”	抽取管理人员工作时间表，检查其工时是否已记入“出勤统计表”内	每月1次	2	略
输入系统的时间记录均为准确的	人力资源管理部管理员将经生产经理签字的工时记录单以及经所在部门经理签字的管理人员工作时间表交给薪资主管，薪资主管检查输入系统的工作时间是否与“工时统计表”和“出勤统计表”一致	抽取工时记录单与“工时统计表”，检查记录是否一致，抽取工作时间表与输入系统的工作时间是否与“出勤统计表”一致	每月1次	2	略

3.控制测试——工资计算与记录

（1）询问程序

通过实施询问程序，神州有限责任公司已确定下列事项：

①本年度未发现任何特殊情况、错报和异常项目；

②财务或人力资源部门的人员在未得到授权的情况下无法访问或修改系统内数据；

③本年度未发现下列控制活动未得到执行；

④本年度未发现下列控制活动发生变化。

（2）其他测试程序

控制目标	神州有限责任公司的控制活动	控制测试程序	执行控制的频率	所测试的项目数量	索引号
准确计算和记录工资费用	（1）公司系统的工资模块根据已核对无误的工时和出勤记录，计算所有员工的当月工资金额（包括工资、加班费、奖金、各项补贴、社会保险费扣除金额、个人所得税扣除金额等），并汇总各部门员工的各项工资费用总额，自动生成“员工工资明细表”和“员工工资汇总表”。经人力资源管理部部长签字批准后，薪资主管填写“工资支付申请表” （2）公司系统还将自动计算当月应缴纳的各项社会保险费（包括个人缴纳部分和企业缴纳部分），人力资源管理部部长审核签字后交财务部部长，安排办理缴纳	利用计算机专家的工作	不适用	不适用	略
准确计算和正确分配工资费用	应付职工薪酬记账员根据“员工工资汇总表”编制工资费用分录，经会计处主任复核后，将工资费用分别记入“生产成本”“制造费用”“管理费用”等科目	选取“员工工资汇总表”和记账凭证，检查是否经适当审批	每月1次	2	略
工资费用记录于适当的会计期间	每月末，薪资主管编写员工变动及工资费用分析报告，经人力资源管理部部长、财务部部长复核后，上报总经理审阅	选取员工变动及工资费用分析报告，检查是否编制并经适当层次管理层复核	每月1次	3	略

附表 9 **生产与存货循环控制测试**

被审计单位：	神州有限责任公司	索引号：	SCC
项　　目：	生产与存货循环控制测试	财务报表截止日/期间：	2023年12月31日
编　　制：	Liu	复　　核：	Li
日　　期：	2023年11月17日	日　　期：	2023年11月18日

1.控制测试——与材料验收和仓储有关的业务活动的控制

（1）询问程序

通过实施询问程序，神州有限责任公司已确定下列事项：

①本年度未发现任何特殊情况、错报和异常项目；

②财务或生产部门的人员在未得到授权的情况下无法访问或修改系统内数据；

③本年度未发现下列控制活动未得到执行；

④本年度未发现下列控制活动发生变化。

（2）其他测试程序

控制目标	神州有限责任公司的控制活动	控制测试程序	执行控制的频率	所测试的项目数量	索引号
已验收材料均附有有效采购订单	保管员接收到厂的物资时，应根据计划员提供的“到货通知单”，核对物资名称、件数、重量、规格型号以及相应的证件和资料，确认无误的，在送货单上签字，将物资存放在待验收区。质检员根据“到货通知单”验收，并签字确认无误。保管员办理入库手续，签发材料验收单，并由保管员和计划员签字	抽查材料验收单，并与到货通知单核对	每月2~3次	5	略
已验收材料均已准确记录	计划员将已经到达企业并且验收合格的货物信息包括品名、规格型号、单价、数量、金额等输入物资管理信息系统中，生成入库单，流转至财务部，财务部据以记账，形成材料明细账	核对经营部的原材料进厂记录与材料明细账的一致性	每月2~3次	5	略
已验收材料均已记录于适当期间	经营部每月负责将已经到达的材料的品种、数量及到厂时间通知各部门。每月末财务部与经营部核对原材料进厂情况	核对经营部的原材料进厂记录与材料明细账的一致性	每月2~3次	5	略

2.控制测试——与计划和安排生产有关的业务活动的控制

（1）询问程序

通过实施询问程序，神州有限责任公司已确定下列事项：

①本年度未发现任何特殊情况、错报和异常项目；

②财务或生产部门的人员在未得到授权的情况下无法访问或修改系统内数据；

③本年度未发现下列控制活动未得到执行；

④本年度未发现下列控制活动发生变化。

（2）其他测试程序

控制目标	神州有限责任公司的控制活动	控制测试程序	执行控制的频率	所测试的项目数量	索引号
管理层授权进行生产	神州有限责任公司利用生产调度软件控制生产的计划安排。经营部根据月生产经营计划、周生产经营计划负责对日生产作业计划的编制、检查、修改、监督。日生产作业计划编制完，经主管部长审核后签发执行。 安全运行部负责组织经营部执行日生产作业计划，并监督日生产作业计划完成情况	抽查月生产经营计划、周生产经营计划、日生产作业计划是否经过审批，检查实际原材料加工量与生产计划是否一致	每月1次	4	略

3.控制测试——与生产有关的业务活动的控制

（1）询问程序

通过实施询问程序，神州有限责任公司已确定下列事项：

①本年度未发现任何特殊情况、错报和异常项目；

②财务或生产部门的人员在未得到授权的情况下无法访问或修改系统内数据；

③本年度未发现下列控制活动未得到执行；

④本年度未发现下列控制活动发生变化。

（2）其他测试程序

控制目标	神州有限责任公司的控制活动	控制测试程序	执行控制的频率	所测试的项目数量	索引号
发出材料均已准确记录	仓库保管员将原材料领用单编号、领用数量、规格等信息输入物资管理系统，经仓储部经理复核并以电子签名方式确认后，物资管理系统自动更新材料明细台账	将生产统计表与材料明细账核对是否一致；将仓库物资台账记录与材料明细账核对是否一致	每月1次	4	略
发出材料均记录于适当期间	仓库保管员每年进行两次库存物资盘点（半年和年末），盘点要认真清点实物，核对账目，作出盘点清单，形成书面记录，编写存货盘点明细表，发现差异及时处理，经仓储部经理、财务部部长、生产部经理复核后调整入账。平日对库存物资实行永续盘点，主管计划员要对分管物资库存进行不定期抽查	仓库物资台账记录与材料明细账核对是否一致	每半年1次	1	略
已记录的生产成本均真实发生且与实际成本一致	（1）财务部成本会计根据生产统计表等有关记录核算产品成本。 （2）财务部出库核算会计根据出库单，把各单位所领用的材料费用分别记入相应的会计科目。对应成本费用的科目为“生产成本”、“制造费用”和“管理费用”等。 （3）期末各装置半成品出入数量通过公司网站进行操作，半成品交库（出库）时形成半成品收付动态表，财务部据此核算产品成本	抽查成本计算单，检查所采用的数据与生产部门、经营部提供的原始单据是否一致	每月1次	3	略
产品发运均已正确记录	每月成本核算员根据经营部统计的当月产品生产、销售、库存情况表结转当期已销产品成本	检查财务部库存商品明细账结转的已销产品数量与经营部编制的产、销、存明细表是否一致	每月1次	3	略
已发运产品均附有有效销售订单	销售的产品在离厂时必须附有提货通知单	抽查已离厂产品是否附有提货通知单	每月2~3次	5	略

附表 10

销售与收款循环控制测试

被审计单位：	神州有限责任公司	索引号：	XSC
项　　目：	销售与收款循环控制测试	财务报表截止日/期间：	2023年12月31日
编　　制：	Hu	复　　核：	Li
日　　期：	2023年11月18日	日　　期：	2023年11月20日

1.控制测试——销售

（1）询问程序

通过实施询问程序，神州有限责任公司已确定下列事项：

①本年度未发现任何特殊情况、错报和异常项目；

②财务或销售部门的人员在未得到授权的情况下无法访问或修改系统内数据；

③本年度未发现下列控制活动未得到执行；

④本年度未发现下列控制活动发生变化。

（2）其他测试程序

控制目标	神州有限责任公司的控制活动	控制测试程序	执行控制的频率	所测试的项目数量	索引号
不同标的额的销售均由相应级别管理层审批	①标的额为10万元以下的产品销售由销售部部长王某审批。 ②标的额为10万元以上40万元以下的产品销售由总经理助理李某审批。 ③标的额为40万元以上的产品销售由副总经理张某审批	询问并检查不同额度的产品销售是否经过适当的授权批准	不定期	25	略
管理层核准销售订单的价格、条件	①根据生产计划制订销售计划，产品供不应求，价格随行就市，每次价格变动由经营部制定神州有限责任公司产品出厂价格调整审批表，并经销售部部长、总经理助理、总会计师、副总经理签字审批。 ②所有销售合同都由销售部部长、总经理助理、总会计师、副总经理签字审批	询问并检查合同的定价是否经过授权审批	不定期	25	略
已记录的销售合同的内容准确	销售业务员负责将销售合同信息输入销售台账，分品种连续编号；销售业务员定期核对销售合同与台账是否一致	询问并检查是否按照合同及时编制销售台账，检查两者内容是否一致	不定期	25	略
销售合同均已得到处理	销售业务员负责将销售合同信息输入销售台账，分品种连续编号；销售业务员定期核对销售合同与销售台账是否一致	询问并检查是否按照合同及时编制销售台账、是否定期核对；随意抽查3笔销售合同看其信息是否已经输入销售台账	不定期	25	略

2.控制测试——应收账款

（1）询问程序

通过实施询问程序，神州有限责任公司已确定下列事项：

①本年度未发现任何特殊情况、错报和异常项目；

②财务或销售部门的人员在未得到授权的情况下无法访问或修改系统内数据；

③本年度未发现下列控制活动未得到执行；

④本年度未发现下列控制活动发生变化。

（2）其他测试程序

控制目标	神州有限责任公司的控制活动	控制测试程序	执行控制的频率	所测试的项目数量	索引号
已记录的销售均确已发出货物	销售结算员认真核对产品付货通知单及产品出厂票后开具发票并转给财会人员，财会人员审核出厂票与发票内容是否相符，对价格执行情况及货款的真实性确认无误后，加盖发票专用章，登记发票领用登记簿，财务部依据发票记账联入账	从主营业务收入明细账中抽取若干张记账凭证，检查凭证中所记载的内容与发票、提货单、出厂票、合同内容是否一致	不定期	25	略
已记录的销售交易计价准确	财务人员记账时审核发票单价与商品价格目录表是否一致；财务人员月末根据“应收账款”科目的借方余额情况，编制欠款情况统计表，及时报送公司领导、财务部部长、销售部部长等，督促并配合销售部及时追索欠款，并以电话或传真形式与客户核对往来款项	从主营业务收入明细账中抽取若干张记账凭证，检查价格的执行情况是否与合同、价格审批表一致；对大额应收账款余额予以函证	不定期	25	略
与销售货物相关的权利均已记录至应收账款	由财务人员审核计量单与发票内容是否相符、价格执行情况及货款的真实性，确认无误后加盖发票专用章，登记发票，由购货方签字领取发货票，而后财务人员据以记账	从计量站抽取12月份最后10笔出厂票，看其是否已经记账；将销售部门记录的销售信息与财务部的信息进行核对；对部分应收账款予以函证	不定期	25	略
销售货物交易均已于适当期间进行记录	以每月最后一天××点以前的出厂量为截止点，结算当月收入，销售部出厂结算完毕并且财务部全部入账后，登记销售系统，与销售部统计数据核对无误	从计量站抽取12月31日××点以前最后10笔出厂票，看其是否已经记账，并关注出厂时间是否超过××点；将销售部门记录的销售信息与财务部的信息进行核对	每月1次	参见主营业务收入的截止测试	略
准确计提坏账准备和核销坏账，并记录于恰当期间	公司董事会制定并批准了应收账款坏账准备计提方法和计提比例；每年年末，财务部分析应收款项账龄，并按照相应比例计提坏账准备	获取应收款项账龄分析表，分析账龄划分是否正确；计算坏账准备计提是否正确；询问并检查是否存在呆账情况	一年1次	1	略

3.控制测试——收款

（1）询问程序

通过实施询问程序，神州有限责任公司已确定下列事项：

①本年度未发现任何特殊情况、错报和异常项目；

②财务或销售部门的人员在未得到授权的情况下无法访问或修改系统内数据；

③本年度未发现下列控制活动未得到执行；

④本年度未发现下列控制活动发生变化。

（2）其他测试程序

控制目标	神州有限责任公司的控制活动	控制测试程序	执行控制的频率	所测试的项目数量	索引号
收款是真实发生的	(1) 信用证到期或收到支票，由出纳员前往银行办理托收。款项收妥后，应收账款记账员将编制收款凭证，并附相关单证，如银行结汇单、银行到款通知单等，提交会计主管复核。 (2) 需要收取银行承兑汇票的，必须经总会计师签字同意。收取后，认真检查汇票的日期、背书、印章是否准确完整，登记台账后交出纳员统一保管。财务部门根据收到的银行承兑汇票的复印件记账	抽取收款凭证，检查其是否附有进账单或承兑汇票复印件，并经会计主管复核；关注进账单中注明的付款人是否为相应的销售客户	不定期	25	略
准确记录收款	(1) 应收账款记账员编制收款凭证，并附相关单证，如银行结汇单、进账单、承兑汇票复印件等，提交会计主管复核。 (2) 账务系统依据编制好的收款凭证登记库存现金日记账和银行存款日记账	抽取收款凭证，检查其是否附有进账单或承兑汇票复印件，并经会计主管复核；关注进账单中注明的付款人是否为相应的销售客户；关注凭证金额是否与进账单一致	不定期	25	略
收款均已记录	出纳员每月末收到各开户银行对账单，核对是否连续，于次月初核对银行账，查找未达账项，编制银行存款余额调节表，交给会计处主任和财务部部长审核盖章	抽取若干月份银行存款余额调节表，检查是否有未入账的销售款	每月1次	3	略
收款均已于恰当期间进行记录	出纳员每月末收到各开户银行对账单，核对是否连续，于次月初核对银行账，查找未达账项，编制银行存款余额调节表，交给会计处主任和财务部部长审核盖章	抽取若干月份银行存款余额调节表，检查是否有未入账的销售款	每月1次	3	略
监督应收账款及时收回	会计人员根据月末“应收账款”科目的借方余额情况，编制欠款情况统计表，及时报送公司领导、财务部部长、销售部部长，监督并配合经营部及时追索欠款，并以电话或传真形式与客户核对往来款项	询问财务人员和销售人员应收账款的回收情况；检查财务人员编制的欠款情况统计表，并与账面核对	每月1次	3	略

附表11

投资与筹资循环控制测试

被审计单位：	神州有限责任公司	索引号：	CZC
项　　目：	投资与筹资循环控制测试	财务报表截止日/期间：	2023年12月31日
编　　制：	Cheng	复　　核：	Zhao
日　　期：	2023年11月20日	日　　期：	2023年11月23日

1.控制测试——筹资

（1）询问程序

通过实施询问程序，神州有限责任公司已确定下列事项：

①本年度未发现任何特殊情况、错报和异常项目；

②财务部门的人员在未得到授权的情况下无法访问或修改系统内数据；

③本年度未发现下列控制活动未得到执行；

④本年度未发现下列控制活动发生变化。

（2）其他测试程序

控制目标	神州有限责任公司的控制活动	控制测试程序	执行控制的频率	所测试的项目数量	索引号
已记录的借款均确为公司的负债	①公司建立了筹资预算管理制度。每年年初，预算经理编制年度筹资预算，经财务部部长复核并签署意见后上报公司总经理和董事会审批。财务部在批准的预算限额内开展筹资活动。 ②预计流动资金可能不足时，信贷管理员将填写借款申请表，其中，金额在人民币20万元以下的申请应经财务部部长和总经理审批；金额超过人民币20万元的申请应经董事会审批。董事会授权总经理签订借款合同。 ③财务部部长依据审批后的借款申请表，与银行洽谈综合授信协议或借款合同主要条款，报总经理审核并签订协议或合同。 ④如签订综合授信协议，信贷管理员根据月度用款计划，在综合授信额度内申请使用款项，并填写综合授信申请，经财务部部长审批后办理借款手续	选取借款申请表或综合授信申请，检查其是否得到适当审批	每季1次	2	略
借款均已准确记录	信贷记账员编制记账凭证，后附综合授信申请或借款合同、银行回单等单证交企业会计处主任复核，依据复核无误的记账凭证登记短期借款明细账	选取借款合同，并检查其是否与账务记录一致	每季1次	2	略

续表

控制目标	神州有限责任公司的控制活动	控制测试程序	执行控制的频率	所测试的项目数量	索引号
借款均已记录	①信贷管理员根据综合授信协议或借款合同，逐笔登记借款备查账。 ②信贷管理员保管综合授信协议或借款合同，逐笔登记借款备查账。 ③每月末，信贷管理员与信贷记账员核对借款备查账与借款明细账，编制核对表报企业会计处主任复核。如有任何差异，立即调查原因	选取借款合同，并检查其是否与账务记录一致	每月1次	3	略
借款均已于适当期间进行记录	信贷管理员按月汇总编制信贷情况表，内容包括授信额度总额、已使用额度、累计贷款金额、本月新增贷款总额以及预计下月到期贷款总额等，交财务部部长审核后上报总经理和董事会	选取信贷情况表，并检查其是否得到复核	每月1次	2	略
财务费用均已准确计算并于适当期间进行记录	①每季末，信贷记账员根据银行借款利息回单编制付款凭证，并附相关单证，提交企业会计处主任审批。在完成对付款凭证及相关单证的复核后，企业会计处主任在付款凭证上签字，以作为复核证据，并在所有单证上加盖“核销”印戳。 ②如未能及时取得银行借款利息回单，信贷管理员根据借款利率估算应付利息，经企业会计处主任复核后，由信贷记账员进行账务处理。同时，该金额还将与当月编制的银行存款余额调节表中体现的银行已划转的利息金额相核对	选取银行借款利息回单，并检查其是否已准确、及时记录	每季1次	2	略
已记录的偿还借款均为真实发生的	信贷管理员按月汇总编制信贷情况表，内容包括授信额度总额、已使用额度、累计贷款金额、本月新增贷款总额以及预计下月到期贷款总额等，交财务部长审核后上报总经理和董事会	选取信贷情况表，并检查其是否得到复核	每月1次	3	略

续表

控制目标	神州有限责任公司的控制活动	控制测试程序	执行控制的频率	所测试的项目数量	索引号
偿还借款均已准确记录	①信贷记账员根据综合授信协议或借款合同，逐笔登记借款明细账。 ②信贷管理员保管综合授信协议或借款合同，逐笔登记借款备查账。 ③每月末，信贷管理员与信贷记账员核对借款备查账与借款明细账，编制核对表，报企业会计处主任复核；如有任何差异，立即调查原因	选取借款备查账记录，检查其是否与财务记录一致	每月1次	3	略
偿还借款均已记录	①信贷记账员编制记账凭证，后附偿还本息银行回单等单证，交企业会计处主任复核，经复核无误后登记短期借款明细账。 ②信贷管理员在借款备查账中记录借款归还情况。 ③每月末，信贷管理员与信贷记账员核对借款备查账与借款明细账，编制核对表，报企业会计处主任复核；如有任何差异，立即调查原因	选取借款备查账记录，检查其是否与财务记录一致	每月1次	3	略
偿还借款均已于适当期间进行记录	每月末，信贷管理员与信贷记账员核对借款备查账与借款明细账，编制核对表，报企业会计处主任复核。如有任何差异，立即调查原因。若出现需要进行调整的情况，企业会计处主任将编写调整建议，连同有关支持文件一并提交给财务部部长，经复核和审批后进行账务处理	选取借款备查账记录，检查其是否与财务记录一致	每月1次	3	略

2.结论

神州有限责任公司自成立以来没有长期投资业务，所以我们不进行投资业务循环内部控制的了解和评价，也不进行投资业务循环控制测试。

附表 12

固定资产循环控制测试

被审计单位：	神州有限责任公司	索引号：	GZC
项　　目：	固定资产循环控制测试	财务报表截止日/期间：	2023年12月31日
编　　制：	Cheng	复　　核：	Zhao
日　　期：	2023年11月20日	日　　期：	2023年11月23日

1.控制测试——固定资产投资预算管理与审批

（1）询问程序

通过实施询问程序，神州有限责任公司已确定下列事项：

①本年度未发现任何特殊情况、错报和异常项目；

②财务或资产使用部门的人员在未得到授权的情况下无法访问或修改系统内数据；

③本年度未发现下列控制活动未得到执行；

④本年度未发现下列控制活动发生变化。

（2）其他测试程序

控制目标	神州有限责任公司的控制活动	控制测试程序	执行控制的频率	所测试的项目数量	索引号
只有经管理层核准的固定资产投资预算才能执行	（1）神州有限责任公司建立了固定资产投资的预算管理制度。每年年末，各资产使用部门应编制部门固定资产购置计划，经部门经理复核并签字后上报至公司预算管理部门；预算管理部门应对各部门上报的预算方案进行审查、汇总，将意见及时反馈至编制预算的部门。预算经理复核汇总后的固定资产购置预算，并上报至总经理审批。 （2）总经理负责召集技术和资产购置部门联合进行投资可行性论证，形成投资可行性项目论证报告并存档管理。金额在人民币×××万元以内的固定资产投资预算由总经理批准，超过×××万元的固定资产投资预算应由董事会批准。 （3）经批准后的固定资产投资预算及时下发至各资产使用部门	选取固定资产投资预算和投资可行性项目论证报告，检查是否编制预算并进行论证，以及是否经适当层次审批	每年1次	1	略

2.控制测试——购置

（1）询问程序

通过实施询问程序，神州有限责任公司已确定下列事项：

①本年度未发现任何特殊情况、错报和异常项目；

②财务或资产使用部门的人员在未得到授权的情况下无法访问或修改系统内数据；

③本年度未发现下列控制活动未得到执行；

④本年度未发现下列控制活动发生变化。

（2）其他测试程序

控制目标	神州有限责任公司的控制活动	控制测试程序	执行控制的频率	所测试的项目数量	索引号
只有经核准的采购合同才能执行	①资产使用部门填写请购单，经部门经理签字批准。随同经批准的固定资产投资预算交至采购部。 ②神州有限责任公司董事会对固定资产采购合同重要条款进行审批，并授权总经理签署合同。采购合同一式四份，且连续编号	选取请购单及相关采购合同，检查是否得到适当审批和签署	每月1次	3	略
已记录的采购订单内容准确	每月财务部门应付账款记账员汇总本月内生成的所有采购信息，并与请购单核对，编制采购报告。如核对相符，应付账款记账员即在采购报告上签字。如不符，应付账款记账员将通知采购管理员，与其共同调查该事项。应付账款记账员还需在采购报告中注明不符事项及其调查结果	选取采购信息，检查是否已经编制并核对一致	每月1次	3	略
所有采购订单都已得到处理	①采购管理员将有关信息输入订单管理系统，系统将自动生成连续编号的采购订单。每月，采购管理员核对本月内生成的采购订单，并将采购订单存档管理。 ②每月财务部门应付账款记账员汇总本月内生成的所有采购信息，并与请购单核对，编制采购报告。如核对相符，应付账款记账员即在采购报告上签字。如不符，应付账款记账员将通知采购管理员，与其共同调查该事项。应付账款记账员还需在采购报告中注明不符事项及其调查结果	选取采购信息，检查是否已经编制并核对一致	每月1次	3	略

3.控制测试——记录固定资产

（1）询问程序

通过实施询问程序，神州有限责任公司已确定下列事项：

①本年度未发现任何特殊情况、错报和异常项目；

②财务或资产使用部门的人员在未得到授权的情况下无法访问或修改系统内数据；

③本年度未发现下列控制活动未得到执行；

④本年度未发现下列控制活动发生变化。

（2）其他测试程序

控制目标	神州有限责任公司的控制活动	控制测试程序	执行控制的频率	所测试的项目数量	索引号
已记录固定资产均为公司购置的资产	每月末，固定资产记账员编制月度内固定资产增、减变动情况分析报告，交至会计主管保管复核	抽取固定资产增、减变动情况分析报告，检查是否经复核	每月1次	3	略
固定资产采购交易均确已记录	每季末，资产使用部门对固定资产进行盘点，由设备管理员编写固定资产盘点明细表，固定资产记账员对盘点结果进行复盘，如有差异经董事会审批后及时进行账务处理	抽取固定资产盘点明细表，检查差异是否经审批后及时处理	每季1次	2	略
已记录的固定资产采购交易计价正确	①资产使用部门对固定资产进行验收，办理验收手续，出具验收单，并与采购合同、发货单等单据、资料进行核对。 ②收到固定资产发票后，应付账款记账员将发票所载信息与验收单、采购订单、采购合同等进行核对。如所有单证核对一致，应付账款记账员在发票上加盖“相符”印戳，并将有关信息输入订单管理系统，此时系统自动生成记账凭证过至明细账和总账，采购订单的状态也由“待处理”自动更改为“已处理”。 ③如发现差异，应付账款记账员将立即通知采购经理和资产使用部门经理，以实施进一步调查，并将合理解释输入订单管理系统	抽取采购发票，检查发票所载信息是否与验收单、采购订单相符，并加盖“相符”印戳	每月1次	3	略

4.控制测试——固定资产折旧及减值

（1）询问程序

通过实施询问程序，神州有限责任公司已确定下列事项：

①本年度未发现任何特殊情况、错报和异常项目；

②财务或资产使用部门的人员在未得到授权的情况下无法访问或修改系统内数据；

③本年度未发现下列控制活动未得到执行；

④本年度未发现下列控制活动发生变化。

（2）其他测试程序

<table>
<tr><th>控制目标</th><th>神州有限责任公司的
控制活动</th><th>控制测试程序</th><th>执行控制的
频率</th><th>所测试的
项目数量</th><th>索引号</th></tr>
<tr><td>准确计提折旧费用、减值准备</td><td rowspan="4">①神州有限责任公司董事会制定并批准了固定资产的折旧政策和会计估计，规定固定资产按实际成本入账，对当月增加的固定资产，自下月起计提折旧，当月减少的固定资产，当月不再计提折旧。
②神州公司折旧费用由系统自动计算生成，固定资产记账员在每月编制的月度内固定资产增、减变动情况分析报告中，对折旧费用的变动也会作出分析。每年终了，会计主管会同技术部门和资产使用部门，对固定资产的使用寿命、预计净残值、折旧方法进行复核，并检查固定资产是否出现减值迹象。技术部门根据复核和检查结果，编制固定资产价值分析报告。根据固定资产价值分析报告，如果出现固定资产减值迹象，会计主管应对该固定资产进行减值测试，计算其可回收金额，编制固定资产价值调整建议、会计估计变更建议等，经财务经理复核后，报董事会批准。只有经董事会批准后方可进行账务处理</td><td>抽取月度内固定资产增、减变动情况分析报告，检查是否已经正确编制并经复核</td><td>每月1次</td><td>3</td><td>略</td></tr>
<tr><td>折旧费用、减值准备已于适当期间进行记录</td><td rowspan="3">抽取固定资产价值分析报告和固定资产价值调整建议，检查是否已经正确编制并经复核</td><td rowspan="3">每月1次</td><td rowspan="3">3</td><td rowspan="3">略</td></tr>
<tr><td>折旧费用、减值准备是真实的</td></tr>
<tr><td>折旧费用、减值准备均已进行正确记录</td></tr>
</table>

5.控制测试——固定资产日常保管、处置及转移

（1）询问程序

通过实施询问程序，神州有限责任公司已确定下列事项：

①本年度未发现任何特殊情况、错报和异常项目；

②财务或资产使用部门的人员在未得到授权的情况下无法访问或修改系统内数据；

③本年度未发现下列控制活动未得到执行；

④本年度未发现下列控制活动发生变化。

（2）其他测试程序

控制目标	神州有限责任公司的控制活动	控制测试程序	执行控制的频率	所测试的项目数量	索引号
已充分保障固定资产的安全	对主要固定资产已进行了商业保险	抽取固定资产保险单盘点表，检查是否已办理商业保险	每月1次	3	略
已记录的固定资产处置及转移均为实际发生的	①以固定资产卡片的方式进行实物管理。 ②每季末，资产使用部门对固定资产进行盘点，由设备管理员编写固定资产盘点明细表，固定资产记账员对盘点结果进行复盘，如有差异经董事会审批后及时进行账务处理	抽取固定资产盘点明细表，检查差异是否经审批后及时处理	每季1次	2	略
固定资产处置及转移均已记录	①对报废的固定资产，由固定资产使用部门填写固定资产报废单，交总经理审核，对金额超过人民币××万元的固定资产报废单，由董事会审批。固定资产记账员根据经适当批准的固定资产报废单进行账务处理。 ②内部调拨固定资产，由调入、调出部门共同填写固定资产内部调拨单，交固定资产记账员进行账务处理	抽取固定资产报废单，检查报废是否经适当审批和处理	每月1次	3	略
固定资产处置及转移均已准确记录	①对报废的固定资产，由固定资产使用部门填写固定资产报废单，交总经理审核，对金额超过人民币××万元的固定资产报废单，由董事会审批。固定资产记账员根据经适当批准的固定资产报废单进行账务处理。 ②内部调拨固定资产，由调入、调出部门共同填写固定资产内部调拨单，交固定资产记账员进行账务处理	抽取固定资产内部调拨单，检查调入、调出是否已进行适当处理	每月1次	3	略
固定资产处置及转移均已于适当期间进行记录	每月末，固定资产记账员编制月度内固定资产增、减变动情况分析报告，交至会计主管复核	抽取固定资产增、减变动情况分析报告，检查其是否经复核	每月1次	3	略

●实质性程序审计工作底稿

附表 13 **货币资金审定表**

被审计单位：	神州有限责任公司	索引号：	ZA1
项　　目：	货币资金审定表	财务报表截止日/期间：	2023 年 12 月 31 日
编　　制：	Wang	复　　核：	Li
日　　期：	2024 年 1 月 17 日	日　　期：	2024 年 1 月 18 日

项目名称	期末未审数	账项调整		重分类调整		期末审定数	上期末审定数
		借方	贷方	借方	贷方		
库存现金	18 100.57					18 100.57	19 600.40
银行存款	119 694 465.49					119 694 465.49	118 341 031.60
其他货币资金							
合 计	119 712 566.06					119 712 566.06	118 360 632.00

审计结论：

报表数经审计后无调整事项，可以确认。

附表 14 **库存现金监盘表**

被审计单位：	神州有限责任公司	索引号：	ZA2
项　　目：	库存现金监盘表	财务报表截止日/期间：	2023 年 12 月 31 日
编　　制：	Wang	复　　核：	Li
日　　期：	2024 年 1 月 13 日	日　　期：	2024 年 1 月 14 日

检查盘点记录				实有库存现金盘点记录		
项目		项次	人民币	面额	人民币	
					张	金额
上一日账面库存余额		①	18 379.20	100元	130	13 000.00
盘点日未记账传票收入金额		②		50元	96	4 800.00
盘点日未记账传票支出金额		③		10元	50	500.00
盘点日账面应有金额		④=①+②-③	18 379.20	5元	15	75.00
盘点日实有库存现金数额		⑤	18 379.20	1元	4	4.00
盘点日应有与实有差异		⑥=④-⑤		0.5元		
差异原因分析	白条抵库（张）			0.1元	2	0.20
				合计		18 379.20
追溯调整	报表日至审计日库存现金付出总额		2 307.87			
	报表日至审计日库存现金收入总额		2 586.50			
	报表日库存现金应有余额		18 100.57			
	报表日账面汇率					
	报表日余额折合本位币金额		18 100.57			
本位币合计			18 100.57			

出纳员：略　　会计主管人员：略　　监盘人：Wang　　检查日期：2024 年 1 月 13 日

审计说明：

（1）针对库存现金监盘审计程序的时间，我们使其超出神州有限责任公司的预期；
（2）经检查没有发现：账外资金、充抵库存现金的借条、未提现支票、未作报销的原始凭证；
（3）截至 2023 年 12 月 31 日，库存现金账实相符。

附表 15

银行存款明细表

被审计单位：	神州有限责任公司	索引号：	ZA3
项　　目：	银行存款明细表	财务报表截止日/期间：	2023 年 12 月 31 日
编　　制：	Wang	复　　核：	Li
日　　期：	2024 年 1 月 10 日	日　　期：	2024 年 1 月 11 日

开户行	账号	是否系质押、冻结等对变现有限制或存在境外的款项	银行日记账余额	银行已收，企业尚未入账金额	银行已付，企业尚未入账金额	调整后银行日记账余额	银行对账单余额（原币）	企业已收，银行尚未入账金额	企业已付，银行尚未入账金额	调整后银行对账单余额	调整后是否相符
			①	②	③	④=①+②-③	⑤	⑥	⑦	⑧=⑤+⑥-⑦	
工行和平路支行	2120600×	否	2 405 950.13			2 405 950.13	2 405 950.13			2 405 950.13	是
建行解放路支行	3400203×	否	1 372 370.25			1 372 370.25	1 372 370.25			1 372 370.25	是
中行江北路支行	6101818×	否	1 967 540.32			1 967 540.32	1 967 540.32			1 967 540.32	是
招行五一路支行	7586019×	否	2 836 340.10			2 836 340.10	2 836 340.10			2 836 340.10	是
⋮											
合计			119 694 465.49			119 694 465.49	119 694 465.49			119 694 465.49	

编制说明：若账面余额（原币数）与银行对账单余额不一致，应另行检查银行存款余额调节表。

附表 16

对银行存款余额调节表的检查

被审计单位：	神州有限责任公司	索引号：	ZA4
项　　目：	对银行存款余额调节表的检查	财务报表截止日/期间：	2023 年 12 月 31 日
编　　制：	Wang	复　　核：	Li
日　　期：	2024 年 1 月 11 日	日　　期：	2024 年 1 月 12 日

开户银行：工行和平路支行　　　银行账号：2120600×　　　币种：人民币

项　目	金　额	调节项目说明	是否需要审计调整
银行对账单余额	2 405 950.13		
加：企业已收，银行尚未入账合计金额			
其中：1.			
2.			
减：企业已付，银行尚未入账合计金额			
其中：1.			
2.			
调整后银行对账单余额	2 405 950.13		
企业银行存款日记账余额	2 405 950.13		
加：银行已收，企业尚未入账合计金额			
其中：1.			
2.			
减：银行已付，企业尚未入账合计金额			
其中：1.			
2.			
调整后企业银行存款日记账余额	2 405 950.13		

经办会计人员（签字）：略　　　　会计主管（签字）：略

审计说明：

神州有限责任公司拥有×个银行账户，截至 2023 年 12 月 31 日，各银行账户的银行存款日记账余额与银行对账单余额一致。

附表 17

银行询证函

索引号：ZA5
编号：001

工行和平路支行：

本公司聘请的润元会计师事务所正在对本公司2023年度财务报表进行审计，按照中国注册会计师审计准则的要求，应当询证本公司与贵行相关的信息。下列信息出自本公司记录，如与贵行记录相符，请在本函下端“信息证明无误”处签章证明；如有不符，请在“信息不符”处列明不符项目及具体内容；如存在与本公司有关的未列入本函的其他重要信息，也请在“信息不符”处列出其详细资料。回函请直接寄至润元会计师事务所。

回函地址：晋峰市解放路26号

邮编：030028　电话：035×-6580558　传真：035×-6580558　联系人：王慧

截至2023年12月31日止，本公司与贵行相关的信息列示如下：

1.银行存款

单位：元

账户名称	银行账号	币种	利率	余额	起止日期	是否被抵押、用于担保或存在其他使用限制	备注
神州有限责任公司	2120600×	人民币		2 405 950.13		否	

除上述列示的银行存款外，本公司并无在贵行的其他存款。

2.银行借款

……

（神州有限责任公司盖章）

2024年1月10日

以下仅供被询证银行使用

结论：

1.信息证明无误。 （工行和平路支行盖章） 经办人：　2024年1月15日	2.信息不符，请列明不符项目及具体内容。 （银行盖章） 经办人：　年　月　日

附表 18

银行存款函证结果汇总表

被审计单位：	神州有限责任公司	索引号：	ZA6
项　　目：	银行存款函证结果汇总表	财务报表截止日/期间：	2023 年 12 月 31 日
编　　制：	Wang	复　　核：	Li
日　　期：	2024 年 1 月 17 日	日　　期：	2024 年 1 月 18 日

开户银行	账号	币种	函证情况					冻结、质押等事项说明	备注
			对账单余额	函证日期	回函日期	回函金额	金额差异		
工行和平路支行	2120600×	人民币	2 405 950.13	2024-01-10	2024-01-15	2 405 950.13		无	
建行解放路支行	3400203×	人民币	1 372 370.25	2024-01-10	2024-01-14	1 372 370.25		无	
中行江北路支行	6101818×	人民币	1 967 540.32	2024-01-10	2024-01-16	1 967 540.32		无	
招行五一路支行	7586019×	人民币	2 836 340.10	2024-01-10	2024-01-15	2 836 340.10		无	
⋮									
合计			119 694 465.49			119 694 465.49			

审计说明：

略

附表 19

货币资金收支检查情况表

被审计单位：	神州有限责任公司	索引号：	ZA7
项　　目：	货币资金收支情况检查表	财务报表截止日/期间：	2023 年 12 月 31 日
编　　制：	Wang	复　　核：	Li
日　　期：	2024 年 1 月 14 日	日　　期：	2024 年 1 月 15 日

记账日期	凭证编号	业务内容	对应科目	金额	核对内容（用“√”“×”表示）				备注
					①	②	③	④	
01	0050#	收货款	应收账款	82 258.56	√	√	√	√	
03	0106#	付 2023 年 3 月份电费	应付账款	12 907.45	√	√	√	√	
06	1266#	收工行利息	财务费用	6 278.32	√	√	√	√	
07	1352#	付投资人股利	应付股利	97 506.00	√	√	√	√	
10	1339#	付到期承兑汇票款	应付票据	62 462.90	√	√	√	√	
11	1347#	提备用金	银行存款	13 000.00	√	√	√	√	

核对内容说明：①原始凭证是否齐全；②记账凭证与原始凭证是否相符；③账务处理是否正确；④是否记录于恰当的会计期间。

对不符事项的处理：无。

审计说明：

我们自库存现金日记账、银行存款日记账中随机选取样本，进行检查。

附表 20　　**银行存款收支截止测试表**

被审计单位：	神州有限责任公司	索引号：	ZA8
项　　目：	银行存款收支截止测试	财务报表截止日/期间：	2023年12月31日
编　　制：	Wang	复　　核：	Li
日　　期：	2024年1月15日	日　　期：	2024年1月16日

项目	序号	日期	凭证号	摘要	借方科目	贷方科目	金额	核对内容			
								①	②	③	④
报表日前	1	12月27日	1359#	收货款	银行存款	应收账款	246 380.69	√	√	√	√
	2	12月31日	2503#	研发费	管理费用	银行存款	308 364.00	√	√	√	√
截止日：2023年12月31日											
报表日后	1	1月2日	0013#	广告费	销售费用	银行存款	16 000.00	√	√	√	√
	2	1月5日	0018#	办公费	管理费用	银行存款	12 365.00	√	√	√	√
核对内容说明：①原始凭证是否齐全；②记账凭证与原始凭证是否相符；③账务处理是否正确；④是否记录于恰当的会计期间。											

审计说明：

（1）样本选取方法：在资产负债表日2023年12月31日前3个工作日至现场审计日之间，发生银行存款收支金额在10万元以上的交易业务。

（2）实施该审计程序得出的结论：关注业务内容及对应科目，没有发现跨期收支事项。

附表 21

应收账款审定表

被审计单位：	神州有限责任公司	索引号：	ZD1
项　　目：	应收账款审定表	财务报表截止日/期间：	2023年12月31日
编　　制：	Hu	复　　核：	Li
日　　期：	2024年1月24日	日　　期：	2024年1月25日

项目名称	期末未审数	账项调整		重分类调整		期末审定数	上期末审定数
		借方	贷方	借方	贷方		
一、账面余额合计	309 959 510.08					309 959 510.08	230 505 980.20
1年以内	309 959 510.08					309 959 510.08	230 505 980.20
1~2年							
2~3年							
3年以上							
二、坏账准备合计							
1年以内							
1~2年							
2~3年							
3年以上							
三、账面价值合计							
1年以内	309 959 510.08					309 959 510.08	230 505 980.20
1~2年							
2~3年							
3年以上							

审计说明：

1.上述明细表所列金额与总账、明细账、报表核对一致，款项内容均为销售货款。

2.神州有限责任公司收款期为1个月，收款期较短。经分析应收账款各明细项目的期初余额、借贷方发生额，账龄划分无误。

3.因神州有限责任公司应收账款账龄均为1年之内且未超过3个月，所以根据公司坏账准备计提政策，本期坏账准备余额为0。

4.该公司平时预收的销售款通过应收账款贷方核算，期末贷方如有余额，形成报表时自动重分类至预收账款。

5.应收账款在报表及附注中已作出恰当披露。

审计结论：

经审计后，确认报表余额。

附表22 **应收账款明细表**

被审计单位：	神州有限责任公司	索引号：	ZD2
项　　目：	应收账款明细表	财务报表截止日/期间：	2023年12月31日
编　　制：	Hu	复　　核：	Li
日　　期：	2024年1月19日	日　　期：	2024年1月20日

项目名称	期末未审数					账项调整		重分类调整		期末审定数				
	合计	1年以内	1~2年	2~3年	3年以上	借方	贷方	借方	贷方	合计	1年以内	1~2年	2~3年	3年以上
甲客户	6 329 875.32	6 329 875.32								6 329 875.32	6 329 875.32			
乙客户	9 128 653.75	9 128 653.75								9 128 653.75	9 128 653.75			
丙客户	8 790 320.63	8 790 320.63								8 790 320.63	8 790 320.63			
⋮														
合计	309 959 510.08	309 959 510.08								309 959 510.08	309 959 510.08			

审计说明：

（1）应收账款明细账余额合计与审定数核对一致；

（2）经与其他往来款项核对，没有发现同一客户同时挂账项目；

（3）客户借方发生额与主营业务收入和增值税合计数配比，符合预估数据；

（4）通过核实各客户明细账，没有发现不属于结算业务的债权；

（5）检查银行存款询证函，没有发现应收账款存在质押情况；

（6）通过核实各客户往来期初余额、本期发生额及期末余额，没有发现异常项目，各客户不存在破产、死亡等情况。

附表23 **应收账款询证函**

索引号：ZD3

编号：01

甲客户：

本公司聘请的润元会计师事务所正在对本公司2023年度财务报表进行审计，按照中国注册会计师审计准则的要求，应当询证本公司与贵公司的往来账项等事项。下列信息出自本公司账簿记录，如与贵公司记录相符，请在本函下端“信息证明无误”处签章证明；如有不符，请在“信息不符”处列明不符项目，如存在与本公司有关的未列入本函的其他项目，也请在“信息不符”处列出这些项目的金额及详细资料。回函请直接寄至润元会计师事务所。

回函地址：晋峰市解放路26号

邮编：030028　　电话：035×-6580558　　传真：035×-6580558　　联系人：王慧

1.本公司与贵公司的往来账项列示如下：

单位：元

截止日期	贵公司欠	欠贵公司	备注
2023年12月31日	6 329 875.32		货款

2.其他事项。

本函仅为复核账目之用，并非催款结算。若款项在上述日期之后已经付清，仍请及时复函为盼。

（神州有限责任公司盖章）

2024年1月10日

结论：1.信息证明无误。（甲客户盖章）

2024年1月15日

经办人：×××

2.信息不符，请列明不符的详细情况。（客户盖章）

年　月　日

经办人：

附表 24

应收账款函证结果汇总表

被审计单位：	神州有限责任公司	索引号：	ZD4
项　　目：	应收账款函证结果汇总表	财务报表截止日/期间：	2023年12月31日
编　　制：	Hu	复　　核：	Li
日　　期：	2024年1月20日	日　　期：	2024年1月21日

一、应收账款函证情况列表

项目单位名称	询证函编号	函证方式	函证日期		回函日期	账面金额	回函金额	经调节后是否存在差异
			第一次	第二次				
甲客户	01	积极式	2024年1月10日		2024年1月15日	6 329 875.32	6 329 875.32	
乙客户	02	积极式	2024年1月10日		2024年1月15日	9 128 653.75	9 128 653.75	
丙客户	03	积极式	2024年1月10日	2024年1月15日		8 790 320.63	未回函	
⋮								

二、对误差的分析

项　　目	金　　额
1.已识别的误差	42 619.64
2.推断出的总体误差（扣除已识别的误差）	3 892.36

审计说明：

1.我们对应收账款余额抽取了80个样本予以函证，回函样本数为64个，回函率为80%；

2.对未回函的样本实施替代测试，参见底稿ZD5；

3.回函的样本中只有一个样本回函金额与神州有限责任公司账面余额不符，差异为42 619.64元，推断总体错报金额较小，应收账款余额可以确认。

附表 25

应收账款替代测试表

被审计单位：	神州有限责任公司	索引号：	ZD5
项　　目：	应收账款替代测试表	财务报表截止日/期间：	2023年12月31日
编　　制：	Hu	复　　核：	Li
日　　期：	2024年1月22日	日　　期：	2024年1月23日

一、未回函、未发函证的应收账款期末余额：44 082 328.86

二、未回函、未发函证的应收账款期末余额组成部分抽查

入账金额				检查内容（用“√” “×”表示）			
序号	日期	凭证号	金额	①	②	③	④
1	12.23	1245#	10 451 028.12	√	√	√	√
2	11.18	1138#	19 375 345.10	√	√	√	√
3	10.20	1004#	19 082 461.29	√	√	√	√
小计			48 908 834.51				
测试金额占期末余额的比例			110.95%				

三、贷方发生额

入账金额				检查内容（用“√” “×”表示）			
序号	日期	凭证号	金额	①	②	③	④
1	3.15	108#	9 721 561.23	√	√	√	√
2	5.14	136#	10 280 371.20	√	√	√	√
3	6.19	486#	8 230 361.42	√	√	√	√
⋮							
小计			51 018 479.29				
全年贷方发生额合计			66 690 017.74				
测试金额占全年贷方发生额的比例			76.50%				

四、期后收款检查

10#收回货款：29 290 491.39元

检查内容说明：①原始凭证是否齐全；②记账凭证与原始凭证是否相符；③账务处理是否正确；④是否记录于恰当的会计期间。

审计说明：

1.测试目的：应收账款余额是否存在；款项回收的真实性。

2.样本选择：未回函、未发函证的应收账款。

3.测试样本：该公司各客户应收款回收没有针对性，假设各客户的款项先发生先收回。测试时，从所测试客户最后一笔发生额依次往前推，直至测试借方发生额总额大于等于替代测试样本期末余额。

4.经替代测试，未函证和未回函部分的应收账款可以确认。

附表 26

存货审定表

被审计单位：	神州有限责任公司	索引号：	ZI1
项　　目：	存货审定表	财务报表截止日/期间：	2023年12月31日
编　　制：	Liu	复　　核：	Li
日　　期：	2024年1月28日	日　　期：	2024年1月29日

项目类别	本期末审数	账项调整		本期审定数	上期审定数
		借方	贷方		
一、存货账面余额					
原材料	294 072 161.95			294 072 161.95	188 826 663.23
在途物资	568 404 876.20			568 404 876.20	478 639 752.30
库存商品	189 752 369.46			189 752 369.46	98 317 289.88
自制半成品	398 805 855.68			398 805 855.68	195 394 763.20
合计	1 451 035 263.29			1 451 035 263.29	961 178 468.61
二、存货跌价准备					
原材料	3 276 432.37			3 276 432.37	3 276 432.37
在途物资					
库存商品	6 754 355.21			6 754 355.21	6 754 355.21
自制半成品					
合计	10 030 787.58			10 030 787.58	10 030 787.58
三、存货账面价值					
原材料	290 795 729.58			290 795 729.58	185 550 230.86
在途物资	568 404 876.20			568 404 876.20	478 639 752.30
库存商品	182 998 014.25			182 998 014.25	91 562 934.67
自制半成品	398 805 855.68			398 805 855.68	195 394 763.20
合计	1 441 004 475.71			1 441 004 475.71	951 147 681.03

审计说明：

我们取得存货明细表，复核加计正确，并与明细账、总账、报表数核对一致；各存货项目明细表参见相关存货底稿。

从审定表中可以看出，存货期末余额较期初增加，主要原因：一是本期期末库存量增加；二是单位成本上涨，存货余额增加合理。

神州有限责任公司的存货分为：原材料、在途物资、库存商品和自制半成品，占比重较大的是在途物资和自制半成品。

审计结论：

报表数经审计后无调整事项，可以确认。

附表 27

原材料购进测试

被审计单位：	神州有限责任公司	索引号：	ZI2
项　　目：	原材料购进测试	财务报表截止日/期间：	2023年12月31日
编　　制：	Liu	复　　核：	Li
日　　期：	2024年1月18日	日　　期：	2024年1月19日

日期	凭证号	摘要	金额	对应科目	单价	核对			附件
						①	②	③	
1月8日	015#	购进甲材料	84 716 532.61	应付账款	3 856.82	√	√	√	发票、提单
2月15日	037#	购进甲材料	158 347 021.34	应付账款	3 887.53	√	√	√	发票、提单
3月18日	048#	购进乙材料	89 568 766.26	应付账款	3 587.53	√	√	√	发票、提单
4月3日	059#	购进丙材料	122 943 635 .20	应付账款	5 325.24	√	√	√	发票、提单
5月26日	072#	购进甲材料	78 856 429.68	应付账款	3 927.45	√	√	√	发票、提单
6月23日	086#	购进乙材料	75 675 438.43	应付账款	3 587.53	√	√	√	发票、提单
7月28日	091#	购进丙材料	65 768 564.60	应付账款	5 368.57	√	√	√	发票、提单
⋮									

审计说明：

1.测试目的：验证原材料的发生、准确性、完整性、截止。

2.测试方法：从原材料明细账中抽取单笔发生额大于重要性水平的抽样单元。

3.核对内容：①附件是否齐全；②是否经适当授权；③金额、账务处理是否正确。

4.原材料入账基础无误，成本包括买价、运费等，增值税进项税额单独核算；符合企业会计准则的核算政策。

5.经过测试，确认原材料购进发生额。

附表 28

原材料入库截止测试

被审计单位：	神州有限责任公司	索引号：	ZI3
项　　目：	原材料入库截止测试	财务报表截止日/期间：	2023年12月31日
编　　制：	Liu	复　　核：	Li
日　　期：	2024年1月19日	日　　期：	2024年1月20日

一、从原材料明细账的借方发生额中抽取样本与入库记录核对，以确定存货入库被记录在正确的会计期间

序号	摘要	材料名称	明细账凭证			提单、原材料台账			是否跨期（√或×）
			编号	日期	金额	编号	日期	金额	
1	购进甲材料	甲材料	186#	12月31日	3 532 748.52		12月20日	3 532 748.52	×
2	购进甲材料	甲材料	197#	12月30日	1 920 675.82		12月27日	1 920 675.82	×
⋮									
截止日前									
截止日后									
1	购进甲材料	甲材料	200#	1月5日	1 643 528.35		1月2日	1 643 528.35	×
2	购进甲材料	甲材料	201#	1月6日	1 678 337.76		1月3日	1 678 337.76	×

二、从原材料入库记录中抽取样本与明细账的借方发生额核对，以确定存货入库被记录在正确的会计期间

序号	摘要	材料名称	提单、原材料台账			明细账凭证			是否跨期（√或×）
			编号	日期	金额	编号	日期	金额	
1	购进甲材料	甲材料		12月26日	2 543 329.63	182#	12月27日	2 543 329.63	×
2	购进甲材料	甲材料		12月28日	2 543 329.63	198#	12月29日	2 543 329.63	×
⋮									
截止日前									
截止日后									
1	购进甲材料	甲材料		1月1日	2 876 320.43	198#	1月2日	2 876 320.43	×
2	购进甲材料	甲材料		1月3日	1 437 286.54	199#	1月4日	1 437 286.54	×

附表 29 库存商品明细表

被审计单位：	神州有限责任公司	索引号：	ZI4
项　　目：	库存商品明细表	财务报表截止日/期间：	2023年12月31日
编　　制：	Liu	复　　核：	Li
日　　期：	2024年1月19日	日　　期：	2024年1月20日

项目	期初余额	借方发生额	贷方发生额	期末未审余额	审计调整		期末审定余额
					调增	调减	
A产品	16 520 407.45	1 354 670 876.39	1 265 835 968.33	105 355 315.51			105 355 315.51
B产品	18 626 729.30	1 314 587 297.25	1 307 875 037.41	25 338 989.14			25 338 989.14
⋮							
合计	98 317 289.88	4 190 542 393.45	4 099 107 313.88	189 752 369.45			189 752 369.45

审计说明：

1.取得库存商品明细表，复核加计正确，并与总账数、明细账合计数核对相符。

2.库存商品是最后一个加工环节形成的，其借贷方发生额与相关科目发生额核对如下：

①借方发生额主要为生产成本结转的各产品的成本，二者合计数一致。

②贷方发生额主要为结转的已销产品成本，与主营业务成本发生额一致。

3.通过对“长期借款”和“短期借款”科目的审计，没有发现库存商品存在债务担保情况。

附表 30 库存商品主要品种产销量年度间对比分析表

被审计单位：	神州有限责任公司	索引号：	ZI5
项　　目：	库存商品主要品种产销量对比分析	财务报表截止日/期间：	2023年12月31日
编　　制：	Liu	复　　核：	Li
日　　期：	2024年1月19日	日　　期：	2024年1月20日

产品名称	2023年产量	2022年产量	产量变化	2023年销量	2022年销量	销量变化
A产品	56.6	57.8	−1.2	55.9	56.2	−0.3
B产品	42.5	43.7	−1.2	42.4	43.2	−0.8
C产品	38.9	37.6	1.3	39.3	39.1	0.2
D产品	26.8	26.9	−0.1	25.8	26.2	−0.4

审计说明：

从上表可以看出：

（1）本期各种产品产销量基本平衡，说明该企业按计划生产，没有积压；

（2）本期产量、销量多数比上年降低，这与原材料加工量减少相一致；

（3）产量及销量与原材料台账核对一致；

（4）各产品销量与年平均单位成本之积与主营业务成本核对差异不大，可以接受。

附表 31

在途物资明细表

被审计单位：	神州有限责任公司	索引号：	ZI6
项　　目：	在途物资明细表	财务报表截止日/期间：	2023年12月31日
编　　制：	Liu	复　　核：	Li
日　　期：	2024年1月18日	日　　期：	2024年1月19日

项目	期初余额	本期借方	本期贷方	期末未审余额	审计调整		期末审定余额
					调增	调减	
暂估材料	478 639 752.30	89 765 123.90		568 404 876.20			568 404 876.20

审计说明：

（1）神州有限责任公司购进的材料，在期末时对于供应商已发出但尚未到达公司的材料暂估入账，下月初予以冲回；暂估时在借方以蓝字记录，下月冲回时以红字在借方记录，所以本期贷方没有发生额，期末余额即12月末暂估的在途材料金额，没有长期挂账的在途物资。

（2）期末，根据供应商传真过来的提单数量乘以约定的价格计算出暂估成本，并形成盖章确认的明细表传递到财务部门入账。

（3）本年期末在途物资暂估测试关注事项：索取相关提单，核对数量与账面数量是否一致，索取采购合同，核实暂估采用的价格是否合理，经核实，确认在途物资暂估发生额。

（4）检查资产负债表日后账面记录情况，除了冲回12月末暂估在途物资外，没有发现新增在途物资暂估情况。

附表 32

生产成本构成分析表

被审计单位：	神州有限责任公司	索引号：	ZI7
项　　目：	生产成本构成分析	财务报表截止日/期间：	2023年12月31日
编　　制：	Liu	复　　核：	Li
日　　期：	2024年1月18日	日　　期：	2024年1月19日

项目			直接材料	直接人工	制造费用	合计
A产品	2023年度	1—12月发生额	1 106 854 267.64	85 266 879.20	162 549 729.55	1 354 670 876.39
		各项目所占比例	81.7%	6.3%	12%	100%
	2022年度	1—12月发生额	1 086 796 877.24	82 746 256.38	158 756 943.61	1 328 300 077.23
		各项目所占比例	81.8%	6.2%	12%	100%
	对比结果		-0.1%	0.1%	0	

项目			直接材料	直接人工	制造费用	合计
B产品	2023年度	1—12月发生额	1 124 967 366.60	84 738 652.80	104 881 277.85	1 314 587 297.25
		各项目所占比例	85.6%	6.4%	8%	100%
	2022年度	1—12月发生额	1 105 257 488.67	83 698 276.34	98 876 687.32	1 287 832 452.33
		各项目所占比例	85.8%	6.5%	7.7%	100%
	对比结果		-0.2%	-0.1%	0.3%	

审计说明：

（1）我们选取了A产品和B产品进行了成本构成分析；

（2）通过分析，发现产品成本中原材料占较大的比例，成本结构合理，产品成本中各项目所占的比例较上年无太大的差异；

（3）表中所列数据摘自生产成本明细账，我们已将生产成本发生额与其成本计算单及其他相关资料核对，无误。

附表 33

存货监盘程序表

被审计单位：	神州有限责任公司	索引号：	ZI9
项　　目：	存货监盘程序	财务报表截止日/期间：	2023年12月31日
编　　制：	Liu	复　　核：	Li
日　　期：	2024年1月17日	日　　期：	2024年1月18日

审计程序	索引号
1.监盘前，获取有关资料，以编制存货监盘计划	
(1) 复核或与管理层讨论其存货盘点计划，评价其能否合理地确定存货的数量和状况	
(2) 根据被审计单位的存货盘存制度和相关内部控制的有效性，评价其盘点时间是否合理	
(3) 如认为被审计单位的存货盘点计划存在缺陷，应当提请被审计单位调整	
(4) 完成被审计单位盘点计划调查问卷	
(5) 了解存货的内容、性质，各存货项目的重要程度及存放场所	
(6) 了解与存货相关的内部控制	
(7) 评估与存货相关的重大错报风险	
(8) 查阅以前年度的存货监盘工作底稿	
(9) 与管理层讨论以前年度存货存在的问题以及目前存货的状况	
(10) 考虑实地查看存货的存放场所，特别是金额较大或性质特殊的存货	
(11) 如存在特殊存货，考虑是否需要利用专家的工作或其他注册会计师的工作	
(12) 编制存货监盘计划，并将计划传达给每一位监盘人员	
2.监盘中，实施观察和检查程序	
(13) 在被审计单位盘点存货前，观察盘点现场	
(14) 检查所有权不属于被审计单位的存货	
(15) 在被审计单位盘点人员盘点时进行观察	
(16) 检查已盘点的存货 ①从存货盘点记录中选取项目追查至存货实物，以测试盘点记录的准确性 ②从存货实物中选取项目追查至存货盘点记录，以测试存货盘点的完整性	
(17) 对以包装箱封存的存货，考虑要求打开箱子盘点	
(18) 当发现重大盘点错误时，考虑扩大监盘范围	
(19) 特别关注存货的移动情况，防止遗漏或重复盘点	
(20) 特别关注存货的状况，观察被审计单位是否已经恰当区分所有毁损、陈旧、过时和残次的存货	
(21) 获取盘点日前后存货收发及移动的凭证，检查库存记录与会计记录期末截止是否正确	
3.监盘后，复核盘点结果，完成存货监盘报告	
(22) 在被审计单位存货盘点结束前，再次观察盘点现场，以确定所有应纳入盘点范围的存货是否均已盘点	
(23) 在被审计单位存货盘点结束前，取得并检查已填用、作废及未使用的盘点表单及号码记录	
(24) 取得并复核盘点结果汇总记录，形成存货盘点报告，完成存货监盘报告	
(25) 如果认为被审计单位的盘点方式及其结果无效，注册会计师应当提请被审计单位重新进行盘点	

审计程序	索引号
4.特殊情况的处理	
（26）如果由于被审计单位存货的性质或位置等原因导致无法实施存货监盘，注册会计师应当考虑能否实施下列替代审计程序： ①检查进货交易凭证或生产记录以及其他相关资料 ②检查资产负债表日后发生的销货交易凭证 ③向顾客或供应商函证	
（27）对被审计单位委托其他单位保管的或已作质押的存货，注册会计师应当实施相应的审计程序	
（28）当首次接受委托未能对上期期末存货实施监盘，且该存货对本期财务报表存在重大影响时，注册会计师应当实施相应的审计程序	
（29）确定存货监盘的审计结论	

附表 34

存货监盘计划

被审计单位：	神州有限责任公司	索引号：	ZI9-1
项　　目：	存货监盘计划	财务报表截止日/期间：	2023年12月31日
编　　制：	Liu	复　　核：	Li
日　　期：	2023年12月29日	日　　期：	2023年12月30日

一、存货监盘目标、范围及时间安排

存货监盘目标是：获取神州有限责任公司资产负债表日（2023年12月31日）有关存货数量和状况的审计证据，检查存货数量是否真实完整，是否归属于神州有限责任公司，存货有无毁损、陈旧、过时、残次和短缺等状况。

存货监盘范围：神州有限责任公司2023年12月31日存货未审余额为1 451 035 263.29元，其中：库存原材料294 072 161.95元，比重为20.3%；在途物资568 404 876.20元，比重为39.2%；库存商品189 752 369.46元，比重为13.1%；自制半成品398 805 855.68元，比重为27.5%。

从存货组成来看，神州有限责任公司存货中原材料、在途物资、自制半成品所占比重较大，库存商品所占比重较小。另外，根据我们对神州有限责任公司内部控制的了解和测试，认为神州有限责任公司存货内控设计合理并得到执行，所以我们认为神州有限责任公司存货重大错报风险为中等水平，重点对原材料、自制半成品、库存商品实施监盘。由于在途物资正在运输过程中，无法实施监盘，我们将实施替代审计程序，获取期末在途物资数量和状况的充分适当的审计证据。

二、存货监盘要点及关注事项

在监盘过程中，各监盘小组实施观察、检查等程序，确定应纳入盘点的存货是否存放在指定地点并排列规则，检查各种测量仪器是否能正常使用，仔细观察神州有限责任公司盘点人员的测量方法是否与该公司规定的测量方法一致。监盘过程中，注册会计师要详细记录每一个仓库储存存货的数量，并将其与经营部记录的台账核对。

三、参加存货监盘人员分工

根据神州有限责任公司的存货盘点计划，该公司将组织3组人员分别同时对原材料、库存商品、自制半成品进行盘点。我们将分派3组人员参与监盘，每组3人。第1组为宋某、李某、田某；第2组为徐某、贺某、王某；第3组为朱某、唐某、邓某。

四、检查存货范围

神州有限责任公司存货内部控制设计良好并得到实施。根据以往存货监盘得知，该公司存货盘点组织良好，每个盘点小组在观察的基础上抽取40%的存货进行检查。

附表35　　**存货监盘报告**

被审计单位：	神州有限责任公司	索引号：	ZI9-2
项　　目：	存货监盘报告	财务报表截止日/期间：	2023年12月31日
编　　制：	Liu	复　　核：	Li
日　　期：	2024年1月7日	日　　期：	2024年1月10日

1.盘点日期：2023年12月31日

2.盘点仓库名称：原材料仓库、库存商品仓库、自制半成品仓库

仓库负责人：苏某

仓库记账员：贺某

仓库保管员：郝某、齐某

仓库概况：神州有限责任公司拥有原材料仓库、库存商品仓库、自制半成品仓库，分别储存各种存货，仓库的日常管理工作较好。

3.监盘参加人员。

监盘人员（润元会计师事务所）：宋某、李某、田某

监盘人员（润元会计师事务所）：徐某、贺某、王某

监盘人员（润元会计师事务所）：朱某、唐某、邓某

神州有限责任公司盘点负责人：苏某

神州有限责任公司盘点人员：郝某、齐某、贺某、黄某等

4.监盘开始前的工作。

项目	是或否	工作底稿编号
1.索取“期末存货盘点计划”	是	略
2.索取仓库“存货收发存月报表”	是	略
3.索取存货的“盘点清单”	是	略
4.索取盘点前仓库收料、发料的最后一张单证	是	略
5.存货是否已停止流动	是	略
6.废品、毁损品是否已分开堆放	不适用	略
7.货到单未到存货是否已暂估入账	是	略
8.存货是否已按存货的型号、规格排放整齐	是	略
9.其他非本公司的存货是否已分开堆放	不适用	略
10.最近一次盘点存货的日期	11.30	略
11.最近一次对计量工具校对的日期	11.30	略
12.是否有存货的记录位置或存放图	是	略

5.监盘进行中的工作。

（1）监盘从8点开始，共分3个监盘小组，每个小组3人。

（2）核对仓库报表结存数量与仓库存货账结存数量是否相符；仓库存货账结存数量与仓库存货卡数量是否相符；填制“存货表、账、卡核对记录表”。

（3）盘点结束，索取“盘点清单”及“存货盘盈/亏汇总表”。

6.复盘。

（1）盘点结束后，选择数额较大、收发频繁的存货项目进行复盘。

（2）复盘人员为：宋某、徐某、朱某。

（3）复盘记录详见“存货监盘结果汇总表”。

（4）复盘统计：

品种、型号共20种，复盘10种，占50%；

金额共计872 599 599.51元，复盘达305 409 859.83元，占35%。

（5）计算复盘正确率：

复盘共10种，其中，复盘正确的有10种，占100%；

复盘金额305 409 859.83元，其中，复盘正确的有305 409 859.83元，占100%。

（6）盘点中的存货不存在残次、毁损、滞销等情况。

7.盘点结束后的工作。

（1）再次观察现场并检查盘点表单；

（2）复核“存货监盘结果汇总表”；

（3）请参加复盘人员在“存货监盘结果汇总表”上签字；

（4）索取由仓库人员填写的“复盘差异说明”。

8.对盘点及复盘的评价。

（1）仓库管理人员对存货很熟悉。

（2）盘点工作及复盘工作很认真。

（3）对注册会计师需要的资料的提供很配合。

（4）监盘结果总体评价：神州有限责任公司存货监盘计划执行较好。存货实地盘点数量与账面数一致，存货不存在残次、毁损、滞销等情况。

监盘人员签名：宋某　李某　田某

徐某　贺某　王某

朱某　唐某　邓某

附表 36　**存货明细账与盘点报告（记录）核对表**

被审计单位：	神州有限责任公司	索引号：	ZI9-3
项　　目：	存货明细账与盘点报告（记录）核对表	财务报表截止日/期间：	2023年12月31日
编　　制：	Liu	复　　核：	Li
日　　期：	2024年1月19日	日　　期：	2024年1月20日

一、从明细账中选取具有代表性的样本将明细账上的存货数量与经确认盘点报告的数量核对

序号	地点	样本描述		期末存货明细账记录			存货清单	索引号	经确认的期末存货盘点表	数量差异	差异分析及处理
		存货类别	存货型号	单价	数量	金额	数量		数量		
1	商品仓库	A产品		4 563.80	11 257.33	51 376 202.65	11 257.33		11 257.33	0	
2	商品仓库	B产品		4 129.36	2 768.53	11 432 257.04	2 768.53		2 768.53	0	
⋮											

二、从经确认的盘点报告中抽取有代表性的样本将盘点报告的数量与存货明细账核对

序号	地点	样本描述		索引号	经确认的期末存货盘点表	期末存货明细账记录			存货清单	数量差异	差异分析及处理
		存货类别	存货型号		数量	单价	数量	金额	数量		
1	材料仓库	甲材料			26 347.25	3 978.56	26 347.25	104 824 114.96	26 347.25	0	
2	材料仓库	乙材料			7 968.37	3 865.47	7 968.37	30 801 495.18	7 968.37	0	
⋮											

审计说明：

存货明细账记载数量与盘点报告数量一致。

附表 37　**固定资产审定表**

被审计单位：	神州有限责任公司	索引号：	ZO1
项　　目：	固定资产审定表	财务报表截止日/期间：	2023年12月31日
编　　制：	Cheng	复　　核：	Zhao
日　　期：	2024年1月30日	日　　期：	2024年1月30日

项目名称	期末未审数	账项调整		重分类调整		期末审定数	上期末审定数
		借方	贷方	借方	贷方		
一、固定资产原值合计	1 779 284 971.57					1 779 284 971.57	1 511 482 923 .65
其中：房屋及建筑物	119 245 944.32					119 245 944.32	115 903 085.44
机器设备	1 555 076 456.36					1 555 076 456.36	1 296 873 260.17
运输设备	7 354 711.91					7 354 711.91	6 891 048.29
⋮							
二、累计折旧合计	805 899 519.71					805 899 519.71	712 647 499.99
其中：房屋及建筑物	33 805 155.01					33 805 155.01	30 297 811.12
机器设备	701 627 286.22					701 627 286.22	619 100 232.80
运输设备	5 084 281.06					5 084 281.06	4 914 819.12
⋮							
三、减值准备合计	6 502 489.65					6 502 489.65	8 511 606.31
其中：房屋及建筑物							
机器设备	6 502 489.65					6 502 489.65	8 511 606.31
运输设备							
⋮							
四、账面价值合计	966 882 962.21					966 882 962.21	790 323 817.35
其中：房屋及建筑物	85 440 789.31					85 440 789.31	85 605 274.32
机器设备	846 946 680.49					846 946 680.49	669 261 421.06
运输设备	2 270 430.85					2 270 430.85	1 976 229.17
⋮							

审计结论：

报表数经审计后无调整事项，可以确认。

附表 38

固定资产、累计折旧及减值准备明细表

被审计单位：	神州有限责任公司	索引号：	ZO2
项　　目：	固定资产、累计折旧及减值准备明细表	财务报表截止日/期间：	2023年12月31日
编　　制：	Cheng	复　　核：	Zhao
日　　期：	2024年1月19日	日　　期：	2024年1月20日

项目名称	期初余额	本期增加	本期减少	期末余额	备注
一、固定资产原值合计	1 511 482 923.65	277 049 723.69	9 247 675.77	1 779 284 971.57	
其中：房屋及建筑物	115 903 085.44	3 380 583.36	37 724.48	119 245 944.32	
包装及仓库	10 097 800.95			10 097 800.95	使用年限30年，残值率10%
海水隔油池	7 932 634.09			7 932 634.09	
综合办公楼	1 898 329.29			1 898 329.29	
⋮					
机器设备	1 296 873 260.17	266 527 669.75	8 324 473.56	1 555 076 456.36	
新制氢设备	54 123 791.55			54 123 791.55	
储运系统改造	33 033 692.06			33 033 692.06	使用年限15年，残值率10%
运输设备	6 891 048.29	620 311.60	156 647.98	7 354 711.91	
⋮					
二、累计折旧合计	712 647 499.99	99 183 310.83	5 931 291.11	805 899 519.71	
其中：房屋及建筑物	30 297 811.12	3 509 607.38	2 263.49	33 805 155.01	剩余年限
包装及仓库	3 256 540.81	302 934.02		3 559 474.83	18.25
海水隔油池	3 768 001.19	237 979.03		4 005 980.22	13.17
综合办公楼	607 405.37	56 949.88	（60）	664 415.25	18.33
⋮					
机器设备	619 100 232.80	87 686 829.45	5 159 776.03	701 627 286.22	剩余年限
新制氢设备		3 247 427.49		3 247 427.49	14.00
储运系统改造		1 982 021.52		1 982 021.52	14.00
⋮					
运输设备	4 914 819.12	309 256.13	139 794.19	5 084 281.06	
⋮					
三、减值准备合计	8 511 606.31	2 342 366.26	4 351 482.92	6 502 489.65	
机器设备	8 511 606.31	2 342 366.26	4 351 482.92	6 502 489.65	
⋮					
四、账面价值合计	790 323 817.35	175 524 046.60	（1 035 098.26）	966 882 962.21	
其中：房屋及建筑物	85 605 274.32	（129 024.02）	35 460.99	85 440 789.31	
机器设备	669261421.06	176 498 474.04	（1 186 785.39）	846 946 680.49	
运输设备	1 976 229.17	311 055.47	16 853.79	2 270 430.85	
⋮					

审计说明：

1. 神州有限责任公司折旧政策前后期一致，没有加速折旧。2023年度计提折旧99 183 310.83元，其中，计入管理费用2 483 927.93元；计入制造费用96 699 382.90元。

2. 本年度计提减值准备2 342 366.26元，是固定资产——烷基化装置落后，达不到生产标准或由于技术原因无法对原有生产线进行改造。

3. 本年度减值准备减少额，是因报废资产而予以终止确认时，一并将原计提的减值准备4 351 482.92元转出。

附表 39

固定资产盘点检查情况表

被审计单位：	神州有限责任公司	索引号：	ZO3
项　　目：	固定资产盘点检查情况表	财务报表截止日/期间：	2023年12月31日
编　　制：	Cheng	复　　核：	Zhao
日　　期：	2024年1月19日	日　　期：	2024年1月20日

序号	名称	规格型号	计量单位	单价	账面结存		被审计单位盘点			实际检查			备注
					数量	金额	数量	金额	盈亏（+、-）	数量	金额	盈亏（+、-）	
1	综合楼	砖混结构	平方米	2 377.60	457.60	1 087 989.50	457.60	1 087 989.50	0	457.60	1 087 989.50	0	
	⋮												
239	斗提机		台	3 526 551.32	1	3 526 551.32	1	3 526 551.32	0	1	3 526 551.32	0	
240	输送机		台	454 045.73	1	454 045.73	1	454 045.73	0	1	454 045.73	0	
	⋮												
288	柴油加氢项目			70 066 055.61	1	70 066 055.61	1	70 066 055.61	0	1	70 066 055.61	0	
289	加氢裂化			165 930 039.08	1	165 930 039.08	1	165 930 039.08	0	1	165 930 039.08	0	
	⋮												

检查时间：2023年12月30日　　　　检查地点：神州有限责任公司

检查人：固定资产使用部门、设备管理员、财务人员　　　　盘点检查比例：15%

审计说明：

我们依据对神州有限责任公司连续审计获取的情况，2023年度主要针对本年度新增部分的重要固定资产进行实地检查程序，不存在已报废但仍未核销的固定资产。

附表 40

固定资产增加检查情况表

被审计单位：	神州有限责任公司	索引号：	ZO4
项　　目：	固定资产增加检查情况表	财务报表截止日/期间：	2023年12月31日
编　　制：	Cheng	复　　核：	Zhao
日　　期：	2024年1月19日	日　　期：	2024年1月20日

固定资产名称	取得日期	取得方式	固定资产类别	增加情况		凭证号	核对内容（用“√”或“×”表示）						
				数量	原价		①	②	③	④	⑤	⑥	⑦
奥迪轿车	2023年3月	外购	运输设备	1	571 825.00	28#	√	√	√	√	√	√	√
柴油加氢项目	2023年12月	自建	机械设备	1	70 066 055.61	62#	√	√	√	√	√	√	√
加氢裂化	2023年12月	自建	机械设备	1	165 930 039.08	42#	√	√	√	√	√	√	√
⋮													
合计					277 049 723.69								

核对内容说明：①与发票是否一致；②与付款单据是否一致；③与购买/建造合同是否一致；④与验收报告或评估报告是否一致；⑤审批手续是否齐全；⑥与在建工程转出数核对是否一致；⑦会计处理是否正确。

审计说明：

神州有限责任公司2023年度新增的固定资产主要是自建的机械设备。结合固定资产、在建工程实地检查程序，未发现已经达到预定可使用状态但尚未办理竣工决算手续的固定资产。

附表 41

固定资产减少检查情况表

被审计单位：神州有限责任公司　　索引号：ZO5

项　　目：固定资产减少检查情况表　　财务报表截止日/期间：2023年12月31日

编　　制：Cheng　　复　　核：Zhao

日　　期：2024年1月19日　　日　　期：2024年1月20日

固定资产名称	取得日期	处置方式	处置日期	固定资产原价	累计折旧	减值准备	账面价值	处置收入	净损益	索引号	核对内容（用"√""×"表示）			
											①	②	③	④
外取热器	2014年5月	报废	2023年3月	646 323.54	368 016.91	109 875.00	168 431.63	69 576.66	-98 854.97		√	√	√	√
离心式压缩机	2011年8月	报废	2023年3月	894 241.61	636 282.78	223 560.00	34 398.83	64 489.71	30 090.88		√	√	√	√
高压柜	2017年10月	报废	2023年3月	133 306.48	46 607.49	15 990.00	70 708.99	0	-70 708.99		√	√	√	√
水封罐	2014年5月	报废	2023年3月	150 836.64	85 886.46	25 600.00	39 350.18	9 742.53	-29 607.65		√	√	√	√
⋮														
合计				9 247 675.77	5 931 291.11	1 705 713.42	1 610 671.24	449 387.04	-1 161 284.20					
核对内容说明：①与收款单据是否一致；②与合同是否一致；③审批手续是否完整；④会计处理是否正确。														

审计说明：

随着产业结构的升级以及国家环保标准的逐步提高，我国环境保护政策日趋严格。神州有限责任公司从事原油加工，属于资金和技术密集型的石化行业。由其本身特性决定了其对环保政策的敏感度较高。截至2023年12月31日，公司拥有12套先进的生产装置及完善的公用工程系统、辅助生产设施，生产技术居国内同行业领先地位。公司装置布局合理，加工手段齐全，可以加工高硫原油，生产全部加氢精制。另外，公司工艺技术先进，自动化控制水平较高，1 000万吨/年重油催化裂化设备、200万吨/年重油加氢脱硫设备、10万吨/年硫磺回收设备等都是目前国内单体加工能力最大的生产装置之一。

本年度固定资产的减少，主要是神州有限责任公司管理层决定关闭、报废、处置达不到生产标准或由于技术原因无法对原有生产线进行改造的机械设备等生产线。

附表 42

短期借款审定表

被审计单位：神州有限责任公司　　索引号：FA1

项　　目：短期借款审定表　　财务报表截止日/期间：2023年12月31日

编　　制：Cheng　　复　　核：Zhao

日　　期：2024年1月15日　　日　　期：2024年1月16日

项目名称	期末未审数	账项调整		本期审定数	上期审定数
		借方	贷方		
信用借款	780 000 000.00			780 000 000.00	616 520 000.00
抵押借款					
质押借款					
保证借款					
合计	780 000 000.00			780 000 000.00	616 520 000.00

审计结论：

报表数经审定后无调整事项，可以确认。

附表 43

短期借款明细表

被审计单位：	神州有限责任公司	索引号：	FA2
项　　目：	短期借款明细表	财务报表截止日/期间：	2023 年 12 月 31 日
编　　制：	Cheng	复　　核：	Zhao
日　　期：	2024 年 1 月 15 日	日　　期：	2024 年 1 月 16 日

贷款银行	借款期限		期初余额		本期增加		本期归还		期末余额	本期应计利息	本期实计利息	差异	借款条件	借款用途
	借款日	约定还款日	利率	本金	利率	本金	提前归还日期	本金	本金					
光大银行河西支行	2022-02-16	2023-02-16	4.74300%	40 000 000.00				40 000 000.00		15 810.00	15 810.00		信用借款	流动资金使用
	2022-04-20	2023-04-20	4.74300%	20 000 000.00				20 000 000.00		355 725.00	355 725.00			
	2023-01-04	2024-01-04			5.20200%	40 000 000.00			40 000 000.00	2 086 580.00	2 086 580.00			
	2023-01-11	2024-01-11			5.50800%	40 000 000.00	2023-02-27	40 000 000.00		287 640.00	287 640.00			
	2023-06-27	2023-12-27			5.26500%	100 000 000.00	2023-10-15	100 000 000.00		1 608 750.00	1 608 750.00			
	⋮													
	小计			140 000 000.00		320 000 000.00		320 000 000.00	140 000 000.00	10 614 691.25	10 614 691.25			
建设银行柳巷支行	2022-05-15	2023-02-16	5.26500%	30 000 000.00				30 000 000.00		500 175.00	500 175.00		信用借款	流动资金使用与固定资金使用
	2023-02-01	2023-07-31			5.02200%	30 000 000.00	2023-07-30	30 000 000.00		736 762.50	736 762.50			
	2023-06-27	2023-12-26			5.26500%	100 000 000.00	2023-10-15	100 000 000.00		1 608 750.00	1 608 750.00			
	2023-06-28	2023-09-28			5.26500%	20 000 000.00	2023-08-04	20 000 000.00		108 225.00	108 225.00			
	2023-12-12	2024-06-11			5.83200%	20 000 000.00			20 000 000.00	77 760.00	1 608 750.00			
	⋮													
	小计			80 000 000.00		400 000 000.00		360 000 000	120 000 000.00	7 646 152.50	7 646 152.50			
晋商银行并州支行	2022-09-15	2023-03-15	5.02200%	20 000 000.00			2023-03-11	20 000 000.00		186 930.00	186 930.00		信用借款	流动资金使用
	2023-06-16	2023-12-16			5.10300%	35 020 000.00	2023-09-08	35 020 000.00		416 983.14	416 983.14			
	2023-12-13	2024-11-27			6.56100%	20 000 000.00			20 000 000.00	65 610.00	65 610.00			
	⋮													
	小计			20 000 000.00		95 020 000.00		55 020 000.00	60 000 000.00	1 706 413.14	1 706 413.14			
⋮														
合计				616 520 000.00		1 570 688 066.84		1 407 208 066.84	780 000 000.00	38 937 623.04	38 937 623.04			

审计说明：

神州有限责任公司没有已到期未偿还的短期借款。

审计证据：1.借款合同。

2.利率调整通知。

3.对银行进行函证的结果：信息无误。

经测算，应计利息与实计利息无差异。

附表 44

利息分配检查表

被审计单位：	神州有限责任公司	索引号：	FA3
项　　目：	利息分配检查表	财务报表截止日/期间：	2023年12月31日
编　　制：	Cheng	复　　核：	Zhao
日　　期：	2024年1月12日	日　　期：	2024年1月14日

项目名称	实际利息	利息（实际利息）分配数					核对是否正确	差异原因
		财务费用	在建工程	制造费用	研发支出	合计		
光大银行河西支行	10 614 691.25	10 614 691.25				10 614 691.25	是	
建设银行柳巷支行	7 646 152.50	5 968 491.90	1 677 660.60			7 646 152.50	是	
晋商银行并州支行	1 706 413.14	1 706 413.14				1 706 413.14	是	
⋮								
合计	38 937 623.04	34 775 737.44	4 161 885.60			38 937 623.04	是	

审计说明：

为建造符合资本化条件的资产而占用了一般借款，神州有限责任公司根据累计资产支出超过专门借款部分的资产支出加权平均数乘以所占用的一般借款的资本化率，计算确定一般借款应予资本化的利息金额。经检查，短期借款利息分配正确。

附表 45

短期借款检查情况表

被审计单位：	神州有限责任公司	索引号：	FA4
项　　目：	短期借款检查情况表	财务报表截止日/期间：	2023年12月31日
编　　制：	Cheng	复　　核：	Zhao
日　　期：	2024年1月12日	日　　期：	2024年1月14日

记账日期	凭证编号	业务内容	对应科目	金额	核对内容（用“√”“x”表示）					备注
					①	②	③	④	⑤	
1月12日	0077#	收光大银行河西支行短期借款	银行存款	40 000 000.00	√	√	√	√	√	借据、进账单、放款通知单
2月5日	0047#	还建设银行柳巷支行短期借款	银行存款	30 000 000.00	√	√	√	√	√	建设银行（贷款）借款凭证
2月27日	1078#	还光大银行河西支行短期借款	银行存款	40 000 000.00	√	√	√	√	√	光大银行（贷款）借款凭证
5月8日	0001#	收中国银行广场支行透支借款	银行存款	53 352 513.57	√	√	√	√	√	中国银行法人账户透支业务回单
9月8日	0968#	还晋商银行并州支行法人账户透支款	银行存款	35 020 000.00	√	√	√	√	√	晋商银行转账支票存根、晋商银行客户回单、付款申请单
10月15日	0331#	还建设银行柳巷支行短期借款	银行存款	100 000 000.00	√	√	√	√	√	光大银行（贷款）借款凭证
⋮										

核对内容说明：①原始凭证是否齐全；②记账凭证与原始凭证是否相符；③账务处理是否正确；④是否记录于恰当的会计期间；⑤是否经过授权审批。

审计说明：

我们在银行函证回函、短期借款相关信息正确无误的基础上，对神州有限责任公司短期借款明细账随机抽样，检查与2023年度新增银行借款以及还款情况相关的原始凭证，并与相关会计记录进行核对。经检查，短期借款可以确认。

附表 46

应付账款审定表

被审计单位：	神州有限责任公司	索引号：	FD1
项　　目：	应付账款审定表	财务报表截止日/期间：	2023 年 12 月 31 日
编　　制：	Cheng	复　　核：	Zhao
日　　期：	2024 年 1 月 26 日	日　　期：	2024 年 1 月 27 日

项目类别	本期未审数	账项调整		重分类调整		本期审定数	上期审定数	索引号
		借方	贷方	借方	贷方			
一、应付账款关联方：								
代理商丙公司	3 357 551.97					3 357 551.97	2 819 311.73	
代理商丁公司	6 298 149.09					6 298 149.09	2 776 044.24	
小计	9 655 701.06					9 655 701.06	5 595 355.97	
二、应付账款非关联方：								
其他单位等	12 603 202.34					12 603 202.34	598 548.78	
在途物资	698 699 160.92					698 699 160.92	537 594 952.53	
估价入库	55 751 028.14					55 751 028.14	41 883 268.82	
小计	767 053 391.40					767 053 391.40	580 076 770.13	
三、预付账款贷方余额：	0					0		
非关联方	0					0	77 083.79	
合计	776 709 092.46					776 709 092.46	585 749 209.89	

审计结论：

报表数经审计后无调整事项，可以确认。

附表 47

应付账款明细表

被审计单位：	神州有限责任公司	索引号：	FD2
项　　目：	应付账款明细表	财务报表截止日/期间：	2023年12月31日
编　　制：	Cheng	复　　核：	Zhao
日　　期：	2024年1月17日	日　　期：	2024年1月18日

单位名称	借方余额			贷方余额			合计			核算内容
	原币	汇率	折合本位币	原币	汇率	折合本位币	原币	汇率	折合本位币	
一、关联方										
代理商丙公司				3 357 551.97		3 357 551.97	3 357 551.97		3 357 551.97	进口原油代理商
代理商丁公司				6 298 149.09		6 298 149.09	6 298 149.09		6 298 149.09	代理商
小计				9 655 701.06		9 655 701.06	9 655 701.06		9 655 701.06	
二、非关联方										
其他单位等				12 603 202.34		12 603 202.34	12 603 202.34		12 603 202.34	
xx港务局				465 000.00		465 000.00	465 000.00		465 000.00	罐租费
⋮										
在途物资（美元）				95 651 940.00		698 699 160.92	95 651 940.00		698 699 160.92	估价材料款
估价入库（美元）				7 632 317.74		55 751 028.14	7 632 317.74		55 751 028.14	材料暂估入库
小计						767 053 391.40			767 053 391.40	
合计						776 709 092.46			776 709 092.46	

审计说明：

1.应付账款的账龄全部为1年以内；

2.应付账款余额较上年增长约2亿元，主要因本年暂估在途原油的金额增长所致，而在途原油增长的原因为原油单价上涨；

3.结合神州有限责任公司采购部门或经营部原油处提供的与供应商之间的对账单，自供应商明细表中选取会计年度内历次对账情况良好的3户非关联供应商进行函证，回函情况证实了神州有限责任公司应付账款的真实性；

4.结合神州有限责任公司资产负债表日后付款项目，对7户应付账款客户检查了银行对账单及有关付款凭证，证实了应付账款在资产负债表日的真实性；

5.针对在途物资698 699 160.92元，估价入库55 751 028.14元，实施应付账款替代测试，检查原始凭单，如合同、发票、验收单，核实了应付账款的真实性。

附表 48

应付账款替代测试表

被审计单位：	神州有限责任公司	索引号：	FD3
项　　目：	应付账款替代测试表	财务报表截止日/期间：	2023 年 12 月 31 日
编　　制：	Cheng	复　　核：	Zhao
日　　期：	2024 年 1 月 25 日	日　　期：	2024 年 1 月 26 日

一、期初余额 537 594 952.53 元

二、贷方发生额 161 104 208.39 元

入账金额				检查内容（用“√”或“×”表示）				
序号	日期	凭证号	金额	①	②	③	④	⑤
1	1月16日	1004#	8 375 949.25	√	√	√	√	√
2	12月28日	1138#	69 869 916.92	√	√	√	√	√
⋮								
小计			161 104 208.39					
全年贷方发生额合计			161 104 208.39					
测试金额占全年贷方发生额的比例			100%					

三、借方发生额 0

入账金额				检查内容（用“√”“×”表示）				
序号	日期	凭证号	金额	①	②	③	④	⑤
1								
2								
⋮								
小计								
全年借方发生额合计								
测试金额占全年借方发生额的比例								

四、期末余额 698 699 160 .92 元

五、期后付款检查（略）

检查内容说明：①原始凭证的内容是否完整；②记账凭证与原始凭证是否相符；③账务处理是否正确；④是否记录于恰当的会计期间；⑤是否经过相应的批准。

审计说明：

1. 年末对购买的已经装船但尚未到达港口的原油予以暂估。
2. 暂估原油明细参见在途物资明细表××-×。
3. 期末余额即为月末暂估的数据。
4. 应付账款的在途物资与存货的在途物资年末余额不一致，是由于汇率变化造成的。

附表 49

应付职工薪酬明细表

被审计单位：	神州有限责任公司	索引号：	FF1
项　　目：	应付职工薪酬明细表	财务报表截止日/期间：	2023 年 12 月 31 日
编　　制：	Chen	复　　核：	Li
日　　期：	2024 年 1 月 22 日	日　　期：	2024 年 1 月 24 日

项目名称	期初数	本期增加	本期减少	期末数	备注
1.工资		34 854 265.26	34 854 265.26		
2.奖金		276 165.76	276 165.76		
3.津贴		125 674.47	125 674.47		
4.补贴		432 379.52	432 379.52		
5.职工福利		4 879 597.14	4 879 597.14		
6.社会保险费		14 046 268.90	14 046 268.90		
（1）医疗保险费		2 788 341.22	2 788 341.22		
（2）养老保险费		9 759 194.27	9 759 194.27		
（3）失业保险费		1 045 627.96	1 045 627.96		
（4）工伤保险费		174 271.33	174 271.33		
（5）生育保险费		278 834.12	278 834.12		
7.住房公积金		3 485 426.53	3 485 426.53		
8.工会经费		697 085.31	697 085.31		
9.职工教育经费		2 788 341.22	2 788 341.22		
10.非货币性福利		49 768.55	49 768.55		
合计		61 634 972.66	61 634 972.66		

审计说明：

1.取得应付职工薪酬表并与总账、明细账、报表数核对一致。
2.应付职工薪酬核算内容符合企业会计准则的规定，并在附注中恰当披露。
3.本期计提的各项职工薪酬金额全部支付完毕。
4.计提的各项职工薪酬根据受益对象分别计入：生产成本、制造费用、管理费用、销售费用等。
5.我们抽查了6个月的职工薪酬分配情况，结果分配合理。

附表 50 **应付职工薪酬计提情况检查表**

被审计单位：	神州有限责任公司	索引号：	FF2
项　　目：	应付职工薪酬计提情况检查表	财务报表截止日/期间：	2023 年 12 月 31 日
编　　制：	Chen	复　　核：	Li
日　　期：	2024 年 1 月 21 日	日　　期：	2024 年 1 月 23 日

项目名称	已计提金额	应计提基数	计提比率	应计提金额	应提与已提的差异	备注
社会保险费	14 046 268.90			14 046 268.90		
（1）医疗保险费	2 788 341.22	34 854 265.26	8%	2 788 341.22		
（2）养老保险费	9 759 194.27	34 854 265.26	28%	9 759 194.27		
（3）失业保险费	1 045 627.96	34 854 265.26	3%	1 045 627.96		
（4）工伤保险费	174 271.33	34 854 265.26	0.5%	174 271.33		
（5）生育保险费	278 834.12	34 854 265.26	0.8%	278 834.12		
住房公积金	3 485 426.53	34 854 265.26	10%	3 485 426.53		
工会经费	697 085.31	34 854 265.26	2%	697 085.31		
职工教育经费	2 788 341.22	34 854 265.26	8%	2 788 341.22		
合计	21 017 121.96			21 017 121.96		

审计说明：

1.社会保险费、住房公积金、工会经费、职工教育经费均按照当月工资总额计提，应提数与实际计提数差异较小，可以确认。

2.其他各项附加费均由人力资源部按照当地劳动局的规定比例计提，每月计提基数有所变化，不便于测算，鉴于职工薪酬内部控制设计合理并得到执行，所以确认其计提金额。

附表 51

应付职工薪酬（支付）检查情况表

被审计单位：	神州有限责任公司	索引号：	FF3
项　　目：	应付职工薪酬（支付）检查情况表	财务报表截止日/期间：	2023 年 12 月 31 日
编　　制：	Chen	复　　核：	Li
日　　期：	2024 年 1 月 18 日	日　　期：	2024 年 1 月 19 日

记账日期	凭证编号	业务内容	对应科目	金额	核对内容（用“√”或“×”表示）					备注
					①	②	③	④	⑤	
1.12	0050#	发放工资	银行存款	860 735.36	√	√	√	√	√	
2.19	0109#	发放奖金	银行存款	657 886.45	√	√	√	√	√	
3.12	0230#	发放工资	银行存款	861 954.28	√	√	√	√	√	
⋮										
2.10	0097#	食堂购料	银行存款	17 569.33	√	√	√	√	√	
4.25	0361#	支付职工误餐补贴	银行存款	38 264.86	√	√	√	√	√	
5.21	0475#	支付房屋租赁费	银行存款	61 987.46	√	√	√	√	√	
⋮										
11.7	1223#	缴付住房公积金	银行存款	238 565.32	√	√	√	√	√	
12.9	1543#	缴付住房公积金	银行存款	211 786.37	√	√	√	√	√	
⋮										
8.20	0785#	缴纳医疗保险费	银行存款	26 345.65	√	√	√	√	√	
8.20	0785#	缴纳养老保险费	银行存款	301 216.76	√	√	√	√	√	
8.20	0785#	缴纳失业保险费	银行存款	24 976.34	√	√	√	√	√	
8.20	0785#	缴纳工伤保险费	银行存款	8 921.86	√	√	√	√	√	
8.20	0785#	缴纳生育保险费	银行存款	11 389.71	√	√	√	√	√	
⋮										

审计说明：

1.测试目的：检查职工薪酬支付的发生。

2.样本选择：每项职工薪酬每月选择一个样本。

3.检查内容：①原始凭证是否齐全；②记账凭证与原始凭证是否相符；③账务处理是否正确；④是否记录于恰当的会计期间；⑤是否经过适当授权。

4.截至审计外勤结束日，应付职工薪酬没有款项支付情况。

5.经过测试，确认应付职工薪酬发生额。

附表 52

实收资本（股本）审定表

被审计单位：	神州有限责任公司	索引号：	QA1
项　　目：	实收资本（股本）审定表	财务报表截止日/期间：	2023年12月31日
编　　制：	Cheng	复　　核：	Zhao
日　　期：	2024年1月25日	日　　期：	2024年1月26日

股东名称	期末未审数	账项调整		重分类调整		期末审定数	上期审定数
		借方	贷方	借方	贷方		
甲公司	43 010 640.00					43 010 640.00	43 010 640.00
乙公司	29 799 990.00					29 799 990.00	29 799 990.00
丙公司	16 170 505.20					16 170 505.20	16 170 505.20
丁公司	54 583 887.36					54 583 887.36	54 583 887.36
戊公司	48 386 977.44					48 386 977.44	48 386 977.44
合计	191 952 000.00					191 952 000.00	191 952 000.00

审计结论：

报表数经审计后无调整事项，可以确认。

附表 53

实收资本（股本）明细表

被审计单位：	神州有限责任公司	索引号：	QA2
项　　目：	实收资本（股本）明细表	财务报表截止日/期间：	2023年12月31日
编　　制：	Cheng	复　　核：	Zhao
日　　期：	2024年1月15日	日　　期：	2024年1月16日

股东名称	期初余额	本期增加额	本期减少额	期末余额	备注
甲公司	43 010 640.00			43 010 640.00	
乙公司	29 799 990.00			29 799 990.00	
丙公司	16 170 505.20			16 170 505.20	
丁公司	54 583 887.36			54 583 887.36	
戊公司	48 386 977.44			48 386 977.44	
合计	191 952 000.00			191 952 000.00	

审计说明：

审计标识：B——与上年结转数核对一致　　G——与总分类账核对一致

S——与明细账核对一致　　T/B——与试算平衡表核对一致

附表 54

营业收入审定表

被审计单位：	神州有限责任公司	索引号：	SA1
项　　目：	营业收入审定表	财务报表截止日/期间：	2023年12月31日
编　　制：	Hu	复　　核：	Li
日　　期：	2024年1月22日	日　　期：	2024年1月23日

项目类别	本期未审数	账项调整		本期审定数	上期审定数
		借方	贷方		
一、主营业务收入					
A产品	1 411 571 222.89			1 411 571 222.89	1 507 382 518.12
B产品	1 370 478 100.96			1 370 478 100.96	1 269 756 474.75
C产品	575 001 894.00			575 001 894.00	604 899 081.68
⋮					
小计	7 115 026 814.61			7 115 026 814.61	7 174 669 059.26
二、其他业务收入					
材料销售	305 967.89			305 967.89	396 835.56
⋮					
小计	1 126 615.60			1 126 615.60	396 835.56
营业收入合计	7 116 153 430.21			7 116 153 430.21	7 175 065 894.82

审计说明：

从审定表中可以看出，神州有限责任公司营业收入包括主营业务收入和其他业务收入，表中所列数据与总账、明细账、报表核对一致。

主营业务收入确认标志为产品发出、经营部开出提货单并经财务部审核后开具发票。该公司收入确认标志符合准则规定的5个条件，并与上年保持一致。

审计结论：

报表数经审计后无调整事项，可以确认。

附表 55 **主营业务收入明细分析表**

被审计单位：	神州有限责任公司	索引号：	SA2
项　　目：	主营业务收入明细分析	财务报表截止日/期间：	2023年12月31日
编　　制：	Hu	复　　核：	Li
日　　期：	2024年1月18日	日　　期：	2024年1月19日

类别	2023年度		2022年度		收入变动额	收入变动比例（%）	结构变动比例（%）
	金额	比重（%）	金额	比重（%）			
A产品	1 411 571 222.89	19.84	1 507 382 518.12	21.01	−95 811 295.23	−6.36	−1.17
B产品	1 370 478 100.96	19.26	1 269 756 474.75	17.70	100 721626.21	7.93	1.56
C产品	575 001 894.00	8.08	604 899 081.68	8.43	−29 897 187.68	−4.94	−0.35
⋮							
合计	7 115 026 814.61	100.00	7 174 669 059.26	100.00	−59 642 244.65	−0.83	

审计说明：

从分析表可以看出：

（1）本明细账所列各品种收入总额7 115 026 814.61元与报表核对一致。

（2）与去年同期比较：①神州有限责任公司主营业务收入总额与去年同期比较有所减少，比例为0.83%。②各品种结构比例与去年同期比较没有较大的变化。

（3）收入总额中，占比重较大的为A产品，其次为B产品。

（4）根据神州有限责任公司增值税纳税申报表估算全年收入，与账面已确认收入一致。

附表 56 **产品年度毛利率变化分析表**

被审计单位：	神州有限责任公司	索引号：	SA3
项　　目：	产品年度毛利率变化分析	财务报表截止日/期间：	2023年12月31日
编　　制：	Hu	复　　核：	Li
日　　期：	2024年1月19日	日　　期：	2024年1月20日

项目	2023年			2022年			单价变化（%）	成本变化（%）
	平均单价	平均成本	毛利率（%）	平均单价	平均成本	毛利率（%）		
A产品	5 070.83	4 131.01	18.53	4 543.76	4 128.11	9.15	11.60	0.07
B产品	4 144.97	3 997.14	3.57	3 975.06	3 825.60	3.76	4.27	4.48
C产品	4 414.03	4 387.70	0.60	4 183.00	4 299.68	−2.79	5.52	2.05
D产品	4 789.86	4 802.61	−0.27	4 589.20	4 618.78	−0.64	4.37	3.98

审计说明：

从分析表中可以看出：

（1）A产品的毛利率大幅提高，主要原因是该产品市场价格不断提高，而平均成本几乎没有变化；

（2）B产品的毛利率基本持平；

（3）C产品的毛利率由负变正；

（4）D产品的毛利率由去年的−0.64%升为−0.27%。

附表 57

主营业务收入细节测试

被审计单位：	神州有限责任公司	索引号：	SA4
项　　目：	主营业务收入细节测试	财务报表截止日/期间：	2023年12月31日
编　　制：	Hu	复　　核：	Li
日　　期：	2024年1月18日	日　　期：	2024年1月19日

日期	凭证号	摘要	金额	对应科目	检查内容				附件
					①	②	③	④	
1月18日	0156#	销售A产品	14 325 786.68	应收账款	√	√	√	√	专用发票、付货通知单、出厂票
3月15日	0357#	销售B产品	6 743 012.46	应收账款	√	√	√	√	专用发票、付货通知单、出厂票
4月28日	0458#	销售A产品	12 785 326.87	应收账款	√	√	√	√	专用发票、付货通知单、出厂票
5月26日	0579#	销售C产品	8 690 456 .80	应收账款	√	√	√	√	专用发票、付货通知单、出厂票
7月16日	0723#	销售B产品	23 768 325.69	应收账款	√	√	√	√	专用发票、付货通知单、出厂票
8月23日	0865#	销售D产品	5 320 684.75	应收账款	√	√	√	√	专用发票、付货通知单、出厂票
9月28日	0913#	销售D产品	18 087 564.60	应收账款	√	√	√	√	专用发票、付货通知单、出厂票
⋮									

审计说明：

1.细节测试的目的：验证收入发生的真实性、准确性，同时达到双重测试的目的。

2.测试方法：采用顺查法，即从明细账中选取若干样本，核对记账凭证内容与所附原始凭证的一致性，并关注附件是否齐全、真实。

3.检查内容：①授权是否合理；②附件是否齐全；③金额是否一致；④账务处理是否正确。

4.经询问销售部门和财务部门相关人员，检查主营业务收入明细账，没有发现销售退回、折扣与折让情况，也没有特殊销售行为。

5.经过测试，确认收入发生额。

附表 58

主营业务收入截止测试

被审计单位：	神州有限责任公司	索引号：	SA5
项　　目：	主营业务收入截止测试	财务报表截止日/期间：	2023 年 12 月 31 日
编　　制：	Hu	复　　核：	Li
日　　期：	2024 年 1 月 19 日	日　　期：	2024 年 1 月 20 日

从明细账到发货单

编号	发货单		发票内容					明细账				是否跨期(√或×)
	日期	号码	日期	客户名称	货物名称	销售额	税额	日期	凭证号	主营业务收入	应交税费	
1	12月31日	2653#	12月31日	×客户	A产品	2 390 128.23	310 716.67	12月31日	1230#	2 390 128.23	310 716.67	×
2	12月30日	2650#	12月30日	×客户	B产品	2 307 650.12	299 994.52	12月30日	1229#	2 307 650.12	299 994.52	×
⋮												
截止日前												
截止日期：2023年12月31日												
截止日后												
1	1月1日	0001#	1月1日	×客户	C产品	532 764.96	69 259.44	1月1日	0012#	532 764.96	69 259.44	×
2	1月1日	0002#	1月1日	×客户	D产品	820 784.62	106 702.00	1月1日	0013#	820 784.62	106 702.00	×
⋮												

审计说明：

1.测试目的：检查神州有限责任公司截止日前后发出的产品是否已记录于恰当的会计期间。

2.经过测试，没有发现跨期事项。

附表 59　　资产负债表试算平衡表（部分资料）　　单位：万元

被审计单位：	神州有限责任公司	索引号：	EE-1
项　　目：	资产负债表试算平衡表	财务报表截止日/期间：	2023 年 12 月 31 日
编　　制：	Ma	复　　核：	Liu
日　　期：	2024 年 1 月 19 日	日　　期：	2024 年 1 月 20 日

项目	期末未审数	账项调整		重分类调整		期末审定数	项目	期末未审数	账项调整		重分类调整		期末审定数
		借方	贷方	借方	贷方				借方	贷方	借方	贷方	
货币资金	119 712 566.06					119 712 566.06	短期借款	780 000 000.00					780 000 000.00
应收票据	2 380 346.67					2 380 346.67	应付账款	776 709 092.46					776 709 092.46
应收账款	309 959 510.08					309 959 510.08	预收款项	10 085 196.66					10 085 196.66
预付款项	2 256 282.47					2 256 282.47	合同负债						
其他应收款	112 456.02					112 456.02	应付职工薪酬						
存货	1 441 004 475.71					1 441 004 475.71	应交税费	17 782 895.02		1 566.94			17 784 461.96
合同资产							其他应付款	91 847 805.76					91 847 805.76
一年内到期的非流动资产							一年内到期的非流动负债	324 000 000.00					324 000 000.00
其他流动资产	1 493 199.03					1 493 199.03	其他流动负债	20 410 119.19					20 410 119.19
固定资产	966 882 962.21					966 882 962.21	长期借款	138 436 800.00					138 436 800.00
在建工程							实收资本	191 952 000.00					191 952 000.00
无形资产							资本公积	171 021 007.13		8 879.32			171 029 886.45
开发支出							盈余公积	132 181 882.72	360 339.77				131 821 542.95
递延所得税资产		7 529 926.95				7 529 926.95	未分配利润	189 374 999.31		7 879 820.46			197 254 819.77
其他非流动资产													
合计	2 843 801 798.25	7 529 926.95				2 851 331 725.20	合计	2 843 801 798.25	360 339.77	7 890 266.72			2 851 331 725.20

附表 60 **利润表试算平衡表**

被审计单位：	神州有限责任公司	索引号：	EE-2
项　　目：	利润表试算平衡表	财务报表截止日/期间：	2023年12月31日
编　　制：	Ma	复　　核：	Liu
日　　期：	2024年1月19日	日　　期：	2024年1月20日

项目	未审数	调整金额		审定数	索引号
		借方	贷方		
一、营业收入	7 116 153 430.21			7 116 153 430.21	略
减：营业成本	6 766 657 807.40	−52 740 874.70		6 713 916 932.70	略
税金及附加	51 716 877.65			51 716 877.65	略
销售费用	36 634 857.29			36 634 857.29	略
管理费用	28 693 048.42	52 740 874.70		81 433 923.12	略
研发费用					
财务费用	81 618 534.58			81 618 534.58	略
其中：利息费用	34 775 737.44			34 775 737.44	略
利息收入	85 823.82			85 823.82	略
加：其他收益					
投资收益					
净敞口套期收益					
公允价值变动收益					
信用减值损失					
资产减值损失	−2 342 366.26	−10 453 607.51		−12 795 973.77	略
资产处置收益					
二、营业利润	148 489 938.61	10 453 607.51		138 036 331.10	
加：营业外收入	11 729.99		10 446.26	22 176.25	略
减：营业外支出	5 016 810.18			5 016 810.18	略
三、利润总额	143 484 858.42	10 453 607.51	10 446.26	133 041 697.17	
减：所得税费用	21 569 571.84	5 863 154.60		15 706 417.24	略
四、净利润	121 915 286.58	4 590 452.91	10 446.26	117 335 279.93	
五、其他综合收益的税后净额					
六、综合收益总额	121 915 286.58	4 590 452.91	10 446.26	117 335 279.93	
七、每股收益					
（一）基本每股收益					
（二）稀释每股收益					

附表 61　　**神州有限责任公司管理层声明书**　　索引号：ES

（致注册会计师）：

本声明书是针对你们审计神州有限责任公司截至2023年12月31日的年度财务报表而提供的。审计的目的是对财务报表发表意见，以确定财务报表是否在所有重大方面已按照企业会计准则的规定编制，并实现公允反映。

尽我们所知，并在作出了必要的查询和了解后，我们确认：

（一）财务报表

1.我们已履行（插入日期）签署的审计业务约定书中提及的责任，即根据企业会计准则的规定编制财务报表，并对财务报表进行公允反映。

2.在作出会计估计时使用的重大假设（包括与公允价值计量相关的假设）是合理的。

3.已按照企业会计准则的规定对关联方关系及其交易作出了恰当的会计处理和披露。

4.根据企业会计准则的规定，所有需要调整或披露的资产负债表日后事项都已得到调整或披露。

5.未更正错报，无论是单独还是汇总起来，对财务报表整体的影响均不重大。未更正错报汇总表附在本声明书后。

6.（插入注册会计师可能认为适当的其他任何事项）。

（二）提供的信息

7.我们已向你们提供下列工作条件：

（1）允许接触我们注意到的、与财务报表编制相关的所有信息（如记录、文件和其他事项）。

（2）提供你们基于审计目的要求我们提供的其他信息。

（3）允许在获取审计证据时不受限制地接触你们认为必要的本公司内部人员和其他相关人员。

8.所有交易均已记录并反映在财务报表中。

9.我们已向你们披露了由于舞弊可能导致的财务报表重大错报风险的评估结果。

10.我们已向你们披露了我们注意到的、可能影响本公司的与舞弊或舞弊嫌疑相关的所有信息，这些信息涉及本公司的：①管理层；②在内部控制中承担重要职责的员工；③其他人员（在舞弊行为导致财务报表重大错报的情况下）。

11.我们已向你们披露了从现任和前任员工、分析师、监管机构等方面获知的、影响财务报表的舞弊指控或舞弊嫌疑的所有信息。

12.我们已向你们披露了所有已知的、在编制财务报表时应当考虑其影响的违反或涉嫌违反法律法规的行为。

13.我们已向你们披露了我们注意到的关联方的名称和特征、所有关联方关系及其交易。

14.（插入注册会计师可能认为必要的其他任何事项）。

附：未更正错报汇总数

神州有限责任公司	神州有限责任公司管理层
（盖 章）	（签名并盖章）
中国××市	二〇二三年××月××日

附表 62 **业务执行复核工作核对表** 索引号：EF

一、项目经理负责复核

复核事项	是/否/不适用	备注
1.是否已复核已完成的审计计划，以及导致对审计计划作出重大修改的事项？ 2.是否已复核重要的财务报表项目？ 3.是否已复核特殊交易或事项？ 4.是否已复核重要会计政策、会计估计的变更？ 5.是否已复核重大事项概要？ 6.是否已复核建议调整事项？ 7.是否已复核管理层声明书，股东大会、董事会相关会议纪要，与客户的沟通记录及重要会谈记录，律师询证函复函？ 8.是否已复核审计总结？ 9.是否已复核已审计财务报表和拟出具的审计报告？ 10.实施上述复核后，是否可以确定下列事项： （1）审计工作底稿提供了充分、适当的记录，作为审计报告的基础； （2）已按照中国注册会计师审计准则的规定执行了审计工作； （3）对重大错报风险的评估及采取的应对措施是恰当的，针对存在特别风险的审计领域，设计并实施了有针对性的审计程序，且得出了恰当的审计结论； （4）作出的重大判断恰当合理； （5）提出的建议调整事项恰当，相关调整分录正确； （6）未更正错报无论是单独还是汇总起来对财务报表整体均不具有重大影响； （7）已审计财务报表的编制符合企业会计准则的规定，在所有重大方面公允反映了被审计单位的财务状况、经营成果和现金流量； （8）拟出具的审计报告措辞恰当，已按照中国注册会计师审计准则的规定发表了恰当的审计意见。		

签字：____________ 日期：____________

二、项目合伙人复核

复核事项	是/否/不适用	备注
1.是否已复核已完成的审计计划，以及导致对审计计划作出重大修改的事项？ 2.是否已复核重大事项概要？ 3.是否已复核存在特别风险的审计领域，以及项目组采取的应对措施？ 4.是否已复核项目组作出的重大判断？ 5.是否已复核建议调整事项？ 6.是否已复核管理层声明书，股东大会、董事会相关会议纪要，与客户的沟通记录及重要会谈记录，律师询证函复函？ 7.是否已复核审计总结？ 8.是否已复核已审计财务报表和拟出具的审计报告？ 9.实施上述复核后，是否可以确定下列事项： （1）对项目负责经理实施的复核结果满意； （2）对重大错报风险的评估及采取的应对措施是恰当的，针对存在特别风险的审计领域，设计并实施了针对性的审计程序，且得出了恰当的审计结论； （3）项目组作出的重大判断恰当合理； （4）提出的建议调整事项恰当合理，未更正错报无论是单独还是汇总起来对财务报表整体均不具有重大影响； （5）已审计财务报表的编制符合企业会计准则的规定，在所有重大方面公允反映了被审计单位的财务状况、经营成果和现金流量； （6）拟出具的审计报告措辞恰当，已按照中国注册会计师审计准则的规定发表了恰当的审计意见。		

签字：____________ 日期：____________

附表63　**对神州有限责任公司财务报表出具的审计报告**　索引号：EN

背景信息：

1.对上市实体整套财务报表进行审计。该审计不属于集团审计（即不适用《中国注册会计师审计准则第1401号——对集团财务报表审计的特殊考虑》）

2.管理层按照企业会计准则编制财务报表。

3.审计业务约定条款体现了《中国注册会计师审计准则第1111号——就审计业务约定条款达成一致意见》关于管理层对财务报表责任的描述。

4.基于获取的审计证据，注册会计师认为发表无保留意见是恰当的。

5.适用的相关职业道德要求为中国注册会计师职业道德守则。

6.基于获取的审计证据，根据《中国注册会计师审计准则第1324号——持续经营》，注册会计师认为可能导致对被审计单位持续经营能力产生重大疑虑的相关事项或情况不存在重大不确定性。

7.已按照《中国注册会计师审计准则第1504号——在审计报告中沟通关键审计事项》的规定沟通了关键审计事项。

8.负责监督财务报表的人员与负责编制财务报表的人员不同。

9.除财务报表审计外，按照法律法规的要求，注册会计师负有其他报告责任，且注册会计师决定在审计报告中履行其他报告责任。

审计报告

神州有限责任公司全体股东：

一、对财务报表出具的审计报告

（一）审计意见

我们审计了神州有限责任公司（以下简称“神州公司”）财务报表，包括2023年12月31日的资产负债表，2023年度的利润表、现金流量表和股东权益变动表以及相关财务报表附注。

我们认为，后附的财务报表在所有重大方面按照企业会计准则的规定编制，公允反映了神州公司2023年12月31日的财务状况以及2023年度的经营成果和现金流量。

（二）形成审计意见的基础

我们按照中国注册会计师审计准则的规定执行了审计工作。审计报告的“注册会计师对财务报表审计的责任”部分进一步阐述了我们在这些准则下的责任。按照中国注册会计师职业道德守则，我们独立于神州公司，并履行了职业道德方面的其他责任。我们相信，我们获取的审计证据是充分、适当的，为发表审计意见提供了基础。

（三）关键审计事项

关键审计事项是根据我们的职业判断，认为对本期财务报表审计最为重要的事项。这些事项是在对财务报表整体进行审计并形成意见的背景下进行处理的，我们不对这些事项提供单独的意见。

[按照《中国注册会计师审计准则第1504号——在审计报告中沟通关键审计事项》的规定描述每一关键审计事项]

（四）管理层和治理层对财务报表的责任

管理层负责按照企业会计准则的规定编制财务报表，使其实现公允反映，并设计、执行和维护必要的内部控制，以使财务报表不存在由于舞弊或错误导致的重大错报。

在编制财务报表时，管理层负责评估神州公司的持续经营能力，披露与持续经营相关的事项（如适用），并运用持续经营假设，除非计划清算神州公司、停止营运或别无其他现实的选择。

治理层负责监督神州公司的财务报告过程。

（五）注册会计师对财务报表审计的责任

我们的目标是对财务报表整体是否不存在由于舞弊或错误导致的重大错报获取合理保证，并出具包含审计意见的审计报告。合理保证是高水平的保证，但并不能保证按照审计准则执行的审计在某一重大错报存在时总能发现。错报可能由于舞弊或错误导致，如果合理预期错报单独或汇总起来可能影响财务报表使用者依据财务报表作出的经济决策，则通常认为错报是重大的。

在按照审计准则执行审计工作的过程中，我们运用了职业判断，保持职业怀疑。我们同时：

1.识别和评估由于舞弊或错误导致的财务报表重大错报风险；对这些风险有针对性地设计和实施审计程序；获取充分、适当的审计证据，作为发表审计意见的基础。由于舞弊可能涉及串通、伪造、故意遗漏、虚假陈述或凌驾于内部控制之上，未能发现由于舞弊导致的重大错报的风险高于未能发现由于错误导致的重大错报的风险。

2.了解与审计相关的内部控制，以设计恰当的审计程序，但目的并非对内部控制的有效性发表意见。

3.评价管理层选用会计政策的恰当性和作出会计估计及相关披露的合理性。

4.对管理层使用持续经营假设的恰当性得出结论。同时，根据获取的审计证据，就可能导致对神州公司持续经营能力产生重大疑虑的事项或情况是否存在重大不确定性得出结论。如果我们得出结论认为存在重大不确定性，审计准则要求我们在审计报告中提请报表使用者注意财务报表中的相关披露；如果披露不充分，我们应当发表非无保留意见。我们的结论基于审计报告日可获得的信息。然而，未来的事项或情况可能导致神州公司不能持续经营。

5.评价财务报表的总体列报、结构和内容（包括披露），并评价财务报表是否公允反映相关交易和事项。

我们与治理层就计划的审计范围、时间安排和重大审计发现（包括我们在审计中识别的值得关注的内部控制缺陷）等事项进行沟通。

我们还就遵守关于独立性的相关职业道德要求向治理层提供声明，并就可能被合理认为影响我们独立性的所有关系和其他事项，以及相关的防范措施（如适用）与治理层进行沟通。

从与治理层沟通的事项中，我们确定哪些事项对本期财务报表审计最为重要，因而构成关键审计事项。我们在审计报告中描述这些事项，除非法律法规禁止公开披露这些事项，或在极其罕见的情形下，如果合理预期在审计报告中沟通某事项造成的负面后果超过在公众利益方面产生的益处，我们确定不应在审计报告中沟通该事项。

二、按照相关法律法规的要求报告的事项

[本部分的格式和内容，取决于法律法规对其他报告责任的性质的规定。法律法规规范的事项（其他报告责任）应当在本部分处理，除非其他报告责任与审计准则所要求的报告责任涉及相同的主题]

润元会计师事务所	中国注册会计师：Ma
（盖章）	（签名并盖章）
中国××市	中国注册会计师：Li
	（签名并盖章）
	二〇二四年××月××日